Social Security

사회보장론

강희갑 · 김명근 · 김태용 · 박승탁
신경안 · 이상주 · 이규태 · 최용득 공저

양 성 원

머리말

사회보장기본법에서 말하는 사회보장이란 모든 국민이 다양한 사회적 위험으로부터 벗어나 행복하고 인간다운 생활을 향유할 수 있도록 자립을 지원하며, 사회참여와 자아실현에 필요한 제도와 여건을 조성하여 사회통합과 행복한 복지사회를 실현하는 것을 기본 이념으로 하고 있다.

이 사회보장은 출산, 양육, 실업, 노령, 장애, 질병, 빈곤 및 사망 등의 사회적 위험으로부터 모든 국민을 보호하고 국민의 삶을 향상시키는데 필용한 소득과 서비스를 보장하는 사회보험, 공공부조, 사회서비스에 의하여 실현된다. 그러나 이 책에서 사용하는 사회보장은 경제적 곤궁을 주대상으로 하는 공공부조와 장래의 사회적 위험에 대처하기 위한 사회보험을 통하여 국민의 생존적, 기본권을 보장하는 좁은 의미의 사회보장이다.

우리나라는 2013년부터 과거의 저소득자 위주의 생활형 복지에서 한 걸음 나아가 모든 국민이 생애주기에 걸쳐 보편적으로 충족되어야 하는 기본적 욕구와 특정한 사회위험에 의하여 발생하는 특수욕구를 동시에 고려하여 소득 및 서비스를 보장하는 맞춤형 사회보장제도를 채택하여 보편적 복지정책을 펴고 있다. 이에 맞추어 2013년부터 생애주기별 맞춤형 복지를 실현하기 위하여 사회보장관련법을 크게 개정하였다.

사람들은 살면서 다양한 위험에 맞닥뜨린다. 자연 재해 등의 사고로 생명과 건강을 위협받기도 하고, 노령, 질병, 실업, 장애 등으로 근로능력을 잃거나 생존권이 위협받기도 한다. 그런데 어떤 위험은 자연적인 요인에 의하여 발생하는 것이 아니라 사회적 요인에 의하여 발생한다. 예컨대, 출산, 노령, 양육, 실업, 장애, 질병, 빈곤, 사망 등은 자연적 요인과 관계없이 여러 가지 사회적 요인에 의하여 위험 자체가 생겨나고 위협의 발생 정도가 달라지기도 한다. 이러한 사회적 위험으로부터 사회구성원을 보장하고자 만들어진 제도가 사회보장제도이다.

이 사회적 위험에 대비하는 가장 일반적인 방법은 보험이다. 보험은 누구나 당할지 모르는 위험에 대비하여 실제 위험의 충격을 완화시켜 준다. 우리나라는 사회보험으로서 질병위험에 대비하는 건강보험, 실업위험에 대비한 고용보험, 고령자 은퇴로 소득상실위험에 대비하는 국민연금, 경제활동 중에 발생하는 위험에 대비하는 산재보험, 퇴직에 대비하는 근로자퇴직급여보장법이 있다.

우리나라의 사회보험은 아직도 문제점이 적지 않다. 우선 국민건강보험의 경우는 고령화 속도가 빠르고 의료공급기관의 과잉공급에 따라 보험재정의 건정성이 위협받고 있다. 이에 따라 보험료 인상이 불가피하고, 또 직장가입자와 지역가입자의 보험료 부담의 형평성이 문제되고 있다. 특히 직장가입자의 근로소득 외의 소득에 대한 보험료 부과의 적정성 문제와 자영업자의 소득 파악의 문제 등이 제기되어 왔다. 또 국민연금제도도 고령인구가 증가됨에 따라 연금을 받아야 할 사람이 늘고 있는데 대비하여 보험료를 인상하고 연금 지급시기를 연장하여 재정의 건전성을 확보할 필요가 생겨나고 있다. 그리고 고용보험이나 산재보험의 경우 아직도 비정규직 근로자에 대한 보험가입이 크게 미흡하여 이들의 보장이 문제되고 있다.

다음으로 사회보장은 공공부조에 의하여 실현된다. 사회보험이 자신이 낸 보험료에 연계하여 보험금을 받는 제도라면 공공부조는 기여 여부와 관계없이 저소득 빈곤층에게 국가가 지원하는 제도이다. 국민기초생활보장제도가 대표적이다. 이 제도는 2000년부터 시행되었고 그 동안 사회저소득층을 보호하는데 많은 기여를 하였다. 그러나 빈곤한데도 불구하고 적은 재산이지만 재산이 있다거나 부양의무자가 있다는 이유로 혜택을 받지 못하는 계층이 많다. 또 소득기준을 최저생계비를 기준으로 하다 보니 기초급여도 받지 못하는 사각지대에 놓인 사람들이 적지 않았다. 그래서 2016년부터 이 혜택을 중위소득 기준으로 하여 차상위 계층까지 확대하여 맞춤형 복지를 실현하고자 한다.

사회보장이 실현하고자 하는 사회보험과 공공부조는 생애주기별 맞춤형복지라는 국가정책에 따라 2013년 이후 지금까지 사회보장정책과 그 관련법이 적지 않게 수정되고 개정되어 왔다. 이러한 우리나라의 사회보장정책에 맞추어 이 책을 펴게 되었다. 앞으로 더 공부하고 연구하여 보완할 것을 다짐한다.

끝으로 여러 가지 어려운 사정에도 불구하고 이 책을 출간하여 주신 양성원 강철원 사장님과 임직원 여러분들께 감사의 말씀을 드린다.

2017년 7월

강 희 갑

차 례

제 2 부 각 론

Part 1

총 론

Social Security

1 사회보장의 의의

제1절 개 념

사회보장(social security)이 무엇인가에 대하여는 세계 각국이나 학자에 따라서 여러 가지 뜻으로 쓰고 있다. 그 개념은 정의하는 입장에 따라 차이가 있고 아직 정확하게 말할 수 없다. 그러나 법상의 개념과 사회학적 내지 사회정책적 제도로서의 개념으로 나누어 보면 다음과 같이 말할 수 있을 것이다. 먼저 우리나라의 법에서 규정하고 있는 사회보장의 개념은 다음과 같다.

우선 우리나라 헌법 제34조는 “모든 국민은 인간다운 생활을 할 권리를 가지고(제1항)” “국가는 사회보장 · 사회복지의 증진에 노력할 의무를 진다”(제2항)고 규정하고 있다.

이는 국가는 국민에게 인간다운 생활을 할 권리, 즉 생존권적 기본권을 국민의 기본권으로 보장하고 이를 바탕으로 하여 이 생존권적 기본권을 실현하기 위하여 국가는 사회보장·사회복지의 증진에 노력할 의무를 진다는 뜻이다. 그런데 사회보장·사회복지의 증진에 노력할 의무에 대응하는 권리가 헌법상의 사회보장수급권(사회보장권)이다.

헌법상으로는 사회보장과 사회복지를 구별하는 듯하지만 헌법상의 사회보장권에는 사회복지 개념도 포함된다. 다시 말하여 헌법상의 사회보장권은 국민의 생존권적 기본권의 핵심이 되는 권리이고 여기서 사회보장이라 함은 국민의 최저생활을 보장하는 사회보험, 공공부조 또는 사회구호시설의 혜택을 받을 수 있는 권리가 포함된다.

그러나 이 헌법상의 사회보장권은 헌법상의 구체적 권리이긴 하지만, 국민이 국가에 대하여 직접 사회보장을 청구하기 위해서는 그 구체적 사항이 사회보장 관련법령에 규정되어야 한다. 이 사회보장 관련법령 가운데 기본이 되는 법이 사회보장기본법이다.

사회보장기본법 제3조 제1호는 "사회보장이란 질병·장애·노령·실업·사망 등의 사회적 위험으로부터 모든 국민을 보호하고 국민 삶의 질을 향상시키는 데 필요한 사회보험·공공부조·사회서비스를 말한다"고 규정하고 있다.

따라서 사회보장기본법상의 사회보장이란 넓은 의미의 사회복지를 말한다. 넓은 의미의 사회복지란 널리 경제적 빈곤으로부터의 보호나 경제적 구제 및 지원을 핵심으로 하는 사회보장의 틀 속에서 전개되는 사회복지정책 또는 사회정책의 실현과 관련되는 모든 제도를 말하고 모든 국민의 생존권을 확보하고 그 실현을 보장하기 위한 사회보장(즉, 사회보험, 공공부조뿐만 아니라 사회서비스를 모두 포함)을 내용으로 하고 있다.

이에 대하여 좁은 의미의 사회복지(일반적인 사회복지)란 사회적 · 경제적 약자나 보호를 필요로 하는 사람을 위한 사회정책적 제도를 말한다. 즉, 사회보장기본법 제3조 제1호에서 열거하고 있는 사회서비스(보건의료, 교육, 고용, 주거, 문화, 환경, 사회복지사업, 아동복지, 노인복지, 청소년복지, 장애인복지, 영유아복지, 한부모가족복지 등)에 관한 제도가 여기에 해당한다.

다음으로 사회학적 내지 사회정책 및 제도로서의 사회보장에 관한 개념을 보면 다음과 같다.

여기에서는 넓은 의미의 사회보장과 좁은 의미의 사회보장으로 나누어 볼 수 있다.

넓은 의미의 사회보장은 공공부조, 사회보험, 사회서비스 등을 모두 포괄하는 넓은 의미의 사회복지라고 할 수 있다.

이에 대하여 좁은 의미의 사회보장은 경제적 곤궁을 주 대상으로 하는 공공부조(빈곤자에 대한 국민기초생활보장, 노인에 대한 국민기초생활보장, 빈곤자에 대한 무상의료급여)와 장래의 사회적 위험(노령, 질병, 폐질, 산업재해, 실업, 사망, 퇴직 등)에 대처하기 위한 사회보험(국민연금, 국민건강보험, 노인장기요양보험, 산업재해보상보험, 고용보험, 근로자퇴직급여보장)을 통하여 국민의 생존권적 기본권을 보장하고자 하는 것이다. 이 책은 주로 이 좁은 의미의 사회보장을 중심으로 그 대상을 한정한다.

제 2 절 사회보장과 사회복지의 비교

여기의 사회보장은 넓은 의미의 사회복지 영역에 포함되는 좁은 의미의 사회보장, 즉 공공부조와 사회보험을 핵심내용으로 하는 사회보장을 말한다. 이러한 좁은 의미의 사회보장을 사회복지와 비교하여 보면 다음과 같다.

우선, 앞에서 본 바와 같이 넓은 의미의 사회복지는 좁은 의미의 사회보장을 포함한다는 점에서 양자는 밀접한 관련이 있다. 그러나 넓은 의미의 사회보장(사회보장기본법상의 사회보장)은 사회보험, 공공부조 이외에 사회서비스(좁은 의미의 사회복지)를 포함하는 개념이므로 앞에서 본 바와 같이 넓은 의미의 사회보장은 넓은 의미의 사회복지이다.

다음으로 좁은 의미의 사회보장은 좁은 의미의 사회복지와 그 특성에 있어서 차이가 있다. 좁은 의미의 사회보장과 좁은 의미의 사회복지의 특성을 비교하면 다음과 같다.

사회보장과 사회복지는 대상자들에 대하여 사회적 차원의 보호와 구제를 그 목표로 하는 점에 있어서는 공통하다. 그러나 사회보장은 사회보험과 공공부조를 핵심내용으로 하는 만큼 이들이 가지는 특성을 가지고 있다. 즉, 사회보험제도를 통하여 강제적으로 퇴직 후의 최소한도의 물질적 생활과 건강한 생활을 할 수 있도록 지원하고, 공공부조를 통하여 생계곤란자에 대하여 최저생활을 보장하고 자립할 수 있도록 도와줌으로써, 사회보장은 대상자들에 대한 소득이나 금전적 급여 등의 경제적 보호와 경제적 지원을 통하여 최소한의 생존적 기본권을 보장하고자 하는 특성을 지니고 있다. 이에 대하여 사회복지는 대상자들에 대한 경제적 보호를 포함하여 이와 함께 비물질적(비금전적), 비경제적인 사회적 보호와 지원, 예컨대 다양한 형태의 돌봄(케어), 간호, 전문적 상담, 치료, 복지시설에의 수용, 시설이용 등 제반 복지서비스를 제공하는 것이다.

사회서비스(좁은 의미의 사회복지)는 공공부조의 차원에서 제공되는 기초생활보장이라는 금전적·물질적 급여 이외에 빈곤노인, 장애인, 영유아, 아동, 부녀자 등의 경제적 · 사회적 취약계층에게 우선적으로 제공되는 각종의 원조와 보호서비스를 말한다(사회복지사업법 제2조 제1호 참조). 이것은 비물질적 서비스가 중심이지만 실제로는 사회보장의 보호대상에서 제외된 경제적 · 사회적 취약계층에게 제공하는 자선적 성격의 급여와 서비스 및 기타의 혜택을 의미한다.

제 3 절 사회보장의 목적

사회보장의 목적이 무엇인가에 대하여는 여러 가지 견해가 있다.

몰스(Moles, 1971 : 64)는 ① 빈곤의 원인이 되는 상황의 제거, ② 사회경제적 조건의 개선, ③ 생활수준의 향상에 사회보장의 목적을 두고 있다.

리스(Rys, 1974 : 5-6)는 ① 사회적 사고의 예방, ② 소득감소의 보장, ③ 사회부조로 사회보장 수혜자들을 정상적인 생활을 하게 하는 것이라고 하고 있으며, 머피(Murphy, 1979 : 3-4)는 ① 질병 · 장애 · 노령 · 실업과 같은 사회적 위험에 대처하고, ② 강제저축으로 각 개인의 위험에 대비하며, ③ 소득재분배로 사회의 평등을 실행하고, ④ 개인의 손실을 보상하는 데 있다고 한다.

그리고 로빈손(Robinson, 1976 : 17)은 ① 모든 개인 및 가족의 소득보장, ② 위험의 분산을 통하여 소득의 급격한 변화로 인한 곤란을 최소화하고, ③ 시민의 사회적·경제적 지위를 향상하는 데 있다고 한다.

또 레자(Rejda, 1999 : 36-37)는 사회보장의 경제적 목적으로 ① 사망·노령·질병·장애·실업 등 여러 사회적 위험에 처한 국민에게 최저한의 경제적 보장을 제공하는 것, ② 빈곤의 예방, ③ 시민의 소비, 저축 등에 긍정적 영향을 미쳐 경제적 안정에 기여, ④ 근로유인, 솔선수범, 근검절약 등 사회적으로 바람직한 가치들을 진작시키는 데 있다고 하였다.

특히 영국의 로이 세인버리(Roy Sainbury)는 사회보장의 전통적인 목적으로 ① 빈민구제, ② 욕구충족(노인, 장애인, 아동 등의), ③ 소득유지와 소득보전, ④ 보상(산재보상), ⑤ 소득재분배를 들고 있다.

이상과 같은 전통적 사회보장의 목적에 대하여 1980년 말 이후에는 이른바 신자유주의가 사회보장에 영향을 미치게 되어 다음과 같은 새로운 프로젝트가 이념적으로 강조되고 있다.

첫째, 이른바 베버리지(Beveridge) 보고서로 대표되는 사회보장의 목적은 곤궁상태에 있는 사람들을 무조건 보호하는 수동적 목적에 두고 있으나 신자유주의 아래서는(영국의 대처수상의 이념, 즉 대처리즘) 사회보장의 수동적 목적은 부정되고 사회보장의 생산적 측면을 강조하는 적극적 목적으로 전환되고 있다. 둘째, 근로조건부 복지, 즉 근로유인을 하는 사회보장이 강조된다. 셋째, 행동을 변화시키는 데 목적을 둔다. 예컨대, 홀로 사는 노인이나 젊은 독신자보다는 가족과 함께 사는 노인과 기혼부부의 사회보장급여를 유리하게 만듦으로써 가족의 동거와 결혼을 장려한다. 또 사회보장이 실업급여에서 일자리를 얻기 위해 노력하는 사람을 그렇지 않은 사람보다 더 유리하게 만드는 기능을 하도록 한다. 즉, 사회보장이 사회적으로 바람직하지 않는 시민의 행동은 억제하고, 반대로 바람직한 행동은 장려하고 고무하는 기능을 수행해야 한다는 것이다.

제 4 절 사회보장의 구성

사회보장은 국가 또는 지방자치단체가 모든 국민에 대하여 사회보험과 공공부조를 통하여 최저생활을 물질적으로 보장해 주는 제도이다. 따라서 사회보장은 사회보장의 주체, 사회보장의 대상, 사회보장의 수단, 사회보장의 내용으로 구성되어 있다.

사회보장의 주체는 국가와 지방자치단체이다. 사회보장의 대상은 모든 국민이다. 사회보장의 수단(시행방법)은 보험의 원리에 따라 운영하는 사회보험과 무상으로 지급하는 공공부조가 있다. 사회보장의 내용은 물질적(금전) 지원으로 이루어진다. 사회복지의 전문적 서비스(사회복지서비스)는 사회보장의 급여가 아니다. 그래서 베버리지(Beveridge)는 사회보장을 본질적으로 소득보장이라고 하였다.

제 5 절 사회보장의 형태(유형)

사회보장의 기본원리에 따라서 베버리지 유형의 사회보장제도와 비스마르크(Bismarck) 유형의 사회보장제도로 나눌 수 있다.

1. 베버리지 유형

이 유형의 사회보장은 모든 사회구성원에게 사회적 최저수준의 기초생활을 보장하여 주는 데 있다. 이 유형의 사회보장은 급여에 있어서 보편성 원칙과 평등성의 원칙이 강조된다. 평등정액급여를 원칙으로 한다. 이를 통하여 빈곤을 추방하는 데 있다. 또 소득보장과 함께 의료의 보장을 강조하고 있다. 영국, 영연방국가, 스웨덴이 이러한 유형의 사회보장제도를 가지고 있다.

2. 비스마르크 유형

이 유형은 노동자 계급의 경제생활의 보장에 초점을 두고 있다. 즉 노동자 계급에게 사회보험과 의료보장을 통하여 자영업자, 농업종사자, 가사노동자 집단의 사회보장급여보다 높은 수준의 사회보장급여를 행한다. 이러한 사회보장제도에서는 관리운영의 주체로서 노동조합의 역할이 중요시된다. 독일과 프랑스 등 유럽 대륙 국가들의 사회보장제도가 여기에 속한다.

3. 레자 유형

레자(Rejda, 1999 : 10-12)는 사회보장의 유형을 ① 사회보험, ② 공공부조, ③ 보편주의 수당, ④ 공적 개인저축계정으로 나눈다.

사회보험은 모든 국민에게 보험의 방식으로 재정적 급여를 하는 것으로 건강보험, 연금, 고용보험, 산업재해보상보험 등 이른바 4대 사회보험으로 구성된다.

공공부조는 빈민에게 현금급여[현금급여 이외의 현물급여(치료, 간병 등)도 포함될 수 있다]를 하여 기초생활을 보장하는 것이다. 공공부조는 사회보험을 보완하는 기능을 한다.

보편주의 수당은 수급자의 소득, 고용, 재산과 관계없이 모든 시민과 주민에게 정액의 현금급여를 제공하는 것인데 재정은 조세로 충당한다. 노인에게 지급하는 기초노령수당, 노인에게 지급되는 교통수당 등이 여기에 속한다.

공적 개인저축계정은 피용자와 고용주가 공동부담하는 보험료가 개인계좌에 적립되고 가입자가 퇴직하면 개인별로 저축한 적립금 총액과 그 이자수입을 합한 금액을 되돌려 주며, 가입자가 사망하면 수급권은 유족에게 승계된다.

4. 미국 사회보장청의 분류

미국의 사회보장청은 사회보장의 급여를 현금급여와 현물급여로 구분한다. 현금급여는 소득의 상실을 현금으로 보전하는 것이고, 현물급여는 입원, 의료서비스, 재활서비스와 같은 현물의 서비스를 말한다. 현금급여를 소득유지 프로그램이라고 한다. 소득유지 프로그램에는 다시 고용관련제도(앞에서 본 건강보험, 연금, 고용보험, 산업재해보상보험 등의 4대 사회보험), 보편주의 프로그램(노령수당, 가족수당, 장애수당, 유족수당, 미망인수당, 고아수당과 같이 소득수준, 고용여부, 생계수준 등 개인의 사회경제적 지위를 고려하지 않고 국민 모두에게 제공되는 정액의 현금급여), 자산조사 프로그램(최저생계수준에 기초한 기준에 의거하여 개인과 가족의 자원을 조사하여 급여자격 여부를 결정하는 것이고 노동력을 상실한 노인이나 장애인이나 빈민에게만 국한하여 급여를 한다)의 세 가지 형태가 있다.

5. 기타

기타 위의 유형에는 들지 않으나 사회보장의 기능을 수행하는 제도들이 있다. 즉 기업연금과 같이 피용자의 보험료로 재정이 충당되고[피용자와 고용주가 함께 보험료를 부담하는 경우도 있다(우리나라의 확정기여형 퇴직연금제도)] 피용자 개인의 저축계정에 적립되는 강제적 민간보험제도, 고용주와 피용주가 공동부담하는 보험료로 재정을 충당하는 강제저축제도인 공적공제기금(public provident funds), 퇴직금, 산업재해보상금, 의료급여, 출산급여 등과 같이 노동법에 따라 고용주가 자신의 피용자에게 특정한 급여를 제공하는 고용주 책임제도(우리나라의 퇴직금제도) 등도 사회보장기능을 수행한다고 할 수 있다.

2 사회보장의 기능과 기본원칙

제 1 절 사회보장의 기능

1. 소득재분배 기능

사회보장은 소득재분배의 효과를 가져온다. 소득재분배란 한 개인 또는 한 집단으로부터 다른 개인이나 집단으로 이전되는 소득을 말한다(Webb, 1971 : 11). 소득재분배의 형태에는 수직적 재분배, 수평적 재분배, 세대 간 재분배의 형태가 있다.

수직적 재분배란 고소득자로부터 저소득자로의 소득재분배를 의미한다. 예컨대 누진적 소득세나 자산소득세로 징수된 세금을 재원으로 하여 지급하는 국민기초생활보장법에 의한 기초생활급여는 소득이 많은 자로부터 소득이 적은 자에게 소득이 재분배되었다고 할 수 있다. 또 국민연금은 저소득자는 보험료를 적게 내고 고소득자는 상대적으로 보다 많은 보험료를 내는 반면 저소득자는 고소득자보다 내는 보험료에 비하여 상대적으로 많은 연금을 받는데 이 범위 안에서 소득재분배가 이루어진다. 국민건강보험과 고용보험의 경우에는 소득에 비례하여 보험료를 부담하지만 반드시 소득에 비례하여 급여를 받는 것이 아니고, 산업재해보상보험은 사용자가 보험료를 부담하고 노동자는 급여만 받는 점에서 소득재분배가 일어난다.

수평적 재분배란 동일한 소득계층 내에서 일하고 있는 사람으로부터 일할 수 없게 된 사람에게로 소득이 재분배되는 형태이다. 고용보험(실업보험)이 대표적이다. 또 자녀가 없는 계층으로부터 자녀가 있는 계층으로, 취업자로부터 실업자에게로, 사고를 당하지 않은 사람으로부터 사고를 당한 자에게 소득이 재분배되는 것도 이 형태에 속한다. 예컨대 영유아가 많은 자에게 보육료를 무상으로 지원하거나 고령자 등의 고용촉진을 지원하거나, 곤궁한 자에게 무상으로 의료급여를 하는 것이 그 예이다.

세대 간 재분배란 근로세대와 노령세대, 현재세대와 미래세대 간의 소득을 재분배하는 형태이다. 공적연금을 축적된 기금에 의하여 지급하는 적립방식이 아니라 현재 일하고 있는 세대의 기여금으로 운영되는 부과방식으로 운영될 경우 세대 간 재분배 효과가 일어난다. 기초노령연금법상의 기초노령연금은 65세 이상의 노인은 전혀 부담을 하지 않고 근로세대가 부담하는 세금이나 부담금에서 일정액의 급여를 받는다는 점에서 세대 간 소득재분배의 효과가 발생한다.

2. 최저생활보장기능

사회보장 특히 헌법에 규정하고 있는 국가의 국민에 대한 사회보장의무(헌법 제34조 제2항)는 국민의 생존권적 기본권을 국가가 보장하는 것을 바탕으로 하고 있다. 이 국민의 생존권적 기본권은 국민이 인간다운 생활을 할 수 있는 최저생활을 보장받을 권리가 있다는 뜻이다. 이것은 사회보장급여를 규정하고 있는 사회보장관계법에서 구체적으로 국민의 최저생활을 보장하는 급여를 하도록 규정하여야 한다는 뜻이다.

이리하여 사회보장기본법 제2조는 "사회보장은 모든 국민이 인간다운 생활을 할 수 있도록 최저생활을 보장하고 국민 개개인이 생활의 수준을 향상시킬 수 있도록 제도와 여건을 조성하여, 그 시행에 있어 형평과 효율의 조화를 기함으로써 복지사회를 실현하는 것을 기본이념으로 한다"고 되어 있다. 따라서 사회보장은 국민의 최저생활을 보장하는 기능을 하는 것이다. 대표적인 것은 국민기초생활보장법에 의한 기초생활보장이다.

3. 사회공동체 형성기능(사회적 연대와 통합기능)

복지국가가 지향하는 가치는 실질적 평등, 자유, 민주주의, 공동체 의식, 안정성, 경제적 효율성이라고 할 수 있다(Furniss & Tilton, 1979 : 28). 극단적인 빈부의 격차는 구성원의 공동체의식(결속, 연대)을 말살시킨다.

현대복지국가의 기본이념은 실질적 평등(사회적 평등)을 기초로 하고 있다. 그렇다고 하여 근대 시민민주주의의 본질인 '자유'가 도외시되어서는 안 된다. 공산주의(사회주의)는 실질적 평등만을 추구하므로 경제적 자유가 도외시되어 경제성장을 할 수 없어 국가가 재원이 없으니 결국 국민의 생존권을 보장할 수 없다.

다른 한편 자본주의는 개인의 자유에 치중하다 보니 계층 간에 빈부의 격차가 커져서 갈등과 마찰이 일어난다. 따라서 자유와 실질적 평등은 '모순'된 상태로 둘 것이 아니라 양자를 조화시켜 공존하게 하여야 한다. 자유민주주의를 바탕으로 하면서 복지국가를 건설하는 것이 국민의 생존권을 보장하는 길이므로 자유라는 터전 위에서 실질적 평등을 실현하기 위해서는 사회구성원 간의 연대 내지 결속을 이끌어 낼 수 있는 사회공동체를 형성하여야 한다.

실질적 평등에 기초하는 복지국가를 건설하기 위한 사회보장은 사회구성원이 서로 연대하여 결속하는 사회공동체를 형성하는 기능을 하는 것이다. 이 사회공동체 의식이 있어야 자유 위에서 실질적 평등을 꾀할 수 있다.

4. 기타 기능

사회보장은 이 밖에도 보호기능(빈민과 근로자를 보호하는 기능), 생산성 기능(인간을 하나의 생산요소로 보고 질병을 치료·예방하는 건강보험이나 의료급여, 고용안정과 촉진을 지원하는 고용보험, 산재장애인의 재활을 돕는 산업재해보상보험 등의 사회보장제도는 노동력을 튼튼히 하고 회복하여 생산을 가능하게 하는 기능을 하는 것이지 사회보장이 결코 비생산적이어서 기업부담을 커지게 하여 경쟁력을 상실하게 하는 것이 아니다)을 한다.

또 사회보장은 빈부의 격차를 줄여서 계층 간의 갈등을 해소하여 시민사회를 한 단계 높게 발전시키는 '사회발전' 기능을 하고 있다.

제 2 절 사회보장의 기본원칙

1. 베버리지의 기본원칙

베버리지는 보고서에서 사회보장을 실업, 질병 혹은 사고, 노령 또는 기타 생활상의 어려움으로 인하여 임금이 상실된 때 소득을 보장하여 주는 것으로 정의하고, 기본적으로 사회보장은 최저수준의 보장에 있다고 보았다. 베버리지는 이러한 사회문제를 해결하기 위하여서는 사회보험이 사회보장의 주요 방식이 되어야 한다고 보고, 사회보험의 원칙으로 다음과 같이 여섯 가지 기본원칙을 제시하였다.

1) 균일한 생계급여(flat-rate of subsistence benefit)

실업, 장애, 퇴직으로 인한 소득상실의 경우 소득상실 전에 받던 소득액의 다과에 상관없이 보험급여의 액수가 동일해야 한다는 원칙이다. 다만 업무상 재해나 질병의 경우는 예외로 한다. 이것은 소득상실 이전의 생활수준을 유지하여 주는 것이 아니고, 기본적 욕구를 충족시키는 최저생활을 확보하여 주는 것을 목표로 한다.

2) 균일갹출의 원칙(flat-rate of contribution)

소득의 고하를 막론하고 누구나 똑같은 갹출금을 내야 한다는 원칙이다. 이것은 위의 원칙이 받아들여진 이상 형평의 논리에 의해 당연히 따라 나오는 것으로서, 부자이든 가난한 사람이든 모두가 다 똑같이 내고 똑같이 받는다는 정신이다. 그러나 사용자와 노동자가 균등한 부담금을 갹출하는 경우 재원이 부족하게 되므로 정부가 보조금을 출연하여야 하는데 이 정부보조금은 일반 과세에 의하여 마련되는 것이고 세금은 부유층이 많이 내는 것이니까 결국 부유층이 더 많은 부담을 하게 된다.

그런데 국민의 최저생활을 보장하기 위하여서는 사회보험급여의 수준을 올려야 하고 이를 위해서는 국가부담을 늘리거나 갹출금을 높여야 한다. 이 갹출금을 높이는 것은 근로자의 부담능력 때문에 제한을 받게 된다. 따라서 갹출금을 더 높일 수도 없고 그렇다고 국고부담을 대폭 올릴 수도 없으므로 결국 국민의 최저생활을 보장하고자 하는 사회보장의 기본목표를 실현하지 못하는 위험이 뒤따르게 된다.

3) 행정적 책임의 통일(unification of administrative responsibility)

당시 영국에서는 기존의 사회보험과 그에 관련된 사회보험은 서로 다른 중앙부처와 각 지방자치단체, 그리고 각양각색의 수많은 공익조합에 의해 운영되고 있어 각 기관마다 서로 다른 원칙과 절차에 따라 처리되고, 자금과 노력의 낭비도 많았다. 따라서 경비절감과 부처 및 제도 간의 상호 모순을 없애기 위하여 운영기관을 통일해야 한다는 것이다.

4) 급여의 적절성(adequacy of benefit)

급여의 양과 급여시기가 적절해야 한다는 것이다. 급여의 양은 최저생계비를 보장하기에 적절해야 하며, 급여의 지급은 욕구조사 없이 욕구가 존재하는 한 지급되어야 한다.

5) 포괄성(comprehensiveness)

사회보험의 적용대상과 그 적용욕구가 가능하면 포괄적이어야 한다는 것이다.

- 대상의 포괄성 : 신분이나 수입에 관계없이 모든 국민이 대상이 되어야 한다는 원칙이다. 즉, 특정 계급이나 직업집단에 한정될 것이 아니라 모든 국민이 의무적으로 가입되는 것이어야 한다.
- 욕구의 포괄성 : 모든 욕구를 포괄해야 한다는 원칙이다. 실업, 질병, 노령뿐만 아니라 과부와 고아와 같이 부양의무자 상실의 위험, 그리고 장례, 혼인, 출산 등과 같이 특별 지출의 경우도 포함되어야 한다. 그리고 사보험처럼 면책범위를 넓히거나 엄격한 면책조항이 있어서는 안 된다.

6) 대상의 계층화 원칙(classification)

이것은 최저생활의 차이 그리고 발생사고의 종류에 따라 구분하여 보험을 조정해야 한다는 것이다. 사회보험은 재산에 관계없이 모든 국민을 대상으로 하지만 그 적용에 있어서는 모든 인구를 몇 개의 계층으로 구분할 필요가 있다고 보았다. 이것은 통상적 의미에서의 경제적·사회적 계층을 의미하는 것은 아니다. 베버리지는 전체 국민을 6개의 계층으로 다음과 같이 분류하였다.

① 피고용인 : 평소의 직업이 고용계약에 의하여 고용되어 있는 자
② 고용주, 상인, 기타 독립 노동자를 포함한 자영업자
③ 가정주부처럼 중요하지만 무보수에 종사하는 자
④ 그 밖에 취업연령에 속하는 비취업자(non-employed)
⑤ 취업연령 미달자(15세 미만) : 아동수당 지급
⑥ 취업연령을 초과한 퇴직자(남자 : 65세, 여자 : 60세 이상) : 퇴직연금 지급

이와 같이 모든 국민을 6개의 계층으로 분류하고 이에 따라 보험급여를 조정하여야 한다는 것이다. 예를 들면, 베버리지는 아동수당의 지급 필요성에 대해서 다음과 같이 주장한다(송규범, 1983 : 224).

① 크기가 각각 다른 가족에 대한 최저생계는 임금제도로서는 확보할 수 없다.
② 아동에 대한 부가적 부조가 없으면 임금이 실업수당보다 별로 높지 못하거나 자칫하면 오히려 낮아질 위험이 있다.
③ 출산율이 낮아지는 상황에서 아동을 최대한 보호할 필요가 있으며 뿐만 아니라 더 많은 자녀를 갖도록 최대한 장려할 필요가 있다. 베버리지는 아동수당에 대해서 첫아이는 제외하고 둘째부터 지급하는 것이 좋다고 건의하였다. 이것은 자녀의 양육책임을 국가와 부모가 나누어 갖도록 하려는 의도에서다.

2. 국제노동기구의 원칙

국제노동기구(ILO)는 사회보장과 관련해서 많은 조약과 권고를 제시함으로써 사회보장의 발전과 국제화에 중요한 공헌을 한 단체이다. 사회보장의 원칙과 관련해서도 여러 가지 방안을 제시하고 있다. 1944년 국제노동기구 총회는 '소득보장의 권고'와 '의

료보장의 권고'의 두 권고를 채택하였다. '소득보장의 권고'는 소득보장이 사회보장의 본질적 요소임을 지적하면서 네 가지 지도원칙을 제시하였으며, '의료보장의 권고'는 일곱 개의 원칙을 제시하였다.

1952년 제35회 ILO 총회에서 채택된 제102호 조약, 즉 「사회보장의 최저기준에 관한 조약」에서는 보험의 급여수준에 대한 세 가지 기본원칙과 사회보장비용부담의 공평성 원칙을 제시하였다. 이어 1953년 국제노동기구의 국제사회보장회의는 열한 가지 원칙을 제시하였다.

위의 1952년의 조약에서 결의한 세 가지 원칙은 ① 대상의 보편성, ② 비용부담의 공평성, ③ 급여수준의 적절성이다.

첫째, 수혜대상의 보편성 원칙은 사회보장은 임금근로자는 물론이고 전체 국민을 대상으로 해야 한다는 것이다.

둘째, 비용부담의 공평성 원칙은 사회보장비용부담은 국가 또는 사용자 혹은 양자 공동부담으로 하며, 근로자 부담은 일정수준을 넘어서는 안 된다는 것이다. 그리고 재원은 보험료 또는 세금으로 충당하고 자산이 적은 자에게 과도한 부담이 되지 않도록 하며, 피보험자의 경제적 상태를 고려해야 한다는 것이다.

셋째, 급여수준의 적절성 원칙은 보험급여의 수준과 급여방법에 관한 원칙이다. 사회보장은 현물급여를 원칙으로 하고 부득이한 경우를 제외하고는 일시급여 대신 정기급여를 한다. 이 정기급여에 대해서도 다시 부양수준의 원칙(사회보장의 총액과 수익자의 자력을 합한 것이 최저생활이 되도록 하려는 원칙), 균일급여의 원칙(보험급여는 어느 수급자에게도 동액의 급여를 한다는 원칙이다. 우리나라의 경우 기초생활보장에 이 원칙이 적용되어야 할 것이다), 비례급여의 원칙(급여수준은 각 개인이 사회적으로 영위하는 생활의 정도가 모두 다르므로 그것에 상응하는 정도의 급여수준이 되어야 하고, 이것은 각 개인의 종전의 소득에 비례하는 급여를 행한다는 것이다. 이런 의미에서 개인별 급여제라고도 한다) 등의 세 가지 원칙이 있다.

3. 세계노동조합연맹의 원칙

국제노동기구가 UN 관련 국가 간 기구인 데 반해 세계노동조합연맹(the World Federation of Trade Unions : WFTU)은 비정부 민간기구이다. 이 기구의 사회보장에 대한 태도는 훨씬 진보적이고 노동자의 편에 훨씬 유리한 주장을 담고 있다. WFTU는 1961년 모스크바 제5회 세계노동조합대회에서 「사회보장헌장」을 채택하였다(김태성 · 김진수, 2001 : 109). 그 내용은 다음과 같다.

① 노동자 무갹출의 원칙
② 의료의 사회화 원칙 : 전액 무료의 의료제도 확립
③ 사회적 위험의 포괄 원칙 : 질병, 출산, 신체장애, 실업, 사망
④ 적용대상의 포괄성 원칙 : 농업 노동자, 가사 노동자, 계절 노동자, 견습공, 소농민, 소작인, 학생, 자영업
⑤ 무차별 적용의 원칙

제1항 '노동자 무갹출의 원칙'은 국제노동기구의 '피보험자(노동자)의 경제적 상태 고려' 주장보다 한 발 더 진전된 것이다. 그리고 '의료의 사회화', '위험의 포괄 원칙', '적용대상의 포괄', '무차별 적용' 등은 획기적 주장이라 할 수 있다.

4. 미국의 사회보장법상의 원칙

미국의 사회보장법에서는 사회적 충분성과 함께 개인적 형평성의 원칙을 매우 중시한다. 충분성의 원칙이 인간의 기본적 욕구를 충족시키기 위해 빈민에게 부조를 제공하는 것이 바람직하다고 보는 것이라면 개인적 형평성의 원칙은 개개인은 자신이 기여한 바에 비례하여 급여를 받아야 한다는 것을 말한다. 이렇게 미국의 사회보장법이 베버리지 원칙에 비해 유독 개인적 형평성을 강조하는 데는 역사적 이유가 있다. 미국인 특유의 개인주의 때문이다. 다시 말해서 개개인의 생계곤란을 공동체적으로 해결하고자 하는 사회보장제도를 도입하면서도 개인주의적 요소를 가미하고자 한 것이다.

제 3 절 사회보장의 성립요소

사회보장이 성립하기 위해서는 궁극적으로 완전고용과 최저임금제가 실현되어야 한다.

1. 완전고용

완전고용(full employment)이란 실질임금하에서 일하기를 원하는 사람이 모두 고용되는 상태를 말한다. 이것은 구조적 실업 이외의 실업이 존재하지 않는 경제상태를 말한다. 베버리지는 사회보장계획이 성공하기 위해서는 아동수당, 보건 및 재활서비스, 고용유지(maintenance of employment)가 전제되어야 한다고 했다(Beveridge, 1958 : 154-164). 또한 그는 완전고용은 국민의 최저생활보장의 전제조건이라고 하였다.

베버리지가 활동하던 당시 영국 사회는 실업의 극단적 증가로 인해 커다란 사회적 혼란을 겪었는데, 기존에 운영되고 있던 실업보험은 이러한 상황을 감당하지 못해 제 기능을 발휘하지 못하고 실패하였다. 미국과 유럽 국민경제에서 실업자가 백만 명이나 되었던 1929~1932년간의 세계 경제 대공황 이후 경제정책의 목표가 완전고용이었고, 국민경제에서 고용수준이 매우 낮은 경우엔 사회보장은 제 기능을 발휘하지 못한다고 하였다. 따라서 사회보장이 제 기능을 발휘하기 위해서는 고용의 보장이 선결되어야 한다는 인식이 확산되었다. 결국, 베버리지는 고용의 보장을 사회보장의 전제조건으로 보았다.

사회보장제도는 다양한 원인으로 인하여 발생하는 소득의 중단사태에 대응하는 소득보장정책이므로 대량실업이나 장기간 실업 등은 보험재정의 수입감소와 지출증대를 가져와 재정파탄을 초래할 수 있다는 것이다. 따라서 사회보장제도가 건전하게 발전하기 위해서는 그 전제조건으로 완전고용정책을 강화해야 한다.

2. 최저임금제의 실현

최저임금(minimum wage)이란 국가가 법률로써 임금의 최저한을 강제적으로 규제하는 제도를 말한다. 다시 말하면 법률에 의해 최저임금 이하로 노동자의 고용을 금하는 제도이다.

자본주의 사회에서는 원칙적으로 임금은 사용자와 노동자 간의 자유로운 계약에 의하여 결정된다(계약자유의 원칙). 이런 의미에서 최저임금제는 이 원칙에 대한 중대한 예외가 된다. 최저임금제도의 정책적 목적은 ① 임금률을 높이고, ② 임금생활자의 소득을 증가시키고, ③ 수준 이하의 근로조건이나 빈곤의 제거를 도모하며, ④ 임금생활자의 노동력 착취를 방지함으로써 궁극적으로, ⑤ 소득재분배의 효과를 얻고자 하는 데 있다. 결국 최저임금제 그 자체가 사회보장적 기능을 가지고 있다고 볼 수 있다.

최저임금제와 사회보장과의 관계를 살펴보면 다음과 같다.

① 최저임금제는 사회보험의 급여수준 및 공공부조의 기준이 될 수 있다. 최저임금제의 확립은 사회보장의 급여수준을 향상시키는 데 영향을 미친다. 공공부조의 수준은 모든 국민의 인간다운 생활을 위한 최소한의 생활보장수단이 된다.

② 사회보장의 재원에서 근로자의 갹출금은 임금비례제가 일반적 원칙이다. 따라서 임금이 너무 낮으면 사회보장의 재정에 파탄이 올 수 있다. 이를 막기 위해 국고의 부담이 커질 수 있다.

③ 저임금에 따른 비례갹출 비례급여의 원칙을 적용하면 저부담 저급여가 되는데 이것은 모든 국민의 인간다운 생활에 대한 보장이라고 하는 사회보장의 의의와 기능을 기대할 수 없게 된다. 따라서 최저임금제는 사회보장의 전제조건이 된다.

베버리지가 앞에서 본 바와 같이 사회보장의 전제조건으로 아동수당, 보건 및 재활서비스, 고용유지 등의 완전고용을 강조한 반면에 프랑스의 Laroque는 소득보장을 노동자가 각종 사고를 당하여 소득이 중단된 경우에 대한 보상으로 보는 베버리지 구상을 비판하였다. 그는 1940년대에 「프랑스의 사회보장계획」에서 프랑스의 사회경제적 여건을 고려하여 현대 프랑스의 사회보장제도의 골격을 마련하는 데 기여하였다.

그는 소득보장을 무엇보다도 임금정책으로 간주한다는 점에서 베버리지와 다른 입장을 취하였다. 즉, 사회보장을 소득 그 자체의 지속적 보장과 연관시켜 바라봄으로써, 베버리지의 사후대책적 대처방안보다 진일보한 내용을 담고 있다고 할 수 있다.

그는 아무리 고용이 보장되더라도, 저임금수준에서는 생활의 질을 개선하기 위하여 노력한다 해도 그 노력의 결과는 한계를 가질 수밖에 없으므로 양 중심보다는 질 중심의 보장의 중요성을 강조하였다. 따라서 그는 완전고용과 함께 임금정책(최저임금제)에 의한 소득재분배를 강조하였다. 베버리지 이후 영국에서도 사회보장의 또 하나의 전제조건으로 최저임금을 들었다.

〈표 2-1〉 **세계 각국의 최저임금과 사회보험의 성립연도**

국 가	최저임금제	의료보험	노령보험	산재보험	실업보험	가족수당
영 국	1909	1911	1908	1897	1911	1945
프 랑 스	1915	1928	1910	1898	1905	1932
독 일	1923	1883	1889	1884	1927	1954
오스트리아	1918	1888	1906	1887	1920	1948
헝 가 리	1923	1891	1928	1907	1957	1938
이 탈 리 아	1926	1912	1919	1898	1919	1937
네 덜 란 드	1920	1913	1913	1901	1919	1939
스 웨 덴		1891	1913	1901	1934	1947
노 르 웨 이	1918	1909	1936	1895	1906	1946
뉴 질 랜 드	1894	1938	1898	1908	1930	1926
호 주	1906	1944(질병) 1912(출산)	1909	1902	1944	1941
(구) 소 련		1912	1922	1912		1944
일 본	1959	1922	1947	1947	1971	
한 국	1986	1977	1988	1964	1995	

자료 : 박석돈(2006 : 66). 〈표 4-1〉 재인용.

저임금수준에서는 아무리 생활의 질을 개선하기 위하여 노력한다고 하더라도 그 노력의 결과는 한계를 가질 수밖에 없다. 생활의 여유를 갖는다는 것도 결국은 생활에 소요되는 소득이 있어야 하는 것이다. 이러한 문제를 보완하기 위한 대책이 마련되어야 하는데 그렇게 하기 위해서는 최저임금제와 같은 제도가 있어야 한다. 최저임금제가 실시되지 않으면 다수의 저임금노동자들에 대한 최저생활을 공공부조를 통해 보장할 수밖에 없고 이것 또한 사회보장 재정의 압박요인이 될 수밖에 없다. 따라서 최저임금제의 실현은 사회보장이 건전하게 발전할 수 있는 전제조건이 되는 것이다.

우리나라도 사회보장의 하나로서 최저임금법을 제정(1986. 12. 31.)하여 시행하고 있다. 최저임금법은 "근로자에 대하여 임금의 최저수준을 보장하여 근로자의 생활안정과 노동력의 질적 향상을 기함으로써 국민경제의 건전한 발전에 이바지함을 목적으로 한다"(제1조)고 규정하고 있다. 이 법에 의하여 "사용자는 최저임금의 적용을 받는 근로자에 대하여 최저임금 이상의 임금을 지급하여야 한다"(제6조 제1항). 따라서 최저임금에 미달하는 근로계약은 무효이며, 임금부분에 대해서는 최저임금액과 동일한 임금을 지급하기로 계약한 것으로 본다(법 제6조 제3항). 또한 법에 의한 최저임금을 이유로 종전의 임금수준을 저하시켜서는 안 된다(법 제6조 제2항). 이와 같이 우리나라도 최저임금제를 보장하고 있다.

3 사회보장의 역사

사회보장은 사회보험과 공공부조를 근간으로 하고 있다. 특히 연금이나 실업보험 같은 사회보험을 시행하면서 사회보장이라는 용어를 처음 사용했다. 따라서 사회보험이 사회보장의 핵심이다.

공공부조는 빈민법에 기원을 두고 있고 사회보험은 공제조합에 그 기원을 두고 있다. 사회보험은 나라별로 다르지만 그 기원이 되는 공제조합, 세계 최초의 사회보험인 1880년대의 비스마르크 사회입법, 영국 복지국가의 시발점이 된 1911년의 국민보험, 미국 사회보장의 핵심이 된 1935년의 루스벨트 사회보장법, 그리고 서유럽 복지국가의 본보기가 된 베버리지 보고서를 살펴보는 일이 중요하다. 이에 대하여 공공부조는 영국의 빈민구제에서 출발했으므로 영국의 빈민법을 중심으로 살펴보아야 할 것이다.

제1절 사회보험의 역사

1. 공제조합

사회보험은 공제조합에 기원을 두고 있다. 1880년대 독일제국이 사회입법의 일환으로 건강보험을 도입(1883년)할 때 중앙집중식 관리기구를 새로 만드는 대신 이미 질병급여를 제공하고 있었던 기존의 공제조합을 중심으로 질병금고(sickness funds, 건강보험조합)를 만들었고, 영국도 1911년 국민보험의 하나로 건강보험을 실시하면서 별도의 관리기구를 신설한 게 아니라 기존의 공제조합 중에서 정부가 공인한 조합(approved societies)에게 맡겼다. 프랑스 역시 1930년에 공적연금을 시행할 때 기존의 공제조합들을 일선금고로 활용했다.

공제조합이란 노동자들로 구성된 조합원 상호 간의 부조와 복지를 목적으로 하는 상호부조조직인데, 조합원이 갹출한 일정의 부금을 재원으로 해서 조합원이 노령·재해·실업 · 질병 · 사망 등의 사고를 당했을 경우 급여를 지급한다(조합원 본인이 사망하는 경우에는 그 미망인과 자녀에게 지급). 오늘날과 같은 국가주체의 사회보장제도가 전혀 없어 노동자 가족들의 생계문제는 전적으로 스스로 해결할 수밖에 없었던 19세기 말까지 공제조합은 노동자들이나 서민들의 복지를 위한 유일하고도 유력한 사회조직이었다.

공제조합이 채택한 보장의 기술, 즉 일정한 사회적 위험에 대한 보상을 사전에 약정한 다음 실제로 그런 위험이 발생하면 약정된 급여를 하나의 권리로서 제공하며, 이런 권리를 갖기 위해서는 사전에 일정한 부금을 납부해야 하는 기술은 현대적인 사회보험의 기본원리와 본질적으로 같은 것이다. 또 이는 오늘날 공제사업의 기원이기도 하다.

영국에서는 17세기경부터 노동자들의 자생적인 상호부조조직인 우애조합(友愛組合, friendly societies)이 발전했다. 우애조합은 점차 초기 형태의 노동조합으로 성장했다. 18세기 들어 빈곤과 저임금이 만연되면서 노조의 호전성도 크게 증대되었다. 1789년에는 프랑스 대혁명이 발발했다. 당시 지배계급은 노조를 임금인상은 물론 음모와 소요의 근원지로 여겼다. 노조를 불온시한 영국 정부는 1793년 로즈법(Rose's Act)을 제정하여 호전적 조합원과 온건한 노동자를 분리시키기 위해 공제조합의 등록을 의무화하고, 그 활동을 규제하였다. 1799년에는 단결금지법(the Combination Act)을 만들어 모든 노조를 불법화했다(임금인상을 위해 조직을 결성하면 3개월 금고형이나 2개월 중노동형에 처해졌다).

이와 같이 노조가 불법화되고, 공제조합이 합법화되자 공제조합의 수가 크게 늘어났으며, 공제조합은 조합원들의 복지활동(소득의 중단이나 상실에 대비하는)에 주력했다.

독일에서도 17세기경부터 직인과 도제 및 광부의 상호부조조직이 전국 각지에서 자연발생적으로 생겨났다. 1845년 프로이센은 영업법을 제정하여 독일 최초로 공제조합(Hilfseinrichtungen), 즉 노동자들의 생계와 건강을 위한 상호부조조직을 합법화하였다.

이로써 공장노동자는 공제조합에 가입할 수 있게 되었고, 지역별로 공제조합을 설립하여 공장노동자의 가입을 의무화할 수 있게 되었으며, 노동자가 부담하는 공제조합 갹출료의 절반까지 고용주가 부담하는 것을 의무화할 수 있게 되었다. 이후 직업별, 공장별, 지역별로 결성된 공제조합들은 통폐합을 거듭했으며, 우후죽순처럼 생긴 건강보험조합과 직장·지역·수공업자 조합이 공존하였다. 독일이 세계 최초로 사회보험을 만든 후 그 시행이 비교적 순조로웠던 중요한 요인 중의 하나가 지역별·직능별 공제조합이 잘 조직되어 있었다는 데 있다.

프랑스에서도 19세기에 공제조합(Sociètè de Secours mutuels)이 상당히 발달했다. 프랑스의 공제조합도 영국이나 독일과 같이 동일 직업에 종사하는 노동자, 예컨대 목수, 미장이, 제화공, 방직 및 방적공 등이 직업연대성에 기초하여 자생적으로 결성하였다. 프랑스 정부는 노동조합은 물론 공제조합까지도 형법상의 집회금지조항의 적용대상으로 삼았다. 그러다가 1848년 제2공화국의 성립 이후 조직이 허용되어 1850년에는 약 2천 개로 늘어났고, 19세기 후반기에는 노동자 및 가족의 생활안정보장의 주된 수단으로 성장하였다. 1889년에는 공제조합헌장이 공포되어 공제조합 결성의 촉매제가 되었다.

프랑스는 특이하게도 국가가 직접 공제조합을 만들어 노동자와 가족의 생활안정대책을 강구하였다. 1850년에 설립된 국가노령퇴직금고(Caisse nationale des Retraites pour la vieillesse)가 그것이다. 이 금고는 국가의 재정적 지원에 힘입어 여타의 저축보다도 많은 이윤을 보장함으로써 저임금노동자들의 노후에 대비한 예방적 노력을 장려하기 위한 제도였다. 그러나 한편으로는 노동자들의 무관심과 다른 한편으로는 높은 수준의 이자수입을 노린 중산층의 대폭적 참여 때문에 본래의 목적에서 빗나간 제도로 변질되었다. 그러나 공제조합이나 고용주금고는 그 혜택범위가 한정되어 대부분의 노동자들은 여전히 질병, 산업재해, 실업, 퇴직 등의 사회적 위험을 스스로 해결해야 했다. 19세기 말에 이르러 노사 간의 계급대립이 심화되고 노동자계급의 생활처지 개선요구가 강해지자 노동자복지에 대한 국가의 관심이 증대되었다. 그와 함께 종전까지는 통제와 감시의 대상이었던 노동자들의 공제조합을 국가가 앞장서서 적극 권장하기 시작했다(1895년 공제조합 자율화의 법, 1898년 공제조합헌장 ; 국민연금연구센터, 1997 : 36-37).

공제조합은 노동자의 복지문제에 국가가 본격적으로 개입하기 전까지 노동자의 재해·질병·노령·사망 등 사회적 위험을 상호부조를 통해 스스로 해결하고자 했던 자조(self-help)조직이었다. 그러나 조합원의 범위가 좁고 비조합원에 대해 배타적이었으며, 재정규모가 영세한 공제조합은 산업화가 본격적으로 진행되면서 규모가 엄청나게 커진 사회적 위험(대량실업, 산업재해, 직업병 등)에 대응하긴 역부족이었다. 이때 등장한 것이 국가의 사회보험이었다.

2. 독일의 사회입법(비스마르크 입법)

비스마르크는 1883년에 독일제국의 건강보험을 만들었다. 이것이 세계 최초의 사회보험이었다. 독일제국은 건강보험의 관리운영을 위해 국가의 중앙집중식 기구를 별도로 만들지 않고, 이미 질병급여를 제공하고 있었던 기존의 길드, 공장, 기업 및 상호부조조직(공제조합)을 중심으로 건강보험조합인 질병금고(sickness funds)를 만들었고, 이와 별도로 소매업자를 위한 지역질병금고(local sickness funds)와 여기에 가입할 수 없는 사람들을 위해 교구금고(parochial funds)를 만들었다. 보험료는 통상 노동자가 2/3, 고용주가 1/3을 분담토록 했다. 그리고 모든 금고는 해당 조합원들의 대표자들이 통제하도록 했는데, 노동자와 고용주는 분담비율만큼의 대표를, 교구금고는 지역에서 선출된 대표를 보내 관리하도록 하였다.

이듬해인 1884년에는 산업재해보상보험법이 제정되었다. 비스마르크 사회보험 중에서 논란이 가장 심했고 또 비스마르크가 가장 큰 관심을 두었던 것이 바로 산업재해보상보험이었다. 산업재해보상보험은 건강보험에 앞서 1880년에 논의가 시작되었는데, 당시 비스마르크는 ① 강제보험, ② 제국보험공단의 중앙집중식 통제, ③ 민간보험회사의 배제, ④ 국가보조금의 지급 등 몇 가지 기본방침을 세워 이를 관철시키고자 했다. 이런 방침에는 산업재해의 보상책임을 자본가가 아닌 국가가 지고, 국가의 직접적 보조가 필요하며, 이윤을 목적으로 하는 사기업, 즉 민간보험회사가 국가의 책임영역에 들어오는 것을 허용할 수 없다는 그의 의지가 내재되어 있었다.

비스마르크는 특히 국가보조금 지급을 중시했는데, 노동자에게 국가가 직접 보조금을 지급해야만 노동자가 자본가가 아닌 국가에 대해 고마움을 느끼고, 또 그래야만 국가에 통합된다고 확신하였다. 그의 지시에 따라 만들어진 산업재해보상보험법의 초안(1881년)에 의하면, 연소득 750마르크 미만의 노동자는 보험료가 면제되고, 연소득 750~1,500마르크의 노동자는 보험료의 1/3, 그리고 연소득 1,500마르크 이상의 노동자는 보험료의 1/2을 부담하도록 되어 있었다.

그러나 비스마르크의 법안은 좌우 양쪽으로부터 격렬한 비난에 봉착하였다. 노동계의 좌파 지도자들은 산업재해보상보험이 노동운동의 자유에 강철 족쇄를 채우려는 것이라고 비난했고, 사회주의자들은 산업재해보상보험이 노동자를 국가복지의 노예로 만드는 병영사회주의라고 맹공격하였다. 반면에 보수적인 자유주의자들은 비스마르크의 사회보험이 국가의 권력강화와 관료화를 초래할 것이라고 우려했으며, 국가보조는 그만큼 노동자들의 부담을 줄이는 대신 자본가의 부담이 늘어나는 것이라고 하여 이를 거부하고 나섰다. 결국 이 법안은 부르주아지들이 장악한 의회를 통과하는 데 실패하고 말았다. 이로써 비스마르크는 국가의 중앙집중식 통제와 국가보조를 포기할 수밖에 없었다.

이리하여 자본가들이 중심이 되어 노동자를 완전히 배제하고 비스마르크 원안을 상당히 수정하여 1884년에 산업재해보상보험법이 제국의회를 통과하였다. 대신 자본가들은 제국보험공단의 운영비를 제외한 모든 비용을 부담해야만 했다. 그래도 그들은 그들로서는 가장 중시한 산업재해보상보험에 대한 통제권만큼은 확보할 수 있었다.

다음은 연금이었다. 연금은 건강보험과 달리 장기보험이다. 따라서 비스마르크는 연금에 관심을 두지 않을 수 없었다. 비스마르크는 연금, 즉 노령폐질보험에서 다시 한번 자신의 의도를 관철시키고자 했다. 그는 적은 금액이지만 국가가 전적으로 부담하는 연금을 수령하는 국민이 많다면 이들로부터 국가에 대한 충성심을 이끌어 낼 수 있다고 생각했다. 그러나 1889년 제국의회를 통과한 노령폐질보험에서도 비스마르크는 자신의 의지를 완전히 관철시키지 못했다. 즉, 그의 집요한 요구였던 직접적인 국가보조에는 성공했지만(재무성이 지급하는 50마르크의 정액 기초연금), 이 국가보조금은 미미했으며, 재정은 대부분 노사 양측이 각각 반씩 부담하는 것으로 함으로써 노동자의 국가에 대한 충성심을 이끌어 내는 데 실패하였다.

3. 1911년 영국의 국민보험

1911년에 영국의 자유당 정부가 제정한 국민보험법은 건강보험과 실업보험으로 구성되었는데, 당시 자유당 정부의 개혁을 주도했던 로이드 조지와 윈스턴 처칠의 합작품이었다. 국민보험의 제1부이자 로이드 조지가 '앰뷸런스'라고 부른 건강보험은 공제조합, 보험회사, 의사 등과 같은 강력한 기득권 집단과의 장시간 협상을 거쳐 탄생하였다. 이미 조합원에게 의료급여를 제공하고 있었던 공제조합은 국가의 건강보험이 자신들의 사업영역을 침해하는 것으로 보아 극구 반대했다. 결국 정부는 공제조합에게 건강보험 운영을 맡김으로써 이들을 포섭할 수 있었다. 다른 한편 공제조합에게 건강보험 운영권을 부여하자 보험회사들이 크게 반발하였다. 이에 로이드 조지는 보험회사의 요구를 수용하여 실업보험상의 미망인급여와 고아급여를 폐지하였다. 또 건강보험을 운영하는 공제조합이 언제나 진료비를 깎으려 하여 의사들이 반발하게 되자 협상 끝에 연소득 250파운드 이하 16~70세의 육체노동자와 연소득 160파운드 이하의 비육체노동자만 건강보험의 대상자로 하였다.

국민보험의 제2부는 실업보험이었다. 실업보험은 처칠이 주도했다. 처칠은 당시 실업문제 전문가로 인정받고 있던 베버리지의 도움을 받아 실업보험을 입안하였다. 건강보험이 관련 이익집단들 때문에 상당한 진통을 겪은 반면 실업보험은 비교적 순탄하게 진행되었다. 그리고 건강보험은 독일의 전례가 있지만 실업보험은 생소한 분야였다. 영국에서는 실업기금을 가진 노조가 일부 있었을 뿐이었다. 먼저 실업사태에 직면할 가능성이 많은 특정한 산업분야에 한정하고, 갹출방식으로 하며, 국가 등 여러 쟁점들에 관한 논의가 이루어졌지만, 가장 중요한 문제는 실업의 책임이 자신에게 있는 사람의 실업급여를 회수해야 하는가의 여부였다. 이에 대한 로이드 조지와 윈스턴 처칠의 입장은 명확했다. 실업급여와 실업의 책임과는 관계가 없다는 것이었다. 이들에게 사회보험은 도덕의 문제가 아니라 수학의 문제였다. 이런 이들의 견해는 영국 사회보험의 고전적 원칙으로 평가받고 있다.

그리고 베버리지는 보험료에 비례하여 급여가 정해져야 한다고 주장했고 그의 의견은 법안에 반영되었다. 그리하여 주당 실업급여액은 5주간 불입한 보험료에 상당하도록 정해졌고, 대상은 경기변동에 민감한 산업인 건축, 토목, 조선, 기계, 철강, 자동차, 제재업 등이었으며, 보험료는 고용주와 피용자가 각각 25펜스씩 부담하고, 대장성이 고용주와 피용자 보험료 합계액의 1/3을 보조하도록 하였다. 실업수당은 성인 남성의 경우 기본액이 주당 7실링이었고 그 이상은 보험료에 비례하고, 최고 15주간 지급되도록 하였다. 당시 직업소개소법에 의해 신설된 각 지역의 직업소개소들이 실업수당 지급실무를 담당했고, 실업수당 청구인에게 적절한 일자리를 제공함으로써 청구인의 진실성을 조사할 권한을 부여받았다.

4. 1935년 미국의 사회보장법

1929년에 발생한 대공황으로 심각한 경제위기가 계속되던 1933년에 대통령으로 취임한 루스벨트는 이른바 제1차 뉴딜이라고 불린 일련의 위기극복정책을 폈다. 통화의 흐름과 외환거래를 통제할 수 있는 권한을 대통령에게 부여함으로써 예금의 인출사태를 수습한 긴급은행법, 농산물 가격을 인상시키기 위해 경작면적과 생산량을 줄임으로써 몰락한 농업부문을 회생시키기 위한 농업조정법, 최저임금과 최대 노동시간 및 가격고정에 관한 기준을 정하여 '상품가격 인하－임금삭감'이라는 악순환을 종식시키기 위한 산업부흥법(NIRA) 등을 만들어 경제위기를 극복하고자 하였다.

그러나 루스벨트의 뉴딜정책은 1935년 5월 27일, 검은 일요일, 대법원이 산업부흥법을 위헌이라고 판결함으로써 결정적 위기에 빠졌다. 이로써 루스벨트는 1차 뉴딜의 국가통제계획사상을 포기해야만 했다. 그 대신 정부가 대기업의 독점을 막고 노동자들의 권익을 보다 적극적으로 보호하는 방향으로 정책을 선회하였다. 다시 말해, 위헌판결을 계기로 정부의 산업정책이 경기회복과 사회개혁을 동시에 추구한 신국가주의적 정책에서 반독점과 노동자 보호를 지향한 개혁정책을 도모하는 방향으로 정책기조가 전환되었다는 것이다.

여기서 더욱 진보적인 색채를 띤 이른바 제2차 뉴딜이 시작되었다. 제2차 뉴딜에서 가장 중요한 것이 와그너법(노동자들의 단체교섭권을 인정한 노동법)과 사회보장법이었다. 뉴딜과 조직노동이 서로 정치적 동맹을 맺는 데 기여한 사회보장법은 미국 최초의 연방정부 차원의 복지 프로그램이었으며, 명실상부하게 미국 사회보장제도의 근간이 되었다. 이 법은 ① 연방정부가 관장하는 노령보험, ② 주정부가 관장하고 연방정부가 재정을 보조하는 실업보험, ③ 주정부가 관장하고 연방정부가 재정을 보조하는 공공부조와 사회복지서비스로 구성되어 있었다.

사회보장법의 성격은 1934년 6월 루스벨트가 의회에 보낸 사회보장에 관한 교서에 잘 나타나 있는데, 거기서 루스벨트 대통령은 미국 역사상 처음으로 미국 헌법이 경제적 안정에 대한 개인의 권리를 포함하고 있다고 말하면서 가정의 보장, 생활의 보장, 사회보험의 보장이 필요함을 역설했다. 그리고 그는 경기회복과 병행해서 사회재건이 추진되어야 하고 사회재건의 가장 중요한 목표는 '시민의 생활보장'이며, 생활보장은 주택과 고용기회 그리고 생활변동에 대한 대비책에 달려 있고, 그 같은 대비책으로 사회보험과 공공부조를 수립해야 한다고 주장했다. 특히 사회보험의 기본방침은 ① 여러 종류의 사회보험을 하나로 묶어 포괄적 제도를 수립하고, ② 사회보험의 운영은 주와 연방정부의 어느 한쪽이 전담하는 것이 아니라 양자의 긴밀한 협조하에 이루어져야 하며, ③ 필요한 재원은 일반조세수입이 아니라 보험료(사회보장세)로 조달하고, ④ 연방정부가 기본적인 보험적립금을 관리하고 전국적인 사회보험을 만든다는 것 등이었다.

이 같은 기본방침하에 1934년 6월 작업기구로서 경제보장위원회(노동장관 퍼킨스가 위원장, 위원으로 재무장관 등 4명의 각료급 인사가 임명)가 설치되었다. 그해 8월부터 실업보험, 노령연금, 건강보험 등의 사회보험과 기타 공공부조를 포괄한 사회보장제도 전반에 관한 기초적인 연구작업에 들어갔다. 여러 차례의 협의와 의견 조정을 거쳐 연방의 권력을 되도록 제한하면서 각 주가 독자적으로 시행할 수 있는 실업보험제도, 노령연금제도, 공적부조제도의 도입을 내용으로 하는 사회보장법이 1935년 6월 19일 상원을 통과하여 발효되었다. 그러나 건강보험은 의사집단과 보험회사들의 완강한 반대에 부딪쳐 이 당시의 사회보장법에는 포함되지 못했다.

5. 베버리지 보고서

제2차 세계대전 직후 총선에서 예상을 뒤엎고 세계적인 전쟁 영웅 윈스턴 처칠의 보수당을 애틀리가 이끈 노동당이 이기고 집권하였다. 애틀리와 노동당은 베버리지 보고서에 입각하여 복지국가를 만들어 나갔다. 그리하여 영국인에게 베버리지 보고서는 복지국가와 동의어로 인식되고 있을 정도이다. 베버리지 보고서는 영국에만 국한되지 않고 프랑스, 서독, 스웨덴 등 서유럽 복지국가의 기틀형성에도 큰 영향을 미쳤다. 베버리지 보고서는 서유럽 복지국가의 청사진이 되었다.

사회보험과 관련 서비스에 관한 위원회, 즉 베버리지 위원회는 영국노총(TUC)이 연립정부의 전후사회재건에 대한 책임을 지고 있던 노동당 소속 무임소장관 그린우드에게 권고하여 만들어졌다. 영국노총은 그린우드에게 기존의 국민보험을 전면적으로 재검토할 필요가 있고 이를 위해 정부 각 부처 고위 관료들로 구성된 베버리지 위원회를 조직할 것을 요구했던 것이다.

이 위원회에서 베버리지는 베버리지 보고서를 1942년 9월에 완성하였다.

베버리지는 다음과 같은 세 가지 원칙에서 출발했다. 첫째, 과거의 경험을 바탕으로 삼되 분파적 이해는 무시한다. 그는 1911년의 국민보험법이 여러 이익집단 간의 타협의 산물이었고 또 그러한 타협이 결코 쉽지가 않다는 사실을 잘 기억하고 있었다. 그러나 전쟁 중인 지금은 그런 이해관계에 발목 잡혀서는 안 된다. 둘째, 국가재건을 위해서는 5대 악(five giants)을 극복해야 한다. 5대 악이란 결핍(want), 질병(disease), 무지(ignorance), 불결(squalor), 나태(idleness)를 말한다. 그의 계획은 이 중 우선 결핍에 초점을 맞추고 소득보장을 기하는 데 중점을 두었다. 그러나 그것은 사회적 진보를 향한 포괄적 정책의 일부에 불과했다. 셋째, 사회보장은 국가와 개인의 협력을 통해 달성된다. 국가는 단지 국민최저(a national minimum)만을 보장하고 그 이상은 개인과 가족의 노력에 달려 있다. 국가는 사회보장을 자산조사 없이 하나의 권리로 제공하고 그 외는 국민이 자유롭게 선택한다.

그리고 베버리지가 제안한 핵심내용은 다음과 같다(베버리지 보고서).

① 모든 시민을 포함하고, 대상자 집단을 경제적 곤란의 원인과 그 보호방법에 따라 분류한다.

② 사회보험이 성공하기 위해서는 세 가지 기본 전제조건이 필요하다. 즉, 가족수당(family allowances), 포괄적 보건서비스(comprehensive health service), 완전고용(full employment)이 그것이다. 가족수당은 가족의 크기와 소득을 고려하여 결정되어야 하고, 보건서비스는 치료적일 뿐만 아니라 예방적이어야 했다. 실업은 실업수당의 비용과 그에 따른 임금손실을 감안하면 가장 낭비적인 문제이므로 완전고용은 매우 긴요한 전제조건이었다.

③ 연금은 자산조사 없는 정액제에 최저수준 이상이어야 한다.
④ 재정은 피보험자, 고용주 및 국가(재정의 1/6)가 공동부담한다.
⑤ 소득에 관계없이 모든 국민이 정액의 보험료를 낸다.
⑥ 사회보험으로 해결되지 않는 부분은 근대적이고 인도주의적인 공공부조가 담당한다.

영국인은 베버리지 보고서의 계획을 '요람에서 무덤까지'의 사회보장이라고 표현했다. 이 베버리지 보고서에 대하여 일반 대중은 물론이고 노동자와 자본가도 찬성하였다. 또 노동당은 물론이고 보수당도 원칙적으로 지지하였다. 그러나 1942년 당시의 정부의 각료와 관료들의 반응은 그리 우호적이 아니었다. 그럼에도 불구하고 오늘날 베버리지 보고서는 사회보장의 기틀을 마련한 작품으로 평가받고 있다.

제 2 절 공공부조의 역사

초기의 공공부조는 국가의 구빈제도로부터 출발하였다. 1601년에 나온 영국의 엘리자베스 여왕 시대의 빈민법이 대표적이다. 이 빈민법은 국가가 빈민구제에 대한 책임을 진다는 것이다. 영국의 구빈제도, 즉 빈민구제제도를 규정한 법체계는 엘리자베스 빈민법으로부터 출발하여 정주법, 작업장법, 길버트법, 스핀햄랜드법, 신빈민법으로 발전되었고 이들로부터 공공부조법인 국가부조법으로 발전되었다.

1. 영국의 엘리자베스 빈민법(poor law)

이 법의 내용은 다음과 같다.

① 빈민구제에 대한 국가책임의 인식

② 구빈행정의 체제 확립 : 교구 구빈사업을 국가사업으로

③ 세 활용 : 교구 단위로 주민의 구빈세(poor rate)를 재원으로 사용

④ 노동능력자와 무능력자의 구분 처우 : 노동능력이 있는 빈민(the able-bodied poor)은 노역장(workhouse)에 강제수용하여 이들에게 노동의 재료(아마, 대마, 양모, 철 등)를 주어 노동을 강제하였고, 노동능력이 없는 빈민(the impotent poor)은 구빈원(almshouse)에 수용하여 보호하였고 신체장애인, 노인, 맹인 등을 공비로 구제

⑤ 고아와 빈민아동의 보호 : 이들에 대한 보호뿐만 아니라 직업교육 실시

- 직업교육의 방법 : 도제방식
- 목적 : 장래의 치안유지와 구빈 대상으로의 복귀를 예방하기 위하여
- 도제 연령 : 남자는 24세, 여자는 21세 또는 결혼할 때까지

사회복지의 근원을 흔히 1601년 엘리자베스 빈민법(the poor Law of 1601)에서 찾고 있다. 그것은 이 빈민법이 최초로 빈민구제를 국가책임으로 인정하고 국세를 빈민구제사업에 투입하였기 때문이다. 그러나 이것은 당시 인권사상의 발전 때문이 아니라 종교혁명의 여파로 교회 재산이 국가에 몰수되면서 교회가 수행하던 구빈사업이 국가로 넘어갔기 때문이었다.

2. 정주법

정주법(The Settlement Act of 1662)은 부랑인을 단속하는 법이다. 이러한 법이 나오게 된 배경은 걸인들이 부유한 교구로 이동해 다녔기 때문에 교구는 자기 교구 내에서 출생한 자에 대해서만 책임지고자 한 데 있었다.

3. 작업장법

작업장법(The Workhouse Test Act of 1696, 1722)은 노동이 가능한 빈민을 고용하여 국가적 부의 증대에 기여코자 하는 목적에서 제정되었다. 동시에 빈민에게 노동을 강제함으로써 구빈재정의 지출을 줄여 보자는 의도도 있었다.

1696년 영국의 브리스틀 시에서 여러 교구가 모여 연합체를 형성, 공동작업장을 마련하여 빈민에게 일을 시키고 노임을 지불했다. 이것이 효과적이라고 보아 작업장법에서는 작업장 수용을 거부하는 빈민은 구제등록부에서 이름을 삭제하여 구제받을 자격을 박탈하였다.

그 후 1722년의 노역장심사법은 구제할 가치가 없는 게으른 빈민의 자유를 박탈하고 그 구제의 남용을 방지하기 위한 목적으로 제정되었다. 그래서 상습적 걸인이나 부랑자가 사라졌다. 그러나 빈민의 학대와 노동력의 착취 등 부작용이 많았다. 이 작업장법은 오늘날 직업알선의 성격을 띤 것이라고 할 수 있다.

4. 길버트 법

영국 Richfield의 하원의원 Thomas Gilbert가 제안하여 제정된 법으로 그의 이름을 따서 길버트 법(Gilbert Act of 1782)이라고 한다. 이것은 작업장에서의 빈민의 비참한 생활과 착취를 개선할 것을 목적으로 한 법이었다. 노동력이 있는 빈민을 작업장에 보내는 대신 자기 가정이나 인근의 적당한 직장에서 취업하도록 알선해 주는 원외구호(out-door relief)를 인정하는 내용이었다.

5. 스핀햄랜드 법

스핀햄랜드 법(Speenhamland Act of 1795)은 영국의 버크셔 주 스핀햄랜드 지역의 치안판사회의에서 제정된 법으로 빈민에 대한 일종의 임금보조제도(Relief Allowance System)였다. 즉, 최저생활비 미달의 임금에 대해서 그 부족분을 보조해 주는 제도로 이것이 오늘날 가족수당이나 최저생활보장의 기반이 되었다.

이때 최저생활의 기준은 남자는 매주 3갤런의 빵, 여자와 자녀는 매주 1.5갤런의 빵이 필요하다고 하였다. 이를 기준으로 빈민에 대한 구제금액을 결정하고 또 가족의 수에 비례해서 금액을 산출했다. 이 제도의 시행결과 다음과 같은 부작용이 나타났다.

① 고용주가 저임금을 지급해도 구빈세로부터 보조금이 나오기 때문에 이것은 노동자를 위한 임금보조금이 아니라 고용주에 대한 보조금이 되었다.

② 노동자는 수입이 적어도 교구로부터 부족분을 받을 수 있기 때문에 열심히 일을 하지 않았다.

6. 신빈민법

1834년에 개정된 「an Act for the Amendment and Better Administration of the Laws to the Poor in England and Wales」는 1601년의 엘리자베스 빈민법에 대해서 일반적으로 신빈민법(Poof Law Reform of 1834)이라고 부른다. 이 법에 의하여 확립된 몇 가지 원칙은 20세기의 사회보장제도가 확립되기까지 영국 공공부조의 기본원리로 간주되었는데 그 내용은 다음과 같다.

① 균일처우의 원칙(The Principle of National Uniformity) : 행정기구를 개혁하여 전국적 행정수준의 통일과 구빈행정의 중앙집권화를 뜻한다.

② 열등처우의 원칙(The Principle of Less Eligibility) : 구빈대상자의 구제수준이 자활노동자들의 생활수준보다 높지 않아야 한다는 것이다.

③ 작업장 활용의 원칙(The Principle of Workhouse System) : 이것은 '노역장 강제수용의 원칙'이다. 즉, 원조를 억제할 수 있는 작업장 수용을 원칙으로 하고 다만 병자, 노인, 허약자, 모자가족에게만 원외구호를 허용했다.

그 외에도 빈민에 대한 선거권의 제한, 보호청구권의 불인정, 사적 부양의무의 이행, 자산조사의 실시 등을 규정하였다. 이것은 가능한 한 보호를 청구하지 않도록 하려는 데 그 목적이 있었다. 이때는 빈곤의 원인을 도덕심의 결여에 있다고 보아 빈민을 범죄자와 같이 취급하였다.

7. 1948년 국가부조법

영국의 빈민법은 위와 같이 공공부조의 출발이라고 할 수 있으나, 오늘날과 같은 적극적인 사회보장제도로 나타난 것이 아니고 단지 빈민에게 종교적 차원에서의 시혜나 극히 제한된 범위에서 국가재정과 국가책임으로 구제활동을 한 것이고 빈민을 도덕심 결여자로 취급하여 가능한 한 보호청구를 하지 못하도록 하는 것도 있었다. 즉 빈민법은 빈곤의 원인이 개인에게 있다는 개인책임의 이념을 바탕에 깔고 있다. 그러나 빈곤의 원인이 사회제도에 있다고 보고 빈곤에 대한 사회적 책임에 대한 인식을 깔고 있는 최초의 법이 1948년의 국가부조법이다.

영국에서는 빈곤문제가 가장 큰 사회문제로서 국가가 이를 제거해야 한다고 생각하기 시작한 것은 1900년대에 와서였다. 1930년대에 와서 비로소 영국에서는 오랜 역사를 가진 빈민법으로부터 근대적 공공부조제도로의 전환이 이루어졌다. 이때에 와서 겨우 "빈곤은 저임금 및 실업 등 사회적 요인에 있는 것이다. 따라서 최저생활의 보장은 국가의 책임이므로 국민은 이의 보장을 받을 권리를 가진다"는 것이 인정되어 공공부조가 사회보장제도의 하나로 정착되었다. 이에 따라 1948년 국가부조법이 제정되어 국민의 생존권적 기본권이 보장되었다.

제 3 절 사회보장제도의 형성과정

1. 사회보장제도의 성립배경

사회보장제도는 17세기와 18세기에 걸쳐서 일어난 미국독립과 프랑스혁명의 여파로 봉건체제가 무너지고 영국의 산업혁명의 결과로 나타난 자본주의 체제의 결과로 형성되기 시작했다. 이 개인적 자유주의와 자본주의의 결과 노동자는 저임금과 착취에 시달리게 되어 국가는 우선 경제적 약자인 부인과 아동을 보호하기 위하여 이들의 노동을 규제하는 공장법을 제정하였다. 나아가 국가는 노동자가 정당한 대우를 받을 수 있도록 노동자들끼리 단결하여 자본가에게 대항할 수 있는 노동3권을 보장하는 노동법을 제정하였다.

그러나 노동3권만으로는 노동자의 인간다운 생활을 보장할 수 없게 되었고 노동자의 생활은 더욱 빈곤해져 사회문제는 날로 심각하여졌다. 여기서 사회주의 운동이 활발하게 전개되어 그 결과 노동자의 반발을 무마하기 위하여 사회보험이라는 사회보장제도가 등장하게 되었다.

2. 사회보험법의 등장

최초의 사회보험을 실시한 나라는 독일이다. 19세기 말의 독일은 뒤늦게 통일국가를 형성하고 산업화를 막 시작하려 하였다. 당시 재상 비스마르크는 한편으로는 영국에서 격화되던 사회주의 운동이 독일에 영향을 미칠 것을 우려하여 사회주의를 금하는 입법조치를 하고 다른 한편으로는 노동자의 반발을 무마하기 위한 수단으로서 사회보험을 채택했다. 이때 비스마르크가 채택한 '채찍'의 정책으로서는 1878년 사회주의 진압법을 제정함과 동시에, 사회민주당의 깃발 아래 모여들지 않도록 노동자를 끌어당기기 위해 이른바 '당근'의 정책으로서 1880년대에 사회보험제도를 만들었다. 즉 1883년에 공장 및 광산 노동자를 대상으로 하는 질병보험법, 1884년에는 노동재해보험법을 제정하였다. 또 1889년에는 노령폐질보험법(1891년 실시)을 제정하여 연금제도를 창설하였다. 독일은 그 후 1911년에 생명보험을 제정, 질병보험, 재해보험, 노동자연금을 통합, 정비했다. 또 같은 해 직원보험법, 1923년에 광부생명보험법, 1927년에 직업소개, 실업보험법을 제정하여 사회보장제도의 확충을 도모하였다.

1) 영국의 사회보험

독일에 비해 다른 유럽 제국은 사회보장제도를 만든 시기가 비교적 늦었다. 다른 여러 나라에서는 최초로 만든 것이 노동재해보험이었다. 영국은 1897년, 프랑스와 이탈리아는 1898년, 스웨덴은 1901년에 이 법률을 제정하였다. 그 후 수년 동안 영국은 살아 움직이기 시작했다. 이때부터 영국은 선발 자본주의 국가로서 번영을 과시했다. 그래서 노동자도 별로 자본가와 투쟁할 필요가 없었다. 그렇지만 영국에서는 노동자들의 공제조합 결성이 인정되지 않았던 때가 있었다. 그것 때문에 20세기에 들어와서 후발 자본주의 국가인 독일이나 미국 등과의 경쟁이 치열한 가운데서도 영국에서는 노동쟁의가 빈발하게 되었다. 이렇게 되어 결국 노동조합의 정치활동이 인정되고, 이와 관련해서 사회보험이 도입되기 시작했다. 여기에 가장 공로가 큰 사람이 훗날 자유당 당수가 된 로이드 경(Sir. Loyd David George, 1863~1945)이었다.

영국에서는 1908년에 무갹출 노령연금이 제정되었다. 자산조사를 하지 않고서도 생활부조를 하나의 권리로서 인정한 것은 영국에서는 이 노령연금법이 처음이다. 이 법률은 노령은 그 자체로서 빈곤의 원인이 된다는 것을 확인하고, 노령자에 대해서는 열등처우의 원칙을 적용하지 않았다. 이것은 빈민법 해체의 한 측면을 가지고 있음을 보여주는 것이었다.

영국에서는 1911년에 질병보험과 함께 실업보험을 규정하여 국민보험법을 갖추었다. 또 제1차 세계대전을 통해 나타난 자본주의의 모순은 전후에 와서 더욱 심해졌고 불황의 조짐이 보이기 시작하다가, 마침내 1929년 대공황을 맞게 되었다. 이런 과정에서 사회보장체계는 바뀌지 않으면 안 되었다. 즉, 실업보험은 1920년에 개정되어 질병보험에서 분리, 독립의 제도로 되었다. 이때부터 불황을 극복하기 위해 실업보험은 고난의 길을 걷게 되었다. 즉, 1934년 새로운 실업법이 제정되었는데 이에 따르면 단기적 실업은 보험제도를 적용하고 장기적 실업에 대해서는 공공부조제도를 적용했다. 그것은 대량실업, 장기적 실업에는 갹출원리에 의한 실업보험으로는 대처해 나갈 수 없었다는 것을 의미한다.

1908년에 제정된 무갹출노령연금은 그 후 1911년, 1920년, 1924년에 각각 개정되었는데, 그것은 소득제한을 완화하는 내용이었다. 그러나 이때부터 현저하게 나타나기 시작한 인구의 고령화로 인해 연금수급자는 예상 이상으로 늘어났고 비용은 대단히 큰 폭으로 상승했다. 그 대책으로 나타난 것이 1925년의 갹출제 과부, 고아 및 노령연금이다. 이 연금은 질병보험과 결부되어 균일갹출 균일급부의 형태로 되어 일종의 연금보험의 역할을 하게 되었다. 이때부터 이 제도는 제1차 세계대전 이후 영국에서의 생활보장체계에서 중심적 지위를 점하게 되었다.

2) 프랑스의 사회보험

프랑스에서도 제1차 세계대전 후의 경제불황과 사회혼란을 배경으로 해서 여러 가지 사회적 입법이 나타났다. 프랑스의 노동재해보상법은 1910년에 처음으로 제정된 노동자농민연금보험법이었다. 그러나 법원은 이 법 규정에 대해서 노사 쌍방에 보험료를 강제징수해서는 안 된다는 판결을 내려 결국 이 제도는 충분한 보험급여를 행할 수 없게 되어 효과를 거두지 못했다. 그 후 공무원, 해운, 광산 등 특수한 산업부문의 노동자를 대상으로 하는 입법이 있었지만 본격적인 사회보장 입법이 이루어진 것은 1928년부터 1930년 사이였다.

1928년에는 프랑스 전국에 걸친 제1차 사회보험법이 의회를 통과했다. 그러나 여기에 대해 노사단체, 농업단체, 의사단체, 공제조합 등이 강력히 반대하여 결국 시행을 보지 못하고 말았다. 그 후 반대 의견을 반영하여 법을 개정하였는데, 일정액의 임금수입을 갖지 못하는 상공업부문의 노동자를 대상으로 해서, 이들의 질병, 출산, 폐질, 노령, 사망 등의 보험사고로부터 보호하고자 하는 것이었다.

이 시기의 프랑스 사회보험 입법에서 특이한 것은 1932년의 가족수당법 제정이었다. 프랑스에서는 19세기 말부터 20세기 초까지 가족수당제도가 기업가 측으로부터 먼저 제안되었다. 그것은 노동력 확보를 위해서였다. 이러한 노동관습을 기초로 해서 다자가정(多子家庭)의 생활조건을 개선하기 위해 가족수당을 기업가의 의무적 갹출금으로 급여하는 것을 원칙으로 했다. 프랑스가 가족급여제를 정착시킨 것은 다른 나라보다 빨랐는데, 그 제도는 후에 프랑스에서 출산율이 극도로 저하되어 인구문제가 심각해지면서 더욱 발전하여 프랑스 사회보장제도의 중요한 지주가 되었다(박석돈, 2006 : 30-35 참조).

다른 한편 알버(Alber)는 서유럽 복지국가의 발전과정을 ① 전 역사단계(빈민을 단속한 시기로서 1880년 이전까지의 기간을 가리킨다), ② 이륙단계(노동자를 위하여 사회보험을 실시한 시기로서 1880년부터 제1차 세계대전이 시작된 1914년까지의 기간), ③ 확장단계(사회복지 서비스까지 포함하는 시기로서 1918~1960년까지의 기간), ④ 가속단계(삶의 질 향상에 관심을 두는 시기로 1960~1975년까지의 기간), ⑤ 침체단계(국가 · 민간 · 개인이 복지를 어느 정도 책임져야 하는지에 대해 관심을 가지는 시기로서 1975년 이후의 기간)라는 다섯 단계를 제시한다.

제 4 절 사회보장제도의 확립

앞에서 본 바와 같이 유럽의 사회보장제도는 두 가지 유형으로 발전하여 왔다. 하나는 중세 교구 단위로 행하여지던 구빈활동이 국가와 지방공공단체의 재정지원으로 생활을 보장하고 자립을 지원하는 공공부조제도로 정착하였고 다른 하나는 중세 직업인을 중심으로 결성한 상호부조를 내용으로 하는 공제조합에서 사회보험으로 발전하였다. 이 사회보험은 국민에게 발생하는 위험을 보험방식에 의하여 대처함으로써 국민건강과 소득을 보장하는 제도이다. 이 사회보험은 독일에서 시작되어 영국, 프랑스, 스웨덴 등지에서 정착되었다. 독일의 사회보험은 사회보험료를 주된 재원으로 하고 직역단위를 원칙으로 하여 소득비례제도 급여의 혜택을 주는 구주대륙형으로 정착되었다.

그 후 각국의 사회보장제도는 특히 1960년대에 대폭적으로 확장되었다. 사회·경제상황의 변화에 따라 사회적 욕구가 증가하고 다양화되었을 뿐 아니라 경제활동이 순조롭게 진행되어 이 시기에 사회복지 분야에의 자원배분을 늘리는 일이 가능하였다. 그래서 대상범위의 확대, 격차의 시정, 급여의 개선, 새로운 제도의 도입 등이 이루어졌다.

이어서 1970년대 후반에 와서는 유럽 여러 나라의 사회보장제도는 하나의 전환기를 이루었다. 즉, 경제불황과 실업이 증가하고 인구의 고령화가 급격하게 진행되었으며 여성의 사회진출이 현저하게 이루어진 결과로 이들이 사회보장제도에 큰 영향을 미치게 된 것이다. 이리하여 보험료의 수입 면에서는 보험료를 인상하고 일부 수혜자의 부담이 커졌고, 지출 면에서는 급여의 삭감, 공공지출의 삭감, 의료비 증액의 억제, 의료공급체계의 조정을 실시하는 국가가 늘었다. 또한 연금액을 물가에 연동시키든가, 실업수당, 상병수당, 공공부조에 있어서도 급여를 삭감하는 현상이 나타났다. 반면에 가족수당과 사회복지서비스는 더욱 충실해진 것도 있었다. 그리고 무엇보다도 인구의 고령화로 인한 고령화 사회에 대비하는 여러 가지 시책, 예컨대 노령연금제도, 노인요양보험 등의 노인장기요양제도가 실시되었다.

우리나라도 21세기 초 현재 경제불황, 실업의 증가, 고령화 사회로의 진입 등으로 위의 유럽의 경우와 같은 사회보장제도의 전환기를 맞이하고 있다. 그래서 국민연금을 내는 보험료에 비하여 상대적으로 덜 받는(급여의 삭감) 제도로 개편하고 있고 기초노령연금제도와 노인장기요양보험제도를 도입하였다. 또 공공지출을 계획화 및 효율화하고 정책결정에 주민의 참여를 촉진하며 자조노력과 가정역할을 재정립하는 것을 사회보장의 정책으로 삼고 있다. 나아가 사회복지시설 수용 중심의 사회복지서비스에서 각 가정에 파견되어 봉사하는 재가복지로 방향전환을 하고 있다. 이 모든 것은 이제 사회보장이 전환기에 왔음을 나타내는 것이다.

제 5 절 사회보장의 최근 동향(사회보장연금의 민영화 논의)

1. 신자유주의

20세기 후반에서 21세기 초에 들어와서 세계적으로 영향력을 발휘하고 있는 사상은 이른바 신자유주의이다. 신자유주의는 영국의 대처리즘(Thatcherism)에서 출발하였다. 대처리즘은 1979년에 대처 수상이 이끄는 보수당이 승리하면서 자유시장경제와 경쟁을 중시하는 시장자유주의를 바탕으로 하여 케인스식 국가개입을 포기하고 자유방임적 정치경제학을 되살려 자유시장경제의 재확립과 시장기준의 확대적용을 통하여 국내질서의 유지와 국가안보를 중요시한 사상이다. 이를 신자유주의라고 한다.

대처리즘, 즉 신자유주의는 대체로 다음을 내용으로 하고 있다.

① 정부는 사회적 선(good)을 지속시키는 데는 능력의 한계가 있지만, 사회적으로 해로운 것을 행하는 데는 큰 힘을 발휘한다.

② 개인의 책임이 중요하고, 선과 악은 존재한다(대처는 사형제도의 부활을 주장한 극소수의 보수당 각료 중 한 사람이었다).

③ 국가의 가장 중요한 임무는 법과 질서의 유지와 국방에 있다.

④ 국민은 자신의 문제를 스스로 해결해야 하며, 정부에 미루어서는 안 된다.

⑤ 경제성장 없는 공공지출의 증대는 세금부담을 증대시키고 선택의 자유를 축소할

뿐이다.

⑥ 시장은 경제성장과 자유선택을 촉진하고 개인의 자유를 수호하는 가장 좋은 수단이다.

⑦ 한 부분의 지출증가는 다른 부분의 지출감소를 가져온다. 그렇지 않으려면 부채증가와 인플레가 불가피하다. 그리고 그 비용은 납세자가 부담해야 한다. 납세자의 상당수는 그 수혜자보다 가난할 수 있다.

⑧ 정부개입은 사회변화에 대한 사회의 적응능력을 저하시킴으로써 비생산적이다. 제대로 된 대책('correct' programmes)은 사회적 약자, 실업자, 병자 등에 대한 동정심의 표출보다 유용하다.

이 신자유주의에서 시장은 민간부문과 함께 존중과 육성의 대상이고 정부는 사회주의, 강한 노조, 복지와 함께 배척의 대상이다. 강한 노조는 사회주의의 온상이고 복지국가는 사회주의 이념의 산물로 보았다. 따라서 신자유주의는 반사회주의, 반노조주의, 반복지국가주의를 천명하고 있는 것이다.

대처의 복지국가에 대한 관념은 다음과 같은 세 가지로 요약할 수 있다. 첫째, 요람에서 무덤까지의 복지국가는 비용이 너무 많이 든다. 복지비 증가는 그 재원이 되는 국민소득의 증가를 상회했다. 이제는 복지비를 줄여 조세감면을 기하고 복지자원을 꼭 필요한 사람에게만 집중시켜 효율성(이는 보편주의에서 선택주의로의 선회를 의미한다)을 기해야 한다. 둘째, 국가책임의 과잉은 개인의 책임의식, 가족과 공동체의 연대의식, 사적 자원의 가치를 약화시킨다. 국민 개개인은 자신의 문제는 스스로 책임져야 하며, 국가 지원은 극빈층에 대한 사회안전망에 한정되어야 한다. 셋째, 복지윤리는 시장의 위험과 실패에 대한 쿠션을 제공하며, 열망에의 인센티브를 약화시키는데, 이는 기업정신에 해롭다.

이렇게 국가복지를 부정적으로 본 대처는 민간복지에 대해서는 매우 우호적이었다. 1981년 대처는 왕립여성자원봉사자협회 연설에서 자원봉사부문의 중요성을 다음과 같이 강조했다. "본인은 자원봉사운동이 우리의 모든 사회복지대책의 심장이라고 믿습니다. 법적 서비스는 필요한 것을 보강하고, 격차를 채워 주고, 돕는 사람을 도와주는 지원체제일 뿐입니다." 같은 곳에서 복지장관 젠킨은 관료제의 경직성에 대비시켜 민간 부문의 유연성, 적응성, 쇄신역량을 높이 평가했다.

대처의 반복지주의는 사회복지의 각 부분에서 후퇴와 변화를 가져왔는데, 그중 가장 두드러진 것이 복지국가의 민영화 조치였다. 예를 들어, 영국 복지국가의 간판인 NHS병원을 부분적으로 민영화시켰고(민간 경영기구인 NHS Trust를 신설하여 NHS병원의 경영을 위탁), 시영주택을 대대적으로 매각(민영화)했으며, 국가의 소득비례연금(SERPS)과 사적 연금인 직업연금 중 하나를 선택(적용제외, contracting out)할 수 있도록 만들었고(적용제외도 민영화의 한 부분이다), 사회복지서비스 부문에 복지다원주의(welfare pluralism)를 적용하여 민간부문을 강화시켰던 것이다. 이처럼 신자유주의와 사회보장의 민영화는 불가분의 관계에 있다.

그런데 오늘날 사회보장제도 중에서 민영화 바람이 가장 거세게 불고 있는 것이 사회보장연금이다. 사회보장연금의 민영화란 ① 적립기금의 신설[increased advance funding, 종래의 부과방식에서 민간보험에서 채택하고 있는 적립방식(보험료 방식)으로 전환하고 종래의 국가의 전부 또는 일부부담에서 전적으로 민간이 부담한다. 부과방식이란 연금을 매년 지급한 후에 분담금을 나중에 부과하는 것으로 이는 국가의 재원부담을 전제로 한다], ② 투자 포트폴리오의 다양화(portfolio diversification, 정부 채권뿐만 아니라 민간기업의 채권과 국내외 주식 등 민간투자상품에도 투자), ③ 개인계정(individual accounts)의 신설(적립기금의 일부 또는 전부를 가입자 개인별로 관리되는 개인저축으로 전환) 등 세 가지 내용을 포함한다.

사회보장연금을 민영화하자는 신자유주의자들의 주장의 근거는 다음과 같다.

① 경제적 자유의 신장 : 강제적 사회보험은 가입자가 자신의 소득을 자유롭게 사용할 수 있는 권리를 제한한다.

② 민간보험의 보다 큰 융통성 : 민간보험은 가입자의 욕구, 부양자, 지불능력, 재정적 목적 등에 따라 보다 다양한 형태의 혜택을 제공한다.

③ 정부의 규제 : 정부의 공적 사회보험은 민간보험의 생존을 위협한다.

④ 젊은 근로자의 형평성(equity) : 사회보장의 신규 가입자는 기존 가입자나 수혜자(연금수급자 등)에 비해 급여 면에서 손해를 본다.

사회보장연금을 민영화시킨 것은 칠레이다. 1981년에 칠레는 기존의 부과방식과 국가가 그 재원을 부담하는 공적연금을 적립방식의 민간투자펀드로 전환하였다. 즉 정책의 시행주체가 정부로부터 민간부문, 즉 민간투자신탁회사로 바뀐 것이다. 이는 사회보장의 주체는 정부여야 하고, 영리를 목적으로 하는 민간부문은 사회보장의 주체가 되어서는 안 된다는 지금까지의 상식을 뒤집은 것이었다. 다른 하나는 재정운용방식을 전통적인 부과방식에서 완전히 민간의 적립방식으로 바꾼 것이다. 뮤추얼펀드, 개인연금, 기업연금과 같은 민간보험의 전형적인 재정운용방식인 적립방식을 공적연금에 적용한 것이다.

칠레의 연금개혁은 1990년대 초 인근 남미 국가로 확산되었으며, 선진국의 연금개혁에도 상당한 영향을 미쳤다. 영국은 사회보장연금 가입자들이 연금을 임의로 탈퇴하여 민영화된 기업연금에 가입할 수 있도록 하는 적용제외정책을 시행했고, 영국식의 적용제외정책은 헝가리나 폴란드 등 동유럽 국가로 전파되었다. 호주는 민영방식의 공적연금을 신설했으며, 복지국가의 최고단계라고 평가받던 스웨덴도 최근 들어 사회보장연금을 부분적으로 민영화했다.

이러한 칠레의 연금개혁의 성공에 자극받아 금융자본의 국제기구이자 신자유주의 이념의 전도사인 세계은행(World Bank)은 1994년 사회보장연금을 민영화하는 방안을 담은 「고령화 위기로부터의 탈출 : 노후보장과 경제성장을 위한 정책(Averting the Old Age Crisis : Policies to Protect the Old and Promote Growth)」을 발표했다. 이 보고서는 기존의 부과방식연금과 국가부담으로 경제성장에 큰 장애가 되고 있다고 비판하고, 이의 해결을 위해서는 사회보장연금을 민영화시키는 길밖에는 없다고 주장했다.

그러자 전 세계 노동자 계급의 권익을 대변하는 ILO(국제노동기구)와 ISSA(국제사회보장협회)는 곧바로 반론에 나섰다. 세계은행보고서에 담긴 민영화 정책의 반노동자적 성격을 간파한 이들로서는 본격적으로 대처하지 않을 수 없었던 것이다.

세계은행과 국제노동기구 및 국제사회보장협회 사이에 벌어진 연금개혁 논쟁은 이론적, 이념적으로 상당히 심도 있게 진행되었다. 그 과정에서 사회보험의 초창기부터 쟁점이 되었던 개인적 형평성(equity) 대 집단적 충분성(adequacy), 세대 내 소득재분배 대 세대 간 소득재분배의 문제와 궁극적으로는 사회복지 대 경제라는 본질적 이견이

드러났다. 이런 견해차는 사회보장의 이론과 이념에 시사하는 바가 대단히 크다.

우리나라의 공적연금(국민연금, 공무원연금, 군인연금, 사립학교교직원연금)은 외형적으로는 보험료 적립방식이지만 재원의 일부를 국가가 부담하고 또 확정급여방식으로 운영되고 있으며 저부담 고수입체계로 되어 있고, 소득재분배 기능을 하고 있기 때문에 부분적립방식을 채택하고 있다. 이 부분적립방식은 재정적자가 발생하는 시점에서 부과방식으로 전환할 수밖에 없다는 점에서 과도기적이다. 앞에서 본 바와 같이 사회보장연금의 민영화란 부과방식에서 완전적립방식 또는 확정기여방식(확정기여방식이란 급여의 지급을 위하여 사용자가 부담해야 할 부담금의 수준이 사전에 결정되어 있는 연금이다. 이에 대하여 확정급여방식이란 근로자가 지급받을 급여의 수준이 사전에 결정되어 있는 방식)으로의 전환을 의미하고 운영주체가 국가에서 민간운영기관으로 바뀌는 것이며 그 재원은 국가의 전부 또는 일부 부담에서 민간의 전적인 부담으로 전환하는 것을 말한다.

그런데 우리나라와 같이 부분적립방식을 채택하고 있는 경우 민영화는 완전 민간부담의 적립방식으로 전환하는 것을 말한다(민간보험과 같이). 세계은행은 공적연금을 민영화하여 노후보장도 하고 경제성장도 실현한다는 주장을 하고 있다. 그러나 저부담-고수익 체계로 인하여 국가가 상당한 재원을 부담해야 하는 문제를 안고 있으나, 노후보장에 상당한 성과를 거두고 있고 세대 간, 소득계층 간 소득재분배 기능을 잘 수행하고 있는 현행 부분적립방식의 공적(운영주체가 국가인)연금을 사기업과 같은 운영주체가 운영하는 민간연금으로 전환하다가는 노후보장도 못하고 경제에까지 나쁜 영향을 주는 사태가 일어날 수 있고 또 사회보장연금은 국가가 사회보장 차원에서 운영해야 할 것이므로 사회보장연금의 완전한 민영화는 어렵다고 보아야 할 것이다.

2. 자본주의 4.0

자본주의 4.0은 영국의 언론인이자 경제평론가인 아나톨리 칼레스키(Anatole Kalesky, 1952년 모스크바에서 출생)가 2010년 6월에 『자본주의 4.0-위기 이후 새로운 경제의 탄생』이라는 책에서 주장하는 데서 기원하고 있다. 말하자면 자본주의의 4번째 단계라는 것이다.

자본주의의 시초인 자유방임적 고전 자본주의(아담 스미스의 완전 시장자유주의와 국가의 경제개입 반대)를 자본주의 1.0, 수정자본주의(1930년대의 대공황을 계기로 나온 케인즈주의로서 대공황을 극복하고 복지국가를 실현하기 위하여 정부의 개입을 강조하고 정부의 시장경제 간섭과 역할을 강조한 자본주의)를 자본주의 2.0, 신자유주의(1970년대 두 차례의 석유파동으로 1979년 이후 시장의 자율과 기능을 강조하고 작은 정부 큰 시장의 틀에서 기업의 경쟁을 침해하지 않는 선에서 정부가 개입한다. 영국의 대처 수상이 주장했고 현재까지 약 30년여 간 자리 잡고 있다.)를 자본주의 3.0이라고 하면서 자본주의 4.0은 신자유주의 이후에 새로이 대두되는 새로운 경제 패러다임이라는 것이다.

자본주의 4.0은 모든 사람이 행복한 성장을 추구할 수 있는 자본주의이고, "내"가 아니라 "우리"가 중심이 되는 자본주의라고 한다. 기존의 자본주의가 정부와 시장의 역할 가운데 시장의 기능을 강조한 나머지 빈곤층과 부유층의 양극화를 심화시키고 있어 빈곤이 확대되어 복지의 실현이 어렵다고 보고, 빈곤층을 감소시키고 모든 사람이 행복한 성장을 할 수 있도록 하자면 정치와 경제가 서로 협력관계에 있어야 한다는 것이다. 이러한 이념의 실현을 목표로 하는 것이 자본주의 4.0이라고 한다. 따라서 자본주의 4.0은 신자유주의와는 달리 정부의 역할은 한층 커지게 된다. 그러나 정부의 크기는 줄어들어야 하고 대신 유능하고 적극적인 정부가 있어야 한다고 한다. 또한 자본주의 4.0의 실현을 위해서는 기업은 나눔, 즉 분배와 사회적 책임을 다해야 한다고 하여 국민을 위한 기업의 역할을 강조하고 있다. 자본주의 4.0을 통하여 진정한 사회복지가 실현되며, 모든 사람에게 복지의 혜택이 돌아가게 된다고 한다. 이런 뜻에서 자본주의 4.0을 따뜻한 자본주의라고 한다. 우리나라에서도 2011년 8월부터 조선일보 등에서 자본주의 4.0이 소개되었다. 자본주의 4.0은 2012년 이후 세계적인 새로운 경제 패러다임으로 자리 잡고 각국이 이의 실현을 위하여 태동하고 있다고 볼 수 있다.

4 사회보장의 국제적 보장

사회보장은 국제노동기구(ILO), 세계노동조합회의, 세계보건기구(WHO), 국제사회보장협회(ISSA), 유럽협의회(CE) 등의 국제기구에 의하여 국제적으로 보장하고 있다. 그리고 대서양헌장, 필라델피아 선언, 세계인권선언, 사회보장헌장 등의 국제적 선언을 통하여 사회보장의 국제적 보장을 꾀하고 있다.

제 1 절 사회보장의 국제기구

1. 국제노동기구

국제노동기구(international Labor Organization : ILO) 창설은 제1차 세계대전 중에 교전국과 중립국의 노동조합과 일부 국가(특히 영국과 프랑스)가 노동문제의 국제적 규제를 평화조약에 포함시키자고 주장하였으며, 이것이 반영되어 1919년 베르사이유 평화조약 제13편 ILO의 창설을 규정하였다.

ILO는 국제노동총회, 이사회, 국제노동사무국으로 성립되며, 그 목적은 각국의 근로조건, 생활상태의 자료를 수집하여 근로조건의 국제적 기준을 설정하고 정부대표, 노동자대표, 사용자대표로 구성된 국제노동총회에서 자유로운 토의에 의하여 조약(treaties)과 권고(recommendations)를 채택하는데 권고는 그것을 비준한 국가에 대하여 국제적 의무를 부과하지 않는 행동지침에 불과하다.

〈표 4-1〉 ILO의 사회보장에 관한 조약 현황

연도	번호	내용	연도	번호	내용
1919	2	실업	1934	42	노동자보상(직업병) : 개정
〃	3	모성보호	〃	44	실업급여
1920	8	실업보상(해난)	1935	48	이민연금권보전
1921	12	재해보상(농업)	1936	55	선박소유자책임(상병선원)
1925	17	노동자보상(직업병)	〃	56	선원보험(해상)
〃	18	노동자보상(직업병)	1946	70	사회보장(선원)
〃	19	균등대우(재해보상)	〃	71	선원연금
1926	23	해원송환	1952	102	사회보장(최저기준)
1927	24	질병보험(공업)	1952	108	모성보호(개정)
1927	25	질병보험(농업)	1962	118	균등대우(사회보장)
1933	35	노령보험(공업 등)	1964	121	업무재해급여
〃	36	노령보험(농업)	1967	128	장해·노령·유족급여
〃	37	장해보험(공업 등)	1969	130	의료·질병급여
〃	38	장해보험(농업)	1982	157	사회보장의 권리보전
〃	39	유족보험(공업 등)	1988	168	고용촉진·고용보호
〃	40	유족보험(농업)			

자료 : 박승두(2005 : 239). 〈표 4-2-1〉 참고.

〈표 4-2〉 ILO의 사회보장에 관한 권고 현황

연도	번호	내용	연도	번호	내용
1919	1	실업	1936	56	선원의 질병보험
〃	2	외국인노동자	1944	67	소득보장
1920	10	실업보험(선원)	〃	68	사회보장(군대)
1921	12	모성보호(농업)	〃	69	의료보험
〃	17	사회보험(농업)	1946	75	선원사회보장(협정)
1925	22	노동자보상(최저 규모)	〃	76	선원(피부양자의 의료)
〃	23	노동자보상(재판)	1952	95	모성보호
〃	24	노동자보상(직업병)	1964	121	업무상 재해급여
〃	25	균등대우(재해보상)	1967	131	장해·노령·유족급여
1926	27	송환(선장 및 견습)	1969	134	의료 및 상병급여
1927	29	질병보험(일반원칙)	1983	167	사회보장의 권리보전
1933	43	장해·노령·유족	〃	168	직업재활과 교육
		(과부 및 고아)보험	1988	175	건설업의 산업안전 및 보건
1934	44	실업보험	1990	176	고용촉진과 실업보호

자료 : 박승두(2005 : 240). 〈표 2-4-2〉 참고.

국제노동기구는 제2차 세계대전 후에는 UN의 경제사회이사회와 협력하여 협의의 근로조건뿐 아니라 사회보장에 대하여도 활발한 활동을 하게 되었다.

국제노동기구가 사회보장에 관하여 채택한 조약과 권고내용은 〈표 4-1〉, 〈표 4-2〉와 같다.

국제노동기구가 채택한 사회보장에 관한 조약 가운데 가장 대표적인 것이 1952년에 체결된 사회보장조약이다.

이 조약은 1942년의 「사회보장제의 실현방안(Approaches to Social Security)」에서 제시한 당초의 사회보장의 동향과 이에 근거한 그 후 약간의 시사, 특히 1939년 「미주(美州)사회보험법전(Inter-American Social Insurance Code)」의 제정과 「칠레의 산티아고 선언」과 2개의 권고에서 사회보장의 새로운 제 원칙을 확립한 후에 제정된 것이다.

이 조약은 사회보장을 실시하는 기술적 수단으로서 국가의 궁극적 책임의 원칙 위에 공적 서비스, 강제적 사회보험, 임의적 사회보험, 공공부조 등 최소한 4가지 이상의 보호의 형식 중에서 제도화하는 것은 각 가맹국에 위임하였다.

이 조약은 전체가 15부, 87개 조문으로 구성되어 있고 부속서가 첨부되어 있다. 사회보장급여는 9개 부문으로 나누어 의료급여(제2부), 질병급여(제3부), 실업급여(제4부), 노령급여(제5부), 업무상 재해급여(제6부), 가족급여(제7부), 출산급여(제8부), 폐질급여(제9부) 및 유족급여(제10부)를 규정하고 있다.

이상의 9개 부문 급여의 전부를 강제보험으로 하는 것은 무방하지만, 임의보험으로 하는 것은 제한이 있다. 즉, 업무상 재해급여(제6부), 가족급여(제7부), 출산급여(이 중에서 휴업보상)는 임의보험으로 할 수 없으며, 이를 제외한 다른 급여는 임의보험으로 할 수 있다.

의료급여에 관한 규정은 다음과 같다.

이 조약 제2부에서 규정한 의료급여의 적용을 받는 사고에는 사고의 발생원인을 묻지 않는다. 따라서 '모든 병적 상태'와 '임신·분만 및 이러한 결과'를 포함하는바, 전자의 경우에는 과중한 부담이 아니면 수급자에게 비용의 일부를 부담하게 할 수 있지만(동 조약 제10조), 후자의 경우에는 본인의 일부부담에 관한 규정이 없다. 의료를 단순히 병적인 상태에 한정하지 않고, 출산에 대하여도 급여를 지급한다. 여기서의 출산은 정상적 분만에 한정하는 것으로 보아야 한다. 비정상적 분만은 앞에서 규정한 병적 상태에 포함되기 때문이다.

그리고 의료급여는 제2부에서만 규정한 것이 아니고, 제6부 업무상 재해와 제8부 출산급여에서도 규정하고 있다는 점도 해석상 주의를 요한다. 제8부에서 별도로 출산급여를 규정하고 있는데, 여기서는 병적 상태라는 규정은 없다. 따라서 제8부에서의 출산에는 정상적 분만뿐만 아니라 비정상적 분만도 포함한다. 그 결과 출산에 대한 급여는 제2부 의료급여와 제8부 출산급여에 2중으로 규정하고 있다고 보아야 할 것이다.

이와 같이 이 조약이 동일한 내용을 이중으로 규정한 이유는 ① 제2부는 노동자에게만 적용하는 것이 아니고 모든 국민에게 적용하지만, 제8부는 취업자에 한정하여 적용하는 점에서 차이가 있으며, ② 이 조약은 전체를 일괄적으로 비준하여야 하는 것은 아니고, 부문별 비준이 가능하도록 하였으므로 국가에 따라서는 제2부를 비준하지 않더라도 제8부만을 비준할 수도 있기 때문이다.

그리고 급여는 적용을 받는 사고의 전체 기간에 걸쳐 지급되어야 한다. 다만 질병에 대하여는 급여기간을 매 건당 26주로 제한할 수 있으나, 의료급여는 질병급여가 지급되는 동안에는 계속 지급되어야 한다. 그리고 장기의 요양이 필요하다고 인정되는 경우에는 기간을 연장하는 규정을 두어야 한다(동 조약 제12조).

질병급여에 관한 규정은 다음과 같다.

이 조약의 제3부 질병급여에서 규정하고 있는 사고는 "병적 상태에 기인한 소득의 정지를 동반한 노동불능"이라고 규정하고 있지만, 구체적 내용은 국내의 법령이 정하는 바에 의한다(동 조약 제14조). 원래 사회보장법의 용어로 질병이란, '치료, 영구장해 또는 사망에 이르기까지의 일시적 상태'를 말한다.

따라서 이 조약의 질병급여는 이러한 질병에 의하여 완전히 노동이 불가능한 경우만을 대상으로 할 뿐만 아니라 기간도 비교적 단기로 적용하고 있다. 그러나 치료 후의 요양기간까지 포함하고 있다. 여기서 치료 후 회복의 단계에서 가벼운 노동을 할 수 있는 상태에 관하여는 아무런 언급이 없으나, 자신의 정상적 업무에 복귀하기 전까지는 노동불능이라고 보아야 할 것이다.

질병급여는 적용을 받는 사고의 전체 기간에 걸쳐 지급되어야 한다. 다만 지급의 기간은 각 질병당 26주로 제한할 수 있으나 이 경우에는 소득정지의 최초의 3일간에 대하여 지급하지 아니할 수 있다(동 조약 제18조).

실업급여에 관한 규정은 다음과 같다.

이 조약은 소득의 정지를 급여의 대상이 되는 사고로 규정함과 동시에 제4부에서는 실업급여를 따로 규정하고 있다. 이는 노동능력이 있고 취업할 수 있는 상태에 있는 자가 적당한 직업을 갖지 못하는 경우를 대상으로 한다. 이에 비하여 제3부 질병급여의 경우에는 소득의 정지 자체보다는 노동불능을 대상으로 한 것이다. 실업급여가 직접 소득의 정지를 직접 규정한 것은 제8부의 출산급여와 유사하다.

그렇다고 하더라도 모든 실업이 무조건적으로 이 조약의 적용을 받는 사고에 해당하는 것은 아니다. 이 조약의 규정상 ① 노동능력을 가지고(capable), ② 노동에 종사할 상태에 있어야 한다(available for work). ③ 이는 나아가 적절한 노동에 종사하겠다고 하는 노동의사가 필요한 것으로 해석되고 있다. 그리고 적당한 직업의 의미는 가맹국의 경제와 고용시장의 여러 조건을 고려하여 국내법규에서 정하도록 하고 있다(동 조약 제20조).

실업급여는 적용을 받는 사고의 전체 기간에 걸쳐 지급되어야 한다. 다만 피용자 계층을 보호하는 경우에는 12개월의 기간 중 13주, 사고기간 중 그 자산이 소정한도를 초과하지 아니하는 모든 주민을 보호하는 경우에는 12개월 중 26주로 제한할 수 있다(동 조약 제24조).

노령급여에 관한 규정은 다음과 같다.

이 조약은 제5부에서 노령급여를 규정하고 있는데, 기준연령을 넘어서 생존해 있는 자체가 여기서의 급여지급사유가 되는 사고에 해당한다(동 조약 제26조).

① 기준연령은 65세 또는 해당 국가의 권한 있는 기관이 노령자의 노동능력을 적당히 고려하여 정하는 연령을 초과하여서는 안 된다. ② 급여를 받을 자격이 있는 자가 취업하고 있는 경우에는 급여를 정지할 수 있고, ③ 갹출제의 경우 수급자의 소득이 소정액을 넘거나 무갹출제의 경우 다른 소득 혹은 자산의 합계액이 소정액을 넘는 때에는 급여를 감액할 수 있다.

업무상 재해급여에 관한 규정은 다음과 같다.

이 조약에서 규정하고 있는 사고는 실업의 경우를 제외하고 원칙적으로 원인의 여하를 묻지 않으므로, 사고가 발생한 경우에는 모든 사태에 다 적용된다. 그러나 이 중에서 사고가 업무에 기인하여 발생한 경우에는 업무상의 재해로 별도 규정하고 있다.

즉 이상의 여러 가지 사고 중 병적 상태, 질병, 폐질, 유족 등 4가지에 관한 업무상 재해가 별도로 규정되어 있다. 따라서 이 조약에는 이러한 사고에 관하여는 중복하여 규정하고 있는 결과가 된다. 그 이유는 기술적으로는 업무상 재해가 피용자에게만 적용된다는 적용범위의 특수성에 따른 것이라고 볼 수 있다. 그러나 실질적으로는 업무상 재해의 급여가 수급권의 발생요건, 급여내용, 급여기간 등 급여의 면에서 다른 일반적 급여에 비하여 후하게 보장하고 있고, 노동자에게 보험료의 갹출을 허용하지 않는다는 점 등이 별도 규정한 이유이다.

이 급여는 소득정지를 수반하는 노동불능·소득능력·신체기능의 상실, 사망에 의한 피부양자의 부양의 상실 등을 사고로 한다(동 조약 제32조). 경미한 노동불능에 대하여는 일시금을 인정하고 급여기간은 사고의 전 기간으로 한다. 다만 노동불능에 대한 급여는 소득정지의 매 건당 최초의 3일간 지급되지 아니할 수 있다(동 조약 제38조).

가족급여에 관한 규정은 다음과 같다.

이 조약은 제7부에서 가족급여를 규정하고 있는데, 이는 '소정의 자녀에 대한 부양'을 사고로 한다(동 조약 제40조). 급여의 내용은 ① 정기적인 지급금, ② 자녀에 대한 식료·의류·주택·휴가 또는 가사원조, ③ 위의 2가지 중 필요에 따른 조합 등이 있다(동 조약 제42조). 이들 중에서 가맹국의 선택에 의하여 어느 것이든 정할 수 있다.

그리고 급여의 총액은 다음의 어느 하나에 해당하면 된다. ① 일반적인 성인남자 노동자 임금의 3%에 모든 피보호자의 자녀의 총수를 곱한 금액, ② 위의 임금의 1.5%에 전체 주민의 자녀 총수를 곱한 금액(동 조약 제44조).

출산급여에 관한 규정은 다음과 같다.

이 조약에서 규정하고 있는 제8부 출산급여는 '임신·분만 및 그 결과'에 기인하여 소득이 정지된 때에 적용된다. 여기서 주의하여야 할 점은 '노동불능'이 아니라 '노동의 정지'라고 규정한 점이다.

이는 그동안 ILO가 1919년의 출산보호조약(제3호)에서 산전에는 임의적으로 휴업할 권리를 부여하고 산후에는 취업을 강제적으로 금지하였던 정신에 비추어 볼 때, 질병급여나 업무상 재해급여에서 규정한 신체적 의미에 있어서의 노동불능보다 훨씬 높은 수준으로 보장하고 있다고 보아야 할 것이다.

그리고 1944년 소득보장권고에서는 "출산급여가 지급되어야 하는 사고는 산전·산후의 소정기간 중의 결근에 따른 소득의 상실"이라고 규정하였지만, 이 조약에서는 "국내의 법률이나 규칙이 정하는 바"에 따르도록 하였다(동 조약 제47조).

출산급여는 사고의 전체 기간에 걸쳐 지급되어야 하지만, 정기적 지급금에 대하여는 국내의 법률이나 규칙으로 12주 이상의 휴업기간을 요구하거나 인정하는 경우를 제외하고 12주로 제한할 수 있다. 그러나 국내의 법률이나 규칙으로 12주 이상의 휴업기간을 요구하거나 인정하는 경우에는 이 휴업기간에 미달되는 기간으로 제한할 수 없다(동 조약 제52조).

폐질급여에 관한 규정은 다음과 같다.

이 조약 제9부에는 폐질급여에 관하여 규정하고 있는데, 이는 '유상활동에 일정한 정도의 취업불능(inability to engage in any gainful activity)인 사람으로서 영구적인 상태로 될 우려가 있는 자 또는 질병급여의 종료 후에도 상태가 존속하는 자'에게 지급되는 급여이다(동 조약 제54조).

따라서 노동능력의 완전불능을 대상으로 하는 것은 아니며, 일정수준 이상의 불능이어야 하는데, 이 기준은 국내법에 위임하고 있다.

마지막으로 유족급여에 관하여도 규정하고 있다. 이 조약 제10부에서 규정하고 있는 유족급여는 가족을 부양하는 자가 사망하여 그 피부양자인 과부와 자녀가 입는 부양의 상실(loss of support)을 사고로 한다.

이 급여의 수급권은 국내법으로 정하지만, 과부의 경우에는 자활할 수 없는 것으로 추정되는 경우를 조건으로 한다. 그리고 수급권자가 소정의 유상활동에 종사하고 있는 경우 급여를 감액할 수 있다(동 조약 제60조).

2. 세계노동조합회의

1945년 2월 제2차 세계대전의 종료 직전에 세계 42개국의 노동조합의 대표 204명이 런던에 모여 '세계노동조합회의'를 개최하여 투쟁강령을 채택하였는바, 그 주요 내용은 "세계의 어느 노동자도 실업이나 빈곤의 공포 없이 인간으로서의 품위를 가지는 조건으로 평화롭고 안전하게 생활할 것을 희망하고 또 이러한 생활을 할 권리"가 보장되어야 한다는 것이다. 그리고 사회보장의 구체적 요구로서 "노동자가 자기 자신의 노동으로 정상적인 생활을 확보할 수 없는 정도의 사고를 극복하기 위하여 사회보장제도가 각국에서 수립되어야 하며, 필요한 모든 사람에게 무료의 포괄적 의료와 정형시설을 갖추고, 무료의 요양소와 휴양소를 설치하고, 소년의 복지제고, 가족수당의 지급, 유치원과 탁아소 등의 설치"를 규정하였다. 또한 사회보험 기타의 비용은 주로 국가와 사용자의 갹출금에 의한 자금에서 공급되어야 하고 관리에는 노동조합이 참가하여야 한다고 주장하였다.

같은 해 9월 파리에서 56개국의 노동조합의 대표 346명이 참석하여 제2차 세계노동조합회의가 개최되었는데, 이때 '세계노동조합연맹'이 결성되었다. 채택된 강령에는 "실업 · 질병 · 노동재해 · 노령 등의 위험에 대하여 노동자와 그 가족을 보호하기 위한 충분하고 적절한 사회보장의 쟁취"를 투쟁목표로 설정하고 있다. 그 후 1961년 모스크바에서 제5회 세계노동조합대회가 개최되었는바, 이 대회에서 「사회보장헌장」이 채택되었다.

이 헌장의 서문에는 "사회보장은 노동자 계급의 기본적 권리"라고 선언하고, 사회보장의 목적을 "노동능력의 감퇴 혹은 일시적이거나 항구적인 상실의 경우에 노동자의 완전한 보호를 보장하고 사회적 재해를 당한 노동자를 보호하는 예방조치의 강구"에 두고 이의 실현을 요구하였다.

그리고 "사회보장의 재원은 사용자나 국가, 혹은 쌍방에 의해 보장되어야 하며 노동자로부터 갹출되어서는 안 된다"고 하며, "사회보장의 재원을 노동자가 분담하고 있는 경우는 일시적인 조치로 인식하여야 하며 노동자는 이러한 분담을 없애기 위한 행동을 취하여야 한다"고 하여 사회보장의 재원확보를 위한 노동조합의 투쟁도 강조하였다.

그 후 1982년 쿠바의 하바나에서 개최된 제10회 노동조합회의에서 새로운 「사회보장헌장」이 채택되었다.

3. 세계보건기구

세계보건기구(WHO)는 국제연합 산하의 전문기관으로서 전염병이나 기타 질병예방, 환경위생, 영양 등에 대하여 국제적인 조사보급활동을 행하고 있고, 약품법의 통일이나 국제위생조약의 채택 등 사회보장의료의 기초적 조건의 충실화에 기여하고 있다.

4. 국제사회보장협회

국제사회보장협회(International Social Security Association : ISSA)는 1927년 ILO가 질병보험에 관한 조약을 처음 채택할 당시 각국의 질병보험기금에 관한 국제적 조직으로 구성되었으나, 제2차 세계대전 후 지금과 같이 사회보장을 전담하는 기구로 변경되었다.

각국의 사회보장 관계기관의 국제적 단체로서, 사회보장에 관하여 조사연구를 행하고 국제적 경험교류의 기관으로서 활동하고 있다. ILO와 밀접한 관계를 갖고 협력하여 각종 국제회의의 개최와 정기간행물 발간을 통한 홍보활동 등 국제사회보장의 진전을 도모하고 있다.

5. 유럽협의회

제1차 세계대전이 국제노동기구를 창설하였지만 제2차 세계대전은 유럽협의회(Council of Europe : CE)를 낳았다. 유럽협의회는 1948년 5월 헤이그에서 협의가 있은 후 그 다음해 5월 유럽협의회 협정이 체결되어 설립되었다. 그 목적은 공통적인 재산을 이루는 이념과 원칙을 준수하고 실현하며, 경제적·사회적 발전을 용이하게 하는 데 있다. 또한 사회정의와 노동운동의 자유를 증진하는 것을 포함하고 있다.

유럽협의회는 1953년 12월 11일 파리에서 잠정협정을 체결한 후 1972년 12월 14일 사회보장협정(Convention on Social Security)을 체결하였다.

유럽협의회는 회원국들의 사회보장제도를 발전시키도록 노력하며 1961년에는 유럽사회헌장(Europe Social Charter)을 채택하였다. 이 헌장에서는 사회보장의 권리를 기본적인 사회적 권리로 규정하고, 최소한 ILO의 사회보장최저기준조약(제102호) 수준으로 하는 만족할 만한 사회보장제도를 유지하여야 한다고 한다. 그리고 CE는 1949년부터 유럽사회보장법전(Europe Code on Social Security)의 제정을 준비하여 1964년 제정되었다.

6. 유럽연합

유럽 여러 나라들은 재화, 사람, 자본 및 서비스의 자유화를 통한 자유로운 공동시장과 궁극적 정치통합을 목적으로 1993년 11월에 유럽연합 설립조약에 의하여 유럽연합(European Union : EU)을 탄생시켰다. 2007년 현재 가맹국은 영국, 독일, 프랑스를 주축으로 27개국에 이르고 있다. EU는 사회보장법과 노동법의 통일화도 추진하고 있다.

제 2 절 사회보장에 관한 국제선언

전쟁에 의한 국민생활의 황폐화와 이로 인한 보편적인 기본적 인권의식의 고양을 배경으로 하여 '사회보장의 권리'를 승인하고 이를 실현하기 위한 국제적인 선언이 다수 채택되었는바, 그 주요 내용은 다음과 같다.

1. 대서양헌장

1941년 8월 영국의 처칠 수상과 미국의 루스벨트 대통령은 대서양에서 회담을 가져 독일의 나치즘을 타파하고, 제2차 세계대전 후 세계재건의 방침을 시사하는 대서양헌장을 발표하였다.

여기에는 8가지의 공통원칙을 국내정책에 반영하기로 하였는데 그 제4항에 "보다 나은 근로기준과 경제적 혜택, 그리고 사회보장을 모든 사람에게 보장해 줄 것을 목적으로 하며, 경제분야에 있어서 모든 국가의 완전한 협력을 이룩할 것"을 규정하였고, 또 제5항에는 "공포와 결핍으로부터의 해방"을 표명하였다. 이것은 제2차 세계대전 후 각국에서 사회보장을 추진하는 중요한 계기가 되었다.

2. 필라델피아 선언

1) 의의

1944년 4월부터 5월까지 필라델피아에서 개최된 ILO의 제26회 대회에서 사회보장에 관한 중요한 선언이 채택되었는데, 이를 필라델피아 선언이라고 한다.

ILO는 제2차 세계대전 후의 주된 정책목표를 사회보장에 두었는데, 이는 대전 중의 경험에 의하여 전후의 장기계획으로서 종래의 사회보장, 사회부조의 재편성이 필요하다고 인정했기 때문이다. 필라델피아 선언은 구미의 선진 자본주의 제국의 전후정책의 국제적 표현이었다고 할 수 있다.

필라델피아 총회는 사회보장원칙 및 전쟁에서 생기는 제 문제를 심의하여 결과적으로 소득보장에 관한 권고(제68호), 군대 및 유사직업 또는 전시고용으로부터 풀려난 자에 대한 소득보장 및 의료에 관한 권고(제68호) 등 3개를 채택하였다. 이들 권고의 주요 내용은 다음과 같다.

2) 소득보장권고

이 권고의 내용은 "노령을 포함하여 노동이 불가능하거나 사망에 의하여 소득이 보장되지 않는 경우에 합리적 수준의 소득을 보장하여 궁핍을 구제하고 빈곤을 방지하지 않으면 안 된다"고 규정하고, "소득보장은 가능한 한 강제적 사회보험의 기초 위에서 이를 조직하도록 하고, 사회보장제도의 적용을 받지 못하는 궁핍에 대하여는 공공부조에 의하여 충족되지 않으면 안 된다"고 하여 공공부조는 과도기적인 혹은 보완적인 수단으로 취급하고 있다. 그러나 사회보험과 공공부조를 모두 소득보장의 한 수단으로 취급하였다는 데 큰 의의가 있다.

그리고 사회보험의 적용을 받는 사고로는 질병, 모성, 폐질, 노령, 사망, 실업, 업무상 재해 등으로 열거하고 있다.

사회보험의 적용을 받을 사람의 범위는 피용자뿐만 아니라 '갹출금의 징수를 조직화'하는 것이 가능하다면 일용업자도 피용자와 동일조건으로 포함시켜야 한다고 주장하였으며(다만 업무재해와 실업은 제외), 재원에 관하여는 넓은 의미에서의 노 · 사 · 정의 3자 갹출제를 주장하였다.

공공부조에 관해서는 자녀의 생활유지와 빈곤한 폐질자·노령자 및 미망인에 대한 것으로 나누어 일정한 원칙을 제시하고 있다.

3) 의료보호권고

의료보호권고(Recommendation on Medical Care)는 비교적 새로운 것으로서 "모든 계층을 위한 광범위한 의료서비스를 설치하는 것"이 목적이었다. 이는 "필요로 할 때 수시로, 필요로 하는 모든 사람들에게 의료가 주어지고 그것은 수급자의 실제상 또는 장래의 필요를 만족시키기에 충분한 것이 될 수 있는 기본후생"이 되어야 한다고 하여 조직화되고 완전한 의료서비스, 사회보험 또는 공적 서비스의 방법을 제시하였다.

3. 세계인권선언

이 선언은 1948년 UN의 제3회 총회에서 채택되었는바, 이 선언은 제22조에서 "모든 인간은 사회의 일원으로서 사회보장을 받을 권리를 갖고 또한 국가적 노력과 국제적 협력을 통하여 그리고 또 각국의 조직 및 자원에 맞추어 자신의 존엄과 자유로운 인격의 발전을 실현시킬 수 있는 경제적 · 사회적 · 문화적 권리를 향유한다"고 규정하고 있다.

또 제25조에서 "모든 인간은 의식주, 의료 및 필요한 사회후생시설을 포함하여 자신 및 가족의 건강과 복지를 유지함에 충분한 생활수준을 보유할 권리를 가지며, 또한 실업 · 불구 · 질병 · 배우자 상실 · 노령 또는 불가항력적인 생활불능의 경우에 생활보장을 받을 권리를 갖는다"고 규정하고 있다.

4. 사회보장헌장

1961년 모스크바에서 개최된 제5회 세계노동조합회의에서 최초로 「사회보장헌장」이 채택되었는바, 그 주요 내용은 전문, 생활보호와 사회보장, 사회보장의 기본원칙을 규정하고 있다.

생활보장과 사회보장은 노동조합운동에 의하여 ① 일할 권리, ② 근로시간, ③ 휴가의 권리, ④ 교육과 훈련의 권리, ⑤ 주택의 권리, ⑥ 문화여가스포츠의 권리, ⑦ 여성의 권리, ⑧ 아동, 청소년의 보호, ⑨ 이민노동자의 권리 등 9가지 권리를 보장하여야 한다고 규정하고 있다.

이 헌장은 사회보장의 기본원칙으로 다음의 8가지를 들고 있다.

① 자신의 노동에 의해 생활하여야 하는 사람으로서 일시적 혹은 항구적으로 일할 자리를 찾지 못하거나 노동력을 상실한 자와 그 부양가족은 모두 사회보장의 권리를 법률로써 보장받아야 한다.

② 사회보장은 질병, 출산, 장해, 노령, 사망, 자녀나 부양가족으로 인한 경비의 증가, 산업재해, 직업병, 실업 등 그 원인과 이유에 불문하고 보호나 사회적 원호가 필요한 모든 위험이 고려되어야 한다.

③ 모든 국민에 대하여 국가의 사회·보건서비스를 통하거나 사회보장제도에 의한 무료의 예방조치, 의료 및 재활을 보증하여야 한다.

④ 모든 사람에 대하여 생계비, 임금 및 필수적인 사회적 사회복지수요의 증대에 따른 현금 및 필수적인 사회적 사회복지수요의 증대에 따른 현금 및 현물의 급여에 의하여 기본적인(decent) 생활수준을 보장하여야 한다.

⑤ 사회보장의 권리는 인종, 국적, 종교, 성별, 연령, 직업 등에 의하여 차별받지 않으며 모든 사람은 평등하게 대우받아야 한다.

⑥ 입법은 권리행사를 방해하지 않도록 가능한 한 알기 쉽게 규정되어야 하며, 노동자는 사회보장 관련 결정에 대하여 소송을 제기할 권리를 가져야 한다.

⑦ 사회보장의 재원은 주로 사용자로부터 특별한 이윤으로부터 공제하여 적립하여 충당하여야 하며 국가로부터도 지원받아야 한다.

⑧ 사회보장은 민주적 방법으로 운영되어야 한다(박승두, 2005 : 230-239 참조).

제 3 절 유럽사회보장법전과 유럽사회헌장

국제노동기구는 사회보장의 최저 및 최고기준에 대한 제정을 하지 못하였는데 서유럽 17개국으로 구성된 유럽협의회(CE)에서 최고기준에 해당하는 유럽사회보장법전을 1964년에 제정하였다. 이는 가맹 서유럽 17개국에 적용된다.

이 법전은 6부문으로 규정하고 있는데 의료급여의 내용에는 급여의 제한이 없는 진찰, 급여의 제한이 없는 약제, 급여기간이 1건당 52주까지 보장되는 입원치료, 보존적 치과진찰과 치과보철, 상병급여기간의 무제한, 실업급여기간은 12개월 중 최소 21주, 가족급여로서 16세까지 현금급여지급, 매장급여로서 임금의 20일분 지급 등을 내용으로 하고 있다.

다음으로 유럽협의회는 노동자의 생존적 기본권을 보장하기 위한 사회헌장을 제정하고자 하여 1989년 12월 유럽 11개국(영국은 제외)은 사회헌장을 채택하였다.

이 헌장은 ① 노동자의 자유로운 이동, ② 공정한 고용과 보수, ③ 생활과 근로수준의 향상, ④ 각 국가에 적합한 법률이나 관행에 의한 사회적 보호, ⑤ 단결권과 단체교섭권의 보장, ⑥ 직업훈련, ⑦ 남녀차별금지, ⑧ 노동자에 대한 정보제공, 협의 및 참여 ⑨ 작업장에서의 건강과 안전의 보장, ⑩ 어린이와 청소년의 보호, ⑪ 노인에 대한 보호, ⑫ 장애인에 대한 보호 등이다.

5 사회보장의 특성

사회보장은 협의로 사회보험에 의한 보장과 공공부조에 의한 보장으로 나눌 수 있는데 각각 그 특징을 보면 다음과 같다. 그리고 넓은 의미로는 사회복지서비스도 사회보장에 포함되므로 사회복지서비스의 특성도 살펴본다.

제 1 절 사회보험의 특성

사회보험의 특성을 민영보험과의 비교를 통해 살펴본다. 레자(Rejda, 1994)는 사회보험과 민영보험의 공통점으로 다음과 같이 다섯 가지를 지적하고 있다.

① 양 보험은 다 같이 위험이전에 기초하고 있으며, 위험의 광범위한 공동분담에 기초하고 있다.
② 적용범위, 급여 및 재정과 관련된 모든 조건을 구체적이고 완전하게 제공한다.
③ 급여의 자격부여와 양이 엄격한 수리적 계산을 필요로 한다.
④ 프로그램의 비용을 충족시키는 데 충분한 기여금과 보험료 지불을 필요로 한다.
⑤ 드러난 욕구에 기초하지 않고 사전에 결정된 급여를 제공한다.

그러나 사회보험은 민영보험과 다음과 같은 차이가 있으며 이것이 사회보험의 특성이다.

첫째, 사회보험과 민영보험의 차이점은 우선 적용방식과 보호수준에서 찾을 수 있다. 사회보험이 강제적용방식이며, 최저한의 보장을 추구하는 데 반해, 민영보험은 가입자의 자발적 참여에 따른 계약에 의존하며 개인의 능력과 의사에 따른 보험료 부담수준에 따라 보험급여수준이 결정된다.

둘째, 사회보험의 조건은 법으로 규정되며 가입자는 보험급여에 대한 법적 권리를 가진다. 이에 비해 민영보험은 개별적 요구에 따라 보험조건이 결정되나, 보험자가 파산했을 경우 가입자의 경제적 보호가 불가능할 위험이 있다.

셋째, 사회보험의 재원조달은 완전기금 적립방식을 취하기 어려운 반면 민영보험은 완전기금 적립방식이고 또한 사회보험은 모든 국민이 사회보험의 가입대상이 되는데 민영보험은 특정 개인의 특정 위험을 위한 보험자와 보험계약자 간의 계약이라는 점에서 그 목적을 달리하고 있다.

넷째, 사회보험은 재원조달방법, 보험료 부담 및 급여수준, 자격요건, 적용기간, 정부의 역할 등에 대하여 이해 당사자 간의 의견을 달리할 수 있으나 민영보험의 경우 그 목적 및 조건에 대한 합의에 따른 계약이라는 측면을 가지고 있다.

다섯째, 민영보험의 경우 사회적으로 물가의 급상승기에는 물가상승에 대한 보험급여 보전을 하기 어려우나 사회보험의 경우는 정부의 역할로 대처해 나갈 수 있다.

제 2 절 공공부조의 특성

공공부조는 사회보험과 함께 국민의 건강하고 문화적인 최저생활에 대한 보장을 목적으로 하며, 더욱이 생활능력을 상실한 자들과 일정한 생활수준에 미달한 자들에 대하여 국가가 그들의 최저생활보장과 자립촉진을 목적으로 하여 만들어진 가장 직접적이고 최종적인 경제적 보호제도라고 정의할 수 있다. 공공부조제도는 생활이 곤란한 자에 대한 최저생활보장과 생활이 곤란한 자의 자립을 조장하는 두 가지 측면의 목적을 가지고 있다. 이를 달성하기 위한 기본원리로서 생존권 보장의 원리, 평등보장의 원리, 최저생활보장의 원리, 보충성의 원리 등이 있다.

사회보험과 공공부조는 상호보완관계에 있다. 사회보험은 소득이 있는 사람을 대상으로 하나, 공공부조는 생활이 어려운 모든 국민을 대상으로 한다. 사회보험 적용대상자에 대한 급여수준을 결정하기 위한 소득, 자산에 대한 사전조사는 필요 없으나 공공부조 대상자의 경우 항상 사회적 보호를 결정하기 위한 대상자 선정을 위해 일정한 기준설정이 필요하게 된다. 즉, 공공부조는 사회적 보호의 필요성이 제기되어야 하는 반면 사회보험 급여수준은 보험료 부담에 의한 가정된 필요성에 의하여 결정되기 때문에, 그 제도의 적용이 사회보험은 평균적 요구에, 공공부조는 사회가 인식하는 개인의 개별적 요구에 기초한다고 할 수 있다.

따라서 사회보험의 재원조달이 피보험자의 기여금에 의하여 운영되는 것에 비하여 공공부조의 재원조달은 일반재정에 의하여 운영되고 있고 대체로 소득계층에 따라 사회보험의 기여금보다 누진적 조세수입에 의존하게 된다. 그리고 사회보험은 국가뿐만 아니라 그로부터 위임받은 공공기관, 금융기관에서 운영할 수 있으나, 공공부조는 언제나 국가가 직접 운영한다.

제 3 절 사회복지서비스의 특성

사회복지서비스는 현대인의 상호관계 및 역할에 대한 욕구를 충족시키려는 사회적 방안으로서 가족생활을 보호하거나 회복하게 하고, 개인이 그의 외적·내적 문제를 대처하도록 도우며 개인의 성장 · 발달을 돕고 정보제공과 안내, 옹호, 구체적 도움을 통하여 사회자원에 접근을 촉진시키는 기능을 하는 것이다.

일반적으로 사회복지서비스는 개인적 기능과 적응상의 문제가 있는 가족과 개인에게 원조를 제공하는 등 사후적 보호에 초점을 두고 있다. 사회복지서비스는 경제보장에 덧붙여 비경제적 보장을 내용으로 하고 있으며, 특수적, 구체적, 개별적으로 개인이나 가족문제에 대응하고자 하는 특징을 갖고 있다.

사회복지서비스는 사회가 산업화·도시화·정보화 사회로 진전됨에 따라 사회문제가 가속화됨으로써 특히 사회적으로 불우하고 열악한 위치에 있는 아동, 노인, 여성 및 장애인 등을 우선대상으로 이들의 문제를 해결하여 정상적 사회인으로 복귀시키는 데 목적을 두기 때문에 사회보험이나 공공부조의 재정적 부조와는 달리 사회복지전문가에 의한 전문서비스만이 소기의 성과를 기대할 수 있다(이인재 외, 2003 : 39).

6 사회보장정책

Social Security

제1절 사회보장정책의 의의

사회보장정책이 무엇이냐에 대하여는 여러 가지의 견해가 있을 수 있으나 넓은 의미로는 모든 국민의 생활을 전체적으로 향상시켜 인간다운 생활의 보장이라는 생존권적 기본권에 기초를 두고 있는 넓은 의미의 사회보장(또는 넓은 의미의 사회복지)을 실현하기 위한 종합적, 체계적인 국가의 시책이라고 할 수 있다. 좁은 의미로는 사회보험과 공공부조의 실행을 기초로 최소한의 인간다운 생활을 보장하려는 국가의 시책이라고 할 수 있다. 사회보장정책의 특성은 다른 사회정책에 비하여 다음과 같은 특성을 가지고 있다.

첫째, 사회보장정책은 다른 사회정책에 비하여 보다 개별성이 있다. 대부분의 공공정책이 국민 다수를 대상으로 정책구현을 한다면 사회보장정책은 대상자 선정작업이 우선하므로 일단 선정된 클라이언트에게만 정책적 접근이 이루어진다는 것이다. 국토개발정책이나 문화정책의 경우는 국민적 삶의 질을 향상시킨다는 같은 목적이 있다 하더라도 그 대상자는 한정적이지 못하다는 것이다. 반면 사회보장정책의 수급권자는 전문가에 의해서 사전에 선정된다는 의미에서 한정적이고 개별적이다. 뿐만 아니라 일단 선정이 되었다고 하더라도 정책의 접근은 개인에 따라 차별적으로 이루어지게 된다.

둘째, 사회보장정책의 대부분은 국가개입으로 이루어진다는 공통성이 있지만 클라이언트의 인간다운 생활의 영위를 위한 소득이나 의료 등의 보장을 위하여 정부가 적극 개입한다는 측면이 있다. 자본주의 사회는 원칙적으로 시장의 자율적 기능에 따라 작동되지만 중산층 이상의 계층에서는 조세정책을 통하여 재원을 확보하고 일정소득 이하의 계층에게는 공식적 급여를 통하여 재분배하는 규제가 수반되는 것이다.

셋째, 경제정책 등이 사회의 생산적 측면과 관련되어 정책적 접근이 이루어진다면 사회보장정책은 소비적 측면과 주로 관련된다. 물론 생산과 소비의 개념 자체가 상호 배타적인 것이 아니라 표리의 관계에 있다고 본다면 사회보장정책이 일방적으로 소비활동에 관심이 있다고 보기는 어렵다. 예컨대, 2000년 10월부터 시행된 국민기초생활보장제도 프로그램에서도 '조건부 수급권자'라고 하여 취업할 것을 전제로 일정기간 급여를 하는 것이 있는데 이는 생산활동을 장려할 수 있는 프로그램이기도 하기 때문이다. 그리고 교육보호의 경우에도 성장 후 빈곤의 세습을 방지하기 위한 본래의 목적도 있지만 근로현장에서 일할 수 있는 능력을 부여하고 있기 때문이다. 그러나 근본적으로는 경제정책은 돈을 모으는 데 관심이 있고 사회보장정책은 그 모아진 돈을 어떻게 잘 쓰느냐에 관심을 두어야 할 것이다.

제 2 절 사회보장정책의 내용

여기서는 사회보험과 공공부조 외에 사회복지서비스를 포함한 넓은 의미의 사회보장정책의 내용을 살펴본다.

1. 급여의 범위

'누구에게 급여할 것인가'라는 급여대상문제를 들 수 있다. 사회보장 관련 재화나 사회복지서비스는 시장기구에서 자율적으로 교환되는 것이 아니며 국가로부터 일방적 이전(unilateral transfer)의 형태로 제공되기 때문에 재원이나 서비스에 한계가 있는 정부로서는 어떠한 방식으로든지 급여의 대상을 제한할 필요성을 가진다. 그 제한의 형태는 다음과 같다.

첫째, 귀속적 욕구(attributed need)이다. 산업사회 이전의 단순사회에서는 욕구의 발생 원인을 개인적 결함에 두었지만 현대산업사회에서는 차츰 사회적 결함에 두게 된다. 따라서 사회복지급여의 자격을 줄 때 일정지역에 거주하거나, 일정한 계층을 대상으로 귀속적으로 정하게 되는 것이다. 일반적으로 정부는 해당국가나 지역의 공공부조 대상자나 대인서비스 대상자를 정할 때 '거주'를 필요조건으로 하게 된다.

둘째, 사회적 기여 및 사회적 손해를 당한 것에 대한 보상이다. 이것은 사회복지급여의 자격조건이 되려면 기여를 해야 하고 위험(risk)이나 사고가 발생하여야 함을 의미한다. 이것은 공공부조나 사회서비스 부문과는 직접적 관련성이 적지만 기여금을 적립해야만 위험이 발생했을 때 급여를 받을 수 있는 것이다.

셋째, 심신의 상태에 대한 전문가의 진단적 차별화이다. 이것은 역사적으로도 가장 널리 사용된 자격조건이며, 근로능력의 유무를 판단하여 구호 여부를 결정한다.

넷째, 자산조사(means-test)요건이다. 자산이라고 할 때는 재산과 소득의 범주를 포함하는데 복잡한 경제사회체계에서 정확한 자산조사는 쉬운 일이 아니다. 그러므로 자산조사에 한계와 제한이 따른다.

2. 급여의 재원

'급여에 필요한 재원조달은 어떻게 할 것인가'의 문제이다. 사회보장정책의 관건은 어떻게 재원을 조달하느냐 하는 문제에 있다고 볼 수 있다. 재원의 형태와 구조를 분석하는 것은 복지정책의 내용분석에 있어서 가장 중요한 부분이 된다. 급여재원을 선택하는 원칙에는 사용자부담, 민간모금, 사회보험료, 과세 등이 있으나 공공부조와 사회복지서비스는 대부분이 국세나 지방세 징수에 의한 조세비용과 일반예산으로 편성된다. 국가는 급여의 재원, 급여범위, 급여형태 등을 정책적으로 정해야 한다.

3. 급여의 형태

'무엇을 급여할 것인가' 하는 급여형태의 문제이다. 오늘날 급여의 구체적 형태는 현금이 되고 있으나 현금 이외의 현물, 기회, 능력부여나 할인, 감면 형태의 급여를 어떻게 하고 있는가를 파악하는 것은 프로그램 성격분석에서 중요할 수 있다.

급여형태를 선택하는 원칙으로는 대략 다섯 가지 형태로 나누어 볼 수 있다. 이것은 현금과 현물 형태의 두 가지로 분류하는 것으로부터 세분화된 것이다.

첫째, 기회를 제공하는 형태가 있다. 열등한 개인이나 계층을 부정적으로 차별하지 않고 긍정적 차별로 전환시키는 개념이다. 장애인이나 여성에게 취업의 기회를 주는 것은 보상 차원의 기회제공이라고 할 수 있다.

둘째, 수급권자의 급여권인 급여액 등의 결정에 불리함이 없도록 하는 것이다. 점진적 사회주의자들이 참여민주의 기치를 내걸고 있는 것과 마찬가지로 급여 대상자 계층을 사회복지 프로그램에 참여하도록 하는 일련의 조치 등이 있을 수 있다.

셋째, 재화나 서비스의 급여는 현물급여 형태에 속하는 것인데 선진복지국가에서는 다른 급여에 비하여 선택비율이 떨어진다. 그러나 미국의 경우는 현물급여 형태가 더 많이 선택된다. 이것은 미국이 복지후진국이라기보다는 미국의 복지자본주의의 이념이 그러하기 때문이다.

넷째, 신용이나 증서 형태가 있다. 이것은 현물급여와 현금급여의 제3의 형태로서 미국의 푸드스탬프제도가 그 예가 된다. 그러나 이러한 형태는 정치체계와 수혜자 체계에서 다 같이 선호하지 않는 경우가 많고 오용될 소지도 있어서 제한요소가 많다.

다섯째, 현금급여 형태로서 가장 많이 사용되고 선호되는 형태이다. 재화나 서비스를 현금화한 것으로서 시장가치와 급여 대상자의 가치를 고려하여 급여액을 결정하는 것이며 무엇보다 효율적 배분이 가능하다는 것이 특징이다.

4. 급여의 방법

'급여의 전달체계는 어떠한가' 하는 급여방법의 문제이다. 급여방법의 분석은 '사회보장 전달체계가 어떠한가'라는 실태분석을 의미한다. 사회복지 전달체계는 공공부조

전달체계와 민간부문 전달체계로 나누어 볼 수 있다. 그러나 최근에는 대부분의 사회복지서비스가 민간위탁사업으로 추진되고 있는 이른바 제3의 영역도 있을 수 있다.

급여의 전달체계는 재원을 누가 부담하는가, 재화와 서비스는 누가 제공하는가, 누가 조정역할을 하는가에 따라 몇 가지로 분류될 수 있다.

첫째, 공공전달체계로서 중앙정부와 지방정부 간의 공적 체계를 통해 전달되는 유형이 있다. 이때 중앙정부는 주로 정책의 결정된 부문을 총괄관리하고 지방정부는 실제 집행의 임무를 수행하게 된다. 공공부조와 사회서비스의 경우 보건복지부를 정점으로 한 중앙정부체계와 시 · 도 및 시 · 군 · 구 그리고 읍 · 면 · 동사무소 등의 복지기구로 연결된 지방정부체계가 그것이다.

둘째, 민간전달체계와 제3의 혼합형을 들 수 있다. 앞에서 거론된 공공전달체계는 제도적 복지 측면의 수행을 한다면 민간전달체계는 보완적 측면의 복지수행을 하는 영역이다. 그러나 오늘날 복지자본주의 국가에서는 양자가 독립적 영역을 확보하고 있기보다는 상호 보완적 유형을 띠는 경우가 많다. 정부와 민간부문이 계약을 통해 재화나 서비스의 직접 제공은 민간이 맡고 그 소요비용은 정부가 맡는 유형이 대부분이다.

셋째, 정부가 민간에 재정을 보조해 주고 개입하지 않는 유형과 순수 민간유형이 있을 수 있으나 사회보장정책은 어떠한 방식이든 정부가 개입하지 않으면 목적달성이 어렵게 된다.

7 사회보장에 대한 법적 보장

Social Security

제 1 절 헌법상의 사회보장

1. 서설

헌법 제34조는 "① 모든 국민은 인간다운 생활을 할 권리를 가진다. ② 국가는 사회보장·사회복지의 증진에 노력할 의무를 진다. ③ 국가는 여자의 복지와 권익의 향상을 위하여 노력하여야 한다. ④ 국가는 노인과 청소년의 복지향상을 위한 정책을 실시할 의무를 진다. ⑤ 신체장애자 및 질병 · 노령 기타의 사유로 생활능력이 없는 국민은 법률이 정하는 바에 의하여 국가의 보호를 받는다. ⑥ 국가는 재해를 예방하고 그 위험으로부터 국민을 보호하기 위하여 노력하여야 한다"고 규정하고 있다.

이를 구체적으로 보면 제2항은 국민이 인간다운 생활을 할 권리를 가진다는 원칙적 선언으로서 생존권적 기본권의 주 기본권 규정이며, 제2항은 제1항의 권리를 실현하기 위한 방법으로서 국가의 사회보장·사회복지증진의무를 규정한 것이고, 제3항은 여자의 복지와 권익향상을, 제4항은 노인과 청소년복지향상을 규정하고, 제5항은 생활무능력자의 보호를 규정하고 있다.

다시 말해서 국민의 인간다운 생활을 할 권리는 헌법이 보장하고 있는 생존권적 기본권 가운데 그 핵심이 되는 주된 생존권적 기본권이고 제2항은 이 생존권적 기본권을 실현하기 위해서 국가는 사회보장과 사회복지를 증진할 의무를 진다고 규정하여 모든 국민은 생존권적 기본권을 바탕으로 하여 사회보장과 사회복지를 받을 권리가 있음을 천명한 것이다. 그리고 제3항~제5항은 특별히 보호를 필요로 하는 자(노약자 등)의 사회복지와 사회보장을 예시하고 있다. 따라서 인간다운 생활을 할 권리라는 생존권적 기본권의 내용으로서 헌법은 사회보장을 받을 권리인 사회보장수급권을 보장하고 있고 또 이 사회보장수급권 가운데 특히 생활무능력자를 위한 생활보장을 받을 권리를 보장하고 있다.

2. 사회보장을 받을 권리

1) 사회보장을 받을 권리(사회보장권, 사회보장수급권)의 의의

(1) 입법

모든 국민의 인간다운 생활을 보장하기 위하여서는 국가가 사회보장제도와 사회복지제도를 확립하여야 하는데, 국민은 국가의 적극적 관여에 따른 사회보장을 받을 권리를 가진다. 사회보장이라 함은 국가가 국민의 생존을 공공부조 또는 사회보험에 의하여 확보하는 것인데, 여기에는 건강보험, 재해보험, 양로보험 등의 사회보험제도와 생활무능력자에 대한 기초생활의 보장과 무상의료급여가 있다.

국가는 국민의 인간다운 생활을 보장하기 위하여 사회보장, 사회복지의 증진에 노력할 의무를 지는데 이에 대응하는 헌법상의 권리가 사회보장권이고 이를 실현하기 위한 법률이 사회보장기본법이다.

사회보장기본법 제2조는 기본이념으로서 "사회보장은 모든 국민이 인간다운 생활을 할 수 있도록 최저생활을 보장하고 국민 개개인의 생활수준을 향상시킬 수 있도록 제도와 여건을 조성하여, 그 시행에 있어 형평과 효율의 조화를 기함으로써 복지사회를 실현하는 것"이라고 규정하고 있다. 모든 국민은 사회보장 관련법령이 정하는 바에 따라 사회보장급여를 받을 권리를 가진다. 이를 사회보장수급권이라고 한다(헌재, 2001.9.27. 선고, 2000헌마342, 헌재판례집, 제13권 2집, 433면).

다시 말해서 사회보장수급권은 헌법상의 생존권적 기본권의 하나로서 그 핵심이 되는 헌법상의 권리이지만 국민이 국가에 대하여 구체적으로 사회보장을 청구하기 위해서는 구체적 사항이 사회보장 관련법령에 규정(이 법령에 의하여 구체적인 사회보장관계법상의 사회보장수급권이 발생한다)되어야 한다는 뜻이다.

(2) 판례

① 사회보장수급권

사회보장수급권은 헌법 제34조 제1항에 의한 인간다운 생활을 보장하기 위한 생존권적 기본권의 핵심적인 것이고, 사회보장 관련법령에 규정됨으로써 구체적 권리로 된다(헌재, 2003.12.18. 선고, 2002헌바1, 헌재공보, 제88호, 63면 이하).

여기서 헌법재판소는 사회보장수급권이 헌법상의 권리임을 명백히 하고 있다. 헌법재판소는 "사회보장을 받을 권리를 사회보장수급권이라고 하면서 이 권리는 구체적인 사항이 법률에 규정됨으로써 비로소 구체적인 법적 권리가 된다"고 하고, 나아가 "사회보장수급권은 헌법 제34조 제1항 및 제2항 등으로부터 개인에게 직접 주어지는 헌법적 차원의 권리라거나, 사회적 기본권의 하나라고 볼 수 없으나, 다만 위와 같은 사회보장, 사회복지증진의무를 포섭하는 이념적 지표로서의 인간다운 생활을 할 권리를 실현하기 위하여 입법자가 입법재량권을 행사하여 제정하는 사회보장입법에 그 수급요건, 수급자의 범위, 수급액 등 구체적인 사항이 규정될 때 비로소 구체적인 권리로 형성된다"고 한다(헌재, 2003.5.15. 선고, 2002헌마90, 헌법판례집, 제15권 1집, 581면 이하).

② 유공자의 보상금수급권

헌법재판소는 국가유공자 등에 관한 법률이 정하고 있는 전몰군경의 유족 및 전공사상자의 수급권은 국가보상적 내지 국가보훈적 성격을 띠면서, 장기간에 걸쳐 수급권자의 생활보호를 위하여 주어진다고 하는 특성도 가지고 있으므로 사회보장적 성격도 겸하고 있다고 한다(헌재, 2000.6.1. 선고, 98헌마216, 헌재판례집, 제12권 1집, 622면 이하). 참전유공자에게 지급하는 참전명예수당수급권도 국가보훈적 성격과 사회보장적 성격을 아울러 가진다고 한다.

③ 연금제도

헌법재판소는 공무원 · 군인연금제도는 사회보장제도의 하나로서 이 같은 보험의 사회조정원리를 도입한 사회보장제도의 하나라고 하고 있다(헌재, 1995.7.21. 선고, 94헌바27 등, 헌재판례집, 제7권 2집, 82면 ; 헌재, 2003.9.25. 선고, 2001헌마22, 헌재공보, 제85호, 18면).

공무원연금법상의 퇴직연금의 법적 성격은 사회보험의 성격을 가지나 후불임금의 성격도 가지고 있으므로, 재산권으로서도 보장된다. 그러나 재산권의 성질보다도 사회보장적 급여이기에 폭넓은 형성권이 인정된다고 한다(헌재, 2003.9.25. 선고, 2001헌가22, 헌재공보, 2p. 85호, 18면 이하). 그러나 퇴직연금 중 본인의 기여금에 해당하는 부분은 재산권이므로 퇴직연금의 2분의 1을 초과하지 않는 범위에서 지급을 정지할 수 있도록 해야 한다는 것이 헌법재판소의 결정이다(헌재, 2003. 9.25. 선고, 2001헌마23, 헌재판례집, 제12권 1집, 622면 이하).

군인연금법상의 퇴역연금의 법적 성질은 군인이 장기간 복무한 공로에 대한 보상으로서의 은혜적 측면을 갖는 반면, 봉급연불적인 성격도 함께 갖는 것이라고 한다(헌재, 1994.6.30. 선고, 92헌가9, 헌재판례집, 제6권 1집, 369면).

④ 사회보험제도

헌법재판소는 사회보장은 사회국가원리를 실현하기 위한 중요한 수단이라는 점에서 사회연대의 원칙을 강조한다. 그리하여 사회연대의 원칙은 사회보험에의 강제가입의무를 정당화하면서 재정조정이 가능하다고 하고 있다(헌재, 2000.6.29. 선고, 99헌마289, 헌재판례집, 제12권 1집, 913면). 의료보험수급권은 사회보장수급권이라고 하면서 국가에 대하여 적극적으로 급부를 요구하는 권리이기 때문에 법률에 의한 형성이 필요하다고 한다. 다만 의료보험법상의 보험급여는 가입자가 기여금의 형태로 납부한 보험료에 대한 반대급부이기 때문에 재산권으로서의 성격도 가진다고 한다(헌재, 2003.12. 18. 선고, 2002헌바1, 헌재공보, 제88호, 63면). 산업재해보험은 사회보장제도의 하나이다. 헌재는 산업재해보험제도는 헌법상의 권리가 아니고 법률적 권리로 보아 광범한 입법형성권을 인정하고 있다(헌재, 2003.7.24. 선고, 2002헌바51, 헌재공보, 제83호, 63면).

2) 노약자의 사회보장청구권

헌법 제34조 제4항은 "국가는 노인과 청소년의 복지향상을 위한 정책을 실시할 의무를 진다"고 규정함으로써 생활능력이 없는 국민(노약자)에 대한 국가의 보호의무와 노약자에 대한 복지증진의무를 명시하고 있다.

이에 따라 국민기초생활보장법은 생활이 어려운 자에게 필요한 급여를 행하여 이들의 최저생활을 보장하고 자활을 조성할 목적으로 생계급여 외에도 수급자의 필요에 따라 주거, 의료, 교육, 해산, 장제 및 자활급여를 한다고 규정하는 한편 그 급여의 수준은 '건강하고 문화적인 최저생활'을 유지할 수 있는 것이어야 한다고 규정하여, 생활능력이 없는 국민에 대한 보호를 행하고 있으며, 노인복지법은 노인의 건강을 유지하고 노후의 생활안정을 위하여 필요한 조치를 강구함으로써 노인의 보건복지증진에 기여함을 목적으로 저소득 노인층에 대한 경로연금지급, 건강진단, 공공시설 등의 무료이용 및 노인복지시설(의료, 주거, 여가)을 설치하고 이를 이용하도록 하여 노인의 생활안정, 보건 및 복지를 시행하게 하고 있다(헌재, 2001.4.26. 선고, 2000헌마390, 헌재판례집, 제13권 1집, 977면).

사회보장을 위하여 퇴직금 전액을 질권·저당권자의 채권보다 우선하여 변제하도록 규정한 구 근로기준법 제37조 제2항 중 '퇴직금' 부분에 대해서는 질권·저당권의 본질적 내용을 침해할 소지가 있고, 과잉금지원칙에도 위배된다고 보아 헌법불합치결정을 하였다(헌재, 1987.8.21. 선고, 94헌바19, 헌재판례집, 제9권 2집, 24면). 이에 따라 2005년 1월 27일의 근로기준법 개정 법률에서는 퇴직금은 질권 · 저당권에 의하여 담보된 채권에 우선하여 변제하지 못하도록 하고 있다(동법 제37조 제2항 참조).

그러나 최종 3년간의 퇴직금은 질권 · 저당권에 의하여 담보된 채권에 우선하여 변제되어야 하고(근로자퇴직급여보장법 제11조 제2항), 경기의 변동 및 산업구조의 변화 등으로 사업의 계속이 불가능하거나 기업의 경영이 불안정하여 임금 등을 지급받지 못한 상태로 퇴직한 근로자에게 그 지급을 보장하는 조치를 강구함으로써 근로자의 생활안정에 이바지함을 목적으로 임금채권보장법(1998. 2. 20. 제정, 2006. 12. 30. 등 개정)을 제정하는 등 근로자에 대한 사회보장을 강화하고 있다.

3) 생활보장을 받을 권리

(1) 입법

신체장애자 및 질병·노령 기타의 사유로 인한 생활무능력자는 인간다운 생활을 보장하기 위하여 국가의 보호를 받을 권리가 있다. 생활무능력자란 신체장애·노령·질병 기타 사유로 인한 생활능력상실자를 말하는데, 이들의 생활보호를 받을 권리를 보장하기 위한 법률로서는 국민기초생활보장법, 의료급여법 등이 있으며, 장애인을 위한 장애인복지법과 노인을 위한 노인복지법 등이 제정되어 있다. 국민기초생활보장법은 최저생활비를 보장하고 있으며(동법 제5조), 최저생계비의 결정은 중앙생활보장위원회의 심의·의결을 거쳐 보건복지부 장관이 공표하도록 하고 있다(동법 제6조).

나아가 국가유공자 등 예우 및 지원에 관한 법률 등 국가유공자 · 군인 · 경찰관의 유족에 대해 보호하는 특별법이 있다. 이들 법에 의한 보호청구권은 반사적 이익이 아니며 구체적 · 개별적 권리이다. 위의 노약자의 사회보장청구권이나 신체장애자 및 생활무능력자의 생활보장청구권을 보장하는 사회보장제도는 협의의 사회복지제도에 속한다.

(2) 판례

① 위헌결정 예

㉠ 구 군인연금법 제21조 제5항 제2호의 퇴직연금지급정지제도 자체는 헌법에 위반된다고 할 수 없으나, 퇴직연금지급정지의 요건 및 내용을 대통령령으로 정하도록 한 것은 헌법상 포괄위임금지원칙에 위배된다(헌재, 2003.9.25. 선고, 2001헌가22, 헌재공보, 제85호, 18면 이하 ; 이 조항은 2002년 12월 30일 삭제되었다).

㉡ 구 공무원연금법 제47조 제3호가 퇴직연금지급정지의 요건 및 내용을 대통령령으로 위임하고 지급정지 대상기관을 행정안전부령으로 정하도록 한 것은 포괄위임금지원칙에 위배된다(헌재, 2003.9.25. 선고, 2000헌바94, 2001헌가21(병합), 헌재공보, 제85호, 25면 이하 ; 이에 따라 이 조항은 삭제되었다).

② 한정위헌 예

구 국민의료보험법이 급여정지를 규정하면서 제41조 제1항의 '범죄행위'에 고의와 중과실에 의한 범죄행위 이외에 경과실에 의한 범죄행위가 포함되는 것으로 해석하는 한 헌법에 위반된다(헌재, 2003.12.18. 선고, 2002헌바1, 헌재공보, 제88호, 63면 이하 ; 이 국민의료보험법은 1999년 12월 31일에 국민건강보험법으로 대치되었다).

③ 합헌결정 예

㉠ 국민건강보험법이 의무적 가입을 규정하고 임의해지를 금지하면서 보험료를 납부하게 하는 것은 경제적 약자에게도 기본적인 의료서비스를 제공하기 위한 국가의 사회보장, 사회복지의 증진의무라는 정당한 공공복리를 효과적으로 달성하기 위한 것이라 하여 합헌으로 보고 있다(헌재, 2001.8.30. 선고, 2000헌마668, 헌재판례집, 제13권 2집, 287면 이하).

㉡ 헌법재판소는 국민건강보험법 제48조 제3항이 보험료를 완납할 때까지 보험급여를 실시하지 아니할 수 있다는 조항은 기본권 침해의 직접성이 없으므로 판단하지 아니하면서 보험료 문제는 인간다운 생활을 침해하는 것이 아니라고 하였다(헌재, 2001.8.30. 선고, 2000헌마668, 헌재판례집, 제13권 2집, 287면 이하).

㉢ 헌법재판소는 "장애인에 대한 생활보호를 위하여 일정한 혜택을 부여하는 법률조항이 헌법에 위배되는지 여부는 입법부가 장애인으로 하여금 인간다운 생활을 영위하도록 하기 위하여 객관적으로 필요한 최소한의 조치를 취할 의무를 다하였는가를 기준으로 판단하여야 할 것인바, 장애인고용촉진 등에 관한 법률 제34조 제2항은 장애인의 고용을 촉진하기 위하여 공개채용시험을 실시함에 있어서 일정한 비율의 장애인을 고용하도록 강제하고 있는 조항으로 그 규정 내용이 장애인의 보호를 위하여 필요한 최소한의 조치를 취할 의무를 다하지 못하였다고 할 수는 없다. 고용촉진법 제34조 제2항은 헌법 제34조 제1항 인간다운 생활을 할 권리, 헌법 제11조의 평등권 및 제34조 제5항의 신체장애자의 권리를 침해하는 법률조항이라고 할 수 없다"고 판시했다(헌재, 1999.12.23. 선고, 98헌바33, 헌재판례집, 제11권 2집, 732면 이하).

㉣ 참전유공자 중 70세 이상자에게만 참전명예수당을 주고 70세가 되지 않는 사람에게는 지급하지 않는 것은 인간다운 생활을 할 권리, 행복추구권, 평등권을 침해하지 않는다(헌재, 2003.7.24. 선고, 2002헌마522.604, 2003헌마70.80(병합), 헌재공보, 제83호, 91면 이하).

㉤ 물가연동제에 의한 연금급여조정 자체는 연금수급권자의 인간으로서의 존엄과 가치, 인간다운 생활을 할 권리, 재산권을 침해하거나 직업공무원제도나 헌법이 보장하는 사립학교교원의 지위의 근간을 훼손한 것이라고 볼 수는 없다(헌재, 2003.9.25. 선고, 2001헌마93.183.143(병합), 공무원연금법 제27조 제2항 등 위헌확인, 헌재공보, 제85호, 52면 이하).

㉥ 물가연동제에 의한 연금액 조정규정 자체는 연금수급권자의 인간으로서의 존엄과 가치, 인간다운 생활을 할 권리, 재산권을 침해한 것이 아니다(헌재, 2003.9.25. 선고, 2001헌마194, 군인연금법 제17조의 2 제1항 등 위헌확인, 헌재공보, 제85호, 86면 이하).

㉦ 산업재해보험의 적용제외사업에 종사함으로써 산업재해보상보험법에 규정된 수급자격을 갖추지 못한 근로자로서는 헌법상의 인간다운 생활을 할 권리나 산업재해보상보험법에 기한 권리를 내세워 국가에 대한 적극적 행위를 요구할 지위에 있지 못하므로 산업재해보상보험법 제5조 단서는 합헌이다(헌재, 2003.7.24. 선고, 2002헌바51, 산업재해보상보험법 제5조 단서 등 위헌소원, 헌재공보, 제83호, 63면 이하).

㉧ 의료수가지급제도를 규정한 국민건강보험법의 위임에 따라 보건복지부가 '건강보험요양급여행위 및 그 상대가치점수'를 고시한 것은 합헌이다(헌재, 2003. 7.24. 선고, 2002헌바51, 산업재해보상보험법 제5조 단서 등 위헌소원, 헌재공보, 제83호, 63면 이하).

제 2 절 사회보장기본법상의 사회보장

1. 서설

앞에서 본 바와 같이 헌법상의 권리인 사회보장권은 그 자체로서는 개인이 국가에 대하여 사회보장에 관한 권리를 직접 청구할 수 없고 법령 규정에 의하여 이를 구체적으로 규정함으로써 실현되는 것이고 이 법령에 의하여 구체적인 사회보장급여청구권이 발생한다. 따라서 이 법령에 의하여 발생한 사회보장급여청구권을 헌법상의 사회보장수급권(사회보장권)에 대하여 사회보장관계법상의 사회보장수급권이라고 할 수 있다.

헌법상의 사회보장수급권을 실현하기 위하여 제정한 법률이 사회보장기본법이다. 그리고 사회보장기본법은 사회보장에 관한 기본법이고 앞에서 본 바와 같이 넓은 의미의 사회보장제도의 유형으로 사회보험, 공공부조, 사회서비스 및 관련복지제도를 규정하고(동법 제3조 제1호~제5호) 있다.

이 규정을 근거로 하여 각종의 사회보험에 관한 법(이하 사회보험법이라 함), 각종의 공공부조에 관한 법(이하 공공부조법이라고 함), 각종의 사회복지서비스에 관한 법(이하 사회복지서비스법), 각종의 관련복지에 관한 법(사회복지관련법)을 제정하여 시행하고 있다.

사회복지관련법은 보건 · 주거 · 교육 · 고용 등의 분야에서 인간다운 생활이 보장될 수 있도록 지원하는 법인데, 예컨대 공중위생관리법, 전염병예방법, 남녀고용평등과 일 · 가정 양립지원에 관한 법률, 임대주택법, 최저임금법, 장애인 등에 대한 특수교육법 등이 있다.

이 책에서는 사회보장에 관한 사회보장기본법과 이를 구체적으로 실현하기 위한 각종의 사회보장에 관한 법을 좁은 의미(일반적 의미)의 사회보장에 관한 법으로 한정하여 사회보장기본법이 규정하는 체계에 따라 사회보험법, 공공부조법으로 나누어 설명한다.

2. 사회보장기본법

1) 사회보장기본법의 목적과 이념

사회보장기본법은 1997년 8월 22일에 제정되고 1994. 4. 30, 2003. 7. 30, 2005. 1. 27, 2008. 2. 29, 2009. 6. 9, 2009. 1. 18, 2010. 1. 18.에 개정되었고, 2012. 1. 26.에 전부 개정되고, 2013. 3. 23, 2014. 11. 19, 2015. 7. 24 등에 개정되었다.

그리고 동법 시행령이 1998년 7월 17일에 제정되고, 1991. 1. 30, 2002. 12. 26,

2005. 4. 27, 2005. 10. 21, 2006. 6. 12, 2008. 2. 29, 2008. 12. 31, 2009. 8. 18, 2010. 3. 15, 2010. 7. 12, 2012. 12. 27, 2013. 3. 23, 2015. 6. 9, 2015. 6. 30, 2015. 11. 30, 2016. 1. 22. 등에 개정되었다.

(1) 서언

종래 우리나라는 복지의 이념을 인간다운 생활을 보장하고 국민생활의 수준을 향상시킬 수 있도록 하는 전통적인 복지국가(소득보장형) 형태를 구축하는 데 두었다. 그러나 최근에 저출산 · 고령화로 인한 사회 · 문화 · 경제적 환경이 변화함에 따라 전통적인 복지국가 형태는 더 이상 존립하기 어렵게 되었다. 이에 따라 종래 소득보장형의 복지국가에서 저소득층뿐만 아니라 모든 국민이 평생동안 겪게 되는 다양한 사회적 위험에서 벗어나도록 소득은 물론이고 각종의 사회서비스를 함께 보장하여 생활형 복지국가로 발전할 수 있도록 사회보장제도를 확대 재정립함으로써 우리나라의 상황에 맞는 새로운 사회보장정책을 펴기 위하여 2012년 1월 26일에 사회보장기본법을 전부개정하였다. 이에 맞추어 사회보장의 근본이 되는 사회보장기본법의 목적(제1조), 이념(제2조), 사회보장의 정의(제3조)를 크게 바꾸었다.

(2) 목적과 기본이념

동법 제1조는 사회보장기본법의 목적을 첫째, 사회보장에 관한 국민의 권리와 국가 및 지방자치단체의 책임을 정하고 둘째, 사회보장정책의 수립 · 추진과 관련 제도에 관한 기본적인 사항을 규정함으로써 국민의 복지 증진에 이바지하는 데 두고 있다. 그리고 동법 제2조는 사회보장의 이념을 첫째, 모든 국민이 다양한 사회적 위험으로부터 벗어나 행복하고 인간다운 생활을 향유할 수 있도록 자립을 지원하고, 둘째, 사회참여 · 자아실현에 필요한 제도의 여건을 조성하고, 셋째, 사회통합과 행복한 복지사회를 실현하는 데 두고 있다. 이 이념에서 생활형 복지국가로 발전하겠다는 의지를 선언하고 있다.

2) 기본개념과 적용범위

(1) 기본개념

사회보장기본법에서는 사회보장의 개념을 정의하고 각종의 사회보장제도를 정의하고 있다.

① 사회보장

'사회보장'이란 질병 · 장애 · 노령 · 실업 · 사망 등의 사회적 위험으로부터 모든 국민을 보호하고 국민 삶의 질을 향상시키는 데 필요한 사회보험 · 공공부조 · 사회서비스를 말한다(동법 제3조 제1호). 사회보장은 위와 같은 5가지의 사회적 위험으로부터 국민을 보호하고, 인간다운 생활을 할 수 있도록 최저생활을 보장하여(동법 제2조 기본이념 참조) 빈곤을 해소하며, 국민생활을 향상시키려는 제도적 장치를 말하는 것이다.

사회보장기본법상의 사회보장 개념은 넓은 의미의 사회복지로 파악된다. 이에 대하여 사회서비스(도움이 필요한 국민에 대하여 정상적인 생활이 가능하도록 지원하는 제도, 예컨대 사회복지사업, 노인복지, 고령자고용의 촉진, 아동복지, 장애인복지, 한부모가족복지, 영유아복지 등) 개념은 좁은 의미의 사회복지 개념으로 파악된다. 사회보장기본법은 사회보장의 범위를 사회보험, 공공부조, 사회서비스 등 세 개의 부문으로 나누고 "평생사회안정망"의 구축을 사회보장의 궁극적인 목표로 한다.

"평생사회안전망"이란 생애주기에 걸쳐 보편적으로 충족되어야 하는 기본욕구와 특정한 사회위험에 의하여 발생하는 특수욕구를 동시에 고려하여 소득 · 서비스를 함께 보장하는 맞춤형 사회보장을 말한다(동법 제3조 제5호). 이 맞춤형 사회보장제도는 곧 국민의 소득보장과 모든 국민에 대한 사회서비스를 포괄하는 넓은 의미의 사회복지에 속하는 것이다. 그리고 사회보장기본법은 사회보장에 관한 법을 제정하거나 개정하는 경우에는 반드시 이 법에 부합되도록 하여야 하므로(동법 제4조) 모든 사회복지관련법이 내용적, 이념적으로 따라야 하는 기본법이라고 할 수 있다.

② 사회보험

'사회보험'이란 국민에게 발생하는 사회적 위험을 보험방식에 의하여 대처함으로써 국민건강과 소득을 보장하는 제도를 말한다(동법 제3조 제2호). 사회보험은 사(私)보험의 원리를 채택하지만 사회적 위험을 보장한다는 점에서 사보험과 여러 가지 점에서 다른 특성을 가지고 있다. 그 중에서 가장 특징적인 점은 가입의 운영주체가 국가라는 점과 가입의 강제성이다.

③ 공공부조

'공공부조'란 국가 및 지방자치단체의 책임하에 생활유지능력이 없거나 생활이 어려운 국민의 최저생활을 보장하고 자립을 지원하는 제도를 말한다(동법 제3조 제3호). 종전의 법인 생활보호법이 2000년 10월부터 국민기초생활보장법으로 개정·확대되면서 자본주의의 구조적 모순에서 발생하는 빈곤문제를 해결하기 위한 실질적인 국민기초생활보장제도로 되고 있다.

④ 사회서비스

'사회서비스'란 국가·지방자치단체 및 민간부문의 도움을 필요로 하는 모든 국민에게 복지, 보건의료, 교육, 고용, 주거, 문화, 환경 등의 분야에서 인간다운 생활을 보장하고 상담, 재활, 돌봄, 정보의 제공, 관련시설의 이용, 역량 개발, 사회참여 지원 등을 통하여 국민의 삶의 질이 향상되도록 지원하는 제도를 말한다(동법 제3조 제4호). 사회서비스는 사회보험, 공공부조와는 달리 주로 심리사회적 · 정신적 서비스 등과 같이 비경제적·추상적 서비스를 제공하는 것을 특징으로 하고 있다.

2012년 1월 26일의 전부개정법을 사회서비스의 대상을 종래의 경제적·사회적 약자, 저소득층에 대한 복지 중심에서 모든 국민이 평생동안 겪는 사회적 위험으로부터 벗어나게 하여 행복하고 인간다운 생활을 할 수 있도록 하는 것으로 사회복지의 중심을 옮겨 복지서비스 영역을 확대하였다. 이런 의미에서 전부개정법은 종래 사용하던 사회복지서비스라는 것을 사회서비스라고 하였다. 따라서 종래의 관련복지제도는 이 사회서비스에 포함된다고 할 수 있다.

(2) 적용범위

① 제도적 범위

사회보장기본법이 보장하려는 제도적 적용범위는 사회보험, 공공부조, 사회서비스 등 세 가지 종류의 제도(동법 제3조)이다. 이는 결국 넓은 의미의 사회복지의 제도적 범위를 총괄하는 내용이다.

② 인적 범위

모든 사회보장법이 그러하듯이 사회보장기본법의 적용을 받는 사람은 대한민국 국민이다. 그러나 노동력의 국제적 이동이 활발한 상황에서 사회보장법은 더 이상 자국민(自國民)만을 대상으로 하기에는 한계가 있다. 우리나라에서도 합법적인 산업연수생 또는 불법체류자의 신분으로 생산현장에 종사하는 외국인 노동자들이 있으며, 이들에 대해 국민건강보험법, 산업재해보상보험법 등의 적용 여부가 문제가 된다. 따라서 사회보장법과 제도는 이제 자민족(自民族)중심주의를 벗어나 국제주의 입장을 취해야 할 것이다.

이러한 조류에 따라 우리 법도 기존의 입장을 탈피하여 외국인에 대해 상호주의를 취하고 있다. 즉, 국내에 거주하는 외국인에 대한 사회보장제도의 적용은 상호주의의 원칙에 의하되, 관련법령이 정하는 바에 따르도록 규정되어 있다(사회보장기본법 제8조). 따라서 외국과 사회보장 관련조약을 체결한 경우에는 물론 외국에서 우리나라 국민에 대해서도 사회보장제도를 적용한다면 우리나라에 거주하는 그 나라 국민에 대해서도 사회보장제도를 적용해야 한다. 이러한 경우에 관련법령에 규정이 없을 때에는 사회보장기본법이 상위법이므로 이 규정에 따라 법을 개정해야 하며, 적용의 내용과 절차에 관해서는 법령에 구체적으로 규정되어야 한다.

3) 내용

(1) 사회보장책임의 주체

① 국가 및 지방자치단체의 책임

사회보장기본법 제5조는 "국가와 지방자치단체는 첫째, 모든 국민의 인간다운 생활을 유지 · 증진하는 책임, 둘째, 사회보장에 관한 책임과 역할을 합리적으로 분담하여야 할 책임, 셋째, 국가 발전수준에 부응하고 사회환경의 변화에 선제적으로 대응하며 지속가능한 사회보장제도를 확립하고 매년 이에 필요한 재원을 조달하여야 할 책임을 지고, 국가는 사회보장제도의 안정적인 운영을 위하여 중장기 사회보장 재정추계를 격년으로 실시하고 이를 공표하여야 한다"고 규정하고 있다. 그리고 동법 제6조에는 "국가와 지방자치단체는 가정이 건전하게 유지되고 그 기능이 향상되도록 노력하여야 하고"(제1항) "국가와 지방자치단체는 사회보장제도를 시행함에 있어 가정과 지역공동체의 자발적 복지활동을 촉진하여야 한다"(제2항)고 규정하고 있다.

제5조에서 규정하고 있는 국가 및 지방자치단체의 책임은 사회보장제도의 실행에 관한 책임이고, 사회보장제도를 국가발전의 수준에 상응하는 수준을 유지해야 하는 책임이다. 이와 같이 우리나라는 사회보장제도의 궁극적인 실행에 대한 책임을 국가와 지방자치단체에 지우고 있다. 그러나 국가발전의 수준에 적절한 수준의 사회보장수준이 무엇인지를 결정하기란 쉬운 일이 아니므로 이에 대한 시민의 협력과 활동이 요청된다.

또 동법 제6조 제1항은 국가와 지방자치단체는 사회보장제도의 실시에 있어서 가정을 건전하게 유지하고 가정기능이 향상되도록 노력하여야 한다고 하고 있는데 이는 가정기능의 건전한 유지와 강화가 사회보장제도의 실행에 중요하다는 점을 지적한 것이다. 나아가 동법 제6조 제2항은 국가와 지방자치단체는 가정과 지역공동체의 자발적 복지활동을 촉진하여야 한다고 하였는데, 이는 가정과 지역공동체의 자발적 복지활동이 국가나 지방자치단체의 사회보장제도의 실행에 매우 중요한 요소가 되고 가정과 지역공동체와 국가 및 지방자치단체가 사회보장제도의 실시에 있어서 상호 보완적으로 기능해야 한다는 것을 의미한다. 이와 같이 본다면 동법 제6조 제1항과 제2항은 국가와 지방자치단체뿐만 아니라 가정과 지역공동체, 민간조직 등도 사회보장책임의 주체가 될 수 있음을 규정한 것이라고 할 수 있다.

② 국민의 책임

사회보장기본법 제7조는 "모든 국민은 자신의 능력을 최대한 발휘하여 자립 · 자활할 수 있도록 노력하여야 하고, 경제적 · 사회적 · 문화적 · 정신적 · 신체적으로 보호가 필요하다고 인정되는 사람에게 지속적인 관심을 가지고 이들이 보다 나은 삶을 누릴 수 있는 사회환경 조성에 서로 협력하고 노력하여야 한다"고 되어 있다. 국가나 지방자치단체의 사회보장은 개인이 최대한 노력을 한 다음 개입하는 것이고, 또 국가나 지방자치단체의 사회보장개입에 있어서도 언제나 개인이 자립 · 자활할 수 있도록 돕는 것이어야 한다는 의미이다. 이런 점에서 국민도 사회보장의 실행에 책임을 지는 사회보장책임의 주체라고 할 수 있다.

(2) 사회보장의 대상

사회보장의 대상은 개별 사회보장법과 제도의 자격기준 · 자격요건에 따라 선정·결정되는 것이지만, 포괄적으로는 모든 국민을 대상으로 하고, 더 나아가서는 외국인도 포함시키고 있다(동법 제8조, 제9조 참조). 역사적으로 사회보장의 대상은 소수의 국민에서부터 점차로 국민 전체를 포함하는 것으로 확대되어 왔다. 그리고 사회보장의 대응문제와 관련해서 말한다면 빈곤에서부터 질병, 사망, 실업 등의 사회적 위험으로 확대 발전되어 왔다고 볼 수 있다.

특히 외국인에 대하여는 국내에 거주하는 외국인에 대하여 우리나라 사회보장제도를 적용하고 그 적용은 상호주의의 원칙에 따라 관련법령이 정하는 바에 따른다(동법 제8조). 20세기에 와서는 국가 간에 왕래가 빈번해지면서 사회보장협정을 체결하여 관계국 상호 간의 국민에게 사회보장혜택을 주는 사례가 일반화되고 있다. 우리나라도 상호주의에 입각하여 국가 간 협정을 맺거나 국제기구에 가입함으로써 상호 간 외국인에게 사회보장급여를 제공하는 사례가 확대되고 있다.

UN의 국제노동기구(ILO)는 1962년 「사회보장에 관한 내 · 외국인 균등처우에 관한 협약」(ILO 제118호 협약)을 채택하여 이를 비준한 국가는 사회보장 부문의 적용범위 및 수급권에 있어서 자국의 사회보장법규에 의하여 자국민에게 주어지는 것과 동등한 대우를 외국인에게 해 줄 것을 규정하고 있다. 그리하여 현재 보건복지부는 '1998년 9월 9일~9월 11일까지 한국과 캐나다'가 1997년 1월 10일에 체결한 사회보장협정 이행을 위한 후속조치의 일환으로 양국 간 회담을 개최하여 행정약정체결을 합의하였다. 따라서 한·캐나다 사회보장협정을 통하여 현재 파견 중인 양국 근로자가 부담하였던 보험료가 파견국에서 면제됨으로써 사업주와 근로자가 혜택을 받게 되고, 이미 납부한 보험료에 대하여서는 연금산정 시 합산함으로써 수급권자를 두텁게 보호하게 되었다.

(3) 사회보장수급권 : 사회복지수급권(넓은 의미)

① 개념

사회보장기본법 제9조는 "모든 국민은 사회보장 관련법령이 정하는 바에 의하여 사회보장의 급여를 받을 권리(사회보장수급권)를 가진다"고 규정하여 모든 국민은 사회보장관련법에 의하여 사회보장수급권을 가진다고 하고 있다. 사회보장의 급여를 받을 권리를 말하는 이 사회보장수급권은 앞에서 본 바와 같이 헌법 제34조 제1항과 제2항의 해석상 헌법상의 권리, 즉 헌법상의 사회보장수급권(사회보장권)에서 흘러나온 구체적 권리이다. 국민이 구체적으로 국가에 대하여 급여를 청구하기 위해서는 헌법상의 사회보장수급권만으로는 할 수 없고 사회보장 관련법령에 규정되어야 한다. 따라서 사회보장기본법 제9조는 구체적 권리로서의 사회보장수급권을 규정한 것이라고 할 수 있다.

그러나 앞에서 본 바와 같이 사회보장기본법상의 사회보장은 넓은 의미의 사회복지를 뜻하므로 이 사회보장 관련법령상의 사회보장수급권을 사회복지수급권으로 개념화할 수 있다. 따라서 사회보장수급권(구체적 권리로서의 사회보장수급권)은 사회보장관련법에 따라 국민이 국가에 대하여 직접 구체적으로 사회복지급여를 청구할 수 있는 권리이다.

② 수급권자

앞의 사회보장 대상자가 바로 수급권자이다. 위에서 소개한 사회보장기본법 제9조는 내국민, 제8조는 관계 외국인을 수급권자로 규정하고 있다. 물론 구체적인 수급요건은 각각의 세부적인 사회보장관계법에서 자격규정을 취급하고 있으므로, 해당 법규에 따라서 결정될 것으로 본다.

③ 급여수준

사회보장기본법 제10조는 다음과 같이 각각 규정하고 있다. 첫째, 국가와 지방자치단체는 모든 국민이 건강하고 문화적인 생활을 유지할 수 있도록 사회보장급여수준의 향상을 위하여 노력하여야 한다(제1항). 둘째, 국가는 관련법령이 정하는 바에 따라 최저보장수준과 최저임금을 매년 공표하여야 한다(제2항). 셋째, 국가와 지방자치단체는 제2항에 따른 최저보장수준과 최저임금을 고려하여 사회보장급여의 수준을 결정하여야 한다(제3항).

제10조 제1항은 사회보장급여수준이 건강하고 문화적인 생활을 유지할 수 있는 것이어야 하는데, 이는 일시적이 아니라 영속적으로 물가수준이나 경제사회적 수준에 적절한 것이어야 한다는 의미이다. 둘째로 제2항은 관련법령이 정하는 바에 따라 최저보장수준과 최저임금을 매년 공표해야 한다고 했는데, 이는 구체적으로 국민기초생활보장법과 최저임금법에서 규정하고 있는 것을 말한다. 그리고 이 법에 따르는 매년 12월에 보건복지부 장관과 고용노동부 장관이 각각 최저보장수준과 최저임금을 고시하게 되어 있다.

마지막으로 사회보장급여수준은 최저보장수준과 최저임금을 고려하여 적절한 수준에서 결정되어야 한다는 것이다. 사실 사회보장의 급여수준은 기본적으로는 이들 두 가지가 대원칙이지만, 한편으로는 가입자의 갹출금, 가입기간, 사회경제적 수준과 사회적 가치 등 다양한 변수들이 고려되어 결정되는 매우 복잡한 내용이다. 여기서는 기본요건만을 규정한 것이다.

④ 급여의 신청

사회보장급여의 신청과 관련하여 사회보장기본법 제11조(사회보장급여의 신청) 제1항과 제2항에서 각각 다음과 같이 규정하고 있다. ① 사회보장의 급여를 받으려는 사람은 관련법령이 정하는 바에 따라 국가 또는 지방자치단체에 신청하여야 한다. ② 사회보장의 급여를 신청하는 사람이 다른 기관에 신청한 경우에는 그 기관은 지체 없이 이를 정당한 권한이 있는 기관에 이송하여야 한다. 이 경우 정당한 권한이 있는 기관에 이송된 날을 사회보장급여의 신청일로 본다.

⑤ 수급권의 보호·제한 및 포기

사회보장급여수급권은 보호되어야 한다. 그러나 일정한 경우에는 극히 예외적으로 제한할 수 있고 수급권자가 포기할 수 있도록 하고 있다.

(가) 보호 사회보장수급권은 관련법령이 정하는 바에 따라 타인에게 양도하거나 담보 제공할 수 없으며, 이를 압류할 수 없다(동법 제12조). 사회보장수급권은 양도, 담보 및 압류할 수 없음을 밝히고 있는 것이다.

(나) 제한 사회보장기본법 제13조(사회보장수급권의 제한 등)에서는 사회보장수급권의 제한에 대하여 다음과 같이 규정하고 있다. ① 사회보장수급권은 제한되거나 정지될 수 없다. 다만 관련법령이 따로 정하고 있는 경우에는 그러하지 아니하다(제1항). ② 제1항 단서의 규정에 의하여 사회보장수급권이 제한 또는 정지되는 경우에는 그 제한 또는 정지의 목적에 필요한 최소한에 그쳐야 한다(제2항). 수급권의 제한은 원칙적으로 제한과 정지가 불가능하지만, 따로 법령에 의하여 이를 가능하게 하는 경우를 상정하는 것이다. 즉 사회보장제도는 가능한 한 사회적 약자들에게 생존권을 보장한다는 측면에서 법적 목적을 달성하고 있으나, 수급권자가 불법적으로나 탈법적으로 혹은 사회적 정의와 양식에 반하여(예컨대, 불법행위), 수급요건을 발생케 하였을 경우에는 이를 제한할 수 있는 길을 열어 놓고 있다. 그러나 이 경우라 하더라도 제한과 정지는 최소한의 필요에 그치게 함으로써 법이 가진 본래의 목적을 달성할 수 있도록 하였다(필요 최소한의 원칙).

(다) 포기 사회보장기본법 제14조(사회보장수급권의 포기)에서 포기와 관련하여 아래와 같이 규정하고 있다. ① 사회보장수급권은 정당한 권한이 있는 기관에 서면으로 통지하여 이를 포기할 수 있다(제1항). ② 사회보장수급권의 포기는 이를 취소할 수 있다(제2항). ③ 사회보장수급권의 포기가 타인에게 피해를 주거나 사회보장에 관한 관련법령에 위반되는 경우에는 이를 포기할 수 없다(제3항).

⑥ 구상권

사회보장기본법 제15조는 "제3자의 불법행위로 피해를 입은 국민이 그로 인하여 사회보장수급권을 가지게 된 경우 사회보장제도를 운영하는 사람은 불법행위의 책임이 있는 자에 대하여 관련법령이 정하는 바에 의하여 구상권을 행사할 수 있다"고 규정하고 있다. 이는 타인의 불법행위로 인하여 피해를 당한 국민이 국가나 지방자치단체로부터 사회보장수급권에 의한 급부를 받는 경우 급부를 한 자가 불법행위자에 대하여 구상할 수 있도록 한 것이다.

(4) 사회보장위원회

① 성격

사회보장기본법 제20조는 "사회보장에 관한 주요 시책을 심의 · 조정하기 위하여 국무총리 소속으로 사회보장위원회를 둔다"고 규정하고 있다. 각종 사회보장 관련 주요 시책을 계획하거나, 개선하는 과정 등에 있어 사회보장위원회가 심의하여 보다 양질의 정책과 제도를 수립 · 실행하는 것을 목적으로 하고 있다.

② 구성

사회보장위원회(이하 "위원회"라고 함)는 위원장 1명, 부위원장 3명, 행정자치부 장관, 고용노동부 장관, 여성가족부 장관, 국토교통부 장관을 포함한 위원 30인 이내로 한다고 되어 있다(동법 제21조 제1항). 그리고 위원장은 국무총리가 되고 부위원장은 기획재정부 장관 · 교육부 장관 및 보건복지부 장관이 된다(동법 제21조 제2항).

그리고 위원회의 위원은 당연직 위원으로 대통령령이 정하는 관계중앙행정기관의 장이 되고 위촉위원으로는 ㉠ 근로자를 대표하는 사람, ㉡ 사용자를 대표하는 사람, ㉢ 사회보장에 대한 학식과 경험이 있는 사람, ㉣ 변호사의 자격이 있는 사람 중에서 대통령이 위촉하는 사람이 된다(동법 제21조 제3항).

위원의 임기는 2년으로 하되, 다만 공무원인 위원의 임기는 그 재임기간으로 한다(동법 제21조 제4항). 그리고 위원회를 효율적으로 운영하고 위원회의 심의사항을 보다 전문적으로 검토하기 위하여 위원회에 실무위원회를 두며(동법 제21조 제6항), 이 법에 규정된 사항 이외에 위원회와 실무위원회, 분야별 전문위원회, 사무국의 구성 · 조직 및 운영에 관하여 필요한 사항은 대통령령으로 정한다(동법 제21조 제9항).

③ 직무

사회보장위원회는 다음과 같은 사항을 심의 · 조정하도록 되어 있다. 즉 사회보장의 증진을 위한 기본계획, 사회보장관련 주요 계획, 사회보장제도의 평가 및 개선, 사회보장제도의 신설 또는 변경에 따른 우선순위, 둘 이상의 중앙행정기관이 관련된 주요 사회보장정책, 사회보장급여 및 비용부담, 국가 및 지방자치단체의 역할 및 비용분담, 사회보장의 재정추계 및 재원조달방안, 사회보장 전달체계 운영 및 개선, 법 제32조 제1항에 따른 사회보장 통계, 사회보장정보의 보호 및 관리, 그 밖에 위원장이 심의에 부치는 사항 등이 그것이다(제20조 제2항).

(5) 사회보장 기본계획 수립과 연도별 시행계획의 수립 · 시행 등

보건복지부장관은 관계 중앙행정기관의 장과 협의하여 사회보장증진을 위한 기본계획을 5년마다 수립하도록 규정되어 있다(사회보장기본법 제16조 제1항). 사회보장 기본계획에는 다음과 같은 사항이 포함되어야 한다. ① 국내외 사회보장환경의 변화와 전망, ② 사회보장에 관한 기본목표 및 중장기 추진방향, ③ 주요 추진과제 및 추진방법, ④ 필요한 재정의 규모와 재원조달방안, ⑤ 사회보장관련 기금운용방안, ⑥ 사회보장의 전달체계, ⑦ 그 밖에 사회보장정책의 추진에 필요한 사항 등이다(동법 제16조 제2항).

그리고 이 기본계획은 국무회의의 심의를 거쳐 확정하도록 되어 있다(동법 제16조 제3항). 기본계획은 다른 법령에 따라 수립되는 사회보장에 관한 계획에 우선하여 그 계획의 기본이 된다(동법 제17조).

일단 사회보장 기본계획이 수립되면, 보건복지부장관 및 관계 중앙행정기관의 장은 이 기본계획에 따라 사회보장과 관련된 소관 주요시책의 시행계획을 매년 수립 · 시행하여야 한다(동법 제18조 제1항). 그리고 관계 중앙행정기관의 장은 위의 규정에 의하여 수립한 소관 주요시책의 추진방안 및 전년도의 시행계획에 따른 추진실적을 대통령령이 정하는 바에 따라 보건복지부장관에게 제출하여야 한다(동법 제18조 제2항).

다음으로 보건복지부장관은 위의 제2항 규정에 따라 제출받은 관계 중앙행정기관 및 보건복지부 소관의 추진실적을 종합하여 성과를 평가하고 그 결과를 사회보장위원회에 보고하여야 한다(동법 제18조 제3항). 또 보건복지부장관은 이에 따른 평가를 효율적으로 시행하기 위하여 이에 필요한 조사 · 분석 등을 전문가에 의뢰할 수 있다(동법 제18조 제4항). 그리고 특별시장, 광역시장 · 특별자치시장, 도지사 · 특별자치도지사 · 시장 · 군수 · 구청장은 사회보장에 관한 지역계획을 수립 · 시행하여야 하고 이는 위의 기본계획과 연계되어야 한다(제19조).

(6) 사회보장정책의 기본방향

2012년 1월 26일의 사회보장기본법 전부개정법률은 사회보장정책의 기본 방향을 종래의 소득보장형 복지에서 생활보장형 맞춤형 복지로 전환하였다. 이 생활형 복지는 저소득층뿐만 아니라 모든 국민이 평생동안 겪게 되는 다양한 사회 위험에서 벗어날 수 있도록 모든 국민의 소득보장과 각종의 사회서비스를 함께 보장하는 복지이다. 이를 통하여 모든 국민이 평생동안 삶의 질을 유지하고 증진하고 인간다운 생활을 할 수 있게 하는 것이다.

① 평생사회안전망의 구축과 운영

평생사회안전망이란 생애주기에 걸쳐 보편적으로 충족되어야 하는 기본욕구와 특정한 사회위험에 의해 발생하는 특수욕구를 고려하여 소득과 서비스를 아울러 보장하는 맞춤형 사회보장제도를 말한다(동법 제3조 제5호). 이는 개정 사회보장기본법이 생활형 복지로 발전하기 위하여 실현하고자 하는 우리나라의 사회보장정책의 기본방향이자 사회보장의 기본이념이다. 따라서 생활형 사회보장을 실현하기 위하여 평생사회안전망의 구축과 운영을 통하여 구체적으로 사회서비스의 보장과 소득보장의 제도를 마련해야 하는 것이다. 평생사회안전망의 개념은 생활형 사회보장(복지)의 상위개념(포괄 개념)이고 사회서비스의 보장과 소득의 보장은 그 하위개념(세부개념)이라고 할 수 있다.

동법 제22조는 "국가와 지방자치단체는 모든 국민이 생애동안 삶의 질을 유지 · 증진할 수 있도록 평생사회안전망을 구축하여야 하고, 평생사회안전망을 구축 · 운영함에 있어 사회적 취약계층을 위한 공공부조를 마련하여 최저생활을 보장하여야 한다"라고 규정하고 있다.

② 사회서비스 보장

국가와 지방자치단체는 모든 국민의 인간다운 생활과 자립, 사회참여, 자아실현 등을 지원하여 삶의 질이 향상될 수 있도록 사회서비스에 관한 시책을 마련해야 하고, 사회서비스 보장과 소득보장이 효과적이고 균형적으로 연계되도록 해야 한다(동법 제23조).

③ 소득보장

국가와 지방자치단체는 다양한 사회적 위험하에서도 모든 국민들이 인간다운 생활을 할 수 있도록 소득을 보장하는 제도를 마련하여야 하고 공공부문과 민간부문의 소득보장제도가 효과적으로 연계되어야 한다(동법 제24조).

(7) 사회보장제도의 운영

① 운영원칙

사회보장기본법은 사회보장제도를 운영하는 과정에 요청되는 기본 운영원칙을 다음과 같이 정하고 있다.

첫째, 국가와 지방자치단체가 사회보장제도를 운영할 때에는 이를 필요로 하는 모든 국민에게 적용하여야 한다(동법 제25조 제1항).

둘째, 국가와 지방자치단체는 사회보장제도의 급여수준 및 비용부담 등에서 형평성을 유지하여야 한다(동법 제25조 제2항).

셋째, 국가와 지방자치단체는 사회보장제도의 정책결정 및 시행과정에 공익의 대표자 및 이해관계인 등을 참여시켜 이를 민주적으로 결정하고 시행하여야 한다(동법 제25조 제3항).

넷째, 국가와 지방자치단체가 사회보장제도를 운영할 때에는 국민의 다양한 복지욕구를 효율적으로 충족시키기 위하여 연계성과 전문성을 높여야 한다(동법 제25조 제4항).

다섯째, 사회보험은 국가의 책임으로 시행하고, 공공부조와 사회서비스는 국가와 지방자치단체의 책임으로 시행하는 것을 원칙으로 한다. 다만 국가와 지방자치단체의 재정 형편 등을 고려하여 이를 협의·조정할 수 있다(동법 제25조 제5항).

사회보장기본법에서 말하는 운영원칙은 보편성, 형평성, 민주성, 효율성, 연계성 및 전문성을 말하는 것으로서, 이는 사회보장제도의 기본원칙으로 말한 베버리지, 국제노동기구(ILO) 및 세계노동조합 등의 견해를 반영한 것으로 풀이할 수 있다. 그리고 사회보장은 국가와 지방자치단체가 시행의 책임주체가 되어야 함을 명백히 하고 있다.

② 협의 및 조정

국가와 지방자치단체는 사회보장제도를 신설하거나 변경할 경우 기존 제도와의 관계, 사회보장 전달체계와 재정 등에 미치는 영향 등을 사전에 충분히 검토하고 상호협력하여 사회보장급여가 중복 또는 누락되지 아니하도록 하여야 하고, 중앙행정기관의 장과 지방자치단체의 장은 사회보장제도 신설과 변경의 타당성, 기존 제도와의 관계, 사회보장 전달체계에 미치는 영향 및 운영방안 등에 대하여 대통령으로 정하는 바에 따라 보건복지부장관과 협의하여야 한다. 이 협의가 이루어지지 아니할 경우 위원회가 이를 조정하고, 보건복지부 장관은 사회보장급여관련 업무에 공통적으로 적용되는 기준을 마련할 수 있다(동법 제26조).

③ 민간의 참여

사회보장은 필요에 따라 민간이 참여해야 할 것이다. 사회보장기본법은 사회보장부문에 있어 민간참여의 길을 터놓고 있다.

㉠ 국가 및 지방자치단체는 사회보장에 대한 민간부문의 참여를 조장할 수 있도록 정책을 개발·시행하고 그 여건을 조성하여야 한다(동법 제27조 제1항). ㉡ 국가와 지방자치단체는 개인, 법인 또는 단체의 사회보장에 대한 참여에 소요되는 경비의 전부 또는 일부를 지원하거나 그 업무수행에 필요한 지원을 할 수 있다(동법 제27조 제3항).

민간참여는 최근 신보수주의 이념이 중요한 정책기조로 대두되면서부터 더욱 강화되고 있는데, 우리나라에서는 특별히 사회복지 분야에서 민간참여가 두드러지고 있다. 민간참여를 유도하기 위하여 국가와 지방자치단체는 다음과 같은 사업이 포함된 시책을 수립 · 시행하여야 한다(동법 제27조 제2항).

㉠ 자원봉사, 기부 등 나눔의 활성화를 위한 각종 지원사업, ㉡ 사회보장정책의 시행에 있어 민간부문과의 상호협력체계 구축을 위한 지원사업, ㉢ 그 밖에 사회보장에 관련된 민간부문의 참여를 유도하는 데 필요한 사업 등이 그것이다.

④ 비용의 부담

사회보장비용은 국가, 사용자 및 피용자 등의 3자가 부담하는 것이 세계 각국의 일반적 경향이다. 그러나 각국의 사정에 따라 각 사회보장제도의 내용과 부담주체와 비율 등이 다르다. 우리나라 사회보장기본법 제28조(비용의 부담)에서는 사회보장비용의 부담은 각각의 사회보장제도의 목적에 따라 국가, 지방자치단체 및 민간부문 간에 합리적으로 조정되어야 한다고 하면서(동법 제28조 제1항), 사회보험에 소요되는 비용은 사용자, 피용자 및 자영업자가 부담하는 것을 원칙으로 하되 관련법령이 정하는 바에 따라 국가가 그 비용의 일부를 부담할 수 있도록 규정하고 있는(동법 제28조 제2항) 한편, 공공부조 및 관련법령이 정하는 일정 소득수준 이하의 국민에 대한 사회서비스에 소요되는 비용의 전부 또는 일부는 국가와 지방자치단체가 이를 부담한다고 정하고 있다(동법 제28조 제3항). 그리고 부담능력이 있는 국민에 대한 사회서비스에 소요되는 비용은 그 수익자가 부담함을 원칙으로 하되, 관련법령이 정하는 바에 따라 국가 및 지방자치단체가 그 비용의 일부를 부담할 수 있다(동법 제28조 제4항).

⑤ 사회보장제도의 운영에 관한 국가와 지방자치단체의 책무

(가) 사회보장 전달체계 사회보장제도의 실시에 있어 전달체계는 매우 중요하며 사회보장제도의 성패를 가늠할 수 있는 요인이 되기도 한다. 사회보장기본법 제29조(사회보장 전달체계)에서 "㉠ 국가 또는 지방자치단체는 모든 국민이 쉽게 이용할 수 있고 사회보장급여가 적시에 제공되도록 지역적 · 기능적으로 균형잡힌 사회보장 전달체계를 구축하여야 하며(동법 제29조 제1항), ㉡ 국가와 지방자치단체는 사회보장 전달체계의 효율적 운영에 필요한 조직, 인력, 예산 등을 갖추어야 하고(동법 제29조 제2항), ㉢ 국가와 지방자치단체는 공공부문과 민간부문의 사회보장 전달체계가 효율적으로 연계되도록 노력하여야 한다"(동법 제29조 제3항)고 규정하고 있다. 이러한 내용은 사회보장 전달체계의 기능상 요구되는 균형 · 조정 및 이용의 용이성(편익성) 등을 원칙적으로 규정한 것으로 보인다.

(나) 사회보장급여의 관리와 전문인력의 양성 등 국가와 지방자치단체는 국민의 사회보장수

급권의 보장 및 재정의 효율적 운용을 위하여 사회보장 수급권자 권리구제, 사회보장급여의 사각지대 발굴, 사회보장급여의 부정 · 오류 관리, 사회보장급여의 과오지급의 환수 등 관리 등에 관한 사회보장급여의 관리체계를 구축 운영하여야 한다(사회보장기본법 제30조). 국가 및 지방자치단체는 사회보장제도의 발전을 위하여 전문인력의 양성, 학술조사 및 연구, 국제교류증진 등에 노력하여야 한다(동법 제31조).

(다) 사회보장 통계 국가와 지방자치단체는 효과적인 사회보장정책의 수립 · 시행을 위하여 사회보장에 관한 통계를 작성 · 관리하여야 한다(동법 제32조).

(라) 정보의 공개와 홍보 사회보장에 관한 정보의 공개와 홍보는 사회보장수급권자의 권리를 보장하는 중요한 수단이다. 따라서 사회보장기본법은 이에 관하여 다음과 같이 규정하고 있다. 국가 및 지방자치단체는 국민이 사회보장제도에 관하여 필요로 하는 관련법령이 정하는 바에 의하여 공개하고, 이를 홍보하여야 한다(동법 제33조).

(마) 설명, 상담 및 통지 국가와 지방자치단체는 사회보장 관련법령에 규정된 권리·의무를 해당 국민에게 설명하도록 노력하여야 하고(동법 제34조) 관련법령에 따라 상담에 응하여야 하며(동법 제35조), 사회보장에 관한 사항을 해당 국민에게 알려야 한다(동법 제36조). 이는 국민이 가지고 있는 사회보장수급권의 권리를 구체화한 것으로 풀이된다.

(8) 사회보장정보의 관리

오늘날 우리는 종이 기록 시대에서 전자정보 시스템을 이용한 기록, 저장, 통신, 전달, 통지 시대에 살고 있다. 따라서 사회보장의 복지정책과 제도도 이러한 전자정보시스템을 구축하여 이를 통한 제도 운영이 선행되어야 빠르고 신속하며 효과적이고 효율적인 사회보장을 실현할 수 있다. 이리하여 2012년 1월 26일의 전부개정법에서는 이러한 시대적인 요구를 반영하여 전자정보시스템에 의한 사회보장정보의 관리를 규정하게 되었다.

국가와 지방자치단체는 국민편익의 증진과 사회보장업무의 효율성 향상을 위하여 사회보장업무를 전자적으로 관리하도록 노력하여야 하고, 국가는 관계 중앙행정기관과 지방자치단체에서 시행하는 사회보장수급권자 선정 및 급여 관리 등에 관한 정보를 통합·연계하여 처리·기록 및 관리하는 시스템(사회보장정보시스템)을 구축·운영할 수 있다(동법 제37조 제1항, 제2항). 보건복지부장관은 사회보장정보시스템의 구축과 운영을 총괄하고, 그 구축·운영의 전 과정에서 개인정보 보호를 위하여 필요한 시책을 마련해야 하며, 관계 중앙행정기관, 지방자치단체 및 관련기관·단체에 사회보장정보시스템의 운영에 필요한 정보의 제공을 요청하고 제공받은 목적의 범위 내에서 보유·이용할 수 있다(동법 제37조 제3항, 제4항, 제5항). 관계 중앙행정기관 및 지방자치단체의 장은 국가 사회보장정보시스템의 활용이 필요한 경우 사전에 보건복지부장관과 협의하여야 한다(동법 제37조 제6항). 보건복지부장관은 사회보장정보시스템의 운영·지원을 위하여 전담기구를 설치할 수 있다(동법 제37조 제7항).

(9) 개인정보 등의 보호

사회보장업무에 종사하거나 종사하였던 자는 사회보장업무 수행과 관련하여 알게 된 개인이나 법인 또는 단체의 정보를 관계법령에서 정하는 바에 따라 보호하여야 하고 국가와 지방자치단체, 공공기관, 법인이나 단체, 개인이 조사하거나 제공받은 개인·법인 또는 단체의 정보는 이 법과 관련 법률에 근거하지 아니하고 보유, 이용, 제공되어서는 아니 된다(동법 제38조).

(10) 권리구제

사회보장기본법은 위법 또는 부당한 처분을 받거나 필요한 처분을 받지 못함으로써 권리 또는 이익의 침해를 받은 국민은 행정심판법 또는 행정소송법의 규정에 의한 심판청구 또는 행정소송을 제기하여 그 처분의 취소 또는 변경 등을 청구할 수 있다(사회보장기본법 제39조)고 규정하고 있다. 이는 사회적 약자인 사회보장수급자나 사회보장급여 대상자들의 생존권과 사회복지수급에 대한 침해를 효과적으로 구제하기 위하여 행정심판법에 의한 행정심판을 통하여 구제를 받거나 행정심판을 거치지 않고 곧바로 행정소송을 통해 더 구제를 받을 수 있는 길을 열어 놓은 것이다.

Part 2

각　론

Social Security

8 사회보장제도 서설

Social Security

앞에서 설명한 바와 같이 좁은 의미(일반적 의미)의 사회보장은 사회보험제도와 공공부조제도이다. 그리고 우리나라도 이제 고령화 사회에 접어들었고 앞으로 10년 뒤에는 고령사회가 될 것이다. 여기서 노인에 관한 사회보장이 매우 중요하게 된다. 따라서 2008년부터 시행하고 있는 기초노령연금과 노인장기요양보험에 대하여도 살펴보겠다.

사회보험은 연금, 건강보험, 산업재해보상보험, 고용보험을 포함하는데, 이를 흔히 4대 사회보험이라고 한다. 연금은 노후로 인한, 건강보험은 질병과 출산으로 인한, 산업재해보상보험은 산업재해로 인한, 실업보험은 실업으로 인한 소득의 중단이나 감소를 보전한다.

최근 독일과 일본은 '제5의 사회보험'이라 하여 장기요양보험(long-term care insurance)을 신설했다. 일본에서는 이를 개호보험이라 한다. 요양보험은 장기요양을 필요로 하는 노인환자를 보험을 통해 보호하기 위한 제도이다. 노인환자는 원래 건강보험의 대상이었으나 인구의 고령화로 그 수가 크게 증가하여 건강보험재정에 심각한 부담을 주자 노인환자 중 장기요양을 요하는 사람을 병원이 아니라 자신의 집이나 요양시설에서 보호하고 그 비용을 사회보험방식으로 조달하고자 한 것이 요양보험이다. 우리나라에서도 2007년 4월 2일(2007.4.27. 공포)에 노인장기요양보험법을 제정하여 노인장기요양보험을 2008년 7월 1일부터 시행하고 있다.

사회보험은 보험이기 때문에 민간보험과 유사한 점이 많고, 또 소득보장정책이란 점에서 공공부조와 동일한 목적을 갖는다. 그러나 사회보험은 민간보험은 물론 공공부조와 본질적으로 다른 특징을 지니고 있다. 사회보험과 공공부조의 특성 및 양자의 차이에 대하여는 이미 설명한 바와 같다. 우리나라의 현행 사회보험으로는 국민연금, 기초연금, 국민건강보험, 산업재해보상보험, 고용보험, 근로자퇴직급여보장, 노인장기요양보험이 있다.

사회보험이 성립되기 위해서는 다음과 같은 조건이 필요하다.

첫째, 보험의 일반 요건과 마찬가지로 다수의 경제 단위의 결합이 전제가 되어야 한다.

둘째, 우발적 사고이다. 보험의 일반적 요건과 마찬가지로 우발적 사고를 전제로 하지만 사회보험의 경우 사고 자체의 불확정성보다 도래 시점의 불확정성이 대부분이다. 사회보험의 대상이 되는 위험은 노령, 부양의무자의 사망, 건강상실, 실업 등이다. 이러한 각각의 위험에 따라 대처하는 수단도 다르다. 예컨대 노령에 대해서는 노령연금으로, 부양의무자의 사망에 대해서는 유족연금, 건강상실에 대해서는 건강보험과 산업재해보상보험으로, 실업에 대해서는 고용보험 등으로 대처하고 있다.

셋째, 경제적 손실의 전보라고 하는 재산적 필요가 요건이 된다. 이 점에 있어서 일반 사보험은 경제적 원상회복을 목표로 하지만 사회보험은 최저생활을 목표로 한다는 점에서 차이가 있다.

넷째, 공동위험에 대한 공동대처의 의미가 있어야 한다. 이것은 상호적 충족을 의미한다.

다음으로 공공부조라 함은 국가 및 지방자치단체의 책임하에 생활유지능력이 없거나 생활이 어려운 국민의 최저생활을 보장하고 자립을 지원하는 제도를 말한다(사회보장기본법 제3조 제3호).

그리고 공공부조가 빈민만을 대상으로 하기 때문에 공공부조의 적용대상이 되기 위해서는 정부가 정한 소득 및 재산의 기준을 충족시켜야 하며, 이를 위해 자산조사(means test)를 받아야 한다.

공공부조는 절대왕정시대에 부랑자를 다스리기 위해 제정한 빈민법(복지제도라기보다는 공안제도에 가까웠던)에 기원을 두고 있는 반면에 사회보험은 노동자들의 상호부조 조직이었던 공제조합(friendly society)에 기원을 두고 있다.

그리고 사회보험과 공공부조는 법정이전소득(mandated transfers of money)이라는 점에서 같지만, 공공부조가 빈곤을 개선(ameliorate)하는 데 목적이 있다면, 사회보험은 빈곤을 예방(prevent)하고 모든 계층의 경제적 비보장(insecurity)을 경감(lessen)시키는 데 목적을 둔다.

사회보장은 개인의 사회적 욕구를 사회 또는 국가가 최종 책임을 지고 이를 충족시키고자 하는 시책 및 제도를 말한다. 그 방법은 사회보험과 공공부조를 통해 수행한다. 사회보험은 보험의 원리를 도입하여 국가가 강제보험의 방식으로 수행한다. 그러므로 사회보험의 수급을 위해서는 보험에 가입하고 보험료를 납부할 것이 전제조건으로 요구된다. 이에 비해서 공공부조는 스스로 최저생활을 할 수 없으면 누구나 국가로부터 최저생활을 보장받을 수 있는 것이다. 따라서 공공부조는 다음과 같은 기본이념을 그 바탕에 가지고 있다.

즉, 국가책임의 이념, 최저생활보장의 이념, 보편적용의 이념이 그것이다. 국가책임의 이념은 모든 사람은 스스로의 복지를 위한 1차적 책임을 가지고 있음을 전제로 하고 있다. 따라서 국가책임의 이념은 보충성의 원리와 자활조성의 원리를 파생시킨다. 최저생활보장의 이념은 보편적용의 원리를 파생시킨다.

이러한 공공부조의 기본이념이 우리의 기초생활보장법에서는 최저생활보장의 이념으로 규정되고 있다.

9 사회보험법

제1절 사회보험법의 개요

1. 개념과 의의

사회보험법은 사회보험제도의 운영과 그 실시에 관한 법을 이른다. 이는 헌법에서 규정하고 있는 '생존권' 보장을 위한 법 중의 하나이다. 사회보험법의 규율대상이 되는 사회보험이란 앞에서 본 바와 같이 "국민에게 발생하는 사회적 위험을 보험방식에 의하여 대처함으로써 국민건강과 소득을 보장하는 제도"(사회보장기본법 제3조 제2호)를 말한다. 사회보험법에 속하는 법으로는 국민연금법, 기초연금법, 노인장기요양보험법, 국민건강보험법, 산업재해보상보험법, 고용보험법, 근로자퇴직급여보장법 등이 있다.

2. 사회보험의 특성과 사회보험관계의 법적 성질

1) 사회보험의 특성

사회보험은 다른 사회보장(사회복지)제도에 비하여 법적, 정책적으로 다음과 같은 특성을 지닌다.

첫째, 사회보험은 법에 의하여 강제가입된다. 사회보험은 국민 전체가 가능한 한 일정 수준 이상의 생활을 유지하도록 적극적으로 국가가 개입하는 것이므로, 소득이나 직업, 지역 간의 차이에 관계없이 일정한 자격요건을 정하고 이에 해당되는 사람은 강제로 가입된다.

둘째, 사회보험은 일종의 방빈적(防貧的) 소득보장의 의미를 가진다. 공공부조제도가 빈곤한 사람들에게 빈곤해결책으로서 여러 가지 급여와 서비스를 제공하는 제도라면, 사회보험제도는 노령, 폐질 및 사망 등으로 소득능력이 상실된 경우에 빈곤에 빠지지 않도록 사전에 대처하는 제도(이런 점에서 방빈적 소득보장이라 한다)이다.

셋째, 사회보험은 정기적으로 가입자가 내는 기여금으로 재원이 조달되는 경우가 많고 여기에 따라서 급여가 제공된다. 국민이 내는 일반조세를 통해 재원을 조달하는 공공부조와는 이러한 점에서 차이가 있다.

넷째, 사회보험은 보험급여 등 모든 시행이 법적으로 규정되어 있으므로 기계적, 자동적으로 처리된다. 따라서 급여자격, 시기, 급여수준 등이 법적으로 규정되어 있고, 이를 변경하기 위해서는 법의 개정절차를 따라야 한다.

다섯째, 사회보험은 비영리적 국가사업이다. 사회보험은 사회정책상의 동기로 운영되기 때문에 국가의 운영비 부담, 갹출금의 일부 부담, 적자액의 보전 등이 이루어진다.

여섯째, 사회보험은 소득재분배와 국민통합이라는 정책적 목표를 향하여 추진된다. 사회보험을 통하여 가능한 한 소득의 불평등을 축소시키고 위험을 분산시켜 생활을 보장하여 사회구성원을 사회에 통합하는 정책목표를 지향한다.

2) 사회보험관계의 법적 성질

사회보험관계의 당사자에는 보험자(보험의 운영주체), 피보험자(보험가입자, 그러나 산업재해보상보험의 경우 가입자는 사업주이며, 산업재해보상보험에 가입한 기업에 종사하는 근로자는 보험수급권자임), 사업주, 보험의료기관이 있어서 서로 다각적인 법률관계가 성립된다. 이 중 가장 핵심이 되는 것은 보험자와 피보험자와의 관계에서 발생하는 법률관계이다.

즉 보험자와 피보험자와의 법률관계에서 피보험자는 보험자에게 기여금을 납부할 의무를 지고(산업재해보상보험의 경우는 사업주가 납부의무자임), 급여사유가 발생하면 보험급여를 받을 권리를 가지며, 보험자는 급여할 의무를 지는 계약관계가 성립된다.

사회보험의 계약관계는 공법상 계약관계로 보는 것이 일반적이다. 왜냐하면 사회보험은 국가적 · 공익적 목적에 의하여 설치된 제도로서 보험가입은 원칙적으로 법률에 의하여 강제되며, 기여금의 징수는 행정강제의 방법을 이용하며, 사회보험을 운영하기 위한 법인의 설립과 임원의 구성 및 정관의 제·개정에 국가가 적극적으로 개입하는 등 공법적 특질이 많이 포함되어 있기 때문이다. 그리고 수급권의 양도·압류 등에 제한을 가하며, 또 국민연금의 운영주체인 국민연금관리공단과 같은 법인 직원에 대하여는 공무원으로 보고 있기(국민연금법 제40조) 때문이다.

3. 사회보험과 사보험의 유사점과 차이점

사회보험도 '보험'이라는 점에서 사보험(私保險)과 유사한 점이 있다. 첫째, 사회보험과 사보험은 모두 우연한 사고로부터 발생하는 위험을 분산하고 담보하며, 정해진 위험을 광범위하게 공동으로 분담한다. 둘째, 사회보험과 사보험은 적용범위, 급여, 재정과 관련된 모든 조건이 구체적으로 명시된다. 셋째, 사회보험과 사보험에서 급여를 받을 자격과 급여량을 정하기 위해서는 명확한 계산이 필요하다. 넷째, 사회보험과 사보험은 운용에 필요한 비용을 충당할 충분한 기여금과 보험료가 필요하다. 다섯째, 사회보험과 사보험은 사회구성원에게 경제적 안정을 제공함으로써 사회 전체에 유익하다.

그러나 사회보험과 사보험은 다음과 같은 점에서 차이가 있다. 첫째, 사회보험은 강제적 가입이 원칙이나 사보험은 자발적 가입이 원칙이다. 둘째, 사회보험은 최저소득만을 보호하나, 사보험은 개인 희망과 개인 지불능력에 따라 더 많은 보호를 받을 수 있다. 셋째, 사회보험은 사회적 적절성을 강조하여 복지요소에 초점을 두나 사보험은 개인적 적절성을 강조하여 손해전보나 보상(보험요소)에 초점을 둔다. 넷째, 사회보험 급여를 제공하는 근거는 법에 명시되어 있으나, 사보험급여를 제공하는 근거는 계약에 있다. 즉, 사회보험이 계약이 아닌 법에 의한 권리에 근거하는 데 비해, 사보험은 계약상의 권리에 근거한다. 따라서 사보험의 경우 보험업자가 망하지 않고 재정적으로 튼튼해야만 경제적 보장이 가능하다. 즉, 사보험업자가 망하면 계약의 효력은 상실된다. 다섯째, 사회보험은 정부가 독점하고 있으나, 사보험은 경쟁에 맡겨져 있다. 여섯째,

사회보험은 비용예측이 어렵다. 예를 들면, 실업보험에서 실업자의 수를 예측할 수 없다. 그러나 사보험은 사회보험에 비해 비용을 비교적 예측하기가 쉽다. 일곱째, 사회보험은 재정을 준비하는 데 편하다. 왜냐하면 강제가입이므로 새로운 가입자로부터 기여금이나 보험료가 반드시 들어오리라고 예상되기 때문이다. 그러나 사보험은 임의가입이 원칙이므로 운영재정을 준비할 필요가 있다. 여덟째, 사회보험의 목적·결과에 대해서는 대체로 의견이 통일되어 있다. 아홉째, 사회보험기금은 대개 정부업무에 투자되나, 사보험기금은 민간부문에 주로 투자된다. 열째, 사회보험은 정부의 과세력(課稅力, taxing power)을 통해서 인플레이션 때문에 생긴 손실을 보상해 줄 수 있으나, 사보험은 그렇지 못하므로 인플레이션에 약할 수밖에 없다.

4. 사회보험의 기본원리

1) 최저보장수준의 원리

사회보험법에서 보장하는 방빈적 소득보장의 수준은 최저보장수준을 원칙으로 하며, 그 이상의 수준은 개인의 노력에 맡기는 것이 자본주의 사회의 기본이념이다. 최저생활보장수준이란 최저생활보장과 의미를 달리한다. 최저보장수준은 그 하한이 최저생활보장에 있고, 그 상한은 퇴직 전의 생활과 비슷한 생활수준의 보장을 이상으로 한다. 이에 대하여 공공부조법에서 규정한 소득보장수준은 그 상한이 공공부조 대상자가 생활하고 있는 사회의 근로자가 스스로 노력하여 획득한 소득으로 생활하는 수준의 최저한(최저생활보장)까지만 급여를 한다는 데 있다.

2) 소득재분배의 원리

사회보험에 의한 방빈적 소득보장은 그 내용에 반드시 재분배효과가 일어나야 한다(소득재분배의 원리). 이와 같은 재분배원리는 기여와 급여의 과정에서 고소득층과 저소득층 간 및 선세대와 후세대 간에 수직적 또는 수평적 재분배를 의미한다. 이것이 재분배가 전혀 없는 사보험과 구별되는 가장 핵심적인 특징이다. 세계 각국의 실정법에서는 소득재분배를 위하여 보험료의 징수나 급여나 지급방법을 소득계층에 따라 차등하게 적용함으로써 재분배효과의 목적을 달성한다. 우리나라의 경우, 국민연금법은 급여의 산정방식에 균등부분과 소득비례부분을 모두 합산하여 기본연금액을 산정하고 있는데, 이 중 균등부분에 의하여 소득재분배 효과를 나타내도록 규정하고 있다(국민연금법 제47조).

3) 보편주의 원리

사회보험법의 적용에 있어서 지켜져야 할 원리로서, 첫째, 그 인적 적용범위를 원칙적으로 모든 국민으로 하여야 한다는 것이다. 특정한 신분 · 지위 · 성별 · 종교 등에 관계없이 모든 국민에게 평등하게 국가는 복지증진 노력을 기울여야 한다는 헌법상의 기본원리와도 맥을 같이한다. 둘째, 사회보험법의 목적달성을 위해 모든 사회적 위험의 분산과 사회적 위험의 예방에 보편주의 원리가 적용되어야 한다.

4) 보험료 부담 원리

사회보험법의 운영에 필요한 재원은 사용자, 피용자, 국가가 분담하여 조달하는 것이 원칙이다. 이와 같은 의미에서 국가가 공비로 전액부담하는 공공부조법의 원리와 구별된다. 피용자의 보험료 부담은 피용자가 모두 스스로 생활능력이 있는 사람으로 구성되어 있기 때문에 자본주의 사회 특징의 하나인 자기책임의 원리에 입각하여 피용자는 보험료를 분담하게 되며, 사용자는 현대사회의 특징의 하나로 무과실책임원리에 근거하여, 국가는 생존권적 기본권 사상의 발달과 자본주의 사회 자체의 모순으로 발생하는 모든 사회적 사고에 대한 국가책임의 원리에 따라 보험료를 각각 분담하게 되는 것이다.

제 2 절 국민연금법

1. 의의와 특성

1) 의의와 목적

국민연금법은 국민의 노령, 질병, 폐질 또는 사망에 대하여 연금급여를 실시함으로써 국민의 생활안정과 복지증진에 기여하는 것을 목적으로 하는 법이다(동법 제1조). 이러한 국민연금제도는 국가가 운영하는 장기적인 소득보장제도로서 의료보험제도와 함께 우리나라 사회보장제도의 커다란 두 축이라고 할 수 있다.

국민연금법은 1986년 12월 31일에 제정되고, 1995. 1. 5, 1998. 12. 31, 2000. 12. 23, 2005. 8. 4, 2005. 12. 29, 2007. 4. 27, 2007. 5. 11, 2007. 5. 17. 등에 개정하였고, 이어서 2007년 7월 23일에 전부개정되었다. 이 전부개정법률도 2007. 8. 3, 2007. 12. 21, 2008. 2. 29, 2009. 1. 30, 2009. 2. 6, 2009. 5. 21, 2009. 6. 9, 2010. 1. 18, 2012. 2. 4, 2010. 5. 10, 2010. 6. 4, 2011. 5. 19, 2011. 6. 7, 2011. 7. 21, 2011. 8. 4, 2011. 12. 31, 2012. 10. 22, 2013. 3. 22, 2014. 1. 14, 2015. 1. 28, 2015. 6. 22, 2015. 12. 29, 2016. 5. 29, 2016. 12. 20, 2017. 3. 21.에 일부개정되었다.

동법 시행령은 1987년 8월 14일에 제정되고, 1995. 4. 1, 1999. 3. 31, 2001. 3. 31, 2003. 11. 29, 2006. 3. 23, 2006. 8. 17. 등에 개정되었다. 국민연금법 전부개정에 따라 동 시행령도 2007년 12월 31일에 전부개정되었고, 이어 2008. 3. 24, 2008. 5. 27, 2008. 6. 20, 2008. 7. 29, 2009. 2. 25, 2009. 5. 6, 2009. 7. 27, 2009. 11. 26, 2009. 12. 30, 2010. 1. 27, 2011. 12. 8, 2012. 8. 3, 2012. 8. 31, 2013. 4. 16, 2014. 10. 15, 2015. 6. 30, 2015. 12. 22, 2016. 1. 29, 2016. 11. 29, 2017. 3. 27. 등에 일부개정되었다.

또 동법 시행규칙은 1995년 5월 23일에 제정되고, 2003. 1. 29, 2003. 6. 30, 2005. 10. 4, 2006. 3. 23, 2007. 5. 1. 등에 개정되었고 이어 2007년 12월 31일에 전부개정되었고, 이어 2008. 3. 3, 2009. 2. 25, 2009. 4. 30, 2009. 12. 31, 2011. 4. 15, 2011. 12. 8, 2012. 8. 31, 2013. 9. 12, 2015. 5. 1, 2016.11. 29. 등에 일부개정되었다.

국민연금법은 국가가 보험의 원리를 도입하여 만든 사회보험의 일종으로 가입자, 사용자로부터 일정한 보험료를 받고 이를 재원으로 소득능력이 상실 또는 감퇴된 경우 가입자 본인이나 그 유족에게 일정액 급부를 행하여 안정된 생활을 할 수 있도록 국가가 운영하는 장기적 소득보장을 위한 법이다. 또 단일한 연금체계 안에 소득재분배를 통한 빈곤완화기능과 소득비례적 요소를 통한 퇴직 전 생활수준 유지기능을 적절히 조화시켜 궁극적으로 사회적 위험으로부터 안정적인 노후소득을 보장하는 것을 목적으로 하는 법이다.

노령인구의 증가, 노인부양의식의 약화, 각종 사회적 위험의 증대에 따른 생계안정 대책으로 이 법의 제정이 필요했는데 이 법의 제정으로 가족을 통한 노인부양에서 연금제도를 통한 노인부양으로 부양방식이 이행(즉, 사적 부양방식이 공적 부양방식으로 이행)되었다. 우리나라의 연금보험은 현재 국민연금 이외에 공무원연금, 사립학교교직원연금, 군인연금 등이 각각 독립적으로 실시되고 있다.

2) 특성

(1) 사회보험의 일종

국민연금은 국가가 국민의 생활안정과 복지증진을 위하여 보험의 원리를 도입하여 만든 사회보험의 일종으로 가입자, 사용자 및 국가로부터 일정한 보험료를 받고 이를 재원으로 여러 가지 정형화된 보험금의 지급을 특징으로 하는 사회보장제도이다.

(2) 공적연금제도

국민연금은 공적연금으로서 가입이 법적으로 의무화되어 있기 때문에 사보험에 비해 관리운영비가 훨씬 적게 소요되며, 관리운영비의 많은 부분이 국고에서 지원되므로 사보험처럼 영업이익을 추구하지 않는다.

(3) 소득보장제도

① 방빈적 소득보장기능

노령 · 폐질 · 사망 등으로 소득능력이 상실, 감퇴된 경우에 빈곤에 빠지지 않도록 연금을 지급하여 본인 또는 유족의 기본생계를 보장한다.

② 소득재분배 기능

본인이 납부한 보험료만을 기준으로 급여액이 산정되는 사보험과는 달리 소득수준이 높은 계층으로부터 낮은 계층으로의 소득을 재분배하는 기능을 한다.

③ 장기적 소득보장기능

연금액을 최초 결정할 때는 가입기간 동안의 임금인상률을 반영하고, 연금을 받기 시작한 후에는 전국소비자물가변동률을 반영하여 지급받기 때문에 연금액의 실질가치가 항상 보장된다.

④ 장기보험

국민연금은 원칙적으로 일정한 가입기간을 수급요건으로 하고 사망할 때 또는 지급사유가 소멸될 때까지 연금급여가 지급된다. 의료보험이나 산업재해보상보험 등과 같은 사회보험제도는 단기보험이지만 우리나라의 국민연금보험은 가입기간을 20년간으로 하고 60세에 이르렀을 때, 특별히 노령연금을 수급할 수 있도록 설계되어 있는 점에서, 장기보험으로서의 특색이 있다.

2. 주요 내용

1) 국민연금 가입자

(1) 가입대상

국민과 외국인이 가입대상이다. 국민연금은 국내에 거주하는 18세 이상 60세 미만의 국민을 가입대상으로 한다(국민연금법 제6조 본문). 다만 다음에 해당하는 사람은 국민연금 가입대상에서 제외된다. 가입대상기간이란 18세부터 초진일(장애의 주된 원인이 되는 질병이나 부상에 대하여 처음으로 의사의 진찰을 받는 날) 혹은 사망일까지의 기간으로서 제6조 단서에 따라 가입대상에서 제외되는 기간, 18세 이상 27세 미만인 기간 중 제9조 제3호에 따라 지역가입자에서 제외되는 기간, 18세 이상 27세 미만인 기간 중 제91조 제1항 각호에 따라 연금보험료를 내지 아니한 기간(제91조 제1항 제2호의 경우는 27세 이상인 기간도 포함)을 제외한 기간을 말한다(동법 제3조 제1항 제19호). 1999년 4월 1일 이전에 18세에 도달한 사람에 대해서는 1999년 4월 1일을 제3조 제1항 제19호의 개정 규정에 따른 18세가 된 날로 보고 이 경우 1999년 4월 1일 이전에 보험료를 납부한 경우에는 그 납부한 기간을 가입대상기간에 포함한다(2015. 12. 29 개정법 부칙 제9조).

① 공무원연금법, 군인연금법 및 사립학교교직원연금법의 적용을 받고 있는 공무원·군인 및 사립학교교직원(동법 제6조 단서)

② 국민연금법 제61조 제1항(노령연금의 수급권자) 및 법률 제8541호 국민복지연금법 전부개정법률 부칙 제2조에 따라 노령연금의 수급권을 취득한 사람 중 60세 미만의 특수직종근로자[동법 시행령 제18조 제1호]

③ 국민연금법 제61조 제2항에 따른 조기노령연금의 수급권을 취득한 자(다만 조기노령연금의 지급이 정지 중인 사람은 가입대상자로 됨, 동법 시행령 제18조 제2호)

④ 별정우체국법의 적용을 받는 별정우체국 직원(별정우체국법 제29조 제2항)

국민연금법의 적용을 받는 사업장에 사용되고 있는 외국인과 국내에 거주하는 외국인으로서 대통령령이 정하는 사람을 제외한 외국인은 위의 동법 제6조의 규정에 불구하고 당연히 사업장가입자 또는 지역가입자가 된다. 다만 해당 외국인의 본국법이 대한민국 국민에게 이 법에 의한 국민연금에 상응하는 연금을 적용하지 아니하는 경우에는 가입대상이 되지 않는다(동법 제126조 제1항). 이 규정에 따라 가입 중이거나 가입한 적이 있는 외국인에게 제67조 제1항(장애연금 수급권자 연령요건)을 적용하기 위해서는 질병이나 부상의 초진일이 국내 거주 기간 내에 있어야 한다(동조 제2항). 이 규정에 의하여 사업장가입자 또는 지역가입자가 된 외국인에 대하여는 외국인의 본국법에 따라 대한민국의 급여(노령연금, 장애연금, 유족연금, 반환일시금)의 수급권을 취득하지 못하고 제77조 제1항 각호(반환일시금을 지급받을 수 있는 경우)의 어느 하나에 해당하게 된 때에 그 대한민국 국민에게 일정 금액을 일시금으로 지급하도록 그 나라 법에서 규정하고 있는 경우의 외국인, 외국인근로자의 고용 등에 관한 법률에 따른 외국인근로자로서 이 법을 적용받는 사업장에 사용된 자, 출입국관리법 제10조에 따라 산업연수활동을 할 수 있는 체류자격을 가지고 필요한 연수기간 동안 지정된 연수장소를 이탈하지 아니한 자로서 이 법을 적용받는 사업장에 사용된 자를 제외하고는 동법 제77조부터 제79조까지의 규정(본인 또는 유족의 청구에 의한 반환일시금의 지급)을 적용하지 아니한다(동조 제4항).

대한민국이 외국과 사회보장협정을 체결한 경우에는 국민연금법의 규정에 불구하고 국민연금의 가입, 연금보험료의 납부, 급여의 수급요건, 급여액 산정 및 급여의 지급 등에 관하여 해당 사회보장협정이 정하는 바에 따른다(동법 제127조).

대통령령에 의하여 당연적용에서 제외된 외국인은 다음과 같다(동법 시행령 제111조).

① 출입국관리법 제25조에 따라 체류기간 연장허가를 받지 아니하고 체류하는 자
② 출입국관리법 제31조에 따라 외국인 등록을 하지 아니하거나 동법 제59조 제2항의 규정에 의하여 강제퇴거명령서가 발부된 자
③ 출입국관리법 시행령 별표 1에 따른 외국인의 체류자격이 있는 사람으로서 보건복지부령이 정하는 자

(2) 가입자의 종류

우리나라 국민연금법상의 가입자 종류는 사업장가입자, 지역가입자, 임의가입자 및 임의계속가입자 등 4종류로 구분된다(동법 제7조). 각각의 자격요건은 다음과 같다.

① 사업장가입자

사업장가입자란 사업장에 사용되는 근로자와 사용자로서 국민연금에 가입된 사람을 말하며(동법 제3조 제1항 제6호) 사용자란 근로자가 소속되어 있는 사업장의 사업주를 말한다(동항 제2호). 이는 가입이 강제되는 '당연적용사업장가입자'와 가입이 임의에 맡겨진 '임의적용사업장가입자'로 다시 구분된다.

1명 이상의 근로자를 사용하는 사업장 및 주한외국기관으로서 1명 이상의 대한민국 국민의 근로자를 사용하는 사업장(당연적용사업장)에 종사하는 18세 이상 60세 미만의 근로자와 사용자는 당연히 사업장가입자가 된다(동법 제8조 제1항 본문, 동법 시행령 제19조 제1항). 여기서 '근로자'란 직업의 종류를 불문하고 사업장에서 노무를 제공하고 그 대가로 임금을 받아 생활하는 자(법인의 이사 기타 임원을 포함)로서 대통령령이 정하는 사람을 제외한다(동법 제3조 제1항 제1호).

근로자에서 제외되는 사람은 일용근로자 또는 1월 미만의 기한부로 사용되는 근로

자(다만, 1월 이상 계속 사용된 경우에는 제외), 소재지가 일정하지 아니한 사업장에 종사하는 근로자, 법인의 이사 중 동 시행령 제3조 제1항 제2호에 따른 소득이 없는 자(대체로 비상근 이사), 1월간의 근로시간이 60시간 미만인 시간제 근로자 등 사업장에서 상시 근로에 종사할 목적으로 사용되는 자가 아닌 자(동법 시행령 제2조)이다[다만, 해당 단기간 근로자 중 생업을 목적으로 3개월 이상 계속하여 근로를 제공하는 사람으로서 고등교육법 시행령 제7조 제3호에 따른 시간강사, 사용자의 동의를 받아 근로자로 적용되기를 희망하는 사람은 사업장 가입자가 된다(동 제2조 제4호 단서)]. 또 사업장 상호간에 본점과 지점, 대리점 또는 출장소 등의 관계에 있고 그 사업경영이 일체로 되어 있는 경우에는 이를 하나의 사업장으로 보아 당연적용사업자의 여부를 판단한다(동법 시행령 제19조 제2항).

당연적용사업장가입자에서 제외되는 사람은 다음과 같다(동법 제8조 제1항 단서).

공무원연금법 · 사립학교교직원연금법 또는 별정우체국법에 의한 퇴직연금 · 장해연금 또는 퇴직연금일시금이나 군인연금법에 의한 퇴역연금·상이연금 또는 퇴역연금일시금의 수급권을 취득한 자(퇴직연금 등 수급권자라고 함). 다만, 퇴직연금수급권자가 국민연금과 직역연금의 연계에 관한 법률 제8조에 따라 연계신청을 한 경우는 당연적용가입자가 된다.

그리고 동법 제8조 제1항(당연적용사업장) 및 제6조(가입대상)의 규정에 불구하고 국민연금에 가입된 사업장에 종사하는 18세 미만의 근로자는 자기가 원하면 사용자의 동의를 얻어 사업장가입자가 될 수 있다(동법 제8조 제2항). 또 국민기초생활보장법에 따른 수급자도 사업장 가입자가 될 수 있으나, 본인의 희망에 따라 사업장 가입자가 되지 아니할 수 있다(동법 제8조 제3항).

② 지역가입자

사업장가입자가 아닌 사람으로서 18세 이상 60세 미만인 사람은 당연히 지역가입자가 된다. 다만 다음의 경우에는 제외된다(동법 제9조).

㉠ 국민연금가입대상제외자(동법 제6조 단서) · 사업장가입자·지역가입자·동법 제13조 제1항의 규정에 의한 임의계속가입자, 노령연금수급권자 및 퇴직연금 등 수급권

자의 배우자로서 별도의 소득이 없는 자

㉡ 퇴직연금 등 수급권자. 다만, 퇴직연금 등 수급권자가 국민연금과 직역연금의 연계에 관한 법률 제8조에 따라 연계신청을 한 경우에는 당연지역가입자가 된다.

㉢ 18세 이상 27세 미만인 사람으로서 학생이거나 군복무 등으로 소득이 없는 자(연금보험료 납부사실이 있는 사람은 당연가입자가 됨)

㉣ 국민기초생활보장법에 의한 수급자 또는 의료급여 수급자

㉤ 1년 이상 행방불명된 자. 이 경우 행방불명된 자에 대한 인정기준 및 방법은 대통령령으로 정한다.

③ 임의가입자

사업장가입자와 지역가입자에 해당하는 자 외의 사람으로서 18세 이상 60세 미만인 사람은 보건복지부령이 정하는 바에 따라 국민연금관리공단에 가입을 신청하면 임의가입자가 될 수 있다(동법 제10조 제1항, 동법 시행규칙 제5조). 공무원·군인·사립학교교직원 및 별정우체국 직원으로 다른 공적연금에 가입 중인 사람은 임의가입대상에서 제외된다. 다만 다른 공적연금의 수급권자는 임의가입이 가능하다(동법 제6조 단서 참조).

④ 임의계속가입자

국민연금 가입자가 60세에 달한 때에는 가입자의 자격이 상실되지만 국민연금관리공단에 가입신청서를 제출하는 경우에는 65세에 달할 때까지(연금보험료 납부 사실이 없는 자, 노령연금수급권자로서 급여를 지급받고 있는 자, 반환일시금을 지급받는 자는 제외), 임의계속가입자가 될 수 있다. 또 대통령령이 정하는 직종에 종사하거나 종사하였던 근로자(동법 시행령 제22조의 특수직종근로자 : 광부와 선원)로서 동법 제61조 제1항에 따라 노령연급 수급권을 취득한 사람, 법률 제3902호 국민복지연금법 개정법률 부칙 제5조에 따라 특례노령연금수급권을 취득한 사람 중 노령연금급여를 지급받지 않는 사람도 같다(동법 제13조 제1항 제1문, 동법 시행규칙 제8조). 이 경우 가입신청이 수리된 날에 그 자격을 취득한다(동법 제13조 제1항 제2문).

(3) 가입자 자격의 취득 및 상실

① 자격의 취득시기

(가) 사업장가입자 사업장가입자는 다음 각 호의 1에 해당하게 된 날에 그 자격을 취득한다(동법 제11조 제1항).

㉠ 당연적용사업장에 근로자로 고용된 때 또는 그 사업장의 사용자가 된 때

㉡ 당연적용사업장으로 된 때

(나) 지역가입자 다음 각 호의 1에 해당하게 된 날에 그 자격을 취득한다(동법 제11조 제2항).

㉠ 사업장가입자의 자격을 상실한 때

㉡ 국민연금가입대상제외자(동법 제6조 단서)에 해당하지 아니하게 된 때

㉢ 국민연금가입대상제외자 · 사업장가입자 · 지역가입자퇴직연금 등 수급권자 · 별정우체국 직원 등의 배우자로서 소득이 없던 자가 별도의 소득이 있게 된 때

㉣ 18세 이상 27세 미만인 사람으로서 소득이 있게 된 때

위의 ㉢, ㉣의 경우 소득이 있게 된 때를 알 수 없는 경우에는 국민연금공단에 신고한 날에 그 자격을 취득한다(동법 제11조 제2항 2문).

(다) 임의가입자 가입신청이 수리된 날에 그 자격을 취득한다(동법 제11조 제3항).

(라) 임의계속가입자 가입신청이 수리된 날에 그 자격을 취득한다(동법 제13조 제1항 제2문).

② 자격의 상실시기

(가) 사업장가입자 다음 각 호의 1에 해당하게 된 날의 다음날에 그 자격을 상실한다(동법 제12조 제1항 제1호~제5호).

㉠ 사망한 때

㉡ 국적을 상실하거나 국외에 이주한 때

㉢ 사용관계가 종료된 때

㉣ 60세가 된 때

㉤ 국민연금법 제6조 단서의 규정에 의한 국민연금가입대상제외자에 해당하게 된 때(이 경우는 이에 해당하게 된 날에 자격상실)

(나) 지역가입자 다음 각 호의 1에 해당하게 된 날의 다음날에 그 자격을 상실한다(동법 제12조 제2항 제1호~제6호).

㉠ 사망한 때

㉡ 국적을 상실하거나 국외에 이주한 때

㉢ 국민연금가입대상제외자(동법 제6조 단서)에 해당하게 된 때(이 경우는 해당하게 된 날에 자격상실)

㉣ 사업장가입자의 자격을 취득한 때

㉤ 국민연금가입대상제외자 · 사업장가입자 · 지역가입자 · 임의계속가입자 · 별정우체국직원 · 노령연금수급권자 및 퇴직연금 등 수급권자의 배우자로서 별도의 소득이 없게 된 때(이 경우는 해당하게 된 날에 자격상실)

㉥ 60세가 된 때

(다) 임의가입자 다음 각 호의 1에 해당하게 된 날의 다음날에 그 자격을 상실한다(동법 제12조 제3항 제1호~제7호, 동법 시행령 제21조). 다만 제6호 및 제7호의 경우에는 그 해당하게 된 날에 그 자격을 상실한다(동법 제12조 제3항 단서).

1. 사망한 때
2. 국적을 상실하거나 국외에 이주한 때
3. 탈퇴신청이 수리된 때
4. 60세가 된 때
5. 3월 이상 계속하여 연금보험료를 체납한 때
6. 사업장가입자 또는 지역가입자의 자격을 취득한 때
7. 동법 제6조 단서의 규정에 의한 국민연금가입대상제외자에 해당하게 된 때

(라) 임의계속가입자 다음 각 호의 1에 해당하게 된 날의 다음날에 그 자격을 상실한다(동법 제13조 제3항 제1호~제4호, 동법 시행령 제21조). 다만, 제3호의 임의계속가입자가 납부할 마지막 연금보험료에 해당하는 달의 말일이 탈퇴신청이 수리된 날보다

같거나 빠르고 임의계속가입자가 납부한 마지막 연금보험료에 해당하는 달의 말일에 그 자격을 상실한다(동법 제13조 제3항 본문 단서).

㉠ 사망한 때

㉡ 국적을 상실하거나 국외에 이주한 때

㉢ 탈퇴신청이 수리된 때(제3호)

㉣ 3월 이상 연금보험료를 체납한 때

(4) 자격의 확인 및 효력발생

국민연금법상에 의하면, 국민연금관리공단은 가입자 자격의 취득·상실 및 기준소득원액에 관한 확인을 하여야 하며, 가입자 자격의 득실은 국민연금관리공단의 확인에 의하여 각 자격의 취득 및 상실시기에 그 효력이 생긴다(동법 제14조). 확인의 효과로서 법률상 주장할 수 있는 자격득실의 기준시기는 확인시기를 기준으로 하는 것이 아니라, 자격득실시기를 기준으로 하고 있다. 가입자에 대하여는 국민연금관리공단이 국민연금가입자 증서를 교부하게 되어 있다(동법 제16조).

(5) 가입기간의 계산 및 합산

국민연금법에 있어서 수급요건의 중요한 내용인 국민연금 가입기간은 월 단위로 계산하되, 가입자의 자격을 취득한 날이 속하는 달의 다음 달부터 가입자가 그 자격을 상실한 날의 전날이 속하는 달까지로 한다. 다만 가입자가 자격을 취득한 날이 그 속하는 달의 초일인 경우(자격취득일이 속하는 달에 다시 자격을 상실하는 경우는 제외), 임의계속가입자의 자격을 취득한 경우, 가입자가 희망하는 경우 중 어느 하나에 해당하는 경우 자격을 취득한 날이 속하는 달은 가입기간에 산입하되, 가입자가 그 자격을 상실한 날의 전날이 속하는 달에 자격을 다시 취득하면 다시 취득한 달은 중복해서 가입기간으로 산입하지 아니한다(동법 제17조 제1항).

가입기간을 계산할 때에 연금보험료를 내지 아니한 기간은 가입기간에 산입하지 아니하지만, 사용자가 근로자의 임금에서 기여금을 원천공제하면서도 연금보험료를 내지 않은 경우에는 그 미납기간의 2분의 1(1월 미만의 기간은 1월로 간주)에 해당하는 기간을 근로자의 가입기간에 산입한다(동법 제17조 제2항). 그러나 국민연금관리공단이 보건복지부령으로 정하는 바에 따라 근로자에게 그 사업장의 체납사실을 가입자에게 통지한 때에는 그 통지된 채납월의 다음 달부터 체납기간은 가입기간에 산입하지 아니한다. 이 경우에 근로자는 제90조 제1항에도 불구하고 대통령령으로 정하는 바에 따라 기여금을 직접 국민연금관리공단에 낼 수 있다(동법 제17조 제3항).

병역법 제5조 제1항 제1호에 따른 현역병, 병역법 제2조 제1항 제7호에 따른 전환복무를 한 사람, 병역법 제2조 제1항 제8호에 따른 상근예비역, 병역법 제2조 제1항 제10호에 따른 사회복무요원의 어느 하나에 해당하는 자가 노령연금수급권을 취득한 때(이 조에 따라 가입기간이 추가산입되면 노령연금수급권을 취득할 수 있는 경우를 포함)에는 6개월을 가입기간에 추가산입한다. 다만 병역법에 따라 병역의무를 수행한 기간이 6개월 미만인 경우에는 추가산입하지 않는다(동법 제18조 제1항). 이는 병역의무를 이행한 자에게 군복무기간 중 6개월을 국민연금 가입기간으로 인정하여 노령연금을 지급함으로써 군복무의 사회적 중요성 인식 및 개인의 기회비용을 보상하고자 한 것이다. 그러나 병역법에 따른 병역의무를 수행한 기간의 전부 또는 일부가 공무원연금법, 사립학교교직원연금법, 별정우체국법에 따른 재직기간에 산입되거나, 군인연금법에 따라 복무기간에 산입된 경우의 어느 하나에 해당하는 기간에 산입된 경우에는 추가산입하지 않는다(동법 제18조 제2항).

또 고령화 사회에 대비한 출산의 장려를 위하여 둘 이상의 자녀가 있는 가입자 또는 가입자이었던 자가 노령연금수급권을 취득한 때(이 조에 따라 가입기간이 추가되면 노령연금수급권을 취득할 수 있는 경우 포함)에는 둘째 자녀에 대하여 12개월, 셋째 자녀부터는 초과하는 자녀 1명마다 둘째 자녀에 대하여 인정되는 12개월에 18개월을 가입기간에 추가한다(동법 제19조 제1항). 이 추가가입기간은 50개월을 추가할 수 없고(동조 제1항 단서), 부모가 모두 가입자 또는 가입자였던 자인 경우에는 부와 모의 합의에 따라 2명 중 1명의 가입기간에만 추가산입하되, 합의하지 아니한 경우에는 균등배분하여 각각의 가입기간에 산입한다(동조 제2항). 이와 같이 출산에 따른 가입기간의 추가산입을 인정함으로써 연금액이 인상되거나 연금수급권을 취득하는 자가 늘어나도록 하며 고령화 사회에 대비한 출산장려를 꾀하고 있다. 가입기간 추가에 따른 재원은 국가가 일부 또는 전부를 부담한다(동조 제3항).

가입자의 자격을 상실한 후 다시 그 자격을 취득한 경우에는 전후의 가입기간을 합산한다. 가입자의 가입종별에 변동이 있는 경우에도 각 종별 가입기간을 합산한 기간을 가입기간으로 한다(동법 제20조).

(6) 신고 및 통지

사업장가입자의 사용자는 당연적용사업장에 해당된 사실, 사업장의 내역변경 및 휴·폐업 등에 관한 사항과 가입자 자격의 취득 · 상실 · 가입자의 소득월액 등에 관한 사항 등을 국민연금관리공단에 신고하여야 하며, 지역가입자, 임의가입자 및 임의계속가입자는 보건복지부령이 정하는 바에 따라 자격의 취득 · 상실, 이름 또는 주소의 변경 및 소득에 관한 사항 등을 국민연금관리공단에 신고해야 한다. 부득이한 사유로 그 신고를 할 수 없을 때에는 배우자나 그 밖의 가족이 신고를 대리할 수 있다(동법 제21조 제1항~제3항). 국민연금관리공단은 위와 같은 신고를 받을 때에는 그 내용을 확인하고, 그 내용 등을 신고인 또는 가입자에게 통지하여야 한다(동법 제22조, 제23조).

2) 관장기구

(1) 관장형태와 법인격

공적연금의 관리운영방식은 국영방식, 민영방식, 그리고 위탁방식 등으로 구분할 수 있는데, 국민연금법상 관장주체를 보건복지부 장관으로 규정하고(동법 제2조) 있어 국영방식을 채택하고 있다. 그러나 보건복지부 장관은 실제로 국민연금을 효율적으로 수행하기 위하여 국민연금관리공단(이하 “공단”이라 함)에 위탁운영하고 있어(동법 제24조), 국영과 위탁관리방식이 혼합되어 있다고 할 수 있다. 그리고 공단은 하나의 독립된 법인으로서 법인격을 가지고 있으면서 보건복지부 장관의 감독을 받게 되어 있다.

국민연금은 중앙행정기관인 보건복지부 장관이 제도운영 전반에 관한 사항을 관장하고 사업의 집행은 국민연금관리공단에 위탁하여 운영되고 있는 것이다.

그리고 국민연금의 사업조직체는 [그림 9-2]와 같이 요약될 수 있다. 국민연금사업은 연금사업과 기금사업으로 대별되는데 연금사업은 기여금, 부담금 등 비용을 징수하

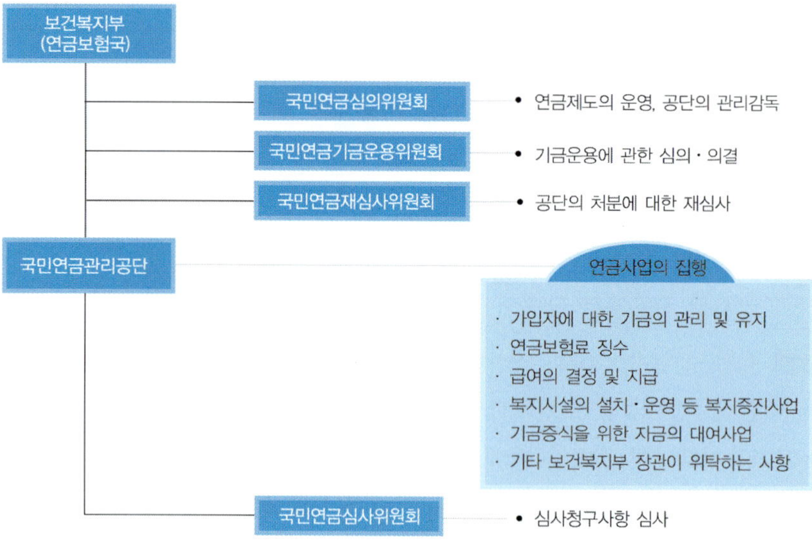

[그림 9-1] 국민연금의 운영조직

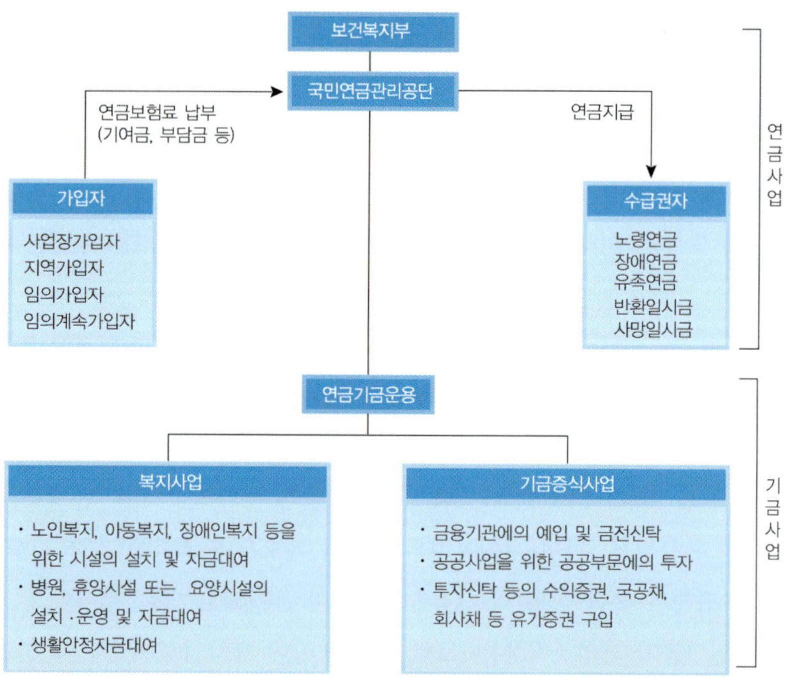

[그림 9-2] 국민연금 사업조직

여 제 급여를 지급하는 사업을 말하며 기금사업은 기금증식사업과 각종 요양시설의 설치 · 운영, 노인복지시설 지원 등 복지사업을 말한다.

(2) 국민연금관리공단

① 설립

공단은 정관을 작성하고 주된 사무소 소재지에서 설립등기를 함으로써 성립한다(동법 제28조, 제29조). 따라서 공단은 법인이다(동법 제26조). 공단이 정관에 반드시 기재해야 할 절대적 기재사항은 아래와 같다(동법 제28조 제1항 제1호~제11호).

㉠ 목적
㉡ 명칭
㉢ 주된 사무소와 분사무소에 관한 사항
㉣ 임원 및 직원에 관한 사항
㉤ 이사회에 관한 사항
㉥ 사업에 관한 사항
㉦ 예산 및 결산에 관한 사항
㉧ 자산 및 회계에 관한 사항
㉨ 정관의 변경에 관한 사항
㉩ 규약규정의 제정 및 개폐에 관한 사항
㉪ 공고에 관한 사항

공단은 정관을 변경하려면 보건복지부 장관의 인가를 받아야 한다(동법 제28조 제2항).

② 업무

국민연금법에 따르면 공단은 다음과 같은 업무를 수행하도록 되어 있다(동법 제25조 제1호~제10호).

㉠ 가입자에 대한 기록의 관리 및 유지
㉡ 연금보험료의 부과
㉢ 급여의 결정 및 지급
㉣ 가입자 · 가입자이었던 자 및 수급권자 및 수급자를 위한 자금의 대여와 복지시

설의 설치 · 운영 등 복지사업

ⓜ 가입자 및 가입자이었던 자에 대한 기금증식을 위한 자금의 대여사업

ⓑ 가입대상과 수급권자 등을 위한 노후준비서비스사업, 국민연금제도 재정 계산 · 기금 운용에 대한 조사연구, 국민연금에 대한 국제협력 등

③ 복지사업

공단은 가입자 · 가입자이었던 자 및 수급권자의 복지를 증진하기 위하여 대통령령이 정하는 바에 따라 자금의 대여 및 노인복지시설의 설치 · 공급 · 임대와 운영, 노인복지시설의 부대시설로서 체육시설의 설치 · 운영, 그 밖에 대통령령으로 정하는 복지사업을 할 수 있다(동법 제46조 제1항). 이에 따라 국민연금법 시행령 제31조 제1항은 국민연금제도의 목적에 부합되는 각종 복지사업을 수행할 수 있도록 규정하고 있는데, 그 내용은 아래와 같다(동법 시행령 제31조 제1항 제1호~제7호).

㉠ 노인복지시설의 설치 · 공급 · 임대 · 운영과 노인복지시설의 부대시설로서 체육시설의 설치 · 운영 및 자금의 대여

㉡ 아동복지시설, 장애인복지시설 등의 복지시설의 설치와 운영 및 자금의 대여

㉢ 병원과 휴양시설 또는 요양시설의 설치와 운영 및 자금의 대여

㉣ 생활안정을 위한 자금의 대여

㉤ 학자금의 대여

㉥ 당연적용사업장인 중소사업장의 사업장 내 복지시설의 설치를 위한 자금의 대여

㉦ 주택구입자금 및 전세자금의 대여

그리고 국민연금공단은 복지시설을 설치하기 위하여 공공기관이 조성한 토지를 취득하는 경우 공단을 국가 또는 지방자치단체로 보고(동법 제46조의 2), 또 국민연금공단은 노후설계서비스사업을 실시할 수 있다(동법 제46조의 3).

④ 임원

공단에 임원으로서 이사장 1명, 상임이사 4명 이내, 이사 7명 및 감사 1명을 둔다. 이사장은 보건복지부 장관의 제청에 의하여 대통령이 임면하고, 상임이사와 감사는 이사장의 제청에 의하여 보건복지부 장관이 임면한다. 이사에는 사용자 대표, 근로자 대

표, 지역가입자 대표 각 1명 이상과 당연직 이사로서 보건복지부의 국민연금업무를 담당하는 3급 이상 국가공무원 또는 고위공무원단에 속하는 일반직 공무원 1명이 포함되어야 한다(동법 제30조 제1항, 제2항). 이사에 대하여는 보수를 지급하지 아니하되 실비의 지급은 할 수 있다(동법 제30조 제3항). 또한 기금운용의 전문성과 책임성을 위하여 공단의 국민연금기금의 관리·운용에 관한 업무를 담당하는 기금이사를 상임이사 중에 두게 하고 경영경제 및 기금운영에 관한 지식과 경험이 풍부한 사람 중에서 선임하며, 계약직으로 하고 공개모집하도록 한다(동법 제31조). 임원의 임기는 3년으로 한다(동법 제32조 본문). 다만 당연직 이사의 임기는 그 재임기간으로 하고, 기금이사의 임기는 그 계약기간으로 한다(동법 제32조 단서).

⑤ 복지사업·대여사업 업무위탁 등

공단은 가입자 및 수급권자 복지증진을 위하여 각종 복지사업과 대여사업을 할 수 있고(동법 46조), 또 가입대상 및 수급권자를 포함한 국민의 노후생활보장을 위하여 각종 노후준비서비스사업을 할 수 있다(동법 제46조의 3). 공단은 정관이 정하는 바에 따라 대여금 상환금의 수납과 급여 · 대여금의 지급에 관한 업무 그 밖에 그 업무의 일부를 다른 법령에 의한 사회보험업무를 수행하는 법인, 체신관서, 금융기관 그 밖의 자에게 위탁할 수 있다(동법 제47조 제1항). 공단이 위탁할 수 있는 업무 및 위탁받을 수 있는 자의 범위는 대통령령으로 정한다[동법 제47조 제2항, 동법 시행령 제33조(공단업무의 위탁) 참조]. 공단에 관하여 이 법에 정한 것을 제외하고는 민법 중 재단법인에 관한 규정을 준용한다(동법 제48조).

⑥ 대위권

공단은 제3자의 행위에 의하여 장애연금 또는 유족연금의 지급사유가 발생하여 장해연금, 유족연금을 지급한 때에는 그 급여액의 범위 내에서 수급권자의 제3자에 대한 손해배상청구권에 관하여 수급권자를 대위한다(동법 제114조 제1항). 또한 수급권자가 제3자로부터 손해배상을 받은 때에는 공단은 그 배상액의 범위 내에서 장애연금 또는 유족연금을 지급하지 아니한다(동법 제114조 제2항). 이는 이중지급을 방지하기 위한 조치이다.

(3) 국민연금심의위원회

국민연금제도의 합리적·효율적 운영을 위해 보건복지부 내에 국민연금심의위원회가 설치되어 있는데, 종전에는 자문기구적 성격을 지니고 있었으나, 보다 기능을 강화하여 심의기구로 변경하였다.

① 위원회의 구성

국민연금심의위원회는 위원장, 부위원장 및 위원으로 구성하되, 보건복지부 차관이 위원장이 되고, 부위원장은 공익을 대표하는 위원 중에서 호선하며 위원은 사용자단체가 추천하는 사용자위원 4명, 근로자단체가 추천하는 근로자위원 4명, 농어업인단체 · 자영자 관련단체 · 소비자 및 시민단체가 추천하는 지역가입자를 대표하는 위원 각각 2명 및 국민연금에 관한 전문가인 공익위원 5명으로 하고 보건복지부 장관이 지명 또는 위촉한다(동법 제5조 제2항).

② 심의사항

국민연금심의위원회에서 심의하는 사항은 아래와 같다(동법 제5조 제1항 제1호~제5호).

㉠ 국민연금제도 및 재정계산에 관한 사항

㉡ 급여에 관한 사항

㉢ 연금보험료에 관한 사항

㉣ 국민연금기금에 관한 사항

㉤ 그 밖에 국민연금제도의 운영과 관련하여 보건복지부 장관이 부의하는 사항

3) 국민연금의 보험급여

(1) 급여통칙

① 급여의 종류

국민연금법상 규정된 급여의 종류는 노령연금, 장애연금, 유족연금, 반환일시금 및 사망일시금 등 5종류이다(동법 제49조 동법 제80조).

② 수급권 및 급여의 지급

(가) 수급권의 발생과 소멸 급여는 그 지급을 받을 권리를 가지는 자(수급권자)의 청구에 의하여 공단이 지급하며, 연금액은 그 지급사유에 따라 기본연금액과 부양가족연금액을 기초로 하여 산정한다(동법 제50조).

각종 급여의 수급권은 법정요건을 충족한 경우에 발생하게 된다. 그러나 그 구체적인 발생시기에 관하여는 명문의 규정이 없지만, 그 지급하여야 할 사유가 발생한 날(동법 제54조 제1항 참조)을 수급권의 구체적 발생시기라고 보는 것이 타당할 것이다. 또 수급권의 소멸시기는 급여의 종류에 따라 다르다. 노령연금의 수급권은 수급권자의 사망으로 소멸하고(동법 제61조), 장애연금의 수급권은 수급권자가 사망하거나 장애등급에 해당되지 않게 된 때 소멸하며(동법 제67조, 제70조), 유족연금수급권의 소멸시기는 ㉠ 수급권자가 사망한 때, ㉡ 배우자인 수급권자가 재혼한 때, ㉢ 자녀 또는 손자녀인 수급권자가 다른 사람에게 입양되거나 파양된 때, ㉣ 장애등급 2급 이상에 해당하지 아니한 자녀인 수급권자가 25세가 된 때 또는 장애등급 2급 이상에 해당하지 아니한 손자녀인 수급권자가 19세가 된 때, ㉤ 장애로 인하여 수급권을 취득한 자가 장애등급 2급 이상에 해당하지 아니하게 된 때이고(동법 제75조 제1항), 부모 · 손자녀 또는 조부모인 유족의 유족연금수급권은 가입자 또는 가입자이었던 자의 사망 당시에 그 가입자 또는 가입자였던 사람의 태아가 출생하여 수급권을 갖게 되면 소멸한다(동법 제75조 제2항). 그리고 반환일시금의 수급권 소멸은 ㉠ 수급권자가 다시 가입자로 된 때, ㉡ 수급권자가 노령연금의 수급권을 취득한 때, ㉢ 수급권자가 장애연금의 수급권을 취득한 때, ㉣ 수급권자의 유족이 유족연금의 수급권을 취득한 때이다(동법 제79조).

(나) 미지급의 급여 국민연금법은 미지급의 급여에 대하여 다음과 같이 규정하고 있다. 급여의 수급권자가 사망한 경우에 그 수급권자에게 지급하여야 할 급여로서 아직 지급되지 아니한 것이 있을 때에는 그 배우자 · 자녀 · 부모 · 손자녀 또는 조부모, 형제자매의 청구에 따라 그 미지급 급여를 지급한다. 다만 가출, 실종 등 대통령령으로 정하는 경우에 해당하는 사람에게는 지급하지 아니하며, 형제자매의 경우

는 대통령령으로 정하는 바에 따라 수급권자의 사망 당시 수급권자에 의하여 생계를 유지하고 있던 자에게만 지급한다(동법 제55조 제1항, 동법 시행령 제39조 참조). 그리고 급여를 지급받을 자의 순위는 배우자 · 자녀 · 부모 · 손자녀 · 조부모 · 형제자매의 순으로 하고, 동 순위자가 2명 이상 있을 때에는 똑같이 나누어 지급하되, 그 지급방법은 대통령령(동법 시행령 제40조 참조)으로 정한다(동법 제55조 제2항).

(다) 부당지급금액의 환수 공단은 거짓이나 그 밖의 부정한 방법으로 급여를 받거나 수급권 소멸사유를 공단에 신고하지 아니하거나 늦게 신고하여 급여가 잘못 지급된 경우나, 가입자 또는 가입자였던 자가 사망한 것으로 추정되어 유족 연금 등의 급여가 지급된 후 이들의 생존이 확인된 경우, 그 밖의 사유로 급여가 잘못 지급된 경우에는 대통령령(동법 시행령 제41조)으로 정하는 바에 따라 그 지급금액을 환수하여야 하고, 이 경우 거짓이나 그 밖의 부정한 방법으로 급여를 받았거나 수급권 소멸사유를 신고하지 아니하거나, 늦게 신고하여 급여가 잘못 지급된 경우에는 대통령령이 정하는 이자를 가산하여 환수하여야 한다(동법 제57조 제1항, 제2항).

(라) 미납금의 공제지급 가입자 또는 가입자이었던 자가 수급권을 취득하거나 사망한 경우에 해당 가입자에게 대여한 자금의 상환금에 관한 채무가 있으면 이를 국민연금법에 의한 급여(사망일시금을 포함하고 지급정지된 급여는 제외)에서 공제할 수 있다. 감액된 금액은 그 범위 안에서 수급권자에게 지급된 것으로 본다. 다만 국민연금법에 따른 급여 중 연금급여(동법 제68조 제2항에 따라 일시보상금으로 지급되는 장애연금을 제외한다)의 수급권자에 대하여는 해당 연금 월액의 2분의 1을 초과하여 공제할 수 없다(동법 제59조 제1항). 상환금에 대한 채무를 연금액에서 감하고자 할 때에는 20일 이상의 기한을 정하여 채무의 변제를 문서로 최고하고, 그 기한까지 채무를 변제하지 아니할 경우에는 해당 급여에서 이를 감할 것임을 미리 수급권자에게 통지하여야 한다(동법 제59조 제2항).

(마) 중복급여의 조정 ㉠ 국민연금급여 간의 중복급여 조정 : 동일한 수급권자에게 국민연금법에 의한 2 이상의 급여의 수급권이 발생한 때에는 그 자의 선택에 따라 그 중의 하나만을 지급하고 다른 급여의 지급은 정지된다(동법 제56조 제1항). 그러나

선택하지 아니한 급여가 유족연금일 때(선택한 급여가 반환일시금일 때 제외)는 유족연금액의 100분의 30에 해당하는 금액, 선택하지 아니한 급여가 반환일시금일 때(선택한 급여가 장애연금이고, 선택한 급여가 본인의 연금보험료 납부로 인한 반환일시금일 때를 제외)는 동법 제80조 제2항(지급받는 사망일시금)에 상당하는 금액을 선택한 급여에 추가하여 지급한다(동조 제2항). 그런데 분할연금수급권자에게 2 이상의 분할연금수급권이 발생한 경우에는 위 규정에 불구하고 2 이상의 분할연금액을 합산하여 지급한다. 2 이상의 분할연금수급권과 다른 급여(노령연금 제외)의 수급권이 발생한 경우에는 그 2 이상의 분할연금수급권을 하나의 분할연금수급권으로 보고 그 자의 선택에 의하여 그 분할연금 또는 다른 급여 중 하나만을 지급하고 선택하지 아니한 분할연금 또는 다른 급여의 지급은 정지된다(동법 제65조 제2항 참조).

ⓛ 다른 법에 의한 재해보상급여와의 중복급여 조정 : 장애연금 또는 유족연금의 수급권자가 국민연금법에 의한 장애연금 또는 유족연금의 지급사유와 동일한 사유로 근로기준법에 의한 장해보상 · 유족보상 · 일시보상, 산업재해보상보험법에 의한 장해급여 · 유족급여, 진폐보상연금, 진폐유족연금, 선원법에 의한 장해보상·일시보상 · 유족보상, 어선원 및 어선재해보상보험법 제25조에 따른 장해급여, 같은 법 제26조에 따른 일시보상급여 또는 같은 법 제27조에 따른 유족급여 등을 지급받을 수 있는 경우에는 국민연금법에 의한 장애연금액 또는 유족연금액은 그 2분의 1에 해당하는 금액을 지급한다(동법 제113조).

(바) 손해배상청구의 대위 공단은 제3자의 행위로 장애연금 또는 유족연금의 지급사유가 발생하여 장애연금 또는 유족연금을 지급한 때에는 그 급여액의 범위 안에서 수급권자의 제3자에 대한 손해배상청구권에 관하여 수급권자를 대위한다. 제3자의 행위로 장애연금 또는 유족연금의 지급사유가 발생한 경우 그와 동일한 사유로 제3자로부터 손해배상을 받았으면 공단은 그 배상액의 범위 안에서 장애연금 또는 유족연금을 지급하지 아니한다(동법 제114조).

(사) 수급권의 보호 수급권은 이를 양도 · 압류하거나 담보에 제공할 수 없다(동법 제58

조). 국민연금법에 의한 급여로서 지급된 금전에 대하여는 조세특별제한법 기타 법률 또는 지방자치단체의 조례가 정하는 바에 의하여 조세 기타 공과금을 감면한다(동법 제60조).

③ 국민연금액의 산정

(가) 의미 국민연금액은 그 지급사유에 따라 기본연금액과 부양가족연금액을 기초로 하여 산정한다(동법 제50조 제2항). 국민연금법상 규정되어 있는 여러 가지 연금액은 기본연금액의 일정비율에 부양가족연금을 합산하는 형태로 구성되어 있다. 보통 연금제도의 산정방식은 균일급여방식과 소득비례급여방식 및 이들의 혼합방식으로 분류된다. 균일급여방식은 평등주의 이념을 강조하는 영국이나 북유럽에서 채택하고 있는 형태로서 연금의 급여는 모든 수혜자에게 차이가 없는 기본적 욕구, 즉 최저생계비만을 보장하고 그 이상의 욕구충족은 본인이 책임져야 한다는 기본전제 아래 이루어졌다. 소득비례급여방식은 능력주의 이념을 강조하는 대륙형 보장방식으로 가입자의 갹출금액에 비례하여 급여하는 방식이다. 혼합형 급여방식은 최저생계비의 보장은 균일급여방식을 취하고 최저생계비 이상의 급여에 대해서는 소득비례급여방식을 취하는 형태이다. 이 방식은 균일급여방식에서 사회적 연대에 의한 위험분산과 소득재분재의 효과를 기할 수 있고 개인의 능력과 인센티브에 따라 보상을 한다는 자본주의 기본원칙과 일치한다는 점에서 오늘날 많은 선진국에서 채택하고 있다. 우리나라 역시 이러한 혼합형 급여방식을 채택하고 있다고 볼 수 있다. 그것은 후술하는 바와 같이 기본연금액의 산정방식에서 혼합급여방식을 반영하고 있기 때문이다.

(나) 기본연금액 수급권자의 기본연금액은 연금수급 전 3년간의 전 가입자 평균소득월액(A : 균등부분)[1]과 가입자 개인의 모든 가입기간 평균소득월액(B : 소득비례부분)[2]

1) 균등부분의 평균소득월액(A)이란 다음에 의해 산정한 금액을 합산하여 3으로 나눈 금액을 말한다(동법 제51조 제1항 제1호).
가. 연금수급 3년 전년도의 평균소득월액을 연금수급 3년 전년도와 대비한 연금수급 전년도 전국소비자물가변동률에 의하여 환산한 금액
나. 연금수급 2년 전년도의 평균소득월액을 연금수급 2년 전년도와 대비한 연금수급 전년도 전국소비자

을 합산한 금액에 1,000분의 1,200을 곱한 금액으로 한다. 다만 가입기간이 20년을 초과하는 경우에는 그 초과하는 1년(1년 미만의 매 1월은 12분의 1년으로 계산)마다(n : 20년 초과연수) 위 금액에 1,000분의 50을 곱한 금액을 가산한다(동법 제51조 제1항).

이 규정은 국민연금의 장기재정안정을 도모하고 자녀세대의 부담을 완화하기 위한 연금개혁의 결과이다. 이에 따라 평균적인 소득이 있는 자가 40년 동안 가입할 경우 지급하는 급여수준을 현행 평균소득액의 60%에서 2008년에는 50%로, 2009년부터 매년 0.5%씩 낮춰 2028년에는 40%로 인하하게 되었다. 그러나 기존 수급자 및 기존 가입기간에 대하여는 종전대로 지급하여 기득권을 보장하고 있다(동법 부칙 제20조, 부칙 제34조).

이를 계산식으로 표현하면 다음과 같다.

$$\text{기본연금액} = 1.2 \times (A + B) \times (1 + 0.05n)$$

'평균소득월액'이란 매년 12월 31일 현재 사업장가입자 및 지역가입자 전원의 기준소득월액의 총액을 가입자 전원의 인원수로 나누어 산출한 금액을 말하고(동법 제3조 제1항 제4호, 동법 시행령 제4조), '기준소득월액'이란 연금보험료 및 급여의 산정을 위하여 가입자의 소득월액을 기준으로 하여 대통령령이 정하는 금액을 말한다(동법 제3조 제5호, 동법 시행령 제5조 별표 1).

종래에는 가입자의 소득월액을 등급별로 정하여 산정한 표준소득월액에 따라 기본연금액 산정의 기초가 되는 평균소득월액을 산정하고 보험료를 부과했으나, 이 표준소득월액의 등급체계는 신축적 조정이 어렵고 전산발달에 따라 실익이 없으므로 등급제를 폐지하여 실제소득을 기준으로 평균소득월액을 정하고 연금보험료를 부과하도록 개정한 것이다.

물가변동률에 의하여 환산한 금액

다. 연금수급 전년도의 평균소득월액

2) 소득비례부분의 평균소득월액(B)이란 가입자 개인의 가입기간 중 매년의 기준소득월액을 대통령령이 정하는 바에 의하여 보건복지부 장관이 고시하는 연도별 재평가율에 의하여 연금수급 전년도의 현재가치로 환산한 후 이를 합산한 금액을 총가입기간으로 나눈 금액을 말한다(동법 제51조 제1항 제2호).

또한 위 A, B의 금액을 수급권자에게 적용함에 있어서는 연금수급 2년 전년도와 대비한 전년도 전국소비자물가변동률을 기준으로 하여 매년 3월 말까지 그 변동률에 해당하는 금액을 증액 또는 감액하되, 사전에 국민연금심의위원회의 심의를 거쳐야 한다(동법 제51조 제2항). 이렇게 조정된 금액을 수급권자에게 적용함에 있어서 그 적용기간은 해당 조정연도 4월부터 다음 연도 3월까지로 한다(동법 제51조 제3항).

(다) 부양가족연금액 부양가족연금은 일종의 가족수당 성격의 부가급여이다. 부양가족연금은 연금수급권자가 권리를 취득할 당시 그자에 의하여 생계가 유지되고 있던 피부양자를 보호하기 위하여 지급된다.

부양가족연금액은 수급권자(유족연금의 경우에는 사망한 가입자 또는 가입자였던 사람을 말한다)를 기준으로 하는 다음의 자로서 수급권자에 의하여 생계를 유지하고 있는 자에 대하여 해당 호에 규정된 각각의 금액으로 한다. 이 경우 생계유지에 관한 대상자별 인정기준은 대통령령으로 정한다(동법 제52조 제1항 제1호~제3호). 연금액은 물가변동률에 따라 조정된다(동법 제52조 제2항).

㉠ 배우자 : 연 15만 원

㉡ 18세 미만 또는 장애등급 2급 이상에 해당하는 자녀(배우자가 혼인 전에 얻은 자녀 포함) : 연 10만 원

㉢ 60세 이상 또는 장애등급 2급 이상에 해당하는 부모(부 또는 모의 배우자의 부모 포함) : 연 10만 원

위 대상자가 연금수급권자(국민연금과 직역연금의 연계에 따른 연계수급권자 포함)인 경우, 퇴직연금 등 수급권자, 공무원연금법 · 사립학교교직원연금법 · 별정우체국법 · 군인연금법에 따른 유족연금수급권자인 경우에 부양가족연금액의 대상에서 제외되며(동법 제52조 제3항) 또 위 대상자는 부양가족연금액의 계산에 있어서 2명 이상의 연금수급권자의 부양가족연금 계산대상이 될 수 없다(동법 제52조 제4항).

그리고 위 대상자가 다음과 같은 경우에는 부양가족연금액의 계산에서 제외한다(동법 제52조 제5항 제1호~제8호).

① 사망한 때
② 수급권자에 의한 생계유지의 상태가 끝난 때
③ 배우자가 이혼한 때
④ 자녀가 다른 사람의 양자로 되거나 파양된 때
⑤ 자녀가 18세가 된 때(수급권자가 그 권리를 취득할 당시로부터 장애등급 2급 이상의 장애상태에 있는 사람을 제외한다)
⑥ 장애등급 2급 이상의 장애상태에 있던 자녀 또는 부모가 그 장애상태에 해당하지 아니하게 된 때
⑦ 배우자가 혼인 전에 얻은 자녀와의 관계가 이혼으로 인하여 종료된 때
⑧ 재혼한 부 또는 모의 배우자와 수급자의 관계가 부모와 그 배우자의 이혼으로 인하여 종료된 경우

(라) 연금액의 최고한도 국민연금의 월지급액은, 연금수급 전년도를 기준으로 하여 동법 제51조 제1항 제2호의 규정에(가입자 개인의 전 가입기간 평균보수월액 평균액, 즉 위에서 말한 소득비례부분의 평균소득월액) 준하여 조정한 가입자였던 최종 5년간의 기준소득월액의 평균액과 가입기간 중의 기준소득월액의 평균액을 위에서 말한 동법 제51조 제2항의 규정에 준하여, 즉 전국소비자물가변동률을 기준으로 조정한 각각의 금액 중에서 많은 금액을 초과하지 못한다(동법 제53조).

④ 연금의 지급기간 및 지급시기

연금은 그 지급사유가 생긴 날(동법 제78조 제1항에 따른 반납금, 동법 제92조 제1항에 따른 추납보험료 또는 체납된 연금보험료를 냄에 따라 연금을 지급해야 할 사유가 생긴 경우에는 해당 금액을 낸 날)이 속하는 달의 다음 달부터 수급권이 소멸한 날이 속하는 달까지 지급한다(동법 제54조 제1항). 매월 25일에 그 달의 금액을 지급하되, 지급일이 토요일이거나 공휴일인 경우에는 그 전날에 지급한다. 다만 수급권이 소멸하거나 그 지급이 정지된 경우에는 그 지급일 전에 이를 지급할 수 있다(동법 제54조 제2항). 연금지급의 정지사유가 발생한 때에는 그 사유가 발생한 날이 속하는 달의 다음 달부터 그 사유가 소멸한 날이 속하는 달까지는 이를 지급하지 아니한다(동법 제54조 제3항).

(2) 수급요건과 급여수준

연금제도의 수급요건은 각각 연금급여별로 규정되어 있다. 연금급여수준은 가입자의 소득보장을 목적으로 하고 있으므로 이에 적절한 수준이어야 할 것이다. 또한 가입자는 일정한 소득을 기반으로 하고 있으므로 연금수급 전에 가졌던 소득을 적절하게 반영하는 선에서 결정되어야 한다. 이러한 점에서 연금급여의 최저수준은 소위 최저생계비 이상에서 급여수준이 결정될 것인데, 이 경우 참고해야 할 또 다른 사항은 최저임금수준이다.

반면에 급여수준의 최고수준 혹은 상한선은 이론적으로 통상 다른 사적 소득보장수단을 합한 경우에 퇴직 이전에 받았던 소득액을 넘지 않은 선을 그 한계로 하여야 할 것이다(동법 제53조 참조). 그리고 연금제도는 장기적 소득보장을 목적으로 하고 있으므로 장기간의 연금수급 시 물가상승으로 인하여 연금수급액의 실질가치가 하락하게 되는 것을 막기 위하여, 연금수준을 실질가치에 연계시키는 제도적 장치(연금슬라이드제)가 필요하다.

우리나라 국민연금에서도 연금슬라이드제를 채택하고 있다. 즉, 연금액은 국민의 생활수준, 임금, 물가, 기타 경제사정에 현저한 변동이 생긴 때에는 그 사정에 맞도록 조정되어야 하고, 특히 전국소비자물가변동률에 맞추어야 한다고 규정되어 있다(동법 제4조 제3항, 제51조 제2항). 또 이를 위하여 급여수준과 연금보험료가 국민연금재정의 장기적인 균형이 유지될 수 있도록 재정계산제도를 신설하였다(동법 제4조 제1항, 제2항).

(3) 연금급여별 수급요건 및 급여수준(요약)

각 연금급여의 수급요건과 급여수준에 대한 내용은 국민연금법 제4장 급여의 제2절 노령연금 이하에 자세하게 규정되어 있다. 여기서는 법상의 이러한 내용을 간략하게 도표로 표시한다.

〈표 9-1〉 연금급여별 수급요건 및 급여수준(요약)*

연금의 종류		수급권자	수급요건	급여수준
노령연금	완전 노령 연금	본인	가입기간이 10년 이상인 가입자, 가입자였던 자가 60세가 된 때(선원 및 광부는 55세가 된 때, 국민연금법 제61조 제1항) 그가 생존하는 동안	가입기간이 20년 이상인 경우 : 기본연금액의 100% + 부양가족연금액 (동법 제63조 제1항) 가입기간이 10년 이상 20년 미만인 경우 : 기본연금액의 50% + 가입기간 1년 초과 1년마다 기본연금액의 0.5% 가산 + 부양가족연금액
	소득 활동에 따른 노령 연금	본인	위 노령연금 수급권자가 소득이 있는 업무** 에 종사하면 60세 이상 65세 미만 기간	노령연금액에서 부양가족연금액을 제외한 금액에서 초과 소득원액(노령연금 수급권자의 소득원액에서 기본연금액을 뺀 금액)별로 일정 비율의 금액을 뺀 금액(동법 제63조의2). 이 경우 빼는 금액은 노령연금의 2분의 1을 초과할 수 없다.
	조기 노령 연금	본인	10년 이상 가입하고 55세 이상인 사람이 소득이 있는 업무에 종사하지 아니하는 경우 본인이 희망한 때(동법 제61조 제4항)	완전노령연금에 따른 노령연금액 중 부양가족연금액을 제외한 금액에서 수급연령별로 70~94%의 비율을 곱한 금액에 부양가족연금을 더한 금액(동법 제63조 제2항)
	배우자 연금 분할제	배우자	배우자의 가입기간 중의 혼인기간 5년 이상인 사람이 배우자와 이혼했고 배우자였던 사람이 노령연금 수급권자이고 본인이 60세가 되었을 것에 해당하면 그가 생존하는 동안(동법 제64조 제1항)	배우자의 노령연금액(부양가족연금액 제외) 중 혼인기간에 해당하는 연금액의 균등분할(50%) (동법 제64조 제2항)
장애연금			가입자 또는 가입자였던 자가 질병, 부상으로 신체상 또는 정신상의 장애가 있고 동법 제67조 각호의 요건을 모두 충족하는 경우에는 장애기준을 결정하는 기준이 되는 날부터 그 장애가 계속되는 기간 동안 장애정도에 따라 지급(동법 제67조)	장애등급 1~3급 : 기본연금액의 60~100% + 부양가족연금액(동법 제68조 제1항) 장애등급 4급 : 기본연금액의 2.5배의 일시보상금 지급 (동법 제68조 제2항)
유족연금		유족***	• 가입기간이 10년 이상인 가입자이었던 자가 사망한 때 • 노령연금수급권자가 사망한 때 • 연금보험료를 낸 기간이 가입대상기간의 3분의 1 이상인 가입자 또는 가입자였던 자가 사망한 때 • 사망일 5년 전부터 사망일까지의 기간	가입자의 가입기간에 따라 기본연금액의 40~60%+부양가족연금액(동법 제74조)

연금의 종류	수급권자	수급요건	급여수준
		중 연금보험료를 낸 기간이 3년 이상인 가입자 또는 가입자였던 자(다만, 가입대상기간 중 체납기간이 3년 이상인 사람은 제외)가 사망한 때 • 장애등급 2급 이상의 장애연금수급권자가 사망한 때(동법 제72조 제1항)	
반환일시금	본인 또는 유족	• 가입자 또는 가입자였던 자가 가입기간이 10년 미만인 사람이 60세가 된 때 • 가입자 또는 가입자이었던 자가 사망한 때. 다만 위 제72조에 따른 유족연금이 지급되지 아니하는 경우에 한함 • 가입자 또는 가입자이었던 자가 국적을 상실하거나 국외에 이주한 때(동법 제77조 제1항)	가입자 또는 가입자였던 자가 납부한 연금보험료(사업장가입자 또는 사업장가입자였던 자의 경우에는 사용자의 부담금 포함)에 대통령령으로 정하는 이자를 더한 금액 지급(동법 제77조 제2항)
사망일시금	그 배우자 자녀 부모, 손자녀, 조부모, 형제자매 4촌 이내 방계혈족	가입자 또는 가입자였던 자가 사망한 때 제73조에 따른 유족이 없는 때	사망한 가입자 또는 가입자였던 자의 반환일시금 상당금액(이자들의 최종 기준소득월액을 연도별 재평가율에 따라 사망일시금 수급 전년도의 현재 가치로 환산한 금액과 같은 규정에 준하여 산정한 가입기간 중 기준소득월액의 평균액 중에서 많은 금액의 4배를 초과 못함)(동법 제80조 제2항)

* 노령연금, 장애연금, 분할연금, 반환일시금의 급여에 관한 지급연령(현행 60세 이상)은 그 현행 규정에 불구하고 그 지급연령에 1953~1956년 출생자는 1년, 1957~1960년 출생자는 2세, 1961~1964년 출생자는 3세, 1965~1968년 출생자는 4세, 1969년 출생자 이후는 5세를 각각 더한 연령으로 한다(동법 부칙 제18조).

** 소득이 있는 업무란 소득세법 제18조 제2항에 따른 부동산 임대소득, 소득세법 제19조 제2항의 규정에 따른 사업소득, 소득세법 제20조 제2항에 따른 근로소득을 합산한 금액을 종사 월수(해당 연도에 종사한 월수를 말하며 1월 미만인 경우는 이를 1월로 본다)로 나눈 금액이 법 제51조 제1항 제1호에 따라 산정한 금액을 초과하는 소득이 있는 업무(동법 시행령 제45조).

*** 유족의 범위는 동법 제73조에 규정되어 있음. 즉 가입자 또는 가입자였던 자가 사망할 당시 그에 의하여 생계를 유지하고 있던 배우자, 자녀(만 25세 미만이거나 장애등급 2급 이상인 자만 해당), 부모(배우자 부모 포함)(60세 이상이거나 장애등급 2급 이상인 자만 해당), 손자녀(19세 미만이거나 장애등급 2급 이상인 자만 해당), 조부모(배우자 조부모 포함, 60세 이상이거나 장애등급 2급 이상인 자만 해당)

(4) 분할연금

① 의의

이혼한 배우자의 노후생활을 보장하기 위하여, 이혼할 경우 배우자의 노령연금을 분할하여 지급받을 수 있는 제도이다. 이 제도는 사회적 여건의 변화와 함께 이혼과 별거 등이 늘어남에 따라 여성의 권리보호, 특히 전업주부의 노후보장을 위해 1998년 12월 법개정 시에 도입되었다. 또 분할연금의 근거는 가입자의 연금소득 형성에 주부인 배우자의 공동기여를 인정한 점이다.

그리고 개정법은 이혼한 배우자에게 지급되는 분할연금을 그 배우자가 재혼하는 경우에도 계속 지급받을 수 있도록 하고, 자신의 노령연금과 함께 지급받을 수 있도록 하여 여성의 연금수급권을 강화하였다(동법 제64조, 제65조 제1항, 제65조 제4항, 부칙 제37조).

② 수급요건과 급여수준 및 분할연금 지급의 특례

혼인기간(배우자의 가입기간 중의 혼인기간에 한함)이 5년 이상인 사람이 다음과 같은 경우에, 그때부터 그가 생존하는 동안 배우자이었던 자의 노령연금을 분할한 일정한 금액의 연금을 지급받을 수 있다(동법 제64조 제1항 제1호~제3호).

㉠ 배우자와 이혼하였을 것

㉡ 배우자였던 사람이 노령연금 수급권자일 것

㉢ 60세가 되었을 것

이 조항은 2015헌법 182.2016.12.29에서 헌법불합치로 결정되어 2018.6.30일 시한으로 입법자가 개정할 때까지 계속 적용한다. 분할연금액은 노령연금액 중 혼인기간에 해당하는 연금액을 균등하게 나눈 금액으로 한다(동법 제64조 제2항). 그러나 이 규정에 불구하고 민법 제839조의2 또는 제843조에 따라 연금의 분할에 관하여 별도로 결정된 경우에는 그에 따른다(동법 제64조의2 제1항).

분할연금수급권자가 재혼한 때에는 그 재혼기간 동안 해당 분할연금의 지급은 정지되는 것이 아니라 계속 받을 수 있다(동법 제65조 제1항). 분할연금청구권은 위 요건을 모두 갖추게 된 때부터 5년 이내에 청구하여야 한다(동법 제64조 제3항).

③ 분할연금 청구의 특례

위의 분할연금 청구기간(동법 제64조 제3항)에도 불구하고 60세의 연령에 도달하기 전에 이혼하는 경우에는 분할연금을 미리 청구할 수 있고, 이 경우 다른 이혼의 효력이 발생한 때부터 3년 이내에 청구하여야 한다(동법 제64조의3).

④ 노령연금과의 관계

분할연금수급권은 그 수급권을 취득한 후에 배우자이었던 자에게 발생한 사유로 인한 노령연금수급권이 소멸 · 정지되어도 영향을 받지 아니한다(동법 제65조 제1항).

분할연금은 그 수급권자에게 2 이상의 분할연금수급권이 발생한 경우에는 동법 제56조의 규정(중복급여의 조정)에 불구하고 2 이상의 분할연금액을 합산하여 지급하되, 2 이상의 분할연금수급권과 다른 급여(노령연금 제외)의 수급권이 발생한 경우에는 그 2 이상의 분할연금수급권을 하나의 분할연금수급권으로 보고 그 자의 선택에 의하여 그 분할연금과 다른 급여 중 하나만을 지급하고 선택하지 아니한 분할연금과 다른 급여의 지급은 정지된다(동법 제65조 제2항). 분할연금수급권자는 동법 제72조 제1항(유족연금의 수급권자)에 따른 유족연금을 지급할 때 노령연금수급권자로 보지 아니한다(동법 제65조 제3항).

분할연금수급권자에게 노령연금수급권이 발생한 경우에는 동법 제56조(중복급여의 조정)에도 불구하고 분할연금액과 노령연금액을 합산하여 지급한다(동법 제65조 제4항). 이 중복급여허용규정은 이 법 시행일 전(원칙적으로 공포 즉시 시행)에 수급권을 취득한 자에 대하여도 적용된다(동법 부칙 제37조 제2항 : 소급적용).

(5) 기타

국민연금법은 이 밖에 연금급여가 제한 및 정지되는 경우(제82조~86조)를 규정하고 있다.

4) 비용부담과 연금보험료징수 등

(1) 재원조달방식과 재정운용

연금재원의 조달방식은 적립방식과 부과방식으로 나뉜다. 부과방식은 매년의 급부

금액을 매년 조달하는 방식인 반면에 적립방식은 장래에 대하여 산정한 보험료율에 따라 평균화한 보험료를 징수하고 징수한 보험료에 비하여 연금발족 당초의 급부지출은 적기 때문에 그 차액은 적립금으로 축적하는 방식이다(순보험료방식). 부과방식을 취하든 적립방식을 선택하든 간에 사용자, 근로자 및 국가 중 부담을 누가 하느냐에 따라 3자 부담, 2자 부담 및 1자 부담방식이 있다. 대부분의 사회보험제도는 3자 부담방식을 채택하고 있는 경향이 있다. 연금재원을 부과할 때 연금가입자의 소득에 비례해서 부과하는 소득비례갹출제와 소득과 관계없이 부과하는 균일갹출방식이 있다. 또 다른 한편으로는 정액갹출제와 정률갹출제 등으로 구분할 수 있다. 우리나라의 국민연금법에 의한 연금보험료는 앞에서 본 바와 같이 소득비례방식과 균일급여방식을 혼용하고 있고 또 정률갹출제에 속한다고 볼 수 있다.

우리나라 국민연금법상의 연금급여 등에 사용되는 비용의 재원조달은 가입자 및 사용자로부터 징수하는 연금보험료와 이를 근거로 조성되는 국민연금기금을 통해서 이루어진다(동법 제88조 및 제101조). 그리고 국가는 매년 연금공단 및 건강보험공단을 관리 · 운영하는 데 필요한 비용의 전부 또는 일부를 부담한다(국고부담, 동법 제87조).

(2) 연금보험료

① 의의

연금보험료라 함은 국민연금사업에 필요한 비용으로서 사업장가입자에 있어서는 부담금 및 기여금의 합계액을, 지역가입자·임의가입자 및 임의계속가입자에 있어서는 본인이 내는 금액을 말한다(동법 제3조 제10호). 연금보험료체계의 수리적 가정요인으로 사망률, 퇴직률, 폐질률, 인구증가율, 연금수급자에 대한 취업인구의 비율, 가입연령, 물가와 임금상승률 등이 고려된다. 그리고 국민연금재정의 장기적 균형이 유지되도록 연금보험료를 조정하도록 규정하고 있다(동법 제4조 제1항).

② 연금보험료율

(가) 사업장가입자 사업장가입자의 연금보험료 중 기여금은 사업장가입자 본인이, 부담금은 사용자가 부담하되, 그 금액은 각각 기준소득월액의 1,000분의 45에 해당되는 금액으로 한다(동법 제88조 제3항). 종래에는 가입자의 연금보험료의 산정기준인

소득범위가 포괄적으로 되어 있어 신고대상소득에 대한 논란이 있었는데, 개정법은 소득의 개념을 명백하게 규정하여 논란의 소지를 해소했다. 즉 소득이란 일정한 기간 근로를 제공하여 얻은 수입에서 대통령령이 정하는 비과세소득을 제외한 금액 또는 자산을 운용하여 얻은 수입에서 필요경비를 제외한 금액을 말하고, 이 경우 국민연금가입자의 종류에 따른 소득범위는 대통령령으로 정하도록 하고 있다(동법 제3조 제1항 제3호). 국가는 저소득층 등에 대하여 예산범위 내에서 연금보험료 중 기여금 및 부담금의 일부를 지원할 수 있다(동법 제1000조의3).

(나) 지역가입자, 임의가입자 및 임의계속가입자 지역가입자, 임의가입자 및 임의계속가입자의 연금보험료는 그 금액을 가입자 본인이 부담하되, 그 금액은 기준소득월액의 1,000분의 90으로 한다(동법 제88조 제4항).

③ 연금보험료의 부과·징수와 납부

(가) 연금보험료의 부과와 징수 연금보험료의 부과는 국민연금공단이 하고 그 징수는 국민건강보험이 하도록 부과와 징수를 분리하고 있다(동법 제88조 제2항). 이리하여 보건복지부 장관은 연금보험료의 징수에 관하여 이 법에서 정하는 사항을 국민건강보험공단에 위탁하고 있다(동조 제1항).

(나) 연금보험료의 납부의무와 납입고지 연금보험료는 그 납부의무자가 다음 달 10일까지 납부하여야 하며, 농어업, 축산업 또는 수산업을 경영하는 사람은 본인의 신청에 의하여 분기별 연금보험료를 해당분기의 다음 달 10일까지 납부할 수 있다(동법 제89조 제1항). 또 연금보험료를 납부기한으로부터 1월 이전에 선납한 경우에는 그 전월의 연금보험료의 납부기한이 속하는 날의 다음날에 납부한 것으로 본다(동법 제89조 제2항). 납부의무자가 보험료를 미리 낼 경우는 감액할 수 있고(동법 제89조 제3항), 자동계좌이체의 방법으로 낼 경우에는 보험료를 감액하거나 재산상의 이익을 제공할 수 있도록 규정하였다(동법 제89조 제4항, 동법 시행령 제58조). 공단은 고지서의 송달지연 등의 사유에 해당하는 경우에는 납부기한으로부터 1월의 범위 내에서 납부기한을 연장할 수 있다(동법 제89조 제5항, 제6항).

연금보험료는 신용카드, 직불카드 등으로 납부할 수 있다(동법 제90조의3).

이 밖에 공단이 보험료를 부과할 때는 납무의무자에게 문서(전자문서 포함)로써 납입고지를 해야 한다(동법 제88조의 2). 또 사용자의 사업장가입자 기여금은 매월 원천공제해야 한다(동법 제90조 제1항).

(다) 연금보험료 납부의 예외 납부의무자는 사업장가입자 또는 지역가입자에게 연금보험료를 납부할 수 없는 다음과 같은 사유가 발생한 경우에는, 대통령령으로 정하는 바에 따라 그 사유가 계속되는 기간에는 연금보험료를 납부하지 않을 수 있다(동법 제91조 제1항 제1호~제7호).

㉠ 사업중단, 실직 또는 휴직 중인 경우

㉡ 병역법 제3조의 규정에 의한 병역의무를 수행하는 경우

㉢ 초 · 중등교육법 제2조 또는 고등교육법 제2의 규정에 의한 학교에 재학 중인 경우

㉣ 교정시설에 수용 중인 경우

㉤ 사회보호법에 의한 보호감호시설 또는 치료감호시설에 수용 중인 경우

㉥ 1년 미만 행방이 불명한 경우

㉦ 재해 · 사고 등으로 소득이 감소되거나 기타 소득이 있는 업무에 종사하지 아니한 경우로서, ⓐ 질병 또는 부상으로 3월 이상 입원한 경우, ⓑ 농업재해대책법·자연재해대책법 또는 재해구호법에 의한 보조 또는 지원의 대상이 되는 경우, ⓒ 재해 · 사고 등의 발생으로 연금보험료를 납부할 경우 보건복지부 장관이 정하는 기초생활의 유지가 곤란하다고 인정되는 소득감소의 경우이다(동법 시행령 제60조). 연금보험료를 내지 아니한 기간에 대하여는 가입기간에 산입하지 아니한다(동법 제91조 제2항).

(라) 연금보험료의 추후납부 국민연금법상 연금보험료를 추후에 납부할 수 있는 예외조항을 열어 놓았다. 다음과 같은 경우이다. 즉 ㉠ 연금보험료를 납부한 이후에 제9조 제1호, 제4호 또는 제5호에 따라 연금보험료를 내지 아니한 기간, ㉡ 동법 제91조 제1항의 규정에 의하여 내지 아니한 가입자는 해당 연금보험료를 내지 아니한

기간과 ⓒ 병역법 제3조의 규정에 의한 병역의무를 마친 후 가입자 자격을 취득한 사람은 해당 병역의무를 수행한 기간(공무원연금법, 사립학교교직원연금법, 별정우체국법에 의한 재직기간에 산입된 기간과 군인연금법에 의한 복무기간 그리고 1988년 1월 1일 이전에 병역의무를 수행한 기간은 제외)의 전부 또는 일부에 상응하는 보험료(추후보험료)의 추후납부를 신청할 수 있다(동법 제92조 제1항). 추납보험료는 추후납부를 신청한 날이 속하는 달의 연금보험료에 추후납부하려는 기간의 월수를 곱한 금액으로 한다(동법 제92조 제2항). 추납보험료는 대통령령으로 정하는 바에 따라 이자를 가산하고 분할하여 납부할 수 있다(동법 제92조 제3항). 추후보험료를 납부한 경우에는 그에 상응하는 기간은 추납보험료를 납부한 날을 기준으로 가입기간에 넣어서 계산한다(동법 제92조 제4항).

(마) 연금보험료의 납기 전 징수 사업장가입자의 보험료 납부의무자 및 지역가입자가 국세 · 지방세 기타 공과금의 체납으로 인한 체납처분을 받거나 강제집행 · 파산선고를 받은 때 또는 경매가 개시되거나 법인이 해산한 때에는 납기(납부기한을 연장하는 경우에는 그 기한) 전이라도 연금보험료를 징수할 수 있다(동법 제94조).

(바) 연금보험료 등의 독촉 · 체납처분 및 연체금 가입자가 연금보험료와 그에 따른 징수금을 기한(납부기한을 연장한 경우에는 그 기한)까지 내지 아니하면 공단은 기한을 정하여 독촉하여야 하고(동법 제95조 제1항), 독촉을 함에 있어서는 10일 이상의 납부기한을 정하여 독촉장을 발부하여야 한다(동법 제95조 제2항), 독촉을 받은 자가 그 기한 내에 연금보험료와 그 징수금을 내지 아니하면 공단은 보건복지부 장관의 승인을 얻어 국세체납처분의 예에 따라 이를 징수할 수 있다(동법 제95조 제4항). 공단은 연금보험료의 납부의무자가 납부기한 내에 이를 내지 아니하면 납부기한이 경과한 날부터 채납된 연금보험료의 1,000분의 30에 해당하는 연체금을 징수한다(동법 제97조 제1항).

(사) 고액 · 상습체납자의 인적사항 공개와 장애연금 및 유족연금의 지급에 대한 특례 국민건강보험공단으로 하여금 고액 · 상습 체납자인 사업장가입자의 인적사항 및 체납액 등을 공개할 수 있도록 함으로써 연금보험료의 성실 납부를 유도하는 한편, 2013년

부터 연금지급연령이 상향 조정됨에 따라 국민연금 가입연령은 지났지만 연금지급연령에 미치지 아니하는 기간이 발생하게 되는데, 해당 기간 중에 질병 · 부상이 발생하거나 사망한 경우 장애연금 및 유족연금을 받기 곤란하며, 반환일시금은 가입기간이 부족하여 노령연금을 받을 수 없는 사람에 대한 청산적 급여의 성격을 가짐에도 불구하고 지급받을 수 없는 문제가 발생하게 되는바, 국민연금 가입자가 60세가 되어 가입자격을 상실하게 된 날부터 지급연령에 도달하는 날까지의 기간에 발생한 질병 · 부상이나 사망은 가입기간 중에 발생한 것으로 보도록 함으로써 장애연금 및 유족연금의 수급권을 보장하고, 국민연금 가입기간이 10년 미만인 가입자 또는 가입자였던 사람은 60세가 된 때 반환일시금을 지급받을 수 있도록 함으로써 수급자의 선택권을 보장하기 위하여 2012년 10월 22일에 이들에 관한 조항을 신설하였다.

● **고액 · 상습 체납자의 인적사항 공개** 건강보험공단은 이 법에 따른 납부기한의 다음 날부터 2년이 지난 연금보험료, 연체금 및 체납처분비(이하 이 항에서 "연금보험료 등"이라 한다)의 총액이 5천만 원 이상인 체납자(사업장가입자에 한한다)가 납부능력이 있음에도 불구하고 체납한 경우 체납자의 인적사항(사용자의 인적사항을 말한다) 및 체납액 등(이하 이 조에서 "인적사항 등"이라 한다)을 공개할 수 있다. 다만, 체납된 연금보험료 등과 관련하여 행정심판 또는 행정소송이 계류 중인 경우나 그 밖에 체납된 금액의 일부 납부 등 대통령령으로 정하는 사유가 있는 경우에는 그러하지 아니하다(동법 제97조의2 제1항). 그리고 인적사항 등에 대한 공개 여부를 심의하기 위하여 건강보험공단에 보험료정보공개심의위원회를 둔다(동조 제2항). 건강보험공단은 보험료정보공개심의위원회의 심의를 거친 인적사항 등의 공개대상자에게 공개대상자임을 서면으로 통지하여 소명의 기회를 부여하여야 하며, 통지일부터 6개월이 경과한 후 체납액의 납부 이행 등을 고려하여 공개대상자를 선정한다(동조 제3항). 인적사항 등의 공개는 관보에 게재하거나 건강보험공단 인터넷 홈페이지에 게시하는 방법으로 한다(동조 제4항). 인적사항 등의 공개와 관련한 납부능력의 기준, 체납액의 납부 이행, 공개절차 및 보험료정보공개심의위원회의 구성 ·

운영 등은 대통령령으로 정한다(동조 제5항). (제97조의2는 2013. 4. 22.부터 시행)

5) 국민연금기금

(1) 기금의 설치 · 조성

보건복지부 장관은 국민연금사업에 필요한 재원을 원활하게 확보하고, 각종 연금급여에 충당하기 위한 책임준비금으로서 국민연금기금(이하 "기금"이라 한다)을 설치한다(동법 제101조 제1항). 국민연금기금은 연금보험료, 기금운용수익금, 적립금 및 공단의 수입지출결산상 잉여금으로 조성된다(동법 제101조 제2항).

(2) 국민연금기금 정책

국민연금기금 정책에 대하여 기금의 설치 및 조성(제101조), 기금의 관리 및 운용(제102조), 건강보험공단에 출연(제102조의2), 국민연금기금운영위원회(제103조, 제103조의2), 국민기금운용실무평가위원회(제104조), 국민연금기금 운용지침(제105조), 기금운용계획(제107조) 등을 규정하고 있다.

6) 심사청구 및 재심사청구

국민연금법상 권리구제는 다른 사회보장법에서 보는 바와 같이 2회에 걸친 심사청구를 통해 가입자의 권리를 구제하려는 제도적 장치를 가지고 있다.

(1) 심사청구

가입자의 자격, 기준소득월액, 연금보험료, 그 밖의 이 법에 따른 징수금과 급여에 관한 공단 또는 건강보험공단의 처분에 이의가 있는 사람은 그 처분이 있음을 안 날로부터 90일 이내에 문서로 처분을 한 공단 또는 건강보험공단에 심사청구를 할 수 있다(동법 제108조 제1항, 제2항). 처분이 있은 날부터 180일을 경과하면 이를 제기하지 못한다. 다만 정당한 사유로 그 기간에 심사청구를 할 수 없었음을 증명하면 그 기간이 지난 후에도 심사청구를 할 수 있다(동조 제2항). 이러한 심사청구사항을 심사하기 위하여 공단에 국민연금심사위원회를 두고 국민건강보험공단에 징수심사위원회를 둔다(동법 제109조).

(2) 재심사청구

심사청구에 대한 결정에 불복이 있는 사람은 그 결정통지를 받은 날로부터 90일 이내에 보건복지부에 설치된 국민연금재심사위원회에 재심사청구를 할 수 있다(동법 제110조). 재심사위원회의 재심사 및 재결에 관한 절차에 관하여는 행정심판법을 준용하고(동법 제112조 제1항), 이 재심사는 제18조(행정소송법)의 적용에 있어서는 행정심판법에 따른 행정심판으로 본다(동법 제112조 제2항).

7) 국민연금법 관련 헌법재판소 판결

국민연금제도의 가입대상을 18세 이상 60세 미만의 국민으로 제한하는 국민연금법 제6조가 헌법 제10조의 인간으로서의 존엄과 가치, 행복을 추구할 권리, 헌법 제11조 제1항의 평등원칙 및 헌법 제43조 제1항의 인간다운 생활을 할 권리 등을 침해한다는 이유로 위 법률조항의 위원확인을 구하기 위하여 헌법소원을 청구한 사건(2000.6.15.)에 대하여 헌법재판소는 청구인들의 심판청구를 모두 기각하였다. 판시사항과 판결요지는 다음과 같다.

(1) 판시사항

① 국민연금제도의 가입대상을 18세 이상 60세 미만의 국민으로 제한하는 이 사건 법률조항이 합리적인 이유 없이 60세 이상의 국민을 차별함으로써 헌법상의 평등원칙을 침해한다고 볼 수 없다.

② 60세 이상의 국민에 대한 국민연금제도 가입을 제한하는 것은 노후를 편안하고 안락하게 살아갈 권리를 부여하고 있는 헌법상의 인간다운 생활을 할 권리를 침해한 것이라고 볼 수 없다.

(2) 판결요지

- 사건번호 : 2000헌마390
- 연/월/일 : 2001. 4. 26.

• 요지

① 국민연금의 가입대상, 가입기간, 보험료, 연금수급자격 및 급여수준 등을 구체적으로 어떻게 정할 것인가는 국민의 소득수준, 경제활동연령, 정년퇴직연령, 평균수명, 연금재정 등 여러 가지 사회적·경제적 사정을 참작하여 입법자가 폭넓게 그의 형성재량으로 결정할 수 있는 사항이라고 할 것이고, 그 결정이 명백히 자의적인 것으로서 입법재량을 벗어나지 않는 한 헌법에 위반된다고 할 수 없다. 현재 우리나라 국민의 일반적 퇴직연령은 60세 전후이고, 평균추정수명은 74.9세이며, 60세 이상의 국민 중, 경제활동에 참가하고 있는 국민은 20~30%에 불과하여 우리나라 국민의 60세 전후 시기는 소득활동이 중단되거나 축소됨으로써 소득보장을 받아야 하는 때이다. 그렇다면 국민연금의 가입대상을 경제활동이 가능한 18세 이상 60세 미만의 국민으로 제한하고 있는 이 사건 법률조항은 노후의 소득보장이라는 연금제도의 입법취지에 따라 국민연금제도를 합리적으로 운영하기 위한 것으로 정당하고 60세 미만의 국민에 비하여 청구인들을 불합리하게 차별대우함으로써 헌법상의 평등원칙을 침해한다고 볼 수 없다.

② 현행 국민연금법상의 연금제도는 자기기여를 전제로 하는 사회보험의 전형적인 한 형태이다. 그렇다면, 국가가 국민의 인간다운 생활을 보장하기 위한 헌법적 의무를 다하였는지 여부는 국민연금제도와 같은 사회보험에 의한 소득보장제도만으로 판단하여서는 아니 되고, 사회부조의 방식에 의하여 행하여지는 각종 급여나 각종 부담의 감면 등을 총괄한 수준을 가지고 판단하여야 할 것이다. 사실조회 회신에 의하면, 국민기초생활보장법, 노인복지법 등 법령에 의하여 저소득노인에 대한 각종 급여 및 부담의 면제, 시설제공 등으로 인한 노인들의 생활여건에 비추어 볼 때, 이 사건 법률조항이 청구인들과 같은 노인들의 국민연금가입을 제한하고 있다고 하더라도 인간다운 생활을 보장하기 위하여 국가가 실현해야 할 객관적 내용의 최소한도의 보장에도 이르지 못하였다거나 헌법상 용인될 수 있는 재량의 범위를 명백히 일탈하였다고는 보기 어렵고 청구인들이 국민연금제도에서 제외되었다는 사실만으로 곧 그것이 헌법에 위반된다거나 청구인들의 인간으로서의 존엄과 가치, 행복추구권이나 인간다운 생활을 할 권리를 침해한 것

이라고는 볼 수 없다 할 것이다.

8) 국민연금과 직역연금의 연계에 관한 법률

국민연금의 가입기간과 공무원연금, 사립학교교직원연금, 군인연금, 별정우체국직원연금의 재직기간, 복무기간을 연계하여 연계급여를 지급하기 위하여 2009년 2월 6일에 제정한 법률이다. 2009년 12월 이후 여러 차례 개정되었다.

제 3 절 기초연금법

1. 의의

어르신들의 생활의 어려움을 덜어드리고 연금혜택을 공평하게 나누어 드리기 위하여 2014년 7월부터 기초노령연금제도가 폐지되고 대신 기초연금법이 2014년 5월 20일에 제정되어(2015. 3. 11, 2016. 2. 3, 2016. 12. 27. 개정) 기초연금제도가 2014년 7월 1일부터 시행되었다. 어르신들의 안정된 노후생활을 도와드리기 위해 1988년부터 국민연금제도가 시행된지 오래지 않아 국민연금에 가입하지 못한 분들이 많고, 가입을 하였더라도 그 기간이 짧아 충분한 연금을 받지 못하는 분들이 많다.

따라서 어르신들의 편안한 노후생활을 도와드리고 연금혜택을 공평하게 나누어 드리기 위하여 드리는 연금으로 현대의 심각한 노인빈곤문제를 해결하면 미래세대의 부담을 덜어드리고 노후에 안정된 혜택을 누릴 수 있도록 하기 위하여 도입된 제도이다.

2. 기초연금의 대상자(동법 제3조 참조)

기초연금은 만 65세 이상이고 한국국적을 가지고 있으며 국내거주([주민등록법] 제1, 2에 따른 주민등록자)하시는 어르신 중 가구의 소득인정액이 선정기준액 이하인 분들에게 드린다. 부부 중 한 분만 신청하는 경우도 부부가구에 해당된다.

선정기준액(2015년도 기준)

단독가구	부부가구
930,000	1,488,000

–'소득인정액'이란 소득평가액과 재산의 소득환산액을 합산한 금액을 말함.

–공무원연금, 사립학교 교직원연금, 군인연금, 별정우체국연금 수급권자 및 그 배우자는 원칙적으로 기초연금 수급대상에서 제외된다.

3. 기초연금액 산정(기초연금법 제5조 이하 참조)

① 다음에 해당하는 경우 기초연금액은 기준연금금액으로 산정된다.

–국민연금을 받지 않고 계신 분(무연금자)

–국민연금 월 급여액이 기준연금금액의 150% 이하인 분

–국민연금의 유족연금이나 장애연금을 받고 계신 분

–장애인연금을 받고 계신 분 등

※ 기준연금액 : 2015년 1월~3월 200,000원, 2015년 4월~2016년 3월 202,600원 다만, 소득수준이 상대적으로 높거나 부부 모두가 기초연금을 받을 경우 감액할 수 있다.

② 위의 경우에 해당하지 않을 경우 가령 국민연금에 가입했다 하더라도 기초연금액은 소득재분배급여에 따른 산식에 의하여 산정한다.

* 소득재분배 급여=(기준연급액−2/3×A급여)+부가연금액

※ A급여란 국민여금 급여액 중 기초연금적 성격을 가진 부분으로 개인별 기초연금액을 결정하는 기준이 되는 급여로, 가입기간이 길수록 일찍 가입할수록 A급여액은 증가하며 가입기간이 동일하더라도 가입시기와 가입이력에 따라 A급여는 다를 수 있다.

③ 공무원연금, 사립학교교직원연금, 군인연금, 별정우체국연금 수급권자로서 기존에 기초노령연금을 받던 분들이 기초연금을 받게 되면 직역연금특례자인 분은 부

가연금액(101,300원) 10만원으로 기초연금액이 산정된다.

제 4 절 국민건강보험법

1. 의의와 특성

1) 의의

국민건강보험법이란 국민건강보험제도에 관한 법규의 전체라고 할 수 있다. 여기에는 법률인 국민건강보험법(1992. 2. 8. 개정, 그 후 여러 차례 개정 후 최근에는 2011. 12. 31. 전부개정, 2014. 11. 19, 2016. 2. 3, 2016. 3. 22, 2016. 5. 29, 2017. 2. 8, 2017. 4. 18.), 명령인 동법 시행령(2000. 6. 23. 제정, 여러 차례 개정된 후 2012. 8. 31. 전부개정, 2012. 9. 28. 일부개정, 2015. 12. 22, 2016. 6. 30, 2016. 12. 30, 2017. 3. 20, 2017. 3. 27.) 및 동법 시행규칙(2000. 6. 30 제정, 여러 차례 개정 후 2012. 8. 31. 전부개정, 2016. 12. 30, 2017. 4. 10.)이 있다.

건강보험제도란 일상생활의 우연한 질병이나 부상으로 인하여 일시에 고액의 진료비가 소비되어 가계가 파탄되는 것을 방지하기 위하여 보험원리에 의거하여 국민이 평소에 보험료를 내어 기금화하였다가 보험사고가 발생할 경우 보험급여를 해 줌으로써 국민 상호 간에 위험을 분담하고 의료서비스를 제공하는 사회보장제도이다.

국민건강보험법의 근거는 헌법 제34조와 사회보장기본법 제1조, 제3조로 볼 수 있다. 우리나라 헌법 제34조에서 국민의 인간다운 생활을 할 권리와 동시에 권리를 실현하기 위한 국가의 사회복지증진의무를 규정하고 있다. 그리고 사회보장에 관한 기본법인 사회보장기본법 제3조 제1호는 "사회보장이란 질병 · 장애 · 노령 · 실업 · 사망 등의 사회적 위험으로부터 모든 국민을 보호하고 국민 삶의 질을 향상시키기 위하여 제공되는 사회보험, 공공부조, 사회서비스 및 관련복지제도를 말한다"고 규정하고 있다. 따라서 건강보험제도는 사회보장제도 가운데 하나이다.

국가는 한편으로는 국민의 질병 · 부상에 대한 예방 · 진단 · 치료 · 재활과 출산 · 사망 및 건강증진에 대하여 보험급여를 실시함으로써 국민건강을 향상시키고 사회보장을 증진함을 목적으로 국민건강보험법을 제정하여 생활유지능력이 있는 국민을 대상으로 '건강보험제도'를 실시하고 있고, 의료급여법을 제정하여 생활유지능력이 없거나 어려운 국민을 대상으로 '의료보호제도'를 실시하고 있다.

국민건강보험법은 사회법(사회보장법, 즉 넓은 의미의 사회복지)으로서의 성질을 갖고 있다는 점에서 공법의 성격을 가미하고 있으며, 법체계상 법률－시행령－시행규칙－고시, 예규 등으로 체계를 이루고 있다.

2) 국민건강보험법의 목적

국민건강보험법은 국민의 질병 · 부상에 대한 예방 · 진단 · 치료 · 재활과 출산 · 사망 및 건강증진에 대하여 보험급여를 실시함으로써 국민건강을 향상시키고 사회보장을 증진함을 목적으로 한다(동법 제1조).

3) 국민건강보험법의 기능

(1) 건강보험의 사회연대성

건강보험은 국민의 의료비 문제를 해결해 줌으로써 국민의 건강과 가계를 보호하는 제도로서, 전 국민을 당연적용대상자로 하는 사회보험방식을 채택하고 있다. 따라서 국가 또는 개인의 책임이 아닌 사회공동의 연대책임을 활용하여 소득재분배 기능과 위험분산의 효과를 거두고, 이를 통하여 사회적 연대를 강화하여 사회통합을 이루는 기능을 수행한다.

(2) 소득재분배 기능의 수행

질병은 개인의 경제생활에 지장을 주어 소득을 떨어트리고 다시 건강을 악화시키는 악순환을 초래하므로 건강보험은 각 개인의 경제적 능력에 따른 일정한 부담으로 재원을 조성하는 반면에 개별부담과 관계없이 필요에 따라 균등한 급여를 받음으로써 질병발생 시 가계에 지워지는 경제적 부담을 경감시켜 주는 소득재분배 기능을 수행한다.

(3) 위험분산 기능의 수행

많은 인원을 집단화하여 위험을 분산함으로써 개개인의 부담을 경감하는 기능과 미리 적은 돈을 갹출하여 둠으로써 위험을 시간적으로 분산하는 기능도 겸하여 수행하고 있다. 공평한 비용부담과 적정한 보험급여비용(보험료)부담은 소득이나 능력에 비례하여 부담하게 되며, 집단구성원 상호 간의 사회적 연대성에 의하여 그 기능이 발휘된다. 또한 보험급여 측면에서는 피보험대상자 모두에게 필요한 기본적 의료를 적정한 수준까지 보장함으로써 그들의 의료문제를 해결하고 누구에게나 균등하게 적정수준의 급여를 제공하는 기능을 수행한다.

4) 국민건강보험법의 특성

(1) 법률에 의한 강제가입

일정한 법적 요건이 충족되면 본인의 의사에 관계없이 강제적용된다. 왜냐하면 보험가입을 기피할 경우 국민 상호 간 위험부담을 통하여 의료비를 공동으로 해결하고자 하는 건강보험제도의 목적실현이 어렵기 때문이다. 또 질병위험이 큰 사람만 보험에 가입할 경우 보험재정이 파탄되어 원활한 건강보험 운영이 불가능하게 되기 때문이다.

(2) 부담능력에 따른 보험료의 차등부담(형평부과)

사보험(私保險)은 급여의 내용, 위험의 정도, 계약의 내용 등에 따라 보험료를 부담하지만 사회보험방식인 건강보험에서는 사회적 연대를 기초로 의료비 문제를 해결하려는 것이 목적이므로 소득수준 등 보험료 부담능력에 따라 차등적으로 부담하게 된다.

(3) 보험급여의 균등한 수혜

사보험은 보험료 부과수준, 계약기간 및 내용에 따라 차등급여를 받지만 사회보험인 건강보험은 보험료 부과수준에 관계없이 관련법령에 의하여 균등하게 보험급여가 이루어진다.

(4) 보험료 납부의 강제성

가입이 강제적이라는 점에서 강제보험제도의 실효성을 확보하기 위하여 피보험자에게는 납부의 의무가 주어지며, 보험자에게는 보험료징수의 강제성이 부여된다.

(5) 단기보험

연금보험과는 달리 1년 단위의 회계연도를 기준으로 수입과 지출을 예정하여 보험료를 계산하며 지급조건과 지급액도 보험료 납입기간과는 상관이 없고 지급기간이 단기이다.

2. 주요 내용

1) 적용대상

(1) 국민건강보험의 가입자

① 자격요건과 대상

국내에 거주하는 국민으로서, 다음의 ②에서 열거한 적용제외대상자가 아닌 모든 사람이 이 국민건강보험의 가입자 또는 피부양자가 되어 국민건강보험법의 적용을 받는다(동법 제5조 제1항). 국민개보험을 원칙으로 하고 있다. 피부양자는 다음의 하나에 해당하는 사람 중 직장가입자에 의하여 주로 생계를 의존하는 사람으로서 소득 및 재산이 보건복지부령이 정하는 기준 이하에 해당하는 사람을 말한다(동법 제5조 제2항 제1호~제4호).

㉠ 직장가입자의 배우자
㉡ 직장가입자의 직계존속(배우자의 직계존속을 포함한다)
㉢ 직장가입자의 직계비속(배우자의 직계비속을 포함한다) 및 그 배우자
㉣ 직장가입자의 형제자매

이러한 피부양자 자격의 인정기준, 취득·상실시기 기타 필요한 사항은 보건복지부령으로 정한다고 되어 있다. 여기에 따라서 동법 시행규칙은 피부양자 자격의 인정기준은 별표 1에 규정된 부양요건에 해당(외국인, 재외국인 포함)하고, 별표 1의2에 따른 소

득요건에 해당할 것이라는 요건을 모두 충족하는 것으로 한다(동법 시행규칙 제2조 제1항).

[별표 1] 〈개정 2013. 6. 28〉

피부양자 자격의 인정기준 중 부양요건(제2조 제1항 제1호 관련)

가입자와의 관계	부양요건	
	동거 시	비동거 시
1. 배우자	부양 인정	부양 인정
2. 부모인 직계존속		
가. 부모(아버지 또는 어머니와 재혼한 배우자 포함)	부양 인정	부모(아버지 또는 어머니와 재혼한 배우자 포함)와 동거하고 있는 형제자매가 없거나, 있어도 보수 또는 소득이 없는 경우 부양 인정
나. 법률상의 부모가 아닌 친생부모(이하 "친생부모"라 한다)	부양 인정	친생부모의 배우자 또는 동거하고 있는 직계비속이 없거나, 있어도 보수 또는 소득이 없는 경우 부양 인정
3. 자녀(법률상의 자녀가 아닌 친생자녀 포함)인 직계비속	부양 인정	미혼인 경우 부양 인정
4. 조부모·외조부모 이상인 직계존속	부양 인정	조부모·외조부모 이상인 직계존속과 동거하고 있는 직계비속이 없거나, 있어도 보수 또는 소득이 없는 경우 부양 인정
5. 손·외손 이하인 직계비속	부모가 없거나, 아버지 또는 어머니가 있어도 보수 또는 소득이 없는 경우 부양 인정	미혼으로서 부모가 없는 경우 부양 인정
6. 직계비속의 배우자	부양 인정	부양 불인정
7. 배우자의 부모인 직계존속	부양 인정	배우자의 형제자매가 없거나, 있어도 동거하고 있는 배우자의 형제자매가 보수 또는 소득이 없는 경우 부양 인정
8. 배우자의 조부모·외조부모 이상인 직계존속	부양 인정	배우자의 조부모·외조부모 이상인 직계존속과 동거하고 있는 직계비속이 없거나, 있어도 보수 또는 소득이 없는 경우 부양 인정

9. 배우자의 직계비속	미혼인 경우 부양 인정	부양 불인정
10. 형제자매	미혼으로 부모가 없거나, 있어도 부모가 보수 또는 소득이 없는 경우 부양 인정	미혼으로 부모 및 형제자매가 없거나, 있어도 부모 및 동거하고 있는 형제자매가 보수 또는 소득이 없는 경우 부양 인정
11. 배우자, 직계존속, 배우자의 직계존속, 직계비속, 직계비속의 배우자, 형제·자매, 배우자의 직계비속	위 제1호부터 제10호까지의 경우에 해당되지 않더라도 해당 직장가입자에게 주로 생계를 의존하고 있음을 공단이 확인한 경우 부양 인정	

비고: 제1호부터 제11호까지의 규정에도 불구하고, 소유하고 있는 토지, 건축물, 주택, 선박 및 항공기에 대한「지방세법」제110조에 따른 재산세 과세표준의 합이 9억원(형제자매의 경우는 3억원)을 넘는 경우에는 부양요건을 인정하지 않는다. 다만,「장애인복지법」제32조에 따라 장애인으로 등록한 사람,「국가유공자 등 예우 및 지원에 관한 법률」 제4조·제73조 및 제74조에 따른 국가유공자 등(법률 제11041호로 개정되기 전의「국가유공자 등 예우 및 지원에 관한 법률」제73조의2에 따른 국가유공자 등을 포함한다)으로서 같은 법 제6조의4에 따른 상이등급 판정을 받은 사람과「보훈보상대상자 지원에 관한 법률」제2조에 따른 보훈보상대상자로서 같은 법 제6조에 따른 상이등급 판정을 받은 사람은 그러하지 아니하다.

[별표 1의2] 〈신설 2013.6.28〉

피부양자 자격의 인정기준 중 소득요건(제2조 제1항 제2호 관련)

1. 직장가입자의 피부양자가 되려는 사람은 다음 각 목에서 정하는 요건을 모두 충족하여야 한다.
   가. 영 제41조 제1항 제1호·제2호의 이자소득과 배당소득의 합계액이 4천만원 이하일 것
   나. 영 제41조 제1항 제3호의 사업소득(이하 이 표에서 "사업소득"이라 한다)이 없을 것. 다만, 피부양자가 되려는 사람이 다음의 어느 하나에 해당하는 경우 해당되는 사업소득 요건을 충족하면 사업소득이 없는 것으로 본다.
      1) 사업자등록이 되어 있지 않은 경우: 사업소득의 연간 합계액이 500만원 이하일 것
      2)「장애인복지법」제32조에 따라 장애인으로 등록한 사람,「국가유공자 등 예우 및 지원에 관한 법률」제4조·제73조 및 제74조에 따른 국가유공자 등(법률 제11041호로 개정되기 전의「국가유공자 등 예우 및 지원에 관한 법률」제73조의2에 따

른 국가유공자 등을 포함한다)으로서 같은 법 제6조의4에 따른 상이등급 판정을 받은 사람과 「보훈보상대상자 지원에 관한 법률」 제2조에 따른 보훈보상대상자로서 같은 법 제6조에 따른 상이등급 판정을 받은 사람인 경우: 사업소득의 연간 합계액이 500만원 이하일 것

다. 영 제41조 제1항 제4호 · 제6호의 근로소득과 기타소득의 합계액이 4천만원 이하일 것

라. 영 제41조 제1항 제5호의 연금소득의 100분의 50에 해당하는 금액이 2천만원 이하일 것

2. 피부양자가 되려는 사람이 폐업 등에 따른 사업중단 등의 사유로 소득이 발생하지 않게 된 경우, 「도시 및 주거환경정비법」에 따른 주택재건축사업으로 발생한 사업소득을 제외하면 제1호의 요건을 충족하는 경우 등 관계 자료에 의하여 공단이 인정한 경우에는 제1호의 요건을 충족하는 것으로 본다.
3. 피부양자가 되려는 사람이 기혼자인 경우에는 부부 모두 제1호 및 제2호의 요건을 충족하여야 한다.
4. 보건복지부 장관은 제1호가목부터 라목까지의 기준금액에 대하여 「통계법」 제3조에 따라 통계청장이 매년 고시하는 전국소비자물가변동률을 고려하여 증액 또는 감액하여 개정한다.

② 적용제외대상

적용제외대상자는 아래와 같다(동법 제5조 제1항 제1호, 제2호).

㉠ 의료급여법에 따라 의료급여를 받은 자(이하 "수급권자"라 한다)

㉡ 독립유공자 예우에 관한 법률 및 국가유공자 등 예우 및 지원에 관한 법률에 의하여 의료급여를 받는 사람(이하 "유공자 등 의료보호대상자"라 함) 다만, ⓐ 유공자 등 의료급여수급자 중 건강보험의 적용을 신청한 사람과 ⓑ 건강보험의 적용을 받고 있던 사람이 유공자 등 의료보호대상자로 되었으나 건강보험의 적용배제신청을 보험자에게 하지 아니한 사람은 가입자 또는 피부양자가 된다.

③ 외국정부 근로자에 대한 특례

외국정부가 사용자인 사업장의 근로자에 대한 건강보험에 관하여는 외국정부와의 합의에 의하여 정부가 따로 정할 수 있다(동법 제109조 제1항). 따라서 원칙적으로는 적용제외대상자이지만 외국정부와의 합의에 따라 국민건강보험제도의 대상이 될 수 있음을 시사한다.

④ 외국인과 재외국민

국내에 체류하고 있는 재외국민 또는 외국인(이하 국내 체류 외국인 등이다 함)이 적용대상 사업장의 근로자, 공무원 또는 교직원이고 제6조 제2항 각호(직장가입자 적용제외자)의 어느 하나에 해당하지 아니하면서 다음의 어느 하나에 해당하는 경우에는 제5조(적용대상)에도 불구하고 직장가입자가 된다(동법 제109조 제2항).

㉠ 주민등록법 제6조 제1항 제3호에 따라 등록한 사람(제1호)

㉡ 재외동포의 출입국과 법적 지위에 관한 법률 제6조에 따라 국내거소를 신고한 상람(제2호)

㉢ 출입국관리법 제31조에 따라 외국인 등록을 한 사람(제3호)

위 제2항에 따른 직장가입자에 해당하지 아니하는 국내체류 외국인 등이 다음의 요건을 모두 갖춘 경우에는 제5조에도 불구하고 공단에 신청하면 지역가입자가 될 수 있다.

㉠ 보건복지부령으로 정하는 기간 동안 국내에 거주하였거나 해당 기간 동안 국내에 지속적으로 거주할 것으로 예상할 수 있는 사유로서 보건복지부령으로 정하는 사유에 해당될 것

㉡ 다음의 어느 하나에 해당할 것

가. 제2항 제1호 또는 제2호에 해당하는 사람

나. 「출입국관리법」 제31조에 따라 외국인등록을 한 사람으로서 보건복지부령으로 정하는 체류자격이 있는 사람(이상 동법 제109조 제3항)

다음으로 위 제2항의 어느 하나에 해당하는 국내체류 외국인 등이 다음의 요건을 모두 갖춘 경우에는 제5조에도 불구하고 공단에 신청하면 피부양자가 될 수 있다.

㉠ 직장가입자와의 관계가 제5조 제2항 각 호의 어느 하나에 해당할 것

㉡ 제5조 제3항에 따른 피부양자 자격의 인정기준에 해당할 것(이상 동조 제4항)

그러나 위 제2항부터 제4항까지의 규정에도 불구하고 다음의 어느 하나에 해당되는 경우에는 가입자 및 피부양자가 될 수 없다.

㉠ 국내체류가 법률에 위반되는 경우로서 대통령령으로 정하는 사유가 있는 경우

㉡ 제2항에 해당되는 사람으로서 국내에 근무하는 기간 동안 외국의 법령, 외국의 보험 또는 사용자와의 계약 등에 따라 제41조에 따른 요양급여에 상당하는 의료보장을 받을 수 있어 사용자가 보건복지부령으로 정하는 바에 따라 가입 제외를 신청한 경우(이상 동조 제5항)

또한 제2항부터 제5항까지의 규정에서 정한 사항 외에 국내체류 외국인 등의 가입자 또는 피부양자 자격의 취득 및 상실에 관한 시기 · 절차 등에 필요한 사항은 제5조부터 제11조까지의 규정을 준용한다. 다만, 국내체류 외국인 등의 특성을 고려하여 특별히 규정해야 할 사항은 대통령령으로 다르게 정할 수 있다(동조 제6항).

가입자인 국내체류 외국인 등이 매월 2일 이후 지역가입자의 자격을 취득하고 그 자격을 취득한 날이 속하는 달에 보건복지부 장관이 고시하는 사유로 해당 자격을 상실한 경우에는 제69조 제2항 본문에도 불구하고 그 자격을 취득한 날이 속하는 달의 보험료를 부과하여 징수한다(동조 제7항).

국내체류 외국인 등(국내에 영주하는 외국인은 제외한다)에 해당하는 지역가입자의 보험료는 제78조 제1항 본문에도 불구하고 그 직전 월 25일까지 납부하여야 한다. 다만, 다음에 해당되는 경우에는 공단이 정하는 바에 따라 납부하여야 한다.

1. 자격을 취득한 날이 속하는 달의 보험료를 징수하는 경우
2. 매월 26일 이후부터 말일까지의 기간에 자격을 취득한 경우(이상 동조 제8항)

제7항과 제8항에서 정한 사항 외에 가입자인 국내체류 외국인 등의 보험료 부과 · 징수에 관한 사항은 제69조부터 제86조까지의 규정을 준용한다. 다만, 대통령령으로 정하는 국내체류 외국인 등의 보험료 부과 · 징수에 관한 사항은 그 특성을 고려하여 보건복지부 장관이 다르게 정하여 고시할 수 있다(동조 제9항).

(2) 가입자의 종류

건강보험제도의 가입자는 직장가입자 및 지역가입자로 구분한다. 그 내용은 아래와 같다.

① 직장가입자

모든 사업장의 근로자 및 사용자와 공무원 및 교직원은 직장가입자가 된다(동법 제6조 제2항 본문).

첫째, 근로자 및 사용자이다. 즉, 근로자를 사용하는 모든 사업장에 고용된 근로자와 그 사용자가 직장가입자가 된다. 여기서 말하는 근로자란 직업의 종별에 불구하고 근로의 대가로서 보수를 받아 생활하는 사람(법인의 이사 기타 임원을 포함)으로서 공무원과 교직원을 제외한 사람을 말한다(동법 제3조 제1호). 그리고 '사용자'란 해당 근로자가 소속되어 있는 사업장의 사업주, 해당 공무원이 소속되어 있는 기관의 장으로서 대통령령이 정하는 사람, 해당 교직원이 소속되어 있는 사립학교를 설립 · 운영하는 사람을 말한다(동법 제3조 제2호). '공무원'이라 함은 국가 또는 지방자치단체에서 상시 공무에 종사하는 사람을 말하고, '교직원'이라 함은 사립학교 또는 그 학교경영기관에서 근무하는 교원 및 직원을 말한다(동법 제3조 제4호, 제5호).

사업장의 사용자는 직장가입자가 되는 근로자, 공무원, 교직원을 사용하는 사업장이 된 경우, 휴업 · 폐업 등 보건복지부령으로 정하는 사유가 발생한 경우는 14일 이내에 보험자(공단)에 신고해야 하고, 변경된 때에도 같다(동법 제7조).

둘째, 공무원 및 교직원이 직장가입자가 된다. 다만 다음에 해당하는 사람은 직장가입자의 대상에서 제외된다(동법 제6조 제2항 단서, 동법 제6조 제2항 제1호~제4호).

㉠ 1월 미만의 기간 동안 고용되는 일용근로자(제1호)

㉡ 병역법에 따른 현역병(지원에 의하지 아니하고 임용된 하사를 포함), 전환 복무된 사람 및 군간부 후보생(제2호)

㉢ 선거에 당선되어 취임하는 공무원으로서 매월 보수 또는 이에 준하는 급료를 받지 아니하는 사람(제3호)

㉣ 그 밖에 사업장의 특성, 고용형태 및 사업의 종류 등을 고려하여 대통령령으로

정하는 사업장의 근로자 및 사용자와 공무원 및 교직원(비상근 근로자, 비상근교직원 등, 제4호). 여기서 대통령령으로 정하는 사업장의 근로자, 사용자, 교직원이란 비상근 근로자 또는 1개월간 동안의 근로시간이 60시간 미만인 단시간 근로자, 비상근 교직원 또는 1개월 동안의 근로시간이 60시간 미만인 시간제 공무원 및 교직원, 소재지가 일정하지 아니한 사업장의 근로자 및 사용자, 근로자가 없거나 위의 비상근 근로자나 단시간 근로자만을 고용하고 있는 사업장의 사업주를 말한다(동법 시행령 제9조 제1호~제4호).

② 지역가입자

지역가입자는 가입자 중 직장가입자와 그 피부양자를 제외한 가입자를 말한다(동법 제6조 제3항).

국민건강보험공단은 가입자에 대하여 건강보험증을 발급해야 한다(동법 제12조).

(3) 가입자 자격의 취득과 상실

① 자격취득의 시기

가입자는 국내에 거주하게 된 날에 직장가입자 또는 지역가입자의 자격을 취득한다. 다만 다음의 사람은 그 해당되는 날에 각각 자격을 얻는다(동법 제8조 제1항 제1호~제4호).

㉠ 수급자이었던 사람은 그 수급자에서 제외된 날
㉡ 직장가입자의 피부양자이었던 자가 그 자격을 잃은 날
㉢ 유공자 등 의료수급자이었던 사람은 그 수급자에서 제외된 날
㉣ 유공자 등 의료보호대상자로서 건강보험의 적용을 급여자에게 신청한 사람은 그 신청한 날

위의 가입자의 자격을 얻은 경우에 해당 직장가입자의 사용자 및 지역가입자의 세대주는 그 내역을 보건복지부령이 정하는 바에 의하여 자격취득일부터 14일 이내에 보험자에게 신고하여야 한다(동법 제8조 제2항).

② 자격의 변동과 신고

동법 제9조 제1항은 자격변동시기를 규정하고 있다. 즉 지역가입자가 적용대상사업장의 사용자로 되거나, 근로자 · 공무원 · 교직원으로 사용된 날, 직장가입자가 다른 적용대상사업장의 사용자로 되거나 근로자로 사용된 날, 직장가입자인 근로자 등이 그 사용관계가 끝난 날의 다음날, 직장가입자인 사용자의 사업장에 휴업 · 폐업사유가 발생한 날의 다음날, 지역가입자가 다른 세대로 전입한 날을 자격변동시기로 하고 있다(동법 제9조 제1항).

지역가입자가 직장가입자로 자격이 변동된 경우에는 해당 직장가입자의 사용자가, 직장가입자 또는 그 피부양자가 지역가입자로 자격이 변동된 경우에는 해당 지역가입자의 세대주가 각각 그 내역을 보건복지부령이 정하는 바에 의하여 자격변동일부터 14일 이내에 보험자에게 신고하여야 한다(동법 제9조 제2항).

국방부 장관 및 법무부 장관은 직장가입자 또는 지역가입자가 군입·제대, 교도소 입·출소 등에 해당하는 경우에는 그 변동일부터 1월 이내에 보건복지부령이 정하는 바에 따라 보험자에게 통보하여야 한다(동법 제9조 제3항).

③ 자격상실의 시기

국민건강보험제도의 가입자는 다음의 경우에 그 해당된 날에 그 자격을 잃는다(동법 제10조 제1항 제1호~제6호).

㉠ 사망한 날의 다음날
㉡ 국적을 잃은 날의 다음날
㉢ 국내에 거주하지 아니하게 된 날의 다음날
㉣ 직장가입자의 피부양자가 된 날의 다음날
㉤ 수급권자가 된 날
㉥ 건강보험을 적용받고 있던 사람으로서 유공자 등 의료급여수급자가 된 자가 건강보험의 적용배제신청을 한 날

위의 가입자의 자격을 잃은 경우에 해당 직장가입자의 사용자 및 지역가입자의 세

대주는 그 내역을 보건복지부령이 정하는 바에 따라 그 자격을 잃은 날부터 14일 이내에 보험자에게 신고하여야 한다(동법 제10조 제2항).

2) 운영조직

(1) 보험자

① 의미

국민건강보험제도는 사회보험제도의 하나로서 감독 및 최종 책임은 보건복지부 장관이 지게 되지만, 운영주체로서 보험자는 법인형태의 국민건강보험공단이다(동법 제13조). 그리고 국민건강보험공단은 법인으로 한다(동법 제15조).

② 국민건강보험공단

(가) 법인격과 조직(사무소 등) 공단은 일종의 공법인으로서 주된 사무소의 소재지에 설립등기를 함으로써 성립하고(동법 제15조 제2항), 정관이 정하는 바에 따라 분사무소를 둘 수 있다(동법 제16조 제2항).

(나) 업무 등 국민건강보험법은 운영조직으로 공단의 업무(제14조), 공단의 법인성(제15조), 공단사무소(제16조), 공단의 조직 등(제20조~제32조), 재정운영위원회(제33조~제34조), 국민건강보험심사평가원(제64조), 국민건강보험정책심의위원회(제4조) 등을 두고 있다.

3) 국민건강보험의 보험급여

(1) 의미

국민건강보험법에 따라 제공되는 급여는 요양급여, 요양비 지급, 부가급여, 건강검진이 있다(동법 제41조, 제49조, 제50조, 제52조 등). 이 중에서 요양급여, 건강검진 및 요양비 지급은 법정급여라고 한다. 법정급여는 법적 규정에 의하여 일정한 보험사고에 대하여 지급되는 급여이고, 임의급여는 급여의 종류는 법적으로 정해져 있으나 실시여부는 보험자에게 위임되어 있는 급여를 말한다.

(2) 요양급여

① 개념과 범위

요양급여는 가입자 및 피부양자의 질병·부상·출산 등에 대하여 다음과 같은 종류의 급여를 제공한다(동법 제41조 제1항 제1호~제7호).

㉠ 진찰 · 검사	㉡ 약제 · 치료재료의 지급
㉢ 처치 · 수술 기타의 치료	㉣ 예방 · 재활
㉤ 입원	㉥ 간호
㉦ 이송	

요양급여의 범위를 규정하고(동조 제2항), 보건복지부 장관은 요양급여대상에서 제외되는 사항(비급여대상)을 정할 수 있다(동조 제4항).

위의 요양급여의 방법 · 절차 · 범위 · 상한 등 요양급여의 기준은 보건복지부령으로 정한다(동법 제41조 제3항).

요양기관 등은 행위 · 치료재료 및 약제에 대한 요양급여대상 여부의 결정 신청(동법 제41조의3), 요양기관의 선별급여 실시에 관한 규정(동법 제41조의4)을 두고 있다.

② 요양기관

요양급여를 행하는 기관을 말하는데, 이는 다음과 같은 곳이 요양기관으로 인정된다. 이 경우 보건복지부 장관은 공익 또는 국가시책상 요양기관으로 적합하지 않다고 인정되는 의료기관 등으로서 대통령령이 정하는 의료기관 등은 의료기관 등에서 제외할 수 있다(동법 제42조 제1항 제1호~제5호).

㉠ 의료법에 따라 개설된 의료기관
㉡ 약사법에 따라 등록된 약국
㉢ 약사법 제91조에 따라 설립된 한국희귀의약품센터
㉣ 지역보건법에 의한 보건소·보건의료원 및 보건지소
㉤ 농어촌 등 보건의료를 위한 특별조치법에 따라 설치된 보건진료소

보건복지부 장관은 요양급여를 효율적으로 하기 위하여 필요한 경우에는 보건복지부령이 정하는 바에 의하여 시설 · 장비 · 인력 및 진료과목 등 보건복지부령이 정하는 기준에 해당하는 요양기관을 전문요양기관으로 인정할 수 있다. 전문요양기관으로 인정된 요양기관에 대하여는 요양급여절차 및 요양급여비용을 다른 요양기관과 달리할 수 있다(동법 제40조 제4항). 요양기관은 정당한 이유 없이 요양급여를 거부하지 못한다(동법 제40조 제5항).

③ 비용의 일부 부담

요양급여를 받는 사람은 대통령령에 의하여 비용의 일부(본인일부부담금)를 부담하도록 하고, 다만 선별급여에 대해서는 본인일부부담금을 다른 요양급여에 비하여 상향 조정할 수 있다(동법 제44조). 이에 따라 동법 시행령 제19조 제1항은 본인일부부담률과 부담액을 별표 2에서 따로 정하고 있는데 그 내용은 아래와 같다. 이 경우 본인이 부담한 비용의 총액(별표 2 제3호 다목 5 및 6에 따라 부담한 금액, 별표 2 제3호 사목에 따라 부담한 금액, 별표 2 제4호 및 제6호에 따라 부담하는 금액은 제외)이 별표 3에서 정하는 금액을 넘은 경우에는 그 초과 금액을 공단이 부담한다(동법 시행령 제19조 제3항).

[별표 2] 〈개정 2017. 2. 7.〉

요양급여비용 중 본인이 부담할 비용의 부담률 및 부담액
(제19조 제1항 관련)

1. 가입자 또는 피부양자는 요양급여비용 중 다음 각 목의 어느 하나에 해당하는 금액(100원 미만은 제외한다)을 부담한다. 다만, 입원진료의 경우에는 100원 미만의 금액도 부담한다.
   가. 입원진료(나목의 표 중 보건복지부장관이 정하는 의료장비를 이용한 진료의 경우는 제외한다) 및 보건복지부장관이 정하는 요양급여를 받은 경우(약국 또는 한국희귀의약품센터인 요양기관에서 처방전에 따라 의약품을 조제받는 경우를 포함한다)는 다음의 구분에 따라 계산한 금액
      1) 요양급여비용 총액(보건복지부장관이 정하여 고시하는 식대와 장애인 치과진료에 대한 가산금액은 제외한다)의 100분의 20(상급종합병원에서 법 제43조에 따라 신

고한 입원병실 중 일반입원실 및 정신과 폐쇄병실의 4인실을 이용한 경우에는 그 입원료에 한정하여 100분의 30으로 하고, 보건복지부장관이 정하여 고시하는 격리 입원에 대해서는 그 입원료에 한정하여 100분의 10으로 한다)에 입원기간 중 식대[입원환자의 식사의 질과 서비스에 영향을 미치는 부가적 요소에 드는 비용에 해당하는 가산금액(이하 "식대가산금액"이라 한다)을 포함한다. 이하 이 호, 제2호 및 제3호 가목 · 나목 · 아목에서 같다]의 100분의 50을 더한 금액

2) 「의료법」 제3조 제2항 제3호 라목에 따른 요양병원에서 입원진료를 받는 사람 중 입원치료보다는 요양시설이나 외래진료를 받는 것이 적합한 환자로서 보건복지부장관이 정하여 고시하는 환자군에 해당하는 경우에는 요양급여비용 총액의 100분의 40에 입원기간 중 식대의 100분의 50을 더한 금액

나. 외래진료의 경우 및 보건복지부장관이 정하는 의료장비 · 치료재료를 이용한 진료의 경우에는 다음 표의 구분에 따라 계산한 금액

기관 종류	소재지	환자 구분	본인부담액
상급종합병원	모든 지역	일반환자	진찰료 총액+(요양급여비용 총액−진찰료총액)×60/100. 다만, 임신부 외래진료의 경우에는 요양급여비용 총액의 40/100으로 한다.
		의약분업 예외환자	진찰료 총액+(요양급여비용 총액−약값 총액−진찰료 총액)×60/100+약값 총액×30/100. 다만, 임신부 외래진료의 경우에는 (요양급여비용 총액−약값 총액)×40/100+약값 총액×30/100으로 한다.
종합병원	동 지역	일반환자	요양급여비용 총액×50/100(임신부 외래진료의 경우에는 30/100)
		의약분업 예외환자	(요양급여비용 총액−약값 총액)×50/100(임신부 외래진료의 경우에는 30/100)+약값 총액×30/100
	읍 · 면 지역	일반환자	요양급여비용 총액×45/100(임신부 외래진료의 경우에는 30/100)
		의약분업 예외환자	(요양급여비용 총액−약값 총액)×45/100(임신부 외래진료의 경우에는 30/100)+약값 총액×30/100
병원, 치과병원, 한방병원, 요양병원	동 지역	일반환자	요양급여비용 총액 × 40/100(임신부 외래진료의 경우에는 20/100)
		의약분업 예외환자	(요양급여비용 총액−약값 총액)×40/100(임신부 외래진료의 경우에는 20/100)+약값 총액×30/100
	읍 · 면 지역	일반환자	요양급여비용 총액×35/100(임신부 외래진료의 경우에는 20/100)
		의약분업 예외환자	(요양급여비용 총액−약값 총액)×35/100(임신부 외래진료의 경우에는 20/100)+약값 총액×30/100

의원, 치과의원, 한의원, 보건의료원	모든 지역	일반환자	요양급여비용 총액×30/100(임신부의 외래진료의 경우에는 10/100). 다만, 요양급여를 받는 사람이 65세 이상이면서 해당 요양급여비용 총액이 보건복지부령으로 정하는 금액을 넘지 않으면 보건복지부령으로 정하는 금액을 본인부담액으로 한다.
		의약분업 예외환자	(요양급여비용 총액－약값 총액)×30/100(임신부의 외래진료의 경우에는 10/100)＋약값 총액×30/100. 다만, 요양급여를 받는 사람이 65세 이상이면서 해당 요양급여비용 총액이 보건복지부령으로 정하는 금액을 넘지 않으면 보건복지부령으로 정하는 금액을 본인부담액으로 한다.
보건소, 보건지소, 보건진료소	모든 지역		요양급여비용 총액×30/100. 다만, 요양급여비용 총액이 보건복지부령으로 정하는 금액을 넘지 않으면 보건복지부령으로 정하는 금액을 본인부담액으로 한다.

〈비고〉

1. 위 표에서 "의약분업 예외환자"란 「약사법」 제23조 제4항 제3호 중 조현병(調絃病) 또는 조울증 등으로 자신 또는 타인을 해칠 우려가 있는 정신질환자, 같은 항 제4호 중 「감염병의 예방 및 관리에 관한 법률」에 따른 제1군감염병환자 및 같은 항 제8호 · 제9호에 해당하는 환자를 말한다. 다만, 제1호 가목에 따라 요양급여비용 총액의 100분의 20을 적용받는 사람은 제외한다.
2. 위 표에서 "약값 총액"이란 요양기관이 해당 약제를 구입한 금액의 총액을 말한다.
3. 보건복지부장관이 정하는 의료장비를 이용한 입원진료인 경우의 요양급여비용 총액은 의료장비를 이용한 비용의 총액으로 한정한다.
4. 요양기관의 외래진료를 통하여 주기적으로 의사의 처방에 따라 구입(사용)하여야 하는 치료재료 중 보건복지부장관이 정하여 고시하는 치료재료의 경우에는 해당 치료재료 비용 및 관련 행위(교체를 위한 직접적 행위에 한정한다. 이하 같다) 비용을 제외한 요양급여비용 총액을 위 표의 요양급여비용 총액으로 하여 위 표에 따라 산정한 금액에 해당 치료재료 비용 및 관련 행위 비용의 100분의 20을 더한 금액을 본인부담액으로 한다. 다만, 제3호마목이 적용되는 중증질환자는 제외한다.
5. 보건복지부장관이 정하는 질병의 환자가 요양기관(의원으로 한정한다)에 보건복지부장관이 정하는 절차 또는 방법에 따라 외래진료를 지속적으로 받겠다는 의사를 표시한 경우에는 해당 질병에 대하여 그 다음 진료부터 (진찰료 총액 × 20/100)＋{(요양급여비용 총액－진찰료 총액) × 30/100}에 해당하는 금액을 본인부담액으로 한다. 다만, 요양급여를 받는 사람이 65세 이상인 경우에는 요양급여비용 총액이 보건복지부령으로 정하는 금액을 넘지 않으면 보건복지부령으로 정하는 금액을 본인부담액으로 한다.
6. 임신부가 유산 또는 사산을 한 경우 해당 유산 또는 사산에 따른 외래진료는 위 표에 따른 임신부 외래진료에 포함한다.

다. 약국 또는 한국희귀의약품센터의 경우

1) 진료를 담당한 의사 또는 치과의사가 발행한 처방전에 따라 의약품을 조제받은 경우에는 요양급여비용 총액의 100분의 30(요양급여를 받는 사람이 65세 이상인 경우 요양급여비용 총액이 보건복지부령으로 정하는 금액을 넘지 않으면 보건복지부령으로 정하는 금액). 다만, 제1호 가목 중 보건복지부장관이 정하는 요양급여를 받은 경우(약국 또는 한국희귀의약품센터인 요양기관에서 처방전에 따라 의약품을 조제받는 경우를 포함한다)는 제외한다.

2) 「약사법」 제23조 제3항 제1호에 따라 의료기관이 없는 지역에서 조제하는 경우로서 진료를 담당한 의사 또는 치과의사가 발행한 처방전에 따르지 않고 의약품을 조제받은 경우에는 다음의 구분에 따라 산정한 금액

가) 요양급여비용 총액이 보건복지부령으로 정하는 금액을 넘는 경우에는 요양급여비용 총액의 100분의 40

나) 요양급여비용 총액이 보건복지부령으로 정하는 금액을 넘지 않는 경우에는 보건복지부령으로 정하는 금액

3) 1)에도 불구하고 상급종합병원 또는 종합병원의 의사가 발행한 처방전에 따라 질병의 중증도를 고려하여 보건복지부장관이 정하여 고시하는 질병에 대한 의약품을 조제받은 경우[읍 · 면 지역 소재 종합병원의 의사가 발행한 처방전에 따라 의약품을 조제받거나 「한국보훈복지의료공단법」에 따른 보훈병원의 의사나 「독립유공자예우에 관한 법률」, 「국가유공자 등 예우 및 지원에 관한 법률」, 「보훈보상대상자 지원에 관한 법률」, 「5 · 18민주유공자예우에 관한 법률」, 「참전유공자예우 및 단체설립에 관한 법률」, 「고엽제후유의증 등 환자지원 및 단체설립에 관한 법률」, 「특수임무유공자 예우 및 단체설립에 관한 법률」 및 「제대군인지원에 관한 법률」에 따라 국가보훈처장이 진료를 위탁한 상급종합병원 또는 종합병원의 의사가 해당 법률에서 정한 의료지원대상자에게 발행한 처방전에 따라 의약품을 조제받은 경우는 제외한다]에는 다음의 금액

가) 상급종합병원의 의사가 발행한 처방전에 따라 의약품을 조제받은 경우: 요양급여비용 총액의 100분의 50

나) 종합병원의 의사가 발행한 처방전에 따라 의약품을 조제받은 경우: 요양급여비용 총액의 100분의 40

2. 제1호에도 불구하고 제21조 제3항 제2호에 따라 보건복지부장관이 정하여 고시하는 질병군에 대하여 입원진료를 받는 경우에는 다음 각 목의 구분에 따라 계산한 금액에 입원기간 중 식대의 100분의 50을 더한 금액을 부담한다. 이 경우 질병군 분류번호 결정 요령, 고정비율, 평균 입원 일수, 입원실 이용 비용 등 해당 질병군의 본인부담액 산정에 필요한 사항은 보건복지부장관이 정하여 고시한다.
   가. 다음 계산식에 따라 계산한 금액의 100분의 20
      [{질병군별 상대가치점수×고정비율}+{질병군별 상대가치점수×(1－고정비율)×입원일수÷질병군별 평균 입원 일수}]×제21조제1항에 따라 정해진 상대가치점수의 점수당 단가
   비고: 위 표에서 "고정비율"이란 요양급여비용 총액 중 입원 일수와는 관계없이 평균적으로 발생하는 비용이 차지하는 비율을 말한다.
   나. 가목에도 불구하고 보건복지부장관이 정하여 고시하는 입원실을 이용한 경우에는 가목에 따라 계산한 금액에 보건복지부장관이 정하여 고시하는 입원료 계산식에 따라 계산한 금액을 더한 금액
   다. 가목과 나목에도 불구하고 그 질병군이 보건복지부장관이 정하여 고시하는 요양급여비용 열외군인 경우에는 가목 또는 나목에 따라 계산한 금액에 그 고시에서 정한 금액의 100분의 20에 해당하는 금액을 더한 금액

3. 제1호와 제2호에도 불구하고 다음 각 목의 어느 하나에 해당하는 경우에는 그 각 목에서 정하는 금액을 부담한다.
   가. 다음의 경우에는 입원기간 중 식대의 100분의 50
      1) 자연분만에 대한 요양급여
      2) 「모자보건법」 제2조 제4호에 따른 신생아 및 보건복지부장관이 정하는 기준에 해당하는 영유아에 대한 입원진료로서 보건복지부장관이 정하는 요양급여
      3) 보건복지부장관이 정하여 고시하는 결핵 질환을 가진 사람에 대하여 보건복지부장관이 정하는 요양급여
   나. 다음의 경우(라목에 해당하는 사람에 대한 요양급여는 제외한다)에는 요양급여비용 총액의 100분의 10에 입원기간 중 식대의 100분의 50을 더한 금액
      1) 6세 미만의 사람[가목2)에 따른 신생아 및 영유아는 제외한다]에 대한 입원진료로서 보건복지부장관이 정하는 요양급여

2) 보건복지부장관이 정하여 고시하는 희귀난치성 질환을 가진 사람에 대하여 보건복지부장관이 정하는 요양급여
3) 보건복지부장관이 정하여 고시하는 고위험 임신부에 대한 입원진료로서 보건복지부장관이 정하는 요양급여
4) 보건복지부장관이 정하여 고시하는 조산아(早產兒)와 저체중 출생아에 대한 외래진료(출생일부터 3년이 되는 날까지의 외래진료를 말한다)로서 보건복지부장관이 정하는 요양급여

다. 6세 미만인 사람이 외래진료(보건소, 보건지소 및 보건진료소에서의 외래진료로서 제1호나목의 표에 따라 본인부담액을 정하는 경우 중 요양급여비용 총액이 보건복지부령으로 정하는 금액을 넘지 않는 경우는 제외한다)를 받거나 약국 또는 한국희귀의약품센터에서 처방전에 따라 의약품을 조제받는 경우에는 본인이 부담할 비용의 부담률의 100분의 70에 해당하는 금액

라. 보건복지부장관이 정하여 고시하는 희귀난치성질환 또는 중증질환(이하 "희귀난치성질환등"이라 한다)을 가진 사람, 희귀난치성질환등 외의 질환으로 6개월 이상 치료를 받고 있거나 6개월 이상 치료가 필요한 사람 또는 18세 미만의 아동(이하 "희귀난치성질환자등"이라 한다) 중 희귀난치성질환자등이 속한 세대(배우자를 포함한다)의 소득 및 재산을 더하여 계산한 가액(이하 "소득인정액"이라 한다)이 「국민기초생활 보장법」 제2조 제11호에 따른 기준 중위소득의 100분의 50 이하이고, 희귀난치성질환자등의 1촌의 직계혈족 및 그 배우자(이하 "부양의무자"라 한다)가 없거나 부양의무자가 있어도 부양능력이 없거나 부양을 받을 수 없는 사람으로서 보건복지부령으로 정하는 바에 따라 공단의 본인부담액 경감 인정 신청을 하여 그 경감 인정을 받은 사람에 대한 요양급여의 경우에는 다음의 구분에 따라 계산한 금액. 이 경우 소득인정액 산정의 기준이 되는 세대의 범위, 소득 및 재산의 범위, 소득인정액 산정방법 등 소득인정액의 산정에 필요한 사항 및 부양의무자가 부양능력이 없거나 부양을 받을 수 없는 경우의 구체적인 기준은 보건복지부령으로 정한다.
1) 희귀난치성질환등을 가진 사람인 경우에는 입원기간 중 식대(식대가산금액은 제외한다. 이하 이 목에서 같다)의 100분의 20
2) 희귀난치성질환등 외의 질환으로 6개월 이상 치료를 받고 있거나 6개월 이상 치료가 필요한 사람 또는 18세 미만의 아동인 경우에는 다음 표에 해당하는 금액에 입원기간 중 식대의 100분의 20을 더한 금액. 다만, 가목 또는 나목1)에도 해당

하거나 보건복지부장관이 정하여 고시하는 중증질환으로 요양급여를 받는 경우에는 입원기간 중 식대의 100분의 20만을 부담한다.

<table>
<tr><th>기관 종류</th><th colspan="2">구분</th><th>본인부담액</th></tr>
<tr><td>상급종합병원</td><td colspan="2">외래진료 및 입원진료</td><td>요양급여비용 총액×14/100[정신건강의학과 입원진료 또는 나목2)에 따라 보건복지부장관이 정하는 요양급여를 받는 경우에는 10/100, 나목3)・4), 마목 또는 제1호 나목(임신부 외래진료만 해당한다)에 따라 보건복지부장관이 정하는 요양급여를 받는 경우에는 5/100]</td></tr>
<tr><td rowspan="3">종합병원, 병원, 치과병원, 한방병원, 요양병원</td><td rowspan="2">「의료급여법 시행령」 별표 제2호가목에 따른 만성질환자의 만성질환에 대한 외래진료, 나목2) 또는 마목에 따라 보건복지부장관이 정하는 요양급여를 받는 경우</td><td>「약사법」 제23조 제4항에 따라 의사 또는 치과의사가 의약품을 직접 조제하는 경우와 법률 제8365호 약사법 전부개정법률 부칙 제8조에 따라 한의사가 한약 및 한약제제를 직접 조제하는 경우</td><td>1,500원</td></tr>
<tr><td>그 밖의 외래진료</td><td>1,000원</td></tr>
<tr><td colspan="2">그 밖의 외래진료 및 입원진료</td><td>요양급여비용 총액×14/100[정신건강의학과 입원진료 또는 나목2)에 따라 보건복지부장관이 정하는 요양급여를 받는 경우에는 10/100, 나목3)・4), 마목 또는 제1호나목(임신부 외래진료만 해당한다)에 따라 보건복지부장관이 정하는 요양급여를 받는 경우에는 5/100]</td></tr>
<tr><td>의원, 치과의원, 한의원, 보건의료원</td><td>외래진료</td><td>「약사법」 제23조 제4항에 따라 의사 또는 치과의사가 의약품을 직접 조제하는 경우와 법률 제8365호 약사법 전부개정법률 부칙 제8조에 따라 한의사가 한약 및 한약제제를 직접 조제하는 경우</td><td>1,500원</td></tr>
</table>

		그 밖의 외래진료	1,000원
	입원진료		요양급여비용 총액 × 14/100[정신건강의학과 입원진료 또는 나목2)에 따라 보건복지부장관이 정하는 요양급여를 받는 경우에는 10/100, 나목3) 또는 마목에 따라 보건복지부장관이 정하는 요양급여를 받는 경우에는 5/100]
보건소, 보건지소, 보건진료소	외래진료 및 입원진료		없음
약국, 한국희귀의약품센터	「약사법」 제23조제3항 단서에 따라 처방전에 따르지 않고 직접 조제한 경우		900원
	보건소, 보건지소 및 보건진료소를 제외한 요양기관에서 발급한 처방전에 따라 조제한 경우		500원
	보건소, 보건지소 및 보건진료소에서 발급한 처방전에 따라 조제한 경우		없음

〈비고〉

1. 「약사법」 제23조 제4항에 따라 의사 또는 치과의사가 의약품을 직접 조제하거나 법률 제8365호 약사법 전부개정법률 부칙 제8조에 따라 한의사가 한약 및 한약제제를 직접 조제하고 처방전을 함께 발급하는 경우에는 1,000원을 부담한다.
2. 외래진료로서 전산화단층촬영(CT), 자기공명영상진단(MRI) 등 보건복지부장관이 정하여 고시하는 장비를 이용한 진료에 대해서는 그 의료장비를 이용한 비용 총액의 100분의 14[나목2)에 따른 환자의 경우에는 100분의 10, 나목4), 마목 또는 제1호나목(임신부 외래진료만 해당한다)에 따른 환자의 경우에는 100분의 5]를 부담한다.
3. 제21조 제3항 제2호에 따른 질병군에 대한 입원 진료의 경우 본인부담액은 제2호가목 또는 나목에 따라 계산한 금액에 위 표의 해당 기관 종류별 입원진료에 해당하는 본인부담률을 곱한 금액으로 한다. 다만, 같은 호 다목에 따른 요양급여비용 열외군인 경우 본인부담액은 같은 호 가목 또는 나목에 따라 계산한 금액에 다목에 따른 고시에서 정한 금액을 더한 금액에 위 표의 해당 기관 종류별 입원진료에 해당하는 본인부담률을 곱한 금액으로 한다.
4. 보건복지부장관이 정하여 고시하는 격리 입원에 대해서는 그 입원료에 한정하여 해당 입원료의 100분의 5를 부담한다.
5. 임신부가 유산 또는 사산을 한 경우 해당 유산 또는 사산에 따른 외래진료는 위 표에 따른 임신부 외래진료에 포함한다.

3) 희귀난치성질환등을 가진 사람 중 65세 이상인 사람이 틀니 요양급여를 받는 경우에는 해당 요양급여비용 총액의 100분의 20
4) 희귀난치성질환등 외의 질환으로 6개월 이상 치료를 받고 있거나 6개월 이상 치료가 필요한 사람 중 65세 이상인 사람이 틀니 요양급여를 받는 경우에는 해당 요양급여비용 총액의 100분의 30
5) 희귀난치성질환등을 가진 사람 중 65세 이상인 사람이 치과임플란트 요양급여를 받는 경우에는 해당 요양급여비용 총액의 100분의 20
6) 희귀난치성질환등 외의 질환으로 6개월 이상 치료를 받고 있거나 6개월 이상 치료가 필요한 사람 중 65세 이상인 사람이 치과임플란트 요양급여를 받는 경우에는 해당 요양급여비용 총액의 100분의 30
7) 2)에도 불구하고 희귀난치성질환등 외의 질환으로 6개월 이상 치료를 받고 있거나 6개월 이상 치료가 필요한 사람 또는 18세 미만의 아동이 상급종합병원 또는 종합병원의 의사가 발행한 처방전에 따라 질병의 중증도를 고려하여 보건복지부장관이 정하여 고시하는 질병에 대한 의약품을 조제받은 경우[읍 · 면 지역 소재 종합병원의 의사가 발행한 처방전에 따라 의약품을 조제받거나 「한국보훈복지의료공단법」에 따른 보훈병원의 의사나 「독립유공자예우에 관한 법률」, 「국가유공자 등 예우 및 지원에 관한 법률」, 「보훈보상대상자 지원에 관한 법률」, 「5 · 18민주유공자예우에 관한 법률」, 「참전유공자예우 및 단체설립에 관한 법률」, 「고엽제후유의증 등 환자지원 및 단체설립에 관한 법률」, 「특수임무유공자 예우 및 단체설립에 관한 법률」 및 「제대군인지원에 관한 법률」에 따라 국가보훈처장이 진료를 위탁한 상급종합병원 또는 종합병원의 의사가 해당 법률에서 정한 의료지원 대상자에게 발행한 처방전에 따라 의약품을 조제받은 경우는 제외한다]에는 요양급여비용 총액의 100분의 3. 다만, 본인부담액이 500원 미만이 되는 경우에는 500원을 본인부담액으로 한다.
8) 2)에도 불구하고 희귀난치성질환등 외의 질환으로 6개월 이상 치료를 받고 있거나 6개월 이상 치료가 필요한 사람 또는 18세 미만 아동의 입원진료로서 제왕절개분만에 대한 요양급여를 받는 경우에는 입원기간 중 식대의 100분의 20

마. 보건복지부장관이 정하여 고시하는 중증질환자에 대하여 보건복지부장관이 정하는 요양급여(라목에 해당하는 사람에 대한 요양급여는 제외한다)의 경우에는 요양급여비용 총액의 100분의 5에 입원기간 중 식대의 100분의 50을 더한 금액

바. 65세 이상인 사람이 틀니 요양급여(라목에 해당하는 사람에 대한 요양급여는 제외한다)를 받는 경우에는 그 요양급여비용 총액의 100분의 50

사. 65세 이상인 사람이 치과임플란트 요양급여(라목에 해당하는 사람에 대한 요양급여는 제외한다)를 받는 경우에는 해당 요양급여비용 총액의 100분의 50

아. 제왕절개분만을 위한 입원진료에 대하여 요양급여[라목8)에 해당하는 사람에 대한 요양급여는 제외한다]를 받는 경우에는 요양급여비용 총액의 100분의 5에 입원기간 중 식대의 100분의 50을 더한 금액

4. 제1호부터 제3호까지의 규정에도 불구하고 요양급여의 경제성이 낮거나 경제성 유무가 불확실하지만 요양급여의 필요성이 인정되어 보건복지부장관이 정하여 고시하는 다음 각 목의 어느 하나에 해당하는 요양급여 항목의 경우에는 요양급여비용의 100분의 100의 범위에서 보건복지부장관이 정하여 고시하는 금액을 부담한다.

가. 대체 가능한 요양급여에 비하여 치료 효과가 낮으나 그 요양급여에 대한 사회적 요구가 있는 요양급여

나. 대체 가능한 요양급여에 비하여 비용이 많이 드나 그 요양급여에 대한 사회적 요구가 있는 요양급여

다. 치료효과가 우수할 것으로 예상되나 임상적 유용성에 관한 자료의 축적 등이 필요한 요양급여

5. 제1호 및 제3호에도 불구하고「의료법」제3조 제2항 제3호라목에 따른 요양병원 외의 요양기관에서 입원진료를 받는 경우로서, 법 제43조에 따라 신고한 입원병실 중 일반입원실에 16일 이상 연속하여 입원하는 환자의 경우에는 요양급여비용 총액 중 입원료에 한정하여 입원일수가 16일 이상 30일 이하인 경우 16일부터 30일까지 입원료의 100분의 25를, 31일 이상인 경우 31일부터 입원료의 100분의 30을 부담한다. 다만, 제21조제3항 제2호에 따라 보건복지부장관이 정하여 고시하는 질병군에 대하여 입원진료를 받는 경우 및 질병 또는 환자 특성상 16일 이상 장기입원이 불가피한 경우로 보건복지부장관이 정하여 고시하는 경우는 제외한다.

6. 제1호부터 제5호까지의 규정에도 불구하고 다음 각 목의 어느 하나에 해당하는 경우에는 보건복지부령으로 정하는 항목의 요양급여비용의 100분의 100의 범위에서 보건복지부령으로 정하는 금액을 부담한다.

가. 법 제53조 제3항에 따라 급여가 제한되는 경우

나. 법 제54조 제3호 및 제4호에 따라 급여가 정지되는 경우

다. 「학교폭력 예방 및 대책에 관한 법률」 제2조 제1호에 따른 학교폭력 중 학생 간의 폭행에 의한 경우

라. 보험재정에 상당한 부담을 준다고 인정되는 경우

마. 그 밖에 보건복지부령으로 정하는 경우

④ 요양급여비용의 산정 등

요양급여비용은 공단의 이사장과 대통령령이 정하는 의약계를 대표하는 자(동법 시행령 제23조 제1호 내지 제7호에서 정하는 자)와의 계약에 의하여 정해진다. 그 계약은 공단과 각 요양기관 사이에 체결된 것으로 보며 그 계약기간은 1년으로 한다(동법 제45조 제1항, 제2항 동법 시행령 제20조).

공단의 이사장은 요양급여비용 계약을 체결할 때에는 재정운영위원회의 심의·의결을 거쳐야 하고, 건강보험심사평가원은 공단의 이사장이 계약을 체결하기 위하여 필요한 자료를 요청하는 경우에 이에 성실히 따라야 한다(동법 제45조 제5항, 제6항).

이 계약은 계약기간 만료일의 75일 전까지 체결하여야 하며, 그 기한까지 계약이 체결되지 아니하는 경우 보건복지부 장관이 심의위원회의 의결을 거쳐 정하는 금액을 요양급여비용으로 한다. 이 경우 보건복지부 장관이 정하는 요양급여비용은 앞의 계약으로 정한 요양급여비용으로 본다(동법 제45조 제3항). 위의 제1항, 제3항에 의해 요양급여비용이 정해지는 경우에 보건복지부 장관은 그 요양급여비용의 내용을 고시하여야 한다(동법 제45조 제4항).

요양급여비용 계약은 공단 이사장과 동법 시행령 각 호에 따른 대표자가 요양기관의 유형별로 체결하되, 동법 시행령 제24조 제2항에 의하여 보건복지부 장관이 고시한 각 요양급여의 상대가치점수의 점수당 단가를 정하는 것으로 한다(동법 시행령 제21조 제1항, 제2항).

요양급여의 각 항목에 대한 요양급여의 상대적 가치점수의 산정과 국민건강보험법 제41조 제1항 제2호의 약제 · 치료 재료의 요양급여 비용의 산정에 대하여는 동법 시행령 제21조 제2항 이하와 제22조에서 상세하게 규정하고 있다.

⑤ 요양급여비용의 청구와 지급

요양기관은 요양급여비용의 지급을 공단에 청구할 수 있다. 이 경우 바로 뒤의 심사청구는 이를 공단에 대한 요양급여비용의 청구로 본다(동법 제47조 제1항).

요양급여비용을 청구하고자 하는 요양기관은 건강보험심사평가원에 요양급여비용의 심사청구를 하게 되어 있으며, 이 경우의 심사청구를 공단에 대한 요양급여비용의 청구로 본다. 심사청구를 받은 건강보험심사평가원은 이를 심사한 후 지체 없이 그 내용을 공단 및 요양기관에 통보하여야 한다(동법 제47조 제2항).

또 심사의 내용을 통보받는 공단은 지체 없이 그 내용에 따라 요양급여비용을 요양기관에 지급한다. 이 경우에 이미 납부한 본인일부부담금이 위에서 통보된 금액보다 과다한 경우에는 요양기관에 지급할 금액에서 그 과다하게 납부된 금액을 해당 가입자에게 지급해야 하나(동조 제3항) 가입자에게 지급해야 할 그 금액을 해당 가입자가 납부하여야 할 보험료 기타 동법에 의한 징수금(이하 보험료 등이라 함)과 상계처리할 수 있다(동조 제4항).

공단은 요양급여비용을 지급함에 있어서 건강보험심사평가원이 요양급여의 적정성을 평가하여 공단에 통보한 경우에 공단은 그 평가결과에 따라 요양급여비용을 가산 또는 감액조정하여 지급한다. 이 경우 평가결과에 따른 요양급여비용의 감액지급의 기준에 관하여는 보건복지부령으로 정한다(동법 제47조 제5항).

요양기관은 제2항에 따른 심사청구를 ㉠ 의료법 제28조 제1항에 따른 의사회, 치과의사회, 한의사회, 조산사회 또는 동조 제6항에 따라 신고한 각각의 지부 및 분회, ㉡ 의료법 제52조에 따른 의료기관단체, ㉢ 약사법 제11조에 따른 약사회 또는 동법 제12조의 2에 따라 신고한 지부 및 분회로 하여금 대행하게 할 수 있다(동법 제47조 제6항).

요양급여비용의 청구·심사·지급 등의 방법 및 절차에 관하여 필요한 사항은 보건복지부령으로 정한다(동법 제47조 제7항).

⑥ 요양비

공단은 가입자 또는 피부양자가 보건복지부령이 정하는 긴급 기타 부득이한 사유로 인하여 요양기관과 유사한 기능을 수행하는 기관으로서 보건복지부령이 정하는 기관

(동법 제98조 제1항에 따라 업무정지처분기간 중인 요양기관을 포함)에서 질병·부상·출산 등에 대하여 요양을 받거나 요양기관 외의 장소에서 출산을 한 때에는 그 요양급여에 상당하는 금액을 보건복지부령이 정하는 바에 의하여 그 가입자 또는 피부양자에게 요양비로 지급한다(동법 제49조 제1항). 요양급여는 보완적 역할로서 예외적으로 현금급여를 인정한 것이다.

위에 따라 요양비 수급자의 요양을 실시한 기관은 보건복지부 장관이 정하는 진료비 명세서 또는 요양의 내역을 기재한 영수증을 요양을 받은 자에게 교부하여야 하며, 요양을 받은 사람은 이를 공단에 제출하여야 한다(동법 제49조 제2항).

(3) 건강진단

공단은 가입자 및 피부양자에 대하여 질병의 조기발견과 그에 따른 요양급여를 하기 위하여 건강검진을 실시한다. 건강검진의 대상·횟수·절차 기타 필요한 사항은 대통령령으로 정한다(동법 제52조). 건강검진은 일반건강검진, 암검진, 영유아건강검진으로 구분하여 실시하고(동법 시행령 제25조 제1항) 건강검진을 받을 수 있는 사람은 일반건강검진은 직장가입자, 세대주인 지역가입자, 40세 이상인 지역가입자 및 40세 이상인 피부양자로 하고, 암검진은 암의 종류별 검진주기와 연령기준 등에 해당하는 사람, 영유아검진은 6세 미만의 가입자 및 피부양자이다(동법 시행령 제25조 제2항). 건강검진은 2년마다 1회 이상 실시하되, 사무직에 종사하지 아니하는 직장가입자에 대하여는 1년에 1회 실시하고 암검진은 암관리법 시행령에서 정한 바에 따르고 영유아검진은 영유아 나이 등을 고려하여 보건복지부 장관이 정하여 고시하는 바에 따라 검진주기와 검진회수를 다르게 할 수 있다(동법 시행령 제25조 제3항). 건강검진은 건강검진기본법에 따른 건강검진기관에서 실시하여야 한다(동법 시행령 제25조 제4항 참조).

(4) 부가급여

국민건강보험법에서 규정한 급여 이외에 대통령령으로 정하는 바에 따라 임신 · 출산진료비, 장제비, 상병수당, 그 밖의 급여를 실시할 수 있다(동법 제50조).

(5) 장애인에 대한 특례

공단은 장애인등록법에 의하여 등록한 장애인인 가입자 및 피부양자에게는 보장구(報障具)에 대하여 보험급여를 할 수 있다. 이 보장구에 대한 보험급여의 범위·방법·절차 기타 필요한 사항은 보건복지부령으로 정한다(동법 제51조).

(6) 이 밖에 현역병, 교도소, 기타 이에 준하는 시설에 수용된 사람에 대한 요양급여 비용의 지급을 규정하고 있다(동법 제60조, 제61조 참조).

4) 국민건강보험료 및 국고보조

(1) 의미

국민건강보험급여와 관련사업에 사용되는 재원은 사회보험의 기능적 특수성에서 정기적 기여금인 보험료(국민건강보험법 제69조)와 보험재정에 대한 정부지원금과 국민건강증진기금(동법 제108조 제1항, 제2항)이다.

(2) 보험료 산정

2006년 12월 30일에 국민건강보험법과 동법 시행령을 개정하여 종래에 직장가입자의 보험료는 표준보수월액을 등급별로 정하여 부과하고 지역가입자의 보험료도 등급별로 정하여 부과하던 것을 폐지하고 실제보수나 소득을 기준으로 보험료를 부과하고 있다.

① 직장가입자

직장가입자의 월별 보험료액은 보수월액보험료와 소득월액보험료로 구성된다(동법 제69조 제4항). 직장가입자는 종래에 지급받는 보수를 기준으로 하는 보험료(보수월액보험료)만을 냈다. 그 결과 직장가입자 가운데 보수 외에 소득이 있는 직장가입자는 그 수입에 비하여 적은 보험료를 부담하였다. 이는 지역가입자의 보험료 부담액과 비교하여 형평성을 잃고 있었다. 이를 시정하기 위하여 2011년 12월 31일에 국민건강보험법을 개정하여 보수 외에 일정액 이상의 소득이 있는 직장가입자에게는 보수월액보험료 이외에 소득월액보험료도 내게 하였다. 직장가입자의 월별 보험료액은 동법 제70

조에 따라 산정한 가입자의 보수월액에 8%의 범위 안에서 심의위원회의 의결을 거쳐 대통령령으로 정하는 보험료율(직장가입자의 보험료율은 10,000의 612, 동법 시행령 제44조 제1항) 또는 국외에서 업무에 종사하고 있는 직장가입자의 경우는 위에서 정해진 보험료율의 100분의 50으로 하여 산출된 보험료율(동법 제73조 제1항, 제2항)을 곱하여 얻은 보수월액보험료와 동법 제71조에 따라 산정하는 소득월액에 위의 보험료율을 곱하여 얻은 금액인 소득월액보험료에 따라 산정한 금액으로 한다(동법 제69조 제4항).

직장가입자의 월별 보험료액은 가입자의 보험료 평균액의 일정비율에 해당하는 금액을 고려하여 대통령령으로 정하는 기준에 따라 상한 및 하한을 정한다(동조 제6항).

여기서 말하는 보수월액이란 직장가입자가 지급받는 보수를 기준으로 하여 산정한다(동법 제70조 제1항).

그리고 위의 소득월액은 보수월액의 산정에 포함된 보수를 제외한 직장가입자의 소득(보수외 소득)이 대통령령으로 정하는 금액을 초과하는 경우 (연간 보수외 소득－대통령령으로 정하는 금액)×1/12의 계산식에 따라 산정한다(동법 제71조 제1항).

휴직 기타의 사유로 보수의 전부 또는 일부가 지급되지 아니하는 가입자의 보험료는 해당 사유가 발생하기 전달의 보수월액을 기준으로 보험료를 산정하고, 보수월액의 산정 및 보수가 지급되지 아니하는 사용자의 보수월액의 산정 등에 관하여 필요한 사항은 대통령령으로 정한다(동법 제70조 제2항, 제4항).

② 지역가입자

지역가입자의 월별 보험료액은 세대단위로 산정하되, 지역가입자가 속한 세대의 월별 보험료액은 법 제72조(보험료부과점수)의 규정에 의하여 산정한 보험료부과점수에 법 제73조 제3항(보험료율 등)에 따른 보험료부과점수당 금액을 곱한 금액으로 한다(동법 제69조 제5항).

지역가입자의 월별 보험료는 가입자의 보험료 평균액의 일정비율에 해당하는 금액을 고려하여 대통령령으로 정하는 기준에 따라 상한 및 하한을 정한다(동조 제6항).

보험료부과점수는 지역가입자의 소득 및 재산을 기준으로 산정한다(동법 제72조 제1항). 보험료부과점수의 산정방법, 기준, 그 밖에 필요한 사항은 대통령령으로 정하고

(동법 제72조 제3항, 동법 시행령 제42조), 법령에 의하여 재산권의 행사가 제한되는 재산에 대하여는 다른 재산과 달리 정할 수 있다(동법 제72조 제2항).

(3) 보험료율

가입자의 보험료율의 결정은 보험제도가 가진 목적과 급여비용의 흐름, 그리고 경제사회적 상황 등을 참고하면서 결정된다. 국민건강보험의 경우는 단기보험이므로 매년 당해연도에 부과될 보험료를 가지고 국민건강보험사업에 소요될 경비로 지출한다. 따라서 보험재정의 안정성과 보험사업의 효과성을 높이기 위해 보험료율이 결정된다고 할 수 있다.

직장가입자의 보험료율은 1,000분의 80 범위 안에서 심의위원회의 의결을 거쳐 대통령령으로 정한다(동법 제73조 제1항). 이에 따른 직장가입자의 보험료율은 1만 분의 612으로 한다(동법 시행령 제44조 제1항). 다만 국외에서 업무에 종사하고 있는 직장가입자의 보험료율은 국내 사업장에 종사하는 가입자에게 적용하는 보험료율의 100분의 50으로 한다(동법 제73조 제2항).

지역가입자의 보험료부과점수당 금액은 심의위원회의 의결을 거쳐 대통령령으로 정한다(동법 제73조 제3항). 이에 따른 지역가입자의 보험료부과점수당 금액은 179.6원으로 한다(동법 시행령 제44조 제2항).

(4) 보험료의 부담

① 직장가입자

직장가입자의 보험료는 보수월액보험료와 소득월액보험료에 따라 산정하므로 직장가입자의 보수월액보험료는 직장가입자와 직장가입자가 근로자인 경우에는 소속사업장의 사업주가, 직장가입자가 공무원인 경우에는 소속된 국가 또는 지방자치단체가 각각 보험료액의 100분의 50을, 직장가입자가 교직원인 경우에는 직장가입자가 100분의 50을, 소속 학교경영기관이 100분의 30을, 국가가 100분의 20을 각각 부담하되, 소속 학교경영기관(사립학교 설립 · 운영자)이 그 부담액의 전액을 부담할 수 없을 때에는 그 부족액을 학교에 속하는 회계에서 부담하게 할 수 있다(동법 제76조 제1항). 직장가입자의 소득월액보험료는 직장가입자가 부담한다(동조 제2항).

가입자가 보험료를 부담하는 이유는 가입자는 의료보험의 수익자이고, 과도한 업무외의 상병(傷病)의 경우 가입자에게 책임이 있는 경우가 많으며, 건강보험제도는 가입자 간의 사후구제에 근거를 두기 때문인 것으로 풀이된다. 사용자에게 2분의 1 부담의무를 지운 것은 근로조건 및 사업장 설비의 미비로 인하여 직장가입자의 업무 외 상병(傷病)을 발생시킬 소지를 만든 데 책임이 있고, 또한 직장가입자의 건강유지 및 상병(傷病)의 빠른 회복은 근로능률의 증진을 가져와 결국 사용자에게도 이익이 돌아가기 때문이다.

② 지역가입자

지역가입자의 보험료는 그 가입자가 속한 세대의 지역가입자 전원이 연대하여 부담한다(동법 제76조 제3항).

③ 체납보험료의 분할납부

공단은 보험료를 3회 이상 체납한 자에 대하여 보건복지부령이 정하는 바에 따라 분할납부승인을 할 수 있다(동법 제82조 제1항). 공단은 위의 제1항에 따른 분할납부승인을 받은 자가 정당한 사유 없이 2회 이상 그 승인된 보험료를 납부하지 아니한 때에는 그 분할납부의 승인을 취소한다(동법 제82조 제2항). 분할납부의 승인과 취소에 관한 절차, 방법, 기준 등에 관하여 필요한 사항은 보건복지부령으로 정한다(동법 제82조 제3항). 이에 따라 동법 시행규칙 제55조는 구체적으로 이에 대하여 규정하고 있다.

(5) 보험료의 징수

보험자(공단)는 의료보험사업에 소요되는 비용에 충당하기 위하여 보험료의 납부의무자(동법 제77조)로부터 보험료를 징수한다(동법 제69조 제1항). 이 보험료는 가입자의 자격을 얻은 날이 속하는 달부터 가입자의 자격을 잃은 날의 전날이 속하는 달까지 보험료를 징수한다. 다만 가입자의 자격을 매월 1일에 취득한 경우에는 그 달부터 징수한다(동법 제69조 제2항). 가입자의 자격이 변동된 경우에는 그 변동된 날이 속하는 달의 보험료는 변동되기 전의 자격을 기준으로 징수하되 다만 가입자의 자격이 매월 1

일에 변동된 경우에는 변동된 자격을 기준으로 징수한다(동법 제69조 제3항).

법적으로 보험료 등은 국세 및 지방세를 제외한 기타의 채권에 우선하여 징수한다. 보험료 등의 납부기한 전에 전세권·질권 또는 저당권 또는 「동산 · 채권 등의 담보에 관한 법률」에 따른 담보권의 설정을 등기 또는 등록한 사실이 증명되는 재산의 매각할 때에 그 매각대금 중에서 보험료 등을 징수하는 경우의 그 전세권 · 질권 · 저당권 또는 「동산 · 채권 등의 담보에 관한 법률」에 의하여 담보된 채권에 대하여는 그러하지 아니한다(동법 제85조).

국민건강보험은 법에 의한 강제보험이므로 보험료의 체납에 대해서는 엄격하게 재산권의 매각 등을 통해서라도 강제징수하는 경우도 있기 때문이다.

(6) 보험료의 면제와 경감

공단은 직장가입자가 ① 국외에서 업무에 종사하고 있거나, ② 병역법의 규정에 의한 현역병(지원에 의하지 아니하고 임용된 하사를 포함), 전환복무된 사람 및 무관, ③ 교도소 기타 이에 준하는 시설에 수용되어 있을 때(동법 제54조 제2호 내지 제4호)에는 해당 가입자의 보험료를 면제한다. 다만 국외에서 업무에 종사하고 있는 직장가입자의 경우에는 국내에 거주하는 피부양자가 없을 때만 면제한다(동법 제74조 제1항).

지역가입자가 ① 국외에서 업무에 종사하고 있거나, ② 병역법의 규정에 의한 현역병(지원에 의하지 아니하고 임용된 하사를 포함), 전환복무된 사람 및 무관, ③ 교도소 기타 이에 준하는 시설에 수용되어 있을 때(동법 제54조 제2호 내지 제4호)까지의 규정 중 어느 하나에 해당되는 때에는 그 가입자가 속한 세대의 보험료를 산정함에 있어서 그 가입자의 보험료 부과점수를 제외한다(동법 제74조 제2항).

위의 동법 제54조 제2호 내지 제4호의 1(급여의 정지)에 해당되어 보험료가 면제 또는 보험료 산정에서 제외되는 보험료부과에 대하여는 동법 제54조 제2호 내지 제4호의 어느 하나에 해당하는 급여정지사유가 발생한 날이 속하는 달의 다음 달부터 해소된 날이 속하는 달까지 적용한다. 다만 급여정지사유가 매월 1일에 해소된 경우에는 그 달의 보험료를 면제하지 아니하거나 보험료 산정에서 소득을 제외하지 아니한다(동법 제74조 제3항).

이 보험료 면제 이외에도 도서·벽지·농어촌 등 대통령령이 정하는 지역거주자, 65세 이상인 사람, 장애인, 국가유공자, 휴직자, 그 밖에 생활이 어렵거나 천재지변 등의 사유로 경감이 필요하다고 보건복지부 장관이 고시하는 사람 중 보건복지부령이 정하는 가입자에 대하여는 그 가입자 또는 그 가입자가 속한 세대의 보험료의 일부를 경감할 수 있다(동법 제75조 제1항).

(7) 보험료의 납부

① 납부의무자

직장가입자의 보험료는 보수월액보험료와 소득월액보험료를 합한 금액인데 보수월액보험료는 사용자(사업장의 사용자가 2명 이상인 때에는 그 사업장의 사용자는 해당 가입자의 보험료를 연대하여 납부), 소득월보험료는 직장가입자가 납부한다(동법 제77조 제1항). 또 사용자는 직장가입자가 부담하여야 할 그 달의 보험료액을 그 보수에서 공제하여 납부하고 이 경우에 직장가입자에게 그 공제액을 알려야 한다(동법 제77조 제3항).

지역가입자의 보험료는 그 가입자가 속한 세대의 지역가입자 전원이 연대하여 납부한다. 다만 소득·재산·생활수준·경제활동참가 등을 고려하여 대통령령으로 정하는 기준에 해당하는 미성년자는 납부의무를 부담하지 않는다(동법 제77조 제2항). 공단은 납부의무자에게 문서로써 납입의 고지를 하여야 한다(동법 제79조 제1항).

공단은 납부의무자가 신청한 경우에는 전자문서교환방식에 의하여 전자문서로 고지할 수 있다(동법 제79조 제2항). 전자문서로 고지한 경우에는 보건복지부령이 정하는 정보통신망에 저장되거나 납부의무자가 지정한 전자우편주소에 입력된 때에 그 납부의무자에게 도달된 것으로 본다(동법 제79조 제3항).

② 납부기한과 독촉 및 체납처분

보험료 납부의무자는 가입자에 대한 보험료를 매월 납부하되 그 다음 달 10일까지 납부하여야 한다. 다만 지역가입자의 보험료는 보건복지부령이 정하는 바에 의하여 분기별로 납부할 수 있다(동법 제78조).

이 밖에 연체금(동법 제80조), 보험료 등의 독촉 및 체납처분(동법 제81조), 체납 또는 결손처분의 자료제공(동법 제81조의2), 보험료 납부증명(동법 제81조의3), 체납보험료의 분할납부(동법 제82조), 고액상습체납자의 인적사항 공개(동법 제83조), 결손처분(동법 제84조) 등을 규정하고 있다.

③ 실업자에 대한 특례

사용관계가 종료된 직장가입자(실업자) 중 보건복지부령이 정하는 자가 지역가입자가 된 이후 법 제79조에 따라 지역가입자 보험료를 고지받은 날부터 그 납부기한에서 2개월이 지나기 이전까지 공단에 직장가입자로서의 자격을 유지할 것을 신청한 경우에는 대통령령으로 정하는 기간 동안 직장가입자의 자격을 유지한다. 다만 신청자가 신청 후 최초로 내야 할 보험료를 그 납부기한부터 2개월이 지난 날까지 내지 아니하면 직장가입자의 자격을 유지할 수 없다(동법 제110조 제2항).

5) 보험급여수급권의 제한과 보호 등

(1) 수급권의 제한

국민건강보험법은 다음과 같은 경우에 보험급여를 하지 않는다는 규정을 두고(동법 제53조 제1항 제1호~제4호), 보험급여수급권을 제한하고 있다.

① 고의 또는 중대한 과실로 인한 범죄행위에 기인하거나 고의로 사고를 일으킨 경우
② 고의 또는 중대한 과실로 공단이나 요양기관의 요양에 관한 지시에 따르지 아니한 경우
③ 고의 또는 중대한 과실로 동법 제55조에 따른 문서 기타 물건의 제출을 거부하거나 질문 또는 진단을 기피한 경우
④ 업무상 또는 공무상 질병 · 부상 · 재해로 인하여 다른 법령에 의한 보험급여나 보상(報償) 또는 보상(補償)을 받게 되는 경우

그리고 공단은 가입자가 대통령령이 정하는 기간(1월) 이상 소득월액보험료(직장가입자)와 세대단위의 보험료(지역가입자)를 체납한 경우 그 체납한 보험료를 완납할 때까지 그 가입자 및 피부양자에 대하여 보험급여를 실시하지 아니할 수 있다. 다만 보험료의 체납기간에 관계없이 월별 보험료의 총 체납횟수(이미 납부한 체납보험료는 총 체납

횟수에 제외)가 대통령령으로 정한 체납횟수 미만인 경우에는 보험급여를 실시할 수 있다(동법 제53조 제3항). 공단은 직장가입자의 보수월액보험료를 납부하여야 하는 사용자(동법 제77조 제1항 제1호)가 보험료를 체납한 경우에는 그 체납에 대하여 직장가입자 본인에게 귀책사유가 있는 경우에 한하여 위 제3항의 규정을 적용한다. 이 경우 해당 직장가입자의 피부양자에게도 위 제3항의 규정을 적용한다(동법 제53조 제4항).

그러나 위의 제3항 및 제4항에 불구하고 법 제82조(체납보험료의 분할납부)에 따라 공단으로부터 분할납부승인을 받고 그 승인된 보험료를 1회 이상 낸 경우에는 보험급여를 실시할 수 있다. 다만 법 제82조에 따른 분할납부승인을 받은 사람이 정당한 사유 없이 2회 이상 그 승인된 보험료를 내지 아니한 경우에는 그러하지 아니하다(동법 제53조 제5항).

그리고 위의 제3항 및 제4항에 따라 보험급여를 실시하지 아니하는 기간(이하 급여제한기간이라 함) 중 실시된 보험급여에 대하여는 ① 급여제한기간 중에 보험급여를 받은 사실이 있음을 공단이 통지한 날부터 2월이 지난 날이 속한 달의 납부기한 이내에 체납된 보험료를 완납한 경우, ② 급여제한기간 중 보험급여를 받은 사실이 있음을 공단이 통지한 날부터 2월이 지난 날이 속하는 달의 납부기한 이내에 법 제82조에 따라 승인된 보험료를 1회 이상 낸 경우(다만 법 제82조에 따른 분할납부승인을 받은 자가 정당한 사유 없이 2회 이상 그 승인된 보험료를 내지 아니한 경우에는 그 보험급여를 인정하지 아니한다)의 어느 하나에 해당하는 경우에만 그 보험급여를 인정한다(동법 제53조 제6항).

(2) 보험급여의 정지

보험급여를 받을 수 있는 사람이 다음에 해당하는 때에는 그 기간 중 보험급여를 하지 아니한다(동법 제54조 제1호~제4호, 제6조 제2항 제2호).

① 국외에 여행 중인 때
② 국외에서 업무에 종사하고 있을 때
③ 병역법의 규정에 의한 현역병(지원에 의하지 아니하고 임용된 하사를 포함), 전환복무된 사람 및 무관후보생
④ 교도소 기타 이에 준하는 시설에 수용되어 있는 때

(3) 구상권

① 손해배상청구권의 대위

제3자의 행위로 인한 보험급여사유가 발생하여 가입자에게 보험급여를 한 공단(보험자)은 그 급여에 소요된 비용의 한도 내에서 해당 보험급여를 받은 가입자의 제3자에 대한 손해배상청구의 권리를 취득한다(동법 제58조 제1항).

② 보험급여의 면책

위와 같은 경우에 있어 보험급여를 받을 가입자가 제3자로부터 이미 손해배상을 받은 때에는 보험자는 그 배상액의 한도 내에서 보험급여를 하지 아니한다(동법 제58조 제2항).

(4) 수급권의 보호

보험급여를 받을 권리는 양도 또는 압류할 수 없다(동법 제59조).

6) 이의신청 및 심판청구

(1) 이의신청

가입자 및 피부양자의 자격, 보험료 등 보험급여 또는 보험급여비용에 관한 공단의 처분에 이의가 있는 사람은 공단에 이의신청을 할 수 있다(동법 제87조 제1항). 또 요양급여비용 및 요양급여의 적정성에 대한 평가 등에 관한 건강보험심사평가원의 처분에 이의가 있는 공단·요양기관 기타의 사람은 건강보험심사평가원에 이의신청을 할 수 있다(동법 제87조 제2항). 이들 이의신청은 정당한 사유가 있음이 소명된 경우를 제외하고는 처분이 있는 날부터 90일 이내에 문서로 하여야 하며 처분이 있은 날부터 180일이 지나면 이를 제기하지 못한다. 다만 정당한 사유로 그 기간에 이의신청을 하려면 같은 조 제2항에 따라 통보를 받은 날부터 30일 이내에 하여야 한다(동법 제87조 제3항).

이의신청에 대한 처분업무를 효율적으로 수행하기 위하여 공단 및 심사평가원에 '이의신청위원회'를 각각 설치한다(동법 시행령 제53조).

(2) 심판청구

공단 또는 심사평가원이 행한 이의신청에 대한 결정에 불복이 있는 사람은 '건강보험분쟁조정위원회'에 심판청구를 할 수 있다. 심판청구는 정당한 사유가 있음이 소명된 경우를 제외하고는 결정이 있는 날부터 90일 이내에 문서로 하여야 한다(동법 제88조 제1항, 동법 제87조 제3항 준용). 심판청구서의 제출은 이의신청에 대한 결정처분을 한 공단 또는 심사평가원에 하거나 건강보험분쟁조정위원회에 직접 할 수 있다(동법 제88조 제2항).

건강보험분쟁조정위원회는 보건복지부 장관의 소속으로 하고, 위원장을 포함하여 60명 이내의 위원으로 구성하고 위원장을 제외한 위원 중 1명은 당연직 위원으로 한다(동법 제89조 제2항). 분쟁조정위원회의 회의는 위원장, 당면직위원 및 위원장이 매 회의마다 지정하는 7명의 위원을 포함하여 총 9명으로 구성한다(동법 제89조 제3항).

(3) 행정소송

공단 또는 심사평가원의 처분에 이의가 있는 사람, 위 이의신청 또는 심사청구에 대한 결정에 불복이 있는 사람은 행정소송법이 정하는 바에 의하여 행정소송을 제기할 수 있다(동법 제90조).

7) 국민건강보험법 관련 헌법재판소 판결

(1) 판시사항

① 국민건강보험공단은 보험료를 대통령령이 정하는 기간 이상 체납한 지역가입자에 대하여 보험료를 완납할 때까지 보험급여를 실시하지 아니할 수 있다는 국민건강보험법 제48조 제3항이 헌법소원에 있어서 기본권 침해의 직접성 요건을 충족하는지 여부(소극)

② 국민건강보험에 의무적 가입을 규정하고 임의해지를 금지하면서 보험료를 납부케 하는 국민건강보험법 규정이 재산권 등을 침해하는지 여부(소극)

(2) 판결요지

• 사건번호 : 2000헌마668

• 연/월/일 : 2001.8.30.

• 요지

① 국민건강보험법 제48조 제3항은 그 자체로 직접 자유의 제한, 의무의 부과 또는 권리나 법적 지위의 박탈을 초래하는 것이 아니며, 국민건강보험공단의 보험급여 거부처분이라는 집행행위를 통하여 비로소 기본권에 대한 직접적·현실적 침해가 있게 되므로 기본권 침해의 직접성이 없다.

② 국민건강보험법이 의무적 가입을 규정하고 임의해지를 금지하면서 보험료를 납부케 하는 것은, 경제적인 약자에게도 기본적인 의료서비스를 제공하기 위한 국가의 사회보장·사회복지의 증진의무(헌법 제34조 제2항)라는 정당한 공공복리를 효과적으로 달성하기 위한 것이며, 조세가 아닌 보험료를 한 재원으로 하여 사회보험을 추구하기 위한 것이다. 다만 보험료가 과도할 경우 그런 제도의 정당성이 문제되지만, 동법 제62조(보험료) 자체가 과도한 보험료를 정하고 있다거나 그에 대한 근거가 된다고 할 수 없다. 또한 동법은 생활이 어려운 자 등은 보험료의 부담 없이 의료혜택을 받을 수 있게 하고, 일정한 계층을 위한 보험료 경감장치를 두고 있다. 한편 의무가입과 임의해지금지 및 보험료 납부에 관한 규정이 추구하는 공익에 비하여 제한되는 사익이 과도하다고 할 수도 없다. 그렇다면 동법 제5조 제1항 본문 및 제62조가 청구인의 재산권이나 인간다운 생활을 할 권리 혹은 행복추구권을 침해한다고 할 수 없다.

제 5 절 노인장기요양보험법

1. 제정경위

2006년 2월 17일 정부로부터 제출된 노인수발보험법안, 2006년 4월 20일 정형근 의원이 대표발의한 국민장기요양법안, 2006년 5월 19일 안명옥 의원이 대표발의한 국민요양보장법안, 2006년 8월 14일 김춘진 의원이 대표발의한 국민장기요양보험법안, 2006년 9월 14일 현애자 의원이 대표발의한 장기요양보장법안, 2006년 9월 15일 장향숙 의원이 대표발의한 장기요양보험법안 등 6건의 법률안을 심사한 결과, 제265회 국회(정기회) 제2차 보건복지위원회(2007. 2. 22.)에서 본회의에 부의하지 아니하기로 하고, 국회법 제51조에 따라 위원회안으로 노인장기요양보험법안(대안)을 제안하기로 의결하고 국회 본회의에서 2007년 4월 2일에 통과되었다. 그리고 2007년 4월 27일에 법률 제8403호로 공포되고 장기요양보험 등 요양급여 관련 규정은 2008년 7월 1일부터 시행하였다. 그 외의 규정은 2007년 10월 1일부터 시행하였다. 이어서 2009. 1. 30, 2009. 3. 18, 2009. 5. 21, 2010. 1. 18, 2011. 12. 31, 2013. 8. 13, 2015. 12. 29, 2016. 5. 29, 2016. 12. 2. 등에 개정되었다.

동법 시행령은 2009년 9월 27일에 제정되었고, 2008. 2. 29, 2008. 6. 11, 2008. 12. 31, 2009. 7. 7, 2009. 12. 30.에 개정되었고, 최근에는 2012. 8. 31, 2014. 2. 11, 2014. 6. 25, 2015. 12. 30, 2016. 11. 8, 2017. 3. 27.에 개정되었다. 동법 시행규칙은 2007년 10월 17일에 제정되었고, 2008. 3. 3, 2008. 6. 11, 2009. 7. 1, 2011. 8. 19, 2014. 6. 30, 2015. 1. 30, 2015. 5. 1, 2015. 12. 31, 2016. 5. 25, 2016. 7. 1, 2016. 8. 31, 2016. 11. 7, 2017. 3. 17. 등에 개정되었다.

2. 제정이유

우리나라의 만 65세 이상 노인인구는 2005년에 전 인구의 9.1%, 2008년에 10.3%(고령화 사회), 2018년에 14%(고령사회), 2026년에는 20% 이상(초고령사회)으로 예상되어 세계에서 유례가 없을 정도로 빠르게 고령화가 진행되고 있고, 이러한 급격한 고령화에 따라 치매 · 중풍 등 일상생활이 어려운 노인의 수도 날로 증가하고 있으나, 핵가족화여성의 사회참여 증가 등으로 장기요양이 필요한 노인을 가정에서 돌보는 것이 어렵고 그 가정의 비용부담이 과중하여 노인장기요양 문제는 우리 사회가 시급히 해결해야 할 심각한 사회적 문제로 대두되고 있는 실정이다.

노인의 간병 · 장기요양문제를 사회적 연대원리에 따라 정부와 사회(국가, 지방자치단체, 가입자의 보험료, 수급자 본인 일부부담)가 공동으로 해결하는 노인장기요양보험제도를 도입하여 노인의 노후생활안정을 도모하고 그 가족의 부양부담을 덜어 줌으로써 국민의 삶의 질을 향상하려는 것이다.

3. 주요 내용

1) 노인에 대한 사회보장(사회복지) 3대 법제

우리나라는 이미 고령화 사회로 진입하였고 2026년에는 전체 인구의 20%가 노인인 초고령사회로의 진입이 예상된다. 그리고 장기요양의 대상이 되는 노인은 2007년 5월 현재 만 65세 이상 노인인구의 12.1% 수준이었다. 이리하여 기존의 노인복지법 이외에 기초연금법과 노인장기요양보험법을 의원 입법으로 제정하게 된 것이다. 이를 노인의 사회보장(사회복지)에 관한 3대 법제라고 할 수 있다. 이하에서는 노인장기요양보험법의 내용을 구체적으로 살펴본다.

2) 목적과 정의

이 법은 고령이나 노인성 질병 등의 사유로 일상생활을 혼자서 수행하기 어려운 노인 등에게 제공하는 신체활동 또는 가사활동 지원 등의 장기요양급여에 관한 사항을 규정하여 노후의 건강증진 및 생활안정을 도모하고 그 가족의 부담을 덜어 줌으로써 국민의 삶의 질을 향상하도록 함을 목적으로 한다(동법 제1조).

이 법에서 사용하는 용어의 정의는 다음과 같다.

① "노인 등"이란 65세 이상의 노인 또는 65세 미만의 사람으로서 치매·뇌혈관성 질

환 등 대통령령이 정하는 노인성 질병을 가진 사람을 말한다.

② "장기요양급여"란 제15조 제2항에 따라 6개월 이상 혼자서 일상생활을 수행하기 어렵다고 인정되는 자에게 신체활동·가사활동의 지원 또는 간병 등의 서비스나 이에 갈음하여 지급하는 현금 등을 말한다.

③ "장기요양사업"이란 장기요양보험료, 국가 및 지방자치단체의 부담금 등을 재원으로 하여 노인 등에게 장기요양급여를 제공하는 사업을 말한다.

④ "장기요양기관"이란 제31조에 따라 지정을 받은 기관 또는 제32조에 따라 지정의제된 재가장기요양기관으로서 장기요양급여를 제공하는 기관을 말한다.

⑤ "장기요양요원"이란 장기요양기관에 소속되어 노인 등의 신체활동 또는 가사활동 지원 등의 업무를 수행하는 사람을 말한다(동법 제2조 제1호~제5호).

3) 장기요양급여 제공의 기본원칙과 국가 및 지방자치단체의 책무 등

(1) 기본원칙

장기요양급여는 노인 등의 심신상태·생활환경과 노인 등 및 그 가족의 욕구·선택을 종합적으로 고려하여 필요한 범위 안에서 이를 적정하게 제공하여야 한다(동법 제3조 제1항). 장기요양급여는 노인 등이 가족과 함께 생활하면서 가정에서 장기요양을 받는 재가급여를 우선적으로 제공하여야 한다(동조 제2항). 장기요양급여는 노인 등의 심신상태나 건강 등이 악화되지 아니하도록 의료서비스와 연계하여 이를 제공하여야 한다(동조 제3항).

(2) 국가 및 지방자치단체의 책무

국가 및 지방자치단체는 노인이 일상생활을 혼자서 수행할 수 있는 온전한 심신상태를 유지하는 데 필요한 사업(이하 "노인성 질환 예방사업"이라 한다)을 실시하여야 한다(동법 제4조 제1항).

국가는 노인성 질환 예방사업을 수행하는 지방자치단체 또는 국민건강보험법에 따른 국민건강보험공단(이하 "공단"이라 한다)에 대하여 이에 소요되는 비용을 지원할 수 있다(동조 제2항).

국가 및 지방자치단체는 노인인구 및 지역특성 등을 고려하여 장기요양급여가 원활하게 제공될 수 있도록 충분한 수의 장기요양기관을 확충하고 장기요양기관의 설립을 지원하여야 한다(동조 제3항).

국가 및 지방자치단체는 장기요양급여가 원활히 제공될 수 있도록 공단에 필요한 행정적 또는 재정적 지원을 할 수 있다(동조 제4항).

(3) 장기요양급여에 대한 국가정책방향

국가는 제6조의 장기요양기본계획을 수립·시행함에 있어서 노인뿐만 아니라 장애인 등 일상생활을 혼자서 수행하기 어려운 모든 국민이 장기요양급여, 신체활동지원서비스 등을 제공받을 수 있도록 노력하고 나아가 이들의 생활안정과 자립을 지원할 수 있는 시책을 강구하여야 한다(동법 제5조).

(4) 장기요양기본계획 등

보건복지부 장관은 노인 등에 대한 장기요양급여를 원활하게 제공하기 위하여 5년 단위로 다음 각 호의 사항이 포함된 장기요양기본계획을 수립·시행하여야 한다(동법 제6조 제1항).

① 연도별 장기요양급여 대상인원 및 재원조달계획
② 연도별 장기요양기관 및 장기요양전문인력 관리방안
③ 장기요양요원의 처우에 관한 사항
④ 그 밖에 노인 등의 장기요양에 관한 사항으로서 대통령령으로 정하는 사항

지방자치단체의 장은 제1항에 따른 장기요양기본계획에 따라 세부시행계획을 수립·시행하여야 한다(동조 제2항).

보건복지부 장관은 장기요양사업의 실태를 파악하기 위하여 3년마다 장기요양 인정에 관한 사항 등에 관한 조사를 정기적으로 실시하고 그 결과를 공표하여야 한다(동법 제6조의2).

4) 장기요양보험제도의 시행

장기요양사업의 재원을 마련하기 위하여 노인장기요양보험제도를 도입하였다. 장기요양보험사업은 보건복지부 장관이 관장하고(동법 제7조 제1항), 장기요양보험사업의 보험자는 공단으로 한다(동법 제7조 제2항). 그리고 장기요양보험의 가입자(이하 "장기요양보험가입자"라 한다)는 국민건강보험법 제5조 및 제109조에 따른 가입자로 한다(동법 제7조 제3항).

5) 장기요양보험료의 징수와 산정

공단(이하 "공단"이라 함)은 장기요양사업에 소요되는 비용에 충당하기 위하여 장기요양보험료를 징수한다(동법 제8조 제1항).

위의 장기요양보험료는 국민건강보험법 제69조에 따른 보험료(이하 이 조에서 "건강보험료"라 한다)와 통합하여 징수한다. 이 경우 공단은 장기요양보험료와 건강보험료를 구분하여 고지하여야 한다. 그리고 공단은 통합징수한 장기요양보험료와 건강보험료를 각각의 독립회계로 관리하여야 한다(동법 제8조 제2항, 제3항).

장기요양보험료는 국민건강보험법 제69조 제4항 및 제5항에 따라 산정한 보험료액에서 동법 제74조 또는 제75조에 따라 경감 또는 면제되는 비용을 공제한 금액에 장기요양보험료율을 곱하여 산정한 금액으로 한다(동법 제9조 제1항). 장기요양보험료율은 동법 제45조에 따른 장기요양위원회의 심의를 거쳐 대통령령으로 정한다(동법 제9조 제2항). 그리고 장애인복지법상의 장애인 또는 이에 유사한 사람으로서 대통령령이 정하는 자가 장기요양보험가입자 또는 그 피부양자인 경우 등급판정기준에 따른 수급자(동법 제15조 제2항)로 결정되지 못한 때 대통령령이 정하는 바에 따라 장기요양보험료의 전부 또는 일부를 감면할 수 있다(동법 제10조).

6) 장기요양인정의 신청자격과 장기요양인정의 신청

장기요양급여를 받기 위하여는 그 신청자격을 정할 필요가 있다. 따라서 장기요양인정을 신청할 수 있는 사람은 장기요양보험가입자 또는 그 피부양자, 의료급여법에 따른 수급권자 중 65세 이상의 노인 또는 65세 미만의 사람으로서 치매 · 뇌혈관성 질환 등 대통령령이 정하는 노인성 질병을 가진 사람으로 하고 있다(동법 제12조 제1항). 이 규정을 통하여 장기요양급여를 필요로 하는 노인 및 노인성 질병을 가진 국민에게 장기요양급여가 제공되도록 함으로써 노인장기요양제도의 실효성을 확보할 수 있을 것으로 기대된다. 장기요양인정을 신청하는 사람은 공단에 장기요양신청서에 의사(또는 한의사) 소견서를 첨부하여 제출해야 한다(동법 제13조 제1항). 거동이 불편하거나 도서벽지에 거주하며 의료기관 방문이 어려운 사람은 의사소견서를 생략할 수 있다(동법 제13조 제2항). 이 장기요양인정신청에 대하여는 신청인의 심신상태, 신청인에게 필요한 장기요양급여의 종류 및 내용 등을 소속 직원으로 하여금 조사하게 해야 한다(동법 제14조).

건강보험공단은 동법 제14조에 따른 조사가 완료된 때 조사결과서, 신청서, 의사소견서 등을 장기요양등급판정위원회에 제출해야 하고(동법 제15조 제1항), 등급판정위원회는 신청인이 동법 제12조의 신청자격요건을 충족하고 6개월 이상 혼자서 일상생활을 할 수 없다고 인정되는 경우 대통령령으로 정하는 등급판정기준에 따라 장기요양급여를 받을 자(수급자)로 판정한다(동법 제15조 제2항).

7) 장기요양급여의 종류

공단은 장기요양인정신청에 의하여 등급판정위원회의 심의를 거쳐 장기요양등급, 장기요양급여의 종류 및 내용이 포함된 장기요양인정서를 작성하여 수급자에게 송부해야 한다(동법 제17조). 따라서 수급자가 받을 수 있는 장기요양급여의 종류를 구체적으로 정할 필요가 있는데 이 법은 장기요양급여의 종류를 재가급여, 시설급여 및 특별현금급여로 구분하고, 수급자의 가정 등에서 장기요양하는 재가급여를 방문요양, 방문목욕, 방문간호, 주·야간보호, 단기보호, 기타 재가급여 등으로 세분하며, 시설급여는 수급인을 장기요양시설 등에 입소시켜 장기요양하는 것으로, 특별현금급여는 수급인에게 특별한 사유가 있는 경우에 현금 등을 지급하는 것으로 한다(동법 제23조 제1항). 장기요양급여의 종류를 구분하고 급여를 선택하여 이용하게 함으로써 장기요양급여 대상자의 상태와 가족상황 등에 따른 적절하고 효과적인 서비스 제공체계를 구축하고자 한다.

장기요양기관의 종류 및 기준과 장기요양급여 종류별 장기요양요원의 범위·업무·보수교육 등은 대통령령으로 정한다(동법 제23조 제2항).

그리고 공단은 도서 · 벽지 등 장기요양기관이 현저히 부족한 지역에 거주하는 사람, 천재지변 기타 이와 유사한 사유로 장기요양기관이 제공하는 장기요양급여를 이용하기 어려운 사람, 신체 · 정신 또는 성격 등 사유로 가족 등으로부터 방문요양에 상당한 장기요양급여를 받은 때 대통령령이 정하는 기준에 따라 해당 수급자에게 가족요양비를 지급할 수 있다(동법 제24조 제1항).

공단은 장기요양기관이 아닌 노인요양시설 등의 기관 또는 시설에서 재가급여 또는 시설급여에 상당한 장기요양급여를 받아야 하는 사람 중 어느 하나에 해당하는 수급자가 가족 등으로부터 방문요양에 상당한 장기요양급여를 받은 때 대통령령이 정하는 기준에 따라 해당 수급자에게 특례요양비로 지급할 수 있다(동법 제24조 제1항). 또 공단은 장기요양기관이 아닌 노인요양시설 등에서 재가급여나 시설급여에 상당한 장기요양급여를 받은 경우 그 장기요양급여비용의 일부는 해당 수급자에게 특례요양비로 지급할 수 있다(동법 제25조 제1항). 뿐만 아니라 공단은 수급자가 노인복지법 제34조 제1항의 규정에 따른 노인전문병원 또는 의료법 제3조 제2항 제3호 라 목에 따른 요양병원에 입원한 때 대통령령이 정하는 기준에 따라 장기요양에 소요되는 비용의 일부를 요양병원간병비로 지급할 수 있다(동법 제26조).

8) 장기요양기관의 지정 등

수급자에게 장기요양급여를 제공하는 장기요양기관의 설치·운영 등에 관한 사항을 정할 필요가 있다. 따라서 이 법은 다음과 같이 정하고 있다.

장기요양기관을 설치 · 운영하고자 하는 사람은 장기요양에 필요한 시설 및 인력을 갖추어 소재지를 관할하는 특별자치시장 · 특별자치도지사, 시장 · 군수 · 구청장으로부터 지정을 받아야 하고 이들이 지정한 때는 지정명세를 공단에 통보해야 한다(동법 제31조). 장기요양기관이 시설이나 인력을 변경하거나 휴 · 폐업하는 경우에는 신고하도록 하며, 장기요양기관이 관련 법령을 위반한 경우에는 그 지정을 취소할 수 있도록 한다. 그런데 현재 우리나라의 복지시설로는 노인장기요양을 감당하기 어렵다. 그래서 이 법은 재가급여요양기관을 확대하도록 하고 있다. 즉 재가장기요양급여를 제공하고자 하는 사람은 시설 및 인력을 갖추어 재가장기요양기관을 설치하고 특별자치시장 · 특별자치도지사, 시장 · 군수 · 구청장에게 이를 신고하여야 한다. 신고받은 이들은 신고명세를 공단에 통보해야 한다. 이에 설치의 신고를 한 재가장기요양기관은 장기요양기관으로 본다(동법 제32조 제1항).

의료기관이 아닌 자가 설치 · 운영하는 재가장기요양기관은 방문간호하는 경우 방문간호책임자로서 간호사를 두어야 한다(동법 제32조 제3항).

9) 장기요양급여의 제공

(1) 제공시기

수급자는 제17조 제1항의 규정에 따른 장기요양인정서가 도달한 날부터 장기요양급여를 받을 수 있다(동법 제27조 제1항). 그러나 수급자는 돌볼 가족이 없는 경우 등 대통령령이 정하는 사유가 있는 경우 신청서를 제출한 날부터 장기요양인정서가 도달되는 날까지의 기간 중에도 장기요양급여를 받을 수 있다(동법 제27조 제2항). 장기요양급여가 인정되는 범위와 절차 등은 대통령령으로 정한다(동법 제27조 제3항).

(2) 월 한도액

장기요양급여는 월 한도액 범위 안에서 제공한다. 이 경우 월 한도액은 장기요양등급 및 장기요양급여의 종류 등을 고려하여 산정한다(동법 제28조 제1항). 월 한도액의 산정기준 및 방법 그 밖에 필요한 사항은 보건복지부령으로 정한다(동법 제28조 제2항).

(3) 장기요양급여의 제한

공단은 장기요양급여를 받고 있거나 받을 수 있는 자가 다음 각 호의 어느 하나에 해당하는 경우 장기요양급여를 중단하거나 제공하지 아니하게 하여야 한다(동법 제29조 제1항).

① 거짓이나 그 밖의 부정한 방법으로 장기요양인정을 받은 경우

② 고의로 사고를 발생하도록 하거나 본인의 위법행위에 기인하여 장기요양인정을

받은 경우

공단은 장기요양급여를 받고 있는 자가 정당한 사유 없이 제60조 또는 제61조의 규정에 따른 요구에 응하지 아니하거나 답변을 거절한 경우 장기요양급여의 전부 또는 일부를 제공하지 아니하게 할 수 있다(동법 제29조 제2항).

10) 장기요양급여비용의 본인일부부담

공단에서 지급되는 요양급여는 가입자의 보험료로 운영되므로 그 부담에 한계가 있고 그렇다고 하여 국가가 이를 모두 책임지기도 어려우므로 이 법은 장기요양급여를 받는 수급자가 그 비용의 일부를 부담하도록 하고 있다. 즉 재가급여의 경우는 재가장기요양급여비용의 100분의 15, 시설급여의 경우는 시설장기요양급여비용의 100분의 20을 부담하되, 국민기초생활보장수급권자는 이를 부담하지 아니하며, 의료급여법 제32조 제1항 제2호부터 제9호까지의 의료급여수급권자, 소득 · 재산이 일정금액 이하인 사람, 생계곤란자 등은 본인일부부담금의 100분의 50을 감경하도록 한다(동법 제40조).

공단은 장기요양급여를 받은 금액의 총액이 보건복지부 장관이 정하여 고시하는 금액 이하에 해당하는 수급자가 가족 등으로부터 제23조 제1항 제1호 가목의 규정에 따른 방문요양에 상당한 장기요양을 받은 경우 보건복지부령이 정하는 바에 따라 본인일부부담금의 일부를 감면하거나 이에 갈음하는 조치를 할 수 있다(동법 제41조 제1항).

11) 부당이득의 징수 등

공단은 장기요양급여를 받은 자 또는 장기요양급여비용을 받은 자가 다음 각 호의 어느 하나에 해당하는 경우 그 장기요양급여 또는 장기요양급여비용에 상당하는 금액을 징수한다(동법 제43조 제1항).

① 제28조의 월 한도액 범위를 초과하여 장기요양급여를 받은 경우

② 제29조 또는 제30조의 규정에 따라 장기요양급여의 제한 등을 받을 자가 장기요양급여를 받은 경우

③ 제37조 제1항 제4호, 제3항 제4호의 규정에 따른 거짓이나 그 밖의 부정한 방법

으로 재가 및 시설급여비용을 청구하여 이를 지급받은 경우

④ 그 밖에 이 법상의 원인 없이 공단으로부터 장기요양급여를 받거나 장기요양급여비용을 지급받은 경우

공단은 거짓 보고 또는 증명에 의하거나 거짓 진단에 따라 장기요양급여가 제공된 때 거짓 행위에 관여한 자에 대하여 장기요양급여를 받은 자와 연대하여 제1항의 규정에 따른 징수금을 납부하게 할 수 있다(동법 제43조 제2항).

공단은 거짓이나 그 밖의 부정한 방법으로 장기요양급여를 받은 자와 같은 세대에 속한 자(장기요양급여를 받은 사람을 부양하고 있거나 다른 법령에 따라 장기요양급여를 받은 사람을 부양할 의무가 있는 사람을 말한다)에 대하여 거짓이나 그 밖의 부정한 방법으로 장기요양급여를 받은 자와 연대하여 제1항의 규정에 따른 징수금을 납부하게 할 수 있다(동법 제43조 제3항).

공단은 제1항의 경우 장기요양기관이 수급자로부터 거짓이나 그 밖의 부정한 방법으로 장기요양급여비용을 받은 때 해당 장기요양기관으로부터 이를 징수하여 수급자에게 지체 없이 지급하여야 한다(동법 제43조 제4항).

공단은 제3자의 행위로 인한 장기요양급여의 제공사유가 발생하여 수급자에게 자기요양급여를 행한 때 그 급여에 소요된 비용의 한도 안에서 그 제3자에 대한 손해배상의 권리를 얻는다(공단의 구상권, 동법 제44조 제1항).

공단은 위의 경우 장기요양급여를 받은 자가 제3자로부터 이미 손해배상을 받은 때 그 손해배상액의 한도 안에서 장기요양급여를 행하지 아니한다(동법 제44조 제2항).

12) 장기요양위원회 설치 등

장기요양보험료율, 특별현금급여의 지급기준, 재가 및 시설 장기요양급여비용 등 국민에게 영향을 미치는 장기요양사업의 중요사항을 심의하게 할 위원회를 구성할 필요가 있다. 이에 따라 보건복지부 장관 소속하에 장기요양위원회를 두고, 근로자단체, 사용자단체, 시민단체, 노인단체, 농어업인단체, 자영자단체 또는 의료계, 중앙행정기관의 고위공무원단에 속하는 공무원, 장기요양에 관한 학계 또는 연구계를 대표하는

사람, 공단이사장이 추천하는 사람 등의 대표자를 중심으로 16명 이상 22명 이하의 위원으로 구성하며, 장기요양보험료율 등을 심의하도록 한다(동법 제45조, 제46조).

장기요양사업의 중요사항을 결정하는 위원회에 이해관계자 및 전문지식을 가진 사람을 참여시킴으로써 민주적인 의사결정과 정책결정의 책임성을 확보할 수 있을 것으로 기대된다. 장기요양위원회 회의는 구성원 과반수의 출석으로 개의하고 출석인원 과반수의 찬성으로 의결한다(동법 제47조).

13) 장기요양요원지원센터, 관리운영기관

지방자치단체는 장기요양요원(요양보호사, 간호사 등)의 권리를 보호하기 위하여 장기요양요원센터를 설치 · 운영할 수 있고 장기요양요원의 권리침해에 대한 상담 및 지원 등의 업무를 수행한다(동법 제47조의2).

장기요양사업을 효율적으로 실시하기 위하여 장기요양사업을 관리·운영하고 평가할 기관을 정할 필요가 있다. 이에 따라 국민건강보험공단은 장기요양보험가입자·그 피부양자 및 의료급여수급권자의 자격관리, 장기요양보험료 부과 및 징수, 장기요양인정신청인에 대한 조사, 장기요양등급판정위원회의 운영 및 장기요양등급판정 등의 업무를 관장하도록 한다(동법 제48조 제1항, 제2항).

국민건강보험법 제16조의 규정에 따른 공단의 정관은 장기요양사업과 관련하여 다음 각 호의 사항을 포함·기재한다(동법 제48조 제4항).

① 장기요양보험료
② 장기요양급여
③ 장기요양사업에 관한 예산 및 결산
④ 그 밖에 대통령령이 정하는 사항

공단은 국민건강보험법 제27조의 규정에 따라 공단의 조직 등에 관한 규정을 정할 때 장기요양사업을 수행하기 위하여 두는 조직 등을 건강보험사업을 수행하는 조직 등과 구분하여 따로 두어야 한다. 다만 제48조 제2항 제1호 및 제2호의 자격관리와 보험료 부과·징수업무는 그러하지 아니하다(동법 제49조).

공단은 장기요양사업에 대하여 독립회계를 설치 · 운영하여야 한다(동법 제50조 제1항). 공단은 장기요양사업 중 장기요양보험료를 재원으로 하는 사업과 국가·지방자치단체의 부담금을 재원으로 하는 사업의 재정을 구분하여 운영하여야 한다. 다만 관리운영에 필요한 재정은 구분하여 운영하지 아니할 수 있다(동법 제50조 제2항).

14) 장기요양등급판정위원회의 설치 등

장기요양인정 및 장기요양등급판정을 하기 위하여 공단에 등급판정위원회를 두고 특별자치시 · 특별자치도 · 시 · 군 · 구 단위로 설치한다(동법 제52조 제1항).

위원회 구성, 위원 위촉, 위원의 임기를 규정하고 있다(동조 제2항~제5항).

15) 국가와 지방자치단체의 부담

사회보장 특히 노약자에 대하여는 국가가 이를 보장할 헌법상의 의무가 있으므로 장기요양사업비용에 대한 국가와 지방자치단체의 부담액에 관하여 정할 필요가 있다.

국가는 매년 예산의 범위 안에서 당해연도 장기요양보험료 예상수입액의 100분의 20에 상당하는 금액을 국고에서 국민건강보험공단에 지원하도록 하고, 국가와 지방자치단체는 대통령령으로 정하는 바에 따라 의료급여수급권자의 장기요양급여비용, 의사소견서 발급비용, 방문간호지시서 발급비용 중 국민건강보험공단이 부담하여야 할 비용과 관리운영비의 전액을 부담하고, 지방자치단체가 부담하는 금액은 보건복지부령이 정하는 바에 따라 특별시 · 광역시 · 특별자치시 · 특별자치도 · 시 · 군 · 구가 분담하도록 한다(동법 제58조 제1항, 제2항, 동법 시행령 제28조, 동법 시행규칙 제41조).

장기요양사업비용의 일부를 국가와 지방자치단체가 부담함으로써 치매·중풍 등으로 인하여 장기요양이 필요한 노인 등의 복지증지에 대한 국가와 지방자치단체의 책임을 명확히 하고 그 부양가족의 부담을 덜어 줄 수 있을 것으로 기대된다.

제 6 절 산업재해보상보험법

1. 개념

산업재해보상보험법은 산업재해보상에 관한 법규이다. 즉 산업현장에서 활동하는 근로자에게 발생할 수 있는 제반 재해에 대하여 보험방식으로 근로자와 그 가족을 보호하는 한편 사업주의 위험부담을 경감시키려는 일종의 사회보장법 또는 사회복지법이다. 산업재해보상보험법은 1994년 12월 23일에 전면 개정되고, 1997. 8. 8, 1999. 12. 31, 2003. 12. 31, 2004. 1. 29, 2005. 12. 29, 2007. 4. 11(전문개정), 2007. 5. 17. 등으로 일부개정되었고, 다시 2007. 12. 14.에 전부개정되었다. 이어서 2007. 12. 31, 2008. 2. 29, 2008. 12. 31, 2009. 1. 7, 2009. 10. 9, 2010. 1. 27, 2010. 5. 20, 2010. 6. 4, 2011. 12. 31, 2015. 1. 20, 2015. 5. 18, 2016. 12. 27.에 일부개정되었다. 동법 시행령은 1995년 4월 15일에 전면 개정되고, 1997. 3. 27, 2000. 2. 14, 2004. 1. 29, 2004. 10. 29, 2006. 8. 17, 2007. 6. 29. 등으로 개정되었고 2008년 6월 25일에 전부개정되었다. 이어서 2008. 7. 29, 2008. 8. 7, 2009. 1. 14, 2009. 6. 30.에 일부개정되었다. 최근에는 2011. 12. 30, 2012. 4. 16, 2012. 8. 31, 2012. 11. 12, 2015. 2. 10, 2015. 4. 14, 2016. 3. 22, 2016. 12. 30.에 개정되었다. 또 동법 시행규칙은 1995년 4월 29일에 제정되고, 2003. 7. 1, 2004. 12. 31, 2006. 7. 19, 2006. 8. 31. 등으로 개정되었고 2008년 7월 1일에 전부개정되었고, 최근에는 2011. 7. 6, 2012. 4. 25, 2013. 12. 30, 2014. 12. 31, 2015. 2. 13, 2015. 3. 24, 2015. 4. 21, 2016. 3. 28, 2017. 2. 3, 2017. 4. 19.에 개정되었다.

산업재해보상보험법은 산업재해를 보상하고자 하는 법이므로 여기서 산업재해가 무엇인지가 문제된다. 산업재해란 산업현장에서 발생할 수 있는 근로자의 업무상 부상, 질병, 신체장애 또는 사망의 경우에 그 피해근로자 또는 유족을 보호하기 위한 법이다. 이 산업재해는 산업현장에서 작업조건이나 여러 환경적 요인으로 인하여 구조적으로 불가피하게 발생한다. 자본주의와 산업의 발달에 따라 각종의 작업병과 같은 업무상의 사고가 크게 증가하고 있다. 그런데 근로기준법에서도 근로자들의 업무상 재해에 대한 사용자의 무과실보상책임제도를 규정하고 있다. 그러나 이 근로기준법상의 재해보상제도는 사용자가 보상을 하지 않은 경우 일반 민사소송법상의 소송절차에 따라 청구하며 그 보상을 강제 실행하여야 하는데 이러한 민사상의 소에 대한 청구에는 많은 시간과 경비가 소요되어 경제적 약자인 근로자에게는 불리하다. 따라서 근로자의 업무상 재해에 대하여 보험제도를 도입하여 보험방식으로 해결하며 이러한 근로자의 위험을 해소할 수 있다. 이렇게 해서 생겨난 제도가 산업재해보상보험제도이다. 즉 국가가 보험방식을 통하며 산업재해를 입은 근로자를 치료하거나 산업재해로 인하여 사망한 근로자의 유족들의 생계를 위하여 적절한 보상을 하여 주는 제도가 산업재해보상보험제도이다.

산업재해보상보험은 사회보험의 한 종류로서 사회보험이 가지는 일반적 특성을 가지고 있으나, 산업재해보상보험만이 가진 몇 가지 특성이 있다. 첫째, 산업재해보상보험은 기본적으로 업무상 사유로 재해를 입은 재해근로자에 대하여 무과실책임주의에 입각하여 사업주의 보상책임을 담보하여 주는 사업주 책임보험으로서의 특성을 가지고 있다. 둘째, 산업재해보상보험은 다른 사회보험제도와 달리 사업장 단위로만 가입이 이루어지고 개별 근로자의 관리는 별도로 이루어지지 않고 있다. 셋째, 산업재해보상보험은 보험관계 성립 등 제반 행정이 자진신고 및 보험료의 자진납부를 원칙으로 하고 있다. 넷째, 산업재해보상보험은 현금급여로 제공되는 국민연금과 현물급여를 위주로 제공되는 건강보험과 달리 현금급여와 현물급여가 모두 제공되는 종합적 보상제도로서의 특성을 가진다. 다섯째, 산업재해보상보험에 의한 재해보상은 일반법원을 통한 권리구제와 달리 산업재해로부터 입은 피해를 시급히 복구하여 보호하며, 업무상 재해를 당한 근로자를 적기에 확실히 보상해 준다.

2. 목적

산업재해보상보험법의 목적은 산업재해보상보험사업을 행하여 근로자의 업무상 재해를 신속하고 공정하게 보상하고, 재해근로자의 재활 및 사회복귀를 촉진하기 위하여 이에 필요한 보험시설을 설치 · 운영하며, 재해예방 기타 근로자의 복지증진을 위한 사업을 행함으로써 근로자 보호에 이바지함을 목적으로 하고 있다(산업재해보상보험법 제1조).

이러한 산업재해보상보험법상의 목적은 근로자, 사업주 및 국가의 입장에서 각각 다음과 같이 말할 수 있다.

첫째, 근로자의 측면에서는 산업재해를 당한 근로자에게 신속하게 보상함으로써 근로자와 그 가족의 생활안정과 복지를 증진시킨다는 목적이 있다.

둘째, 사업주의 측면에서는 산업재해로 인한 보상을 사회보험방식으로 해결함으로써 사업주가 감당해야 하는 위험을 분산하게 하고 안정적으로 기업경영에 전념할 수 있도록 돕는 목적이 있다.

셋째, 국가사회적 측면에서는 건전한 노동력을 확보·보전함으로써 경제발전과 국민복지증진에 기여할 수 있다는 목적이 있다.

3. 유사제도와의 관계

1) 근로기준법상의 보상제도와의 관계

근로자의 업무상 재해에 대한 보상은 산업재해보상보험법에 의한 보험급여를 통해서뿐만 아니라 근로기준법에 의한 사용자의 재해보상을 통해서도 이루어지므로 양자의 관계가 문제된다.

근로기준법은 재해보상에 대하여 ① 개별 사용자의 무과실책임을 원칙으로 하며 예외적으로 근로자의 중대한 과실 및 노동위원회의 인정을 조건으로 휴업보상과 장해보상이 제외된다. ② 보상내용은 요양 · 휴업 · 장해 · 유족의 각 보상과 장의비이고, ③ 보상은 전 손해의 전보가 아니라 평균임금을 기초로 한 정률보상이며, ④ 보상확보를 위하여 행정감독 및 벌칙을 규정하고 있다.

이와 같은 근로기준법상의 재해보상은 사용자가 이행하지 않는 경우는 소송에 의하여 실행하여야 하는데 이는 앞에서 본 바와 같이 시간과 경비가 많이 들어 근로자가 보호받기 어렵다. 따라서 재해보상을 확실하고 신속하게 이행하고 그 실효성을 확보하는 수단으로서 사용자를 가입자로 하는 국가 주도의 보험제도를 정한 것이 산업재해보상보험법이다. 산업재해보상보험제도는 ① 직접 피해자 등에게 보험급여를 지급하기 위하여 근로기준법상에서는 존재하지 않는 보험시설 등을 규정하고 있으며, ② 보험급여는 근로기준법에 정한 보상의 종류 및 내용과 거의 일치하나 사망의 경우에 지급하는 유족특별급여 등 특별한 규정이 있고, ③ 보험급여가 근로기준법상의 보상책임을 면책하는 효과가 있는 점 등 재해보상에 대한 책임보험으로서의 성격을 가지고 있는 것이 특색이다.

산업재해보상보험법은 원칙적으로 근로자를 사용하는 모든 사업 또는 사업장에 적용되며, 동법의 적용을 받는 사업의 사업주는 당연히 산업재해보상보험의 가입자가 된다. 따라서 보험은 적용사업의 사업주에 대하여 그 가입이 강제되고 있는 점에 또 하나의 특성이 있다.

2) 국민건강보험법의 보험급여와의 관계

산업재해보상보험법의 대상사고가 업무상의 재해, 즉 근로관계에서 발생하는 특유한 생활사고라는 점에서, '업무 외'의 사상병(死傷病)을 대상으로 하는 건강보험법의 보험급여와는 다른 특징이 존재한다. 따라서 산업재해보상보험법에 따른 보험급여는 건강보험법에 따른 의료급여와는 달리, '업무상'의 개념, 비용부담의 측면 등에서 근로관계의 특질이 반영되기 마련이다. 첫째로, 산업재해보상보험법의 급여액은 건강보험법의 그것에 비하여 상대적으로 고수준을 유지하며, 둘째로, 산업재해보상보험사업에 소요되는 비용은 원칙적으로 사업주의 전액부담인 점에 그 특징이 있다.

4. 주요 내용

2003년 12월 31일에 산업재해보상보험법을 개정하여 종래에 동법에서 규정하고 있던 보험관계인의 성립(당연 보험가입자의 사업이 시작된 날에 성립)과 소멸, 보험료의 징수에 대하여는 고용보험 및 산업재해보상보험의 보험료징수 등에 관한 법률이 정하는 바에 따르게 되어 있다[산업재해보상보험법 제4조 ; 고용보험 및 산업재해보상보험의 보험료징수 등에 관한 법률(2003. 12. 31. 제정, 2004. 12. 31, 2005. 12. 7, 2006. 12. 28, 2007. 4. 11, 2007. 5. 11, 2008. 2. 29, 2009. 4. 1, 2009. 10. 9, 2009. 12. 30, 2011. 12. 31, 2012. 2. 1, 2013. 6. 4, 2014. 3. 24, 2016. 12. 27. 등 개정, 이하 보험료징수법이라 칭한다)]. 따라서 산업재해보상보험법에서는 보험가입자 및 보험관계, 보험료 부분을 삭제하고 보험자인 근로복지공단과 근로복지사업, 보험급여, 기금설치, 심사청구에 관한 규정만을 하고 있다. 그러므로 산업재해보상보험법의 내용을 설명함에 있어서는 산업재해보상보험법과 보험료징수법 및 고용보험 및 산업재해보상보험의 보험료징수 등에 관한 법률 시행령(2004. 10. 29. 제정, 2005. 12. 30, 2006. 3. 29, 2007. 3. 27, 2008. 6. 25, 2009. 6. 30, 2011. 12. 30, 2012. 6. 29, 2012. 8. 31, 2014. 12. 9, 2015. 6. 1, 2015. 12. 30, 2016. 3. 22, 2016. 12. 30. 등 개정, 이하 보험료징수법 시행령이라고 한다) 그리고 고용보험 및 산업재해보상보험의 보험료징수 등에 관한 법률 시행규칙(2005. 12. 30, 2007. 3. 29, 2007. 12. 28, 2008. 7. 1, 2012. 1. 3, 2012. 4. 23, 2012. 6. 29, 2013. 2. 13, 2013. 12. 30, 2015. 12. 31, 2016. 2. 12, 2016. 10. 20. 등으로 개정)상의 규정을 종합적으로 함께 다루어야 한다. 이런 관점에서 산업재해보상보험법의 내용을 설명하겠다.

1) 산업재해보상보험관계의 성립과 소멸

(1) 보험관계의 성립

보험료징수법 제5조 제3항의 규정에 따라 산업재해보상보험이 당연가입자가 되는 사업(당연적용사업)의 경우에는 그 사업이 시작된 날, 산업재해보상보험법 제6조 단서의 규정에 의한 사업(위험물, 규모 및 장소 등을 고려하여 대통령령이 정하는 사업, 즉 당연적용제외사업)의 사업주는 공단의 승인을 얻어 산업재해보상보험에 가입할 수 있는데(임의적용사업, 임의가입, 보험료징수법 제5조 제4항) 이 경우에는 공단이 그 사업의 사업주로부터 보험가입승인신청서를 접수한 날의 다음날에 산업재해보상보험의 보험관계가 성립한다(보험료징수법 제7조 제2호, 제3호). 또 당연적용사업이 사업규모의 변동 등으로 적용배제사업에 해당되게 된 때에는 그 사업주는 그 해당되게 된 날부터 보험료징수법 제5조 제4항의 규정(임의가입)에 따라 산업재해보상보험에 가입한 것으로 보고(의제보험가입자, 동법 제6조 제2항), 산업재해보상보험법 제6조 단서의 당연적용제외사업이 보험료징수법 제5조 제3항의 산업재해보상보험의 당연가입자가 되는 사업(당연적용사업)에 해당하게 된 경우에는 그 해당하게 된 날에 보험관계가 성립한다(보험료징수법 제7조 제2호). 그리고 건설업 등 대통령령이 정하는 사업이 여러 차례의 도급에 의하여 행하여지는 경우에는 그 원수급인을 사업주로 본다. 다만 대통령령이 정하는 바에 따라 공단의 승인을 얻은 경우에는 하수급인을 사업주로 본다(보험료징수법 제9조 제1항). 보험료징수법 제9조 제1항의 규정에 따른 사업이 국내에 영업소를 두지 않는 외국의 사업주로부터 하도급을 받아 행하여지는 경우에는 그 최초 하수급인을 이 법의 적용을 받는 사업주로 본다(동법 제9조 제2항).

위와 같이 보험관계는 보험가입을 전제로 성립하므로 보험가입자를 중심으로 산업재해보상보험법과 보험료징수법의 적용범위를 정하고 있다(산업재해보상보험법 제6조, 보험료징수법 제5조 제3항, 제4항). 산업재해보상보험법은 정부(노동부 장관)의 위탁을 받은 근로복지공단을 보험자로 하고 보험료징수법은 사업주를 보험가입자로 하고 있다. 그리고 피보험자 내지 보험수익자라는 개념을 사용하는 대신에 수급권자(보험급여를 받을 수 있는 자)라는 개념을 채택하고 근로자를 수급권자로 하고 있다(산업재해보상보험법 제3장 이하). 이하에서는 산업재해보상보험법 및 보험료징수법의 적용을 받는 보험가입자(적용범위)를 중심으로 살펴보고, 이와 관련하여 적용대상인 수급권자에 대하여도 설명한다. 보험자, 즉 근로복지공단에 대하여는 순서를 바꾸어 설명한다.

(2) 적용범위(보험가입자)

① 당연적용사업(당연가입자)

산업재해보상보험법은 사업의 위험률·규모 및 장소 등을 고려하여 대통령령으로 정하는 사업을 제외하고(동법 제6조 단서) 근로자를 사용하는 모든 사업에 적용된다(동법 제6조, 동법 시행령 제2조 제1항). 이와 같이 산업재해보상보험법의 적용을 받는 사업을 당연적용사업이라 하고 이 사업의 사업주는 당연히 산업재해보상보험의 가입자가 된다(당연가입자, 보험료징수법 제5조 제3항). 산업재해보상보험법 시행령 제2조 제1항(제1호~제6호)에서 정하고 있는 당연적용사업에서 제외되는 사업은 다음과 같다.

㉠ 공무원연금법 또는 군인연금법에 따라 재해보상이 되는 사업

㉡ 선원법 · 어선원 및 어선재해보상보험법 또는 사립학교교직원연금법에 따라 재해보상이 되는 사업

㉢ 주택법에 따른 주택건설사업자(이하 "주택건설사업자"라 한다), 건설산업기본법에 따른 건설업자(이하 "건설업자"라 한다). 전기공사업법에 따른 공사업자, 정보통신공사업법에 따른 공사업자, 소방시설공사업법에 따른 소방시설공사업자 또는 문화재보호법에 따른 문화재수리업자가 아닌 자가 시공하는 다음 각 목의 1에 해당하는 공사

ⓐ 고용보험 및 산업재해보상보험의 보험료징수 등에 관한 법률 시행령 제2조 제1항 제2호에 따른 총공사금액(이하 "총공사금액"이라 함)이 2천만 원 미만인 공사

ⓑ 연면적이 330제곱미터 이하인 건축물의 건축 또는 연면적이 200제곱미터 이하인 건축물 대수선에 관한 공사

㉣ 가구 내 고용활동

㉤ 제1호 내지 제4호의 사업 외의 사업으로서 상시근로자 수가 1명 미만인 사업

㉥ 농업 · 임업(벌목업을 제외한다) · 어업 · 수렵업 중 법인이 아닌 자의 사업으로서 상시 근로자 수가 5명 미만인 사업

그리고 위 제1항 각 호의 사업범위에 관하여 산업재해보상보험법 시행령에 특별한 규정이 없으면 통계법에 따라 통계청장이 고시하는 한국표준산업분류표에 따른다(동법 시행령 제2조 제2항). 총공사금액이 2천만 원 미만인 건설공사가 보험료징수법 제8조 제1항 또는 제2항에 따라 일괄적용을 받게 되거나 설계변경(사실상의 설계변경 포함)으로 총공사금액이 2천만 원 이상으로 되면 그때부터 법의 적용을 받게 된다(즉 당연적용사업이 된다. 동법 시행령 제2조 제3항).

② 임의적용사업(임의가입자)과 의제가입자

사업의 위험률 · 규모 및 사업장소 등을 참작하여 대통령령에 의하여 산업재해보상보험법의 적용이 배제되는 사업의 사업주도 근로복지공단의 승인을 얻어 산업재해보상보험에 가입할 수 있다. 이러한 경우에 그 사업을 임의적용사업이라고 한다(보험료징수법 제5조 제4항). 보험료징수법 제5조 제3항의 규정에 따라 당연가입자가 되는 사업

이 사업규모의 변동 등으로 산업재해보상보험법 제6조 단서의 규정에 의한 사업(산업재해보상보험법 당연적용배제사업)에 해당되게 된 때에는 그 사업주는 그 해당되게 된 날부터 보험료징수법 제5조 제4항의 규정(임의가입자)에 따라 산업재해보상보험에 가입한 것으로 본다(보험료징수법 제6조 제2항). 당연가입 및 임의가입의 사업주가 그 사업의 운영 중에 근로자를 고용하지 아니한 때에는 그날부터 1년의 범위 안에서 근로자를 사용하지 아니한 기간에도 보험에 가입한 것으로 본다(보험료징수법 제6조 제3항).

③ 보험가입자의 의무

보험가입자에게는 개산보험 · 증가개산보험료 · 확정보험료 등 보험료의 보고와 납부 및 정산의무(보험료징수법 제17조, 제18조, 제19조), 보험관계의 성립 · 소멸신고(보험료징수법 제11조), 사망추정사유 발생신고(산업재해보상보험법 시행령 제37조 제4항), 보험가입자의 변경사항신고(보험료징수법 제12조 동법 시행령 제9조) 등이 있다.

④ 산업재해보상보험의 수급권자(적용대상)

산업재해보상보험은 사업주가 보험가입자가 되지만 보험급여의 수급권자는 업무상의 사유에 의한 부상 · 질병 · 신체장해 또는 사망 등 업무상 재해를 당한 근로자이다. 여기서 근로자란 근로기준법에 의한 근로자를 말한다(산업재해보상보험법 제5조 제2호). 따라서 업무상 재해를 입은 자가 산업재해보상보험의 적용대상이 되는가의 판단은 근로기준법상의 근로자로 인정되는가의 여부에 달려 있다고 하겠다.

그리고 산업재해보상보험법이 적용되는 사업에서 현장실습을 하고 있는 학생 및 직업훈련생(이하 현장실습생이라 함) 중 고용노동부 장관이 정하는 현장실습생은 위의 규정에 불구하고 해당 사업에 적용되는 근로자로 본다(동법 제123조 제1항). 또 외국에서 행하는 사업에 근로시키기 위하여 파견하는 사람을 “해외파견자”라 정의하고 보험료징수법 제5조 제3항 및 제4항(당연가입자 · 임의가입자)에 따른 보험가입자(사용자)가 근로복지공단에 보험가입신청을 하여 승인을 얻은 경우에는 해외파견자를 당해가입자의 대한민국 영역 안의 사업에 사용하는 근로자로 보아 산업재해보상보험법을 적용할 수 있다(산업재해보상보험법 제122조 제1항). 또 보험가입자로 대통령령이 정하는 중소기업 사업주는 근로복지공단의 승인을 얻어 자기 또는 유족을 보험급여를 받을 수 있는 사람으로 하여 보험에 가입할 수 있다. 이 경우에는 이 사업주도 산업재해보상보험법을 적용함에 있어서는 근로자로 본다(동법 제124조 제1항).

(3) 보험관계의 소멸

보험관계는 다음에 해당하는 날 등에 소멸된다.

① 사업의 폐지 : 업무상 재해의 기초가 되는 사업이 폐지 또는 끝난 날의 다음날에 보험관계가 소멸한다(보험료징수법 제10조 제1호).

② 보험계약의 해약 : 임의적용사업의 사업주가 보험계약을 해지하는 경우에는 그 해지에 관하여 근로복지공단의 승인을 얻은 날의 다음날부터 보험관계가 소멸한다(동법 제10조 제2호).

③ 보험관계의 소멸통지 : 근로복지공단이 사업의 실체가 없는 등의 사유로 계속하여 보험관계를 유지할 수 없다고 인정하여 보험관계의 소멸을 결정 통지한 경우에는 그 통지한 날의 다음날부터 보험관계가 소멸한다(동법 제10조 제3호).

④ 의제가입의 경우 : 앞에서 본 보험료징수법 제6조 제3항의 규정에 의한 의제가입 사업주의 경우는 근로자를 사용하지 아니한 최초의 날부터 1년이 되는 날의 다음날에 보험관계가 소멸한다(동법 제10조 제4호).

2) 보험자(근로복지공단)

산업재해보상보험법에 의한 보험사업은 고용노동부 장관이 관장하지만(동법 제2조 제1항), 구체적인 보험사업은 고용노동부 장관의 위탁을 받아 근로복지사업을 효율적으로 수행하기 위하여 설립한 근로복지공단이 행한다(동법 제10조, 보험료징수법 제4조). 1994년 12월 22일의 전문개정에 의하여 보험자가 고용노동부(노동보험국과 지방사무소)에서 근로복지공단으로 변경되었다.

근로복지공단은 ① 보험가입자 및 수급권자에 관한 기록의 관리 유지, ② 보험료징수법에 의한 징수금의 보험료 그 밖의 징수, ③ 보험급여의 결정 및 지급, ④ 보험급여에 관한 심사청구의 심리결정, ⑤ 산업재해보상보험시설의 설치 · 운영, ⑥ 업무상 재해를 입은 근로자 등의 요양 및 재활, ⑦ 재활보조기구의 연구개발, 검정 및 보급, ⑧ 근로자의 복지증진을 위한 사업, ⑨ 그 밖에 정부로부터 위탁받은 사업, ⑩ ⑤ 내지 ⑨에 따른 사업에 딸린 사업 등을 수행한다(동법 제11조 제1호~제8호).

산업재해보상보험사업에 관한 중요 사항을 심의하게 하기 위하여 고용노동부 장관의 자문기관으로서 산업재해보상보험및예방심의위원회(이하 "위원회"라 한다)가 설치되어 있다(동법 제8조). 이 위원회는 근로자를 대표하는 위원은 총연합단체인 노동조합이 추천하는 사람 5명, 사용자를 대표하는 위원은 전국을 대표하는 사용자단체가 추천하는 사람 5명, 공익을 대표하는 위원은 고용노동부 차관, 고용노동부의 산업재해보상보험업무를 담당하는 고위 공무원 또는 산업재해예방업무를 담당하는 고위 공무원 중 1명, 시민단체(비영리민간단체지원법 제2조의 규정에 의한 비영리민간단체를 말함)에서 추천하는 사람과 사회보험 또는 산업재해예방에 관한 학식과 경험이 풍부한 사람 중 3명 등 모두 15명으로 구성되며 그 위원은 고용노동부 장관이 임명 또는 위촉한다(동법 시행령 제4조).

특히 요양급여의 범위 · 비용 등 요양급여의 산정기준, 산재보험료율의 결정, 요양관리에 관한 사항 등을 심의하고 있다(동법 시행령 제3조).

근로복지공단은 일정한 사항을 기재한 정관을 작성하고(산업재해보상보험법 제14조 제1항) 이 정관을 고용노동부 장관의 인가를 받아(동법 제14조 제2항) 주된 사무소의 소재지에 설립등기를 함으로써 성립한다(동법 제15조). 이 설립등기에 의하여 법인격이 부여되고 법인으로 된다(동법 제12조). 공단의 임원은 이사장 1명과 상임이사 4명을 포함한 15명 이내의 이사와 감사 1명으로 하고(동법 제16조 제1항), 이사장의 임기는 3년, 이사와 감사의 임기는 2년으로 하되, 각각 1년 단위로 연임할 수 있다(동법 제17조). 이사장은 공단을 대표하고 공단의 업무를 통괄한다(동법 제18조 제1항). 그리고 공단에는 주요 사항을 심의·의결하기 위하여 이사회를 둔다(동법 제22조). 공단은 사업을 효율적으로 수행하기 위하여 공단의 사업에 출자하거나 출연할 수 있다(동법 제32조).

3) 보험사고(업무상 재해)

(1) 의의

산업재해보상보험의 대상이 되는 보험사고는 근로자의 '업무상 재해'이다. 그리고 이 업무상 재해는 "업무상의 사유에 의한 근로자의 부상, 질병, 신체장애 또는 사망을 말한다"고 되어 있다(산업재해보상보험법 제5조 제1호). 따라서 산업재해보상보험급여의 대상이 될 수 있는지의 여부는 결국 '업무상의 재해'가 그 요건이 된다.

(2) 업무상 재해의 인정기준과 범위

① 인정기준

업무상 재해의 인정기준에 관하여는 산업재해보상보험법 제37조에 규정되고 있다. 즉 근로자가 다음의 어느 하나에 해당하는 사유로 부상·질병·장해·사망하면 업무상 재해로 본다. 이 경우 업무와 재해 사이에 상당한 인과관계가 있어야 한다(산업재해보상보험법 제37조 제1항). 또 근로자의 고의, 자해행위나 범죄행위 또는 그것이 원인이 되어 발생한 부상·질병·장해·사망은 대통령령이 정하는 사유(동법 시행령 제36조)가 있는 경우를 제외하고는 업무상 재해로 보지 않는다(동법 제37조 제2항).

첫째는 업무상 사고이다. 업무상 사고란 ㉠근로자가 근로계약에 따른 업무나 그에 따른 업무를 하던 중 발생한 사고, ㉡사업주가 제공한 시설물 등을 이용하던 중 그 시설물 등의 결함이나 관리소홀로 발생한 사고, ㉢사업주가 제공한 교통수단이나 그에 준하는 교통수단을 이용하는 등 사업주의 지배관리하에서 출퇴근 중 발생한 사고(2014 헌바254. 2016. 9. 29 헌법재판소는 이 사고를 업무상 사고로 보는 것은 헌법에 합치되지 아니한다는 헌법 불합치 결정을 했다. 이 조항은 2017. 12. 31을 시한으로 입법자가 개정할 때까지 계속 적용한다.), ㉣사업주가 주관하거나 그 지시에 따라 참여한 행사나 행사준비 중에 발생한 사고, ㉤휴게시간 중 사업주의 지배관리하에 있다고 볼 수 있는 행위로 발생한 사고, ㉥그 밖에 업무와 관련하여 발생한 사고이다.

둘째는 업무상 질병이다. 업무상 질병이란 ㉠업무수행과정에서 물리적 인자, 화학물질, 분진, 병원체, 신체에 부담을 주는 업무 등 근로자의 건강에 장해를 일으킬 수 있는 요인을 취급하거나 그에 노출되어 발생한 질병, ㉡업무상 부상이 원인이 되어 발생한 질병, ㉢그 밖에 업무와 관련하여 발생한 질병 등이다.

② 업무상의 범위에 관한 대법원 판례

산업재해보상보험법 시행규칙은 대법원 판례에 맞추어 1997년 12월 31일 이후에

'업무상' 재해의 인정기준을 위와 같이 구체적으로 정하게 되었다. 참고로 구체화되기까지의 대법원 판례에 나타난 '업무상'의 범위를 보면 다음과 같다.

㉠ '업무'라고 하는 것은 근로계약에 따른 본래의 담당업무, 즉 직무 · 작업행위 등이지만, 동시에 생리적 필요행위(작업 중의 용변 등)라든지 업무의 부수행위(작업의 준비행위와 사후 정리행위)는 물론 회사에서 주관하는 사업장 외에서의 행사까지 포함한다(대판, 1997.3.28. 6누16179). 또한 긴급행위로서, 업무담당자로서 통상적으로 행하는 것이 예정되어 있다든지 또는 예상될 수 있는 합리적인 행위도 이에 포함된다(대판, 1996.10.11. 96누9034 ; 1997.3.28. 96누16179 ; 1997.5.23. 96누18748 ; 1997.8.29. 97누7271 등).

㉡ 재해가 취업기간 중에 사업장 외에서 발생한 경우가 문제가 된다. 예컨대 출장 중, 외근, 운송업무 등의 종사자는 포괄적으로 사용자의 지배를 받고 있다고 생각할 수 있으므로, 명백한 업무이탈이 아닌 한 업무기인성이 추정되어 원칙적으로 '업무상'의 것으로 인정된다.

㉢ 사업장의 물적 시설 또는 사용자의 노무관리방법에서 비롯되는 재해는 업무상의 것으로 인정된다. 예컨대 작업대기 중의 사고, 사업장 급식에 의한 식중독, 시설의 흠으로 인한 휴게시간 중의 사고, 출퇴근과정이 사업주의 지배관리하에서 행해지는 경우 출퇴근의 재해 등은 모두 이에 포함된다(대판, 1997.1.14. 97누13009, 1996.4.26. 96누2026, 1996.2.29. 95누16769, 1995.9.15. 97누6946 등).

㉣ 재해가 취업기간 외에 사업장 내에서 발생한 경우 문제된다. 예컨대 휴게시간 중은 사용자의 노무지휘권이 미치지 않으므로 원칙적으로 '업무 외'이다(대판, 1996.8.23. 95누14633). 그러나 그 재해가 사업장의 시설 또는 관리의 흠으로 인한 경우에는 업무기인성이 추정되어 '업무상'의 것으로 된다. 또한 공휴일의 작업, 직장폐쇄 중의 작업도 사용자의 묵인 등 노무지휘권이 미친다고 인정되는 경우에는 이에 포함된다.

㉤ 제3자 행위에 의하여 발생한 재해라도 해당 업무와 관련하여 발생할 수 있는 것이면 업무상의 범위에 포함된다(산업재해재심사례 82-96호 1982.7.19 ; 동 90~319호,

1990.9.17. 등). 예컨대 숙직 중의 강도에 의한 부상이나 사망은 업무상의 것으로 된다.

ⓑ 재해가 근로자의 기초질병이나 기존질병으로 인하여 발생한 경우가 문제가 된다. 그 기초질병이나 기존질병이 평소 정상적인 근무가 가능할 정도의 것이었고 그 질병이 업무와 직접 관련이 없었더라도 업무상의 과로로 인하여 급속히 악화되거나 새로운 질병이 유발된 경우 또는 이로 인하여 사망한 경우 등에는 업무와 재해발생 사이의 인과관계를 인정하여 업무상의 것으로 보아야 할 것이다(대판, 1997.5.28. 97누10, 1996.9.10. 96누6806, 1995.3.14. 94누9935, 1994.2.25. 93누19030 등). 이 때 과로인지 여부는 보통 평균인을 기준으로 할 것이 아니라 해당 재해를 입은 사람을 기준으로 판단하여야 할 것이다(대판, 1995.5.12. 91누10466, 1994.12.13. 94누9030 등).

4) 산업재해보상보험의 보험급여

(1) 급여의 종류와 산정

산업재해보상보험법에 따른 급여는, 요양급여, 휴업급여, 장해급여, 간병급여, 유족급여, 상병보상연금, 장의비, 직업재활급여 등 8종류가 있다(동법 제36조 제1항).

① 요양급여

요양급여는 근로자가 업무상의 사유로 부상을 당하거나 질병에 걸린 경우에 해당 근로자에게 지급하는 급여로서(동법 제40조 제1항), 요양급여는 요양비의 전액으로 하되 원칙적으로 현물급여(보험시설 또는 공단이 지정한 산재의료기관에서 요양을 하게 하는 것)이며, 예외적으로 부득이한 경우에는 요양에 갈음하여 요양비를 지급할 수 있다(동법 제40조 제2항). 다만 3일 이내의 요양으로 치유될 수 있는 경우에는 요양급여를 지급하지 아니한다(동법 제40조 제3항). 요양급여의 범위는 다음과 같다(동법 제40조 제4항).

㉠ 진찰 및 검사, ㉡ 약재 또는 치료재료와 의지, 그 밖의 보조기의 지급, ㉢ 처치, 수술의 기타의 치료, ㉣ 재활치료, ㉤ 입원, ㉥ 간호 및 간병, ㉦ 이송, ㉧ 그 밖에 고용노동부령이 정하는 사항

요양급여의 범위 · 비용 등 요양급여의 산정기준은 고용노동부령(산업재해보상보험법 시행규칙)으로 정한다(동법 제40조 제5항). 이에 따라 산업재해보상보험법 시행규칙 제10조는 요양급여의 범위 및 비용 등 산정기준을 구체적으로 규정하고 있다.

② 휴업급여

휴업급여는 업무상 사유에 의하여 부상을 당하거나 질병에 걸린 근로자에게 요양으로 인하여 취업하지 못한 기간에 대하여 지급하며, 1일에 대하여 평균임금의 100분의 70에 상당하는 금액을 지급한다. 다만 취업하지 못한 기간이 3일 이내이면 지급하지 않는다(동법 제52조). 휴업급여와 관련하여 부분휴업급여(동법 제53조), 저소득근로자의 휴업급여(동법 제54조), 고령자의 휴업급여(동법 제55조), 재요양기간 중의 휴업급여(동법 제56조) 등을 규정하고 있다.

③ 장해급여

장해급여는 근로자가 업무상의 사유에 의하여 부상을 당하거나 질병에 걸려 치유 후 신체 등에 장해가 있는 경우에 해당 근로자에게 지급하는데(동법 제57조 제1항) 이는 대통령이 정한 장해등급에 따라 장해보상연금 또는 장해보상일시금으로 지급한다(동법 제57조 제2항). 장해보상연금 또는 장해보상일시금은 수급권자의 선택에 따라 이를 지급하되, 노동능력을 완전히 상실한 장해등급(1~3급)의 근로자에 대하여는 장해보상연금을 지급한다(동법 제57조 제3항).

④ 유족급여

유족급여는 근로자가 업무상의 사유에 의하여 사망한 경우에 유족에게 지급하고(동법 제62조 제1항), 별표 3에 의한 유족보상연금 또는 유족보상일시금으로 하되, 유족보상일시금은 근로자가 사망할 당시 유족보상연금을 받을 수 있는 자격이 있는 자(동법 제63조 제1항에서 규정)가 없는 경우에 지급한다(동법 제62조 제2항, 동법 별표 3). 다만 유족보상연금의 수급권자가 원하는 경우에는 유족보상일시금의 100분의 50에 상당하는 금액을 일시금으로 지급하고 유족보상연금은 100분의 50을 감액지급한다(동법 제62조 제3항). 유족보상연금을 받을 수 있는 자격이 있는 자(유족보상연금수급자격자)는 근로자의 사망 당시 근로자와 생계를 같이하고 있던 유족(그 근로자가 사망할 당시 대한민국 국민이 아닌 사람으로서 외국에서 거주하고 있던 유족 제외) 중 배우자와 부모 또는 조부모로서 60세 이상인 사람, 자녀 또는 손자녀로서 19세 미만인 사람, 형제자매로서 19세 미만이거나 60세 이상인 사람, 위의 경우 중 어느 하나에 해당하지 아니하는 자녀 · 부모 · 손 · 조부모 또는 형제자매로서 장애인복지법 제2조의 규정에 따른 장애인 중 고용노동부령(산업재해보상보험법 시행규칙)이 정하는 장애등급 이상에 해당하는 사람으로 한다(동법 제63조 제1항). 그리고 유족보상연금수급자격자가 유족보상연금을 받을 권리의 순위는 배우자 · 자녀 · 부모 · 손 · 조부모 · 형제자매의 순서로 한다(동법 제63조 제3항).

⑤ 상병보상연금

상병보상연금은 요양급여를 받은 근로자가 요양을 시작한 지 2년이 지난 날 이후에 부상 또는 질병이 치유되지 아니하고 그 부상 또는 질병에 의한 폐질의 정도가 대통령령이 정하는 폐질등급기준(동법 시행령 제65조 제1항 별표 8)에 해당되며, 또한 요양으로 인하여 취업하지 못한 경우에 휴업급여 대신 지급한다(동법 제66조 제1항).

폐질등급은 1급으로부터 3급까지 구분되고 있는데, 신체장해등급의 1급에서 3급까지의 내용과 거의 같은 기준이다. 상병보상연금은 동법 별표 4에 따른 폐질등급에 따라 지급한다(동법 제66조 제2항, 별표 4). 그러나 근로자가 61세 이후에는 노동능력 등을 고려하여 상병보상연금을 감액하여 지급한다(동법 제68조 별표 5 : 고령자의 1일당 상병보상연금 지급기준 참조).

⑥ 장의비

장의비는 근로자가 업무상의 사유에 의하여 사망한 경우에 평균임금의 120일분에 상당하는 금액을 그 장제를 지낸 유족에게 지급한다(동법 제71조).

⑦ 간병급여

간병급여는 요양급여를 받은 자가 치유 후 의학적으로 상시 또는 수시로 간병이 필요하여 실제로 간병을 받은 자에게 지급하는 급여이다(동법 제61조 제1항).

⑧ 직업재활급여

장해급여 또는 진폐보상연금을 받은 자나 장해급여를 받을 것이 명백한 자로서 대통령령으로 정하는 자(장해급여자) 중 취업을 위하여 직업훈련이 필요한 자에게 실시하는 직업훈련비용 및 직업훈련수당, 업무상의 재해가 발생할 당시의 사업에 복귀한 장애급여자에 대하여 사업주가 고용을 유지하거나 직장적응훈련 또는 재활운동을 실시하는 경우에 각각 지급하는 직장복귀지원금, 직장적응훈련비 및 재활운동비를 말한다(동법 제72조).

(2) 보험금의 산정기준과 지급수준의 보장

① 보험급여의 산정기준

산업재해보상보험의 급여는 요양급여의 경우에 인정되고 있는 현물급여를 제외하고는 현금급여를 제공하는 경우가 많다. 현금급여는 산업재해보상보험에 따라 재해를 입은 근로자의 임금, 통상임금 및 평균임금 등이 급여산정에 사용된다. 여기서 말하는 임금, 통상임금 및 평균임금은 근로기준법에 의한 임금, 평균임금 및 통상임금을 말한다(산업재해보상보험 제5조 제2호). 다만, 근로기준법에 따라 임금 또는 평균임금을 결정하기 어렵다고 인정되면 고용노동부 장관이 고시하는 금액을 해당 임금 또는 평균임금으로 한다(동법 제5조 제2호 단서). 대부분의 경우는 평균임금이 기본적으로 산업재해보험의 급여를 산정하는 기준이 되고 있다(동법 제36조 제3항~제6항).

그러나 산업재해보상보험법상 현금급여는 각각의 급여종류에 따라 특별하게 예외적인 상황이 많고 거기에 따라 규정되어 있는 경우가 많다.

② 임금변동순응률제도(슬라이드제도)

산업재해보상보험법에 의하여, 보험급여의 산정에 있어서 매년 전체 근로자의 임금평균액의 증감률과 소비자물가변동률(그 근로자의 연령이 60세 이후에는)에 따라 대통령령이 정하는 기준에 따라 평균임금을 증감할 수 있도록 규정하였다(동법 제36조 제3항, 제4항, 동법 시행령 제22조 제1항).

이러한 규정은 매년 임금수준의 변동폭이 크고, 장기적인 요양급여를 받고 있는 경우, 재해를 입은 근로자는 재해 당시 평균임금을 기준으로 보험급여를 받게 되어, 근로자의 보험급여가 갖는 실질적 가치가 하락될 수밖에 없는데, 이것을 방지하기 위한 조치로 볼 수 있다.

③ 평균임금산정의 특례

근로자의 근로형태가 특이하거나 진폐 등 특정한 직업병으로 인하여 평균임금을 적용하는 것이 적당하지 아니하다고 인정되는 경우에는 대통령령이 정하는 산정방법에 따라 산정한 금액을 평균임금으로 한다(동법 제36조 제5항, 제6항).

이에 따라 산업재해보상보험법 시행령은 근로형태가 특이한 경우가 어떠한 경우인가와 이 경우의 평균임금의 산정방법을 규정하고 있고(동법 시행령 제24조), 또 평균임금의 특례가 적용되는 직업병이 무엇이고 이 직업병에 적용되는 평균임금의 산정방법을 규정하고 있다(동법 시행령 제25조).

근로기준법에 따라 임금 또는 평균임금을 결정하기 어렵다고 인정되면 고용노동부장관이 정하여 고시하는 금액을 임금 또는 평균임금으로 한다(동법 제5조 제2호 단서).

④ 최고·최저보상제

보험급여는 재해를 입은 근로자의 평균임금을 기준으로 소정일수에 상당하는 금액을 지급하는 것이 원칙이다. 따라서 임금수준에 따라 보험급여에 차등이 생기는데 이를 보완하기 위하여 보험급여(장의비는 제외)의 산정에 있어서 해당 근로자의 평균임금 또는 특별한 산정기준에 의해 산정한 평균임금이 전체 근로자의 임금평균액의 1.8배(최고보상기준금액)를 초과하거나 2분의 1(최저보상기준)보다 적으면, 그 최고보상기준금액 또는 최저보상기준금액을 각각 해당 근로자의 평균임금으로 본다. 다만 휴업급여 및 상병보상연금의 경우에는 최저보상기준금액을 적용하지 않는다(동법 제36조 제7항)고 규정하여 최고·최저보상제를 채택하고 있다. 최고·최저보상기준금액의 산정방법은 동법 시행령 제26조에 규정되어 있다.

(3) 보험급여의 지급제한

근로자가 정당한 이유 없이 요양에 관한 지시를 위반함으로써 상병, 질병 또는 신체장해의 상태를 악화시키거나 그 치유를 방해한 것이 명백한 경우에는 보험급여의 전부 또는 일부를 지급하지 아니할 수 있다(동법 제83조). 이는 일종의 수급권의 제한 혹은 수급권자에 대한 신의성실의무를 다하지 않음에 대한 벌칙으로 볼 수 있다.

(4) 부정이득의 징수

공단은 거짓이나 그 밖의 부정한 방법으로 보험급여를 받은 자에 대하여 그 급여액의 2배에 해당하는 금액을 징수하여야 하고, 수급권자 또는 수급권자이었던 자가 산업재해보상보험법 제114조 제2항부터 제4항의 규정에 의한 신고의무를 이행하지 아니함으로써 부당하게 보험급여를 지급하는 경우, 그 밖의 잘못 지급된 보험급여가 있는 경우에는 그 급여액이 해당하는 금액을 징수하여야 한다(동법 제84조 제1항 제1호~제3호).

(5) 수급권의 보호와 공과금의 면제

산업재해보상보험급여를 받을 권리는 퇴직으로 인하여 소멸되지 않고, 양도 또는 압류할 수 없다고 규정되어 있다(동법 제88조). 보험급여로 지급된 금품에 대하여는 국가 또는 지방자치단체의 공과금을 부과하지 아니한다고 되어 있다(동법 제91조).

(6) 다른 법에 의한 보상 및 배상과의 관계

① 근로기준법상의 재해보상과의 관계

수급권자가 산업재해보상보험법에 의하여 보험급여를 받았거나 받을 수 있는 경우에는 보험가입자는 동일한 사유에 대하여 근로기준법에 의한 재해보상책임이 면제된다(동법 제80조 제1항). 산업재해사고에 대한 급여는 근로기준법상의 산업재해에 대한 동일한 사유에 대하여 사용자의 이중책임을 면제하는 동시에 근로자도 이중이득을 볼 수 없도록 한 장치로 볼 수 있다.

② 손해배상과의 관계

수급권자가 동일한 사유에 대하여 산업재해보상보험법에 의한 보험급여를 받은 경우에는 보험가입자는 그 금액의 한도 내에서 민법 기타 법령에 의한 손해배상의 책임이 면제된다(동법 제80조 제2항). 또 수급권자가 동일한 사유로 민법 또는 기타 법령에 의하여 산업재해보상보험법에 상당한 금품을 받은 때에는 근로복지공단은 그 받은 금품을 대통령령이 정하는 방법에 따라 환산한 한도의 금액 안에서 산업재해보상보험법에 의한 보험급여를 지급하지 아니한다(동법 제80조 제3항).

③ 제3자에 대한 구상권

근로복지공단은 제3자의 행위에 의한 재해로 인하여 보험급여를 지급한 경우에는 그 급여액의 한도 안에서 급여를 받은 자의 제3자에 대한 손해배상청구권을 대위한다. 다만 보험가입자인 2 이상의 사업주가 같은 장소에서 하나의 사업을 분할하여 각각 행하다가 그중 사업주를 달리하는 근로자의 행위로 재해가 발생한 경우에는 그러하지 아니하다(동법 제87조 제1항). 공단이 급여를 받은 자의 제3자에 대한 손해배상청구권을 대위하는 경우에 수급권자가 제3자로부터 동일한 사유로 인하여 산업재해보상보험법이 보험급여에 상당하는 손해배상을 받은 경우에는 근로복지공단은 그 배상액을 대통령령이 정하는 방법에 따라 환산한 금액의 한도 안에서 산업재해보상보험법에 의한 보험급여를 지급하지 아니한다(동법 제87조 제2항). 제3자에 대한 구상권은 거의 모든 사회복지법, 사회보장법에 비슷한 취지로 규정되어 있는데, 이는 재해를 입은 자의 생활을 신속하게 안정시키고 생존권을 확보한다는 취지로 해석할 수 있다.

5) 산업재해보상보험의 보험료

(1) 개념

산업재해보상보험비용의 재원조달은 원칙적으로 사용주의 책임이지만, 행정사무 등을 위한 약간의 비용을 국가에서 부담한다.

(2) 보험료의 산정

공단은 보험사업에 드는 비용에 충당하기 위하여 보험가입자로부터 산업재해보상보험의 보험료를 징수한다(보험료징수법 제13조 제1항). 그런데 산재보험에 관한 업무는 고용노동부 장관의 위탁을 받아 근로자복지공단이 수행하고, 보험료 징수는 고용노동부 장관의 위탁을 받아 국민건강보험공단이 징수한다(보험료징수법 제4조). 보험가입자인 사업주가 부담하는 산업재해보상보험료는 사업주가 경영하는 사업에 종사하는 근로자의 개인별 보수총액에 동종의 사업에 적용되는 산재보험료율을 곱한 금액으로 한다(보험료징수법 제13조 제5항). 보수란 소득세법 제20조 따른 근로소득에서 대통령령으로 정하는 금품을 뺀 금액을 말한다(동법 제2조 제3호). 그러나 사업의 폐업 · 도산 등으로 보수를 산정 · 확정하기 곤란한 경우 또는 대통령령으로 정하는 사유에 해당하는 경우에는 고용노동부 장관이 정하여 고시하는 금액(기준보수)을 보수로 할 수 있다(동법 제3조 제1항).

보험료율은 매년 6월 30일 현재로 과거 3년간의 보수총액에 대한 보험급여총액의 비율을 기초로 하고 산업재해보상보험법에 따른 연금 등 보험급여에 소요되는 금액, 재해예방 및 재해근로자의 복지증진 등에 소요되는 비용 등을 고려하여 사업의 종류별로 구분하며 고용노동부령으로 정한다(보험료징수법 제14조 제3항).

보험료율의 산정기간이 종전에는 '과거 5년간'이었는데 산정기간을 단축한 것은 보험가입자가 재해예방조치를 취한 최근의 실적이 즉각 보험료율 산정에 반영될 수 있도록 하기 위한 취지이다. 그러나 보험관계가 성립하여 3년이 지나지 아니한 사업에 대한 보험료율은 고용노동부령이 정하는 바에 의하여 산업재해보상 및 예방심의위원회의 심의를 거쳐 사업종류별로 따로 정한다(보험료징수법 제14조 제4항). 그리고 동일 사업장에서 보험료율의 적용사업이 2종 이상 행하여지는 경우에는 그중 근로자 수 및 보수총액 등의 비중이 큰 주된 사업에 적용되는 보험료율을 해당 사업장 안의 모든 사업에 적용한다(보험료징수법 시행령 제14조 제1항).

(3) 보험료율 결정의 특례

대통령령으로 정하는 사업으로서 매년 6월 30일 현재 산재보험의 보험관계가 성립한 후 3년의 지난 사업의 경우에 그 해 6월 30일 이전 3년 동안의 산재보험료에 대한 산재보험급여의 금액의 비율이 대통령령으로 정하는 비율에 해당하는 경우에는 보험료징수법 제14조 제3항, 제4항에 불구하고 그 사업에 적용되는 산재보험료율의 100분의 50의 범위에서 사업규모를 고려하여 대통령령으로 정하는 바에 따라 인상하거나 인상한 비율을 그 사업에 대한 다음 보험연도의 산재보험료율로 할 수 있다(보험료징수법 제15조 제2항).

6) 노동복지사업

노동복지사업은 산업재해보상보험급여만으로 피해자와 그 가족의 생활안정과 복지증진에 한계가 있음을 인식하여 보다 적극적으로 근로자의 복지증진을 위한 제반 사업을 실시하는 것을 말한다. 산업재해보상보험법은 재해근로자에게 신속 공정하게 보상하고, 재해근로자의 재활 및 사회복귀를 촉진할 것을 목적으로 한다(동법 제1조)고 규정함으로써 산업재해보상보험급여와 함께 근로자의 재활 및 사회복귀가 산업재해보상보험사업의 목적임을 명시하고 있다. 이러한 목적을 달성하기 위하여 고용노동부 장관은 근로자의 복지증진을 위하여 다음과 같은 몇 가지 사업을 수행할 수 있도록 규정하고 있다(동법 제92조 제1항 제1호~제3호).

① 업무상의 재해를 입은 근로자의 원활한 사회복귀를 촉진하기 위한 요양 또는 외과 후 처치에 관한 시설 및 의료재활 또는 직업재활에 관한 시설 등 보험시설의 설치 · 운영
② 장학사업 등 재해근로자와 그 유족의 복지증진을 위한 사업
③ 그 밖에 근로자의 복지증진을 위한 시설의 설치 · 운영사업 등

또 고용노동부 장관은 장해급여를 받은 근로자의 장해 정도를 참작하여 보험가입자가 그 재해근로자(장해급여 또는 진폐보상연금을 받은 자)를 적성에 맞는 업무에 고용하도록 권고할 수 있도록 하여(동법 제94조) 장해근로자의 고용촉진을 유도하고 있다.

7) 권리구제

사회보장법과 사회복지법에는 권리구제에 관한 규정이 있는데 이는 대체로 두 번에 걸쳐 이의신청을 하도록 되어 있다. 산업재해보상보험법의 경우에는 그 보험급여에 관한 결정에 대하여 불복이 있는 사람은 공단에 심사청구를 할 수 있고(1차 심사청구, 동법 제103조 제1항), 이 심사결정에 불복이 있는 사람은 산업재해보상보험심사위원회에 재심사청구를 할 수 있다(동법 제106조 제1항). 그리고 보험급여의 결정에 불복하는 사람은 심사 및 재심사청구를 거치지 않고 곧바로 행정소송을 제기할 수 있다(행정소송법 제18조).

심사 및 재심사청구에 대하여는 산업재해보상보험법 제103조 내지 제111조, 동법 시행령 제96조 내지 113조에 구체적으로 규정되어 있다.

<산업재해와 관련한 법적 쟁송 사례>

① 산재 요양 불승인처분 취소 소송

자동차운전학원에 25인승 소형버스를 지입해 수강학생들을 운송하던 차주 겸 운전기사인 A("이하 차주 A"라 함)는 1999년 12월 15일 저녁 7시 30분경 집 근처 주차장에서 버스를 주차하던 중 사고가 나 병원에서 진단을 받은 결과 '뇌교혈종, 뇌수두증, 흡인성 폐렴'이라는 상병으로 산재요양을 신청했다.

그러나 근로복지공단에서는 운전학원과 차주 A씨와는 업무를 명령하고 지휘받는 사용종속관계가 아니므로 근로기준법상 근로자에 해당하지 않는다는 이유로 산재 요양 불승인처분을 했다. 이에 차주 A씨는 산재 요양 불승인처분을 내린 근로복지공단을 상대로 행정소송을 제기하였다.

이에 대하여 행정법원은 학원에 전속되어 노무를 제공했을 뿐 차량을 이용해 다른 영업행위를 하지 않았고, 학원 측에서도 매월 일정액을 지급하면서 차주 A를 독립된 사업주로 간주해 사업소득세를 공제한 적도 없어 보이는 점 등을 고려해 보면 근로계약서, 임금대장이 작성되지 않았다거나 근로소득세를 원천징수하지 않았다고 하더라도 차주 A는 학원에 대해 사용종속의 관계에서 자신 소유의 차량과 함께 근로를 제공하고 실비변상적인 성격의 금원을 포함한 포괄적인 형태의 임금을 받는 근로기준법상 근로자라고 할 것이므로, 근로자가 아님을 전제로 내린 산재 요양 불승인처분은 위법하다고 판시하였다(서울행정법원 2002. 5. 1. 2001구1821).

② 구상권 유무에 관한 사례

원심은 소외 주식회사 스와니코퍼레이숀(이사 "소외 회사"라 한다)의 직원인 소외 1과 동료직원인 유성환이 1996. 2. 1. 출장업무를 마치고 소외 1이 운전하는 소외 회사 소유의 승합차를 타고 귀사하다가 위 승합차가 눈길에 미끄러져 피고 2 운전의 피고 대신여객운수 주식회사(이하 "피고 회사"라 한다) 소유 고속버스의 앞 범퍼부분을 충격하여 유성환이 사망하는 사고가 발생한 사실, 원고(근로복지공단)는 산업재해보상보험법에 기하여 설립된 보험공단으로서 위 사고를 산업재해사고로 인정, 산업재해보상보험가입자인 소외 회사의 피용자인 유성환의 유족에게 유족보상일시금으로 51,914,760원, 장의비로 4,792,220원, 합계 56,707,980원을 지급한 사실을 인정한 다음, 위 사고는 소외 회사의 피용자인 소외 1의 과실과 피고 2의 과실이 경합하여 발생한 것인바, 산업재해가 보험가입자와 제3자의 공동불법행위로 인하여 발생한 경우 산업재해보상보험법 제54조 제1항에 의하여 근로복지공단이 제3자에 대하여 구상할 수 있는 범위는 근로복지공단의 보험급여지급액 중 보험가입자의 과실비율에 따른 책임부분을 공제한 나머지 금액만을 구상할 수 있는 것이 아니라 그 지급액 전액에 대하여 구상권을 행사할 수 있다고 판단하여, 피고들로 하여금 원고에게 보험급여액(단, 장의비만 1,800,000원으로 축소) 중에서 소외 회사 소유차량에 대한 자동차책임보험자 및 피고 회사 소유차량에 대한 자동차종합보험자로부터 원고가 지급받는 각 보험금액을 공제한 나머지 금액을 지급할 것을 명하였다.

그러나 대법원은 다음과 같이 판단하였다.

산업재해보상보험법(1999. 12. 31. 법률 제6100호로 개정된 것) 제55조의 2에서는 "보험가입자가 소속 근로자의 업무상의 재해에 대하여 이 법에 의한 보험급여의 지급사유와 동일한 사유로 민법 기타 법령에 의하여 보험급여에 상당하는 금품을 수급권자에게 미리 지급한 경우로서 해당 금품이 보험급여에 대체하여 지급한 것으로 인정되는 경우 보험가입자는 대통령령이 정하는 바에 따라 해당 수급권자의 보험급여를 받을 권리를 대위한다"고 규정하고 있으므로(같은 취지의 규정이 1986. 8. 27. 대통령령 제11960호로 개정된 산업재해보상보험법 시행령 제35조에 이미 규정되어 있었고, 1995. 4. 15. 위 시행령이 전면 개정되면서 그 제51조에서 역시 같은 취지로 규정되었다가, 위와 같이 법률에 규정이 되면서 위 시행령 제51조는 삭제되었다), 산업재해가 보험가입자와 제3자의 공동불법행위로 인하여 발생한 경우에, 근로복지공단이 제3자에 대하여 위 산업재해보상보험법 제54조 제1항에 의하여 보험급여액 전액을 구상할 수 있다면, 그 급여액 전액을 구상당한 제3자는 다시 공동불법행위자인 보험가입자를 상대로 그 과실비율에 따라 그 부담부분을 재구상할 수 있고, 재구상에 응한 보험가입자는 위 산업재해보상보험법 제55조의 2의 유추적용에 의하여 근로복지공단에 재구상에 상당한 금액의 재재구상을 할 수 있다고 하여야 할 것인데, 그렇게 되면 순환소송이 되어 소송경제에도 반할 뿐만 아니라, 근로복지공단이 결국은 보험가입자에게 반환할 것을 청구하는 것이 되어 이를 허용함은 신의칙에 비추어 보더라도 상당하지 아니하므로, 근로복지공단은 제3자에 대하여 보험가입자의 과실비율 상당액은 구상할 수 없다고 해석하여야 할 것이고, 구체적으로는 피해자가 배상받을 손해액 중 보험가입자의 과실비율 상당액을 보험급여액에서 공제하고 차액이 있는 경우에 한하여 그 차액에 대하여만 근로복지공단이 제3자로부터 구상할 수 있다고 할 것이다. 이와 달리 근로복지공단이 산업재해보상보험법 제54조 제1항에 따라 제3자에 대하여 그 지급한 보험급여액 전액에 관하여 구상권을 행사할 수 없다(대판, 2002. 3. 21. 2000다62322).

제 7 절 고용보험법

1. 의의와 목적

고용보험법은 근로자의 고용에 관한 법규의 전체라고 할 수 있다.

고용보험법은 1993년 12월 27일에 제정되었고, 1994. 12. 22, 1999. 12. 31, 2000. 1. 12, 2001. 8. 14, 2002. 12. 30, 2003. 12. 3, 2005. 5. 3, 2005. 12. 7, 2006. 10. 4, 2006. 12. 28, 2007. 5. 11(전부개정), 2007. 12. 31, 2008. 3. 21, 2008. 12. 31, 2009. 10. 9, 2010. 1. 27, 2011. 7. 21, 2012. 2. 1, 2013. 3. 22, 2013. 6. 4, 2014. 1. 21, 2015. 1. 20, 2016. 1. 19, 2016. 5. 29, 2016. 12. 27. 등에 개정되었다.

동법 시행령은 1995년 4월 6일에 제정되었고, 1995. 4. 15, 1999. 1. 29, 2000. 2. 9, 2002. 12. 30, 2003. 12. 16, 2004. 10. 1, 2005. 6. 30, 2005. 12. 30, 2006. 3. 29, 2006. 6. 12, 2006. 11. 23, 2007. 4. 27, 2007. 10. 17, 2007. 10. 23, 2008. 2. 29, 2008. 4. 30, 2008. 9. 18, 2009. 12. 30, 2010. 12. 31, 2011. 9. 15, 2012. 1. 13, 2012. 7. 10, 2015. 8. 19, 2015. 12. 4, 2016. 7. 19, 2016. 10. 18, 2016. 12. 30, 2017. 3. 27. 등에 개정되었다.

동법 시행규칙은 1995년 7월 1일에 제정되었고, 1997. 6. 18, 1999. 8. 9, 2001. 11. 3, 2003. 1. 4, 2004. 12. 31, 2005. 7. 1, 2005. 11. 2, 2005. 12. 30, 2006. 1. 16, 2006. 3. 13, 2006. 12. 1, 2007. 6. 7, 2008. 2. 25(전부개정), 2008. 4. 30, 2008. 9. 19, 2009. 4. 1, 2010. 1. 6, 2010. 2. 9, 2010. 5. 28, 2010. 8. 24, 2011. 9. 16, 2012. 1. 20, 2016. 7. 21, 2016. 12. 30. 등에 개정되었다.

고용보험법은 고용보험의 시행을 통해 실업의 예방, 고용의 촉진 및 근로자의 직업능력의 개발·향상을 도모하고, 국가의 직업지도·직업소개기능을 강화하며, 근로자가 실업한 경우에 생활에 필요한 급여를 실시함으로써, 근로자의 생활안정과 구직활동을 촉진하여 경제사회발전에 이바지함을 목적으로 한다(동법 제1조). 고용보험법의 목적은 실업예방, 고용촉진 및 직업능력의 개발을 통하여 근로자 개인의 복지증진과 사회경제적 발전에 기여하는 것으로 요약할 수 있다. 이 법의 목적을 달성하기 위한 사업 혹은 급여는 ① 고용안정사업, ② 직업능력개발사업 및 ③ 실업급여, ④ 유아휴직급여, ⑤ 출산전후휴가급여로 구분할 수 있다.

2. 특성과 기능

1) 특성

(1) 근로자의 생활보장과 고용대책의 통합

이는 근로자의 생활을 보장하는 사회복지정책과 고용정책이 함께 융합된 제도로 볼 수 있다.

(2) 관리운영의 국가책임

고용보험법은 고용보험을 고용노동부 장관이 관장한다고 되어 있는 한편(고용보험법 제3조) 비용부담에 있어서도, 국가는 매년 보험사업의 관리운영에 소요되는 비용의 전부 또는 일부를 일반회계에서 부담하여야 한다(동법 제5조)고 하여 국가책임을 밝히고 있다. 물론 보험사업에 소요되는 비용에 충당하기 위하여 사업주와 피보험자인 근로자로부터 보험료(고용안정사업, 직업능력개발사업, 실업급여의 보험료, 즉 고용보험료)를 징수하는(보험료징수법 제13조 제1항 제1호) 이른바 3자 부담의 원리를 취하고 있기는 하지만, 관리운영의 최종책임자는 국가로 볼 수 있다.

(3) 보험사고의 예측이 어려운 사회보험

연금보험, 의료보험 및 산업재해보상보험의 보험사고 발생률이 비교적 안정적이며 정확히 예측할 수 있는 데 비하여, 고용보험의 경우 실업률은 경기변동과 밀접한 관계가 있으며, 이는 다시 경기, 재정, 통화정책 등에 영향을 받기 때문에 보험사고 발생률의 예측이 어렵다. 따라서 고용보험의 경우 재정추계의 어려움 때문에 재정이 불안전하다.

2) 기능

우리나라의 고용보험법은 실업자에 대하여 생계를 지원하는 사후 구제적 차원의 단순한 실업보험(unemployment insurance)이 아니라 사전적으로 실업의 예방, 재취업의 촉진, 잠재인력의 고용촉진, 직업능력개발 및 인력수급 원활화 등을 목적으로 하는 적극적 인력정책(active policy)의 핵심적 수단으로 도입되었다. 우리나라에서 1993년 12월 27일에 고용보험법이 제정되고 1995년 7월 1일부터 시행되기 시작하면서 전통적인 4대 보험의 영역이 완비된 셈이다.

고용보험법의 기능은 첫째, 산업구조조정과정에서 고용조정을 지원하여 고용안정 및 구조조정을 도모한다.

둘째, 인력의 pool 형성(고용보험전산망), 국가의 직업안정기능의 체계화 등을 통하여 인력수급의 원활화를 도모한다.

셋째, 근로자의 직업능력개발 활성화로 노동생산성을 향상시키고, 기업경쟁력을 강화한다.

넷째, 실직근로자 생계안정, 재취업촉진을 꾀하게 된다.

다섯째, 남북통일에 대비한 적극적 노동시장정책 추진 가능성이다. 독일은 통일 후 고용보험으로 실업증가문제를 해결하였으므로, 고용보험법 시행을 통해 노동시장의 관리능력을 배양, 통일에 대비할 수 있을 것이다.

여섯째, 경기조절기능을 들 수 있다.

3. 주요 내용

고용보험법을 개정하여 보험료의 징수, 보험관계의 성립과 소멸에 대하여는 2003년 12월 31일에 제정된 고용보험 및 산업재해보상보험의 보험료징수 등에 관한 법률(보험료징수법이라 칭함)이 정하는 바에 따르게 되어 있다(고용보험법 제6조 제1항, 제9조).

따라서 고용보험법에서는 종래에 동법에서 규정하고 있었던 보험료, 보험관계의 성립과 소멸 등을 삭제하였다. 그러므로 고용보험법의 내용을 설명함에 있어서는 고용보험법과 보험료징수법의 규정을 함께 다루어야 한다. 이런 관점에서 고용보험법의 내용을 살펴보겠다.

1) 고용보험관계의 성립과 소멸

(1) 성립

보험관계가 성립한 때에 보험가입자인 근로자와 사업주의 보험료 지급의무와 보험자인 고용노동부 장관(실업급여업무는 고용노동부 산하의 직업안정기관의 장이 된다)의 급여의무가 발생하고 이를 바탕으로 고용보험의 관장 업무, 즉 근로복지공단의 사업장 관리, 보험료징수 등과 고용노동부의 피보험자 신고 접수, 각종 보험급여업무가 개시된다. 따라서 보험관계의 성립시기는 매우 중요하다.

고용보험법의 당연적용사업(당연가입자)[고용보험법의 적용을 받는 사업의 사업주와 근로자(고용보험법 제8조, 제10조)는 당연히 동법에 의한 고용보험의 가입자로 되는데(보험료징수법 제5조 제1항) 이를 고용보험법 당연적용사업의 가입자(당연가입자)라고 한다]의 경우에는 당연가입자가 되는 사업이 시작된 날[다만 당연가입대상에 속하지 아니하는 사업(고용보험법 적용배제사업, 고용보험법 제8조 단서)이 당연가입자가 되는 사업에 해당하게 된 경우에는 그 해당하게 된 날]에 보험관계가 성립한다(보험료징수법 제7조 제1호).

고용보험법 제8조 단서의 규정에 의한 사업(고용보험법 적용배제사업)의 사업주가 근로자 과반수의 동의를 얻어 근로복지공단의 승인을 얻은 때에는 그 사업의 사업주 및 근로자는 고용보험에 가입할 수 있는데(보험료징수법 제5조 제2항, 임의적용사업의 가입자 : 임의가입자), 이 경우에는 근로복지공단이 그 사업의 사업주로부터 보험가입승인신청서를 접수한 날의 다음날에 보험관계가 성립한다(보험료징수법 제7조 제3호).

그리고 보험료징수법 제5조 제1항의 규정에 따라 고용보험의 당연가입자가 되는 사업(당연적용사업)이 사업규모의 변동 등으로 고용보험법 제8조 단서의 규정에 의한 고용보험법 적용배제사업에 해당하게 된 때에는 그 사업주 및 근로자는 그 해당되게 된 날부터 보험료징수법 제5조 제2항의 규정(사업주가 근로자 과반수의 동의를 얻어 공단의 승인을 얻은 때에는 그 사업의 사업주 및 근로자는 고용보험에 가입할 수 있다. 이를 임의가입사업이라 한다)에 따라 고용보험에 가입한 것으로 보는데(의제가입자, 동법 제6조 제1항) 이 경우는 임의가입자의 보험성립관계와 같다.

(2) 적용범위

① 적용대상 사업장

고용보험법은 근로자를 고용하는 모든 사업 또는 사업장에 적용한다(동법 제8조). 그러나 산업별 특성 및 규모 등을 고려하여 대통령령이 정하는 사업에 대하여는 고용보험법을 적용하지 아니한다(동법 제8조 단서). 우선 고용보험법의 적용대상 사업장에서 제외되는 사업장은 다음과 같다(고용보험법 시행령 제2조 제1항 제1호~제3호).

㉠ 농업 · 임법 · 어업 중 법인이 아닌 자가 상시 4명 이하의 근로자를 사용하는 사업

㉡ 보험료징수법 시행령 제2조 제1항 제2호에 따른 총공사금액이 2,000만 원 미만인 공사나 연면적 100제곱미터 이하인 건축물의 건축 또는 연면적 200제곱미터 이하인 건축물의 대수선에 관한 공사

㉢ 가구 내 고용활동 및 달리 분류되지 아니한 자가소비 생산활동

② 적용제외 근로자

다음의 하나에 해당하는 근로자에 대하여는 고용보험법을 적용하지 아니한다. 다만 65세 이상의 근로자 또는 자영업자에 대한 고용안정 · 직업능력개발사업에 대하여는

그러하지 아니하다(동법 제10조, 동법 시행령 제3조).

㉠ 65세 이후에 고용되거나 자영업을 개시한 자(동법 제10조 제1호)

㉡ 1월간의 소정근로시간이 60시간 미만인 자[1주간의 근로시간이 15시간 미만인 사람 포함, 다만 생업을 목적으로 근로를 제공하는 사람 중 3월 이상 계속하여 근로를 제공하는 자 및 고용보험법 제2조 제6호의 규정에 의한 일용근로자(1월 미만의 기간 동안 고용되는 자)는 고용보험법의 적용을 받는다. 동법 제10조 제2호, 동법 시행령 제3조 제1항]

㉢ 국가공무원법 및 지방공무원법에 따른 공무원(동법 제10조 제3호). 다만 대통령령으로 정하는 바에 따라 별정직 및 임기제 공무원의 경우는 본인 의사에 따라 고용보험에 가입할 수 있다.

㉣ 사립학교교직원연금법의 적용을 받는 자(동법 제10조 제4호)

㉤ 그 밖에 대통령령이 정하는 자(동법 제10조 제5호)

그 밖에 대통령이 정하는 사람으로서 적용제외 근로자에 속하는 사람은 다음과 같다(동법 시행령 제3조 제2항 제1호, 제2호).

㉠ 외국인 근로자(예외적으로 고용보험법이 적용되는 경우가 동법 시행령에 규정되어 있다. 동법 시행령 제3조 제2항 제1호 단서 가 목~마 목의 어느 하나에 해당하는 외국인 근로자는 고용보험법 적용대상이 된다)

㉡ 별정우체국법에 의한 별정우체국 직원(동법 시행령 제3조 제2항 제2호)

③ 보험가입자

(가) 피보험자와 고용보험의 가입방식 고용보험법의 적용을 받는 보험가입자는 사업주와 근로자이다(보험료징수법 제5조 제1항, 제2항). 그러나 실제로 다양한 보험급여를 받는 사람은 피보험자이다. 피보험자라 함은 보험료징수법 제5조 제1항(당연가입자), 제2항(임의가입자), 제6조 제1항(의제가입자), 제8조 제1항, 제2항(일괄적용대상 사업)의 규정에 따라 보험에 가입하거나 가입된 것으로 보는 근로자와 보험료징수법 제49조의 2 제1항 및 제2항에 따라 고용보험에 가입하거나 가입된 것으로 보는

자영업자를 말한다(고용보험법 제2조 제1호).

피보험자는 고용보험법이 적용되는 사업에 고용된 날에 피보험자격을 취득한다. 다만 고용보험법 제10조에 따른 적용제외 근로자이었던 자가 동법의 적용을 받게 된 경우에는 그 적용을 받게 된 날, 보험료징수법 제7조에 따른 보험관계 성립일 전에 고용된 근로자의 경우에는 그 보험관계가 성립한 날에 피보험자격을 취득한 것으로 본다(고용보험법 제13조 제1항). 이에 불구하고 자영업자인 피보험자는 보험료징수법 제49조의 2 제1항 및 같은 조 제12항에서 준용하는 같은 법 제7조 제3호에 따라 보험관계가 성립하는 날에 보험자격을 취득한다(동법 제13조 제2항). 피보험자는 피보험자가 고용보험법 제10조에 따라 적용제외 근로자에 해당하게 된 경우에는 그 적용제외 대상자가 된 날, 보험료징수법(고용보험 및 산업재해보상보험의 보험료 징수에 관한 법률) 제10조의 규정에 따라 보험관계가 소멸한 경우에는 그 보험관계가 소멸한 날, 피보험자가 이직한 경우에는 이직한 날의 다음날, 피보험자가 사망한 경우에는 사망한 날의 다음날에 각각 피보험자격을 상실한다(고용보험법 제14조 제1항). 이에 불구하고 자영업자인 피보험자는 보험료징수법 제49조의 2 제10항 및 같은 조 제12항에서 준용하는 같은 법 제10조 제1호부터 제3호까지의 규정에 따라 보험관계가 소멸한 날에 피보험자 자격을 상실한다(동법 제14조 제2항). 고용보험의 가입방식에는 당연가입, 임의가입, 의제가입이 있다. 이하 가입방식을 구체적으로 설명한다.

(나) 당연가입(당연가입자) 고용보험법의 적용대상이 되는 사업의 사업주와 근로자는 당연히 보험가입자가 된다(보험료징수법 제5조 제1항). 이를 당연가입(자)이라고 하고 그 사업을 당연적용사업이라고 한다.

가입단위와 관련하여 보험의 당연가입사업주가 운영하는 여러 개의 각각의 사업이 다음의 요건에 해당하는 경우에는 보험료징수법을 일괄 적용하여 각각의 개별 사업 전부를 하나의 사업으로 본다(보험료징수법 제8조 제1항 제1호~제3호).

㉠ 사업주가 동일인일 것

㉡ 각각의 사업이 기간의 정함이 있는 사업일 것

㉢ 사업의 종류 · 연간 공사실적 등이 대통령령이 정하는 요건에 해당할 것

(다) 임의가입(임의가입자) 고용보험법 제8조 단서의 규정에 의한 사업(고용보험법 적용배제사업)의 사업주가 근로자 과반수의 동의 및 근로복지공단의 승인을 얻어 그 사업의 사업주와 근로자는 보험에 가입할 수 있는데(보험료징수법 제5조 제2항), 이를 임의가입이라 한다.

(라) 의제가입 위의 고용보험의 당연가입자가 되는 적용사업이 사업규모의 변동 등으로 인하여 당연가입의 범위에 속하지 아니하게 된 때에는 그 사업주 및 근로자는 그 해당하게 된 날부터 보험료징수법 제5조 제2항의 규정에 따라 임의가입한 것으로 본다(보험료징수법 제6조 제1항). 그리고 당연가입이 되는 사업의 사업주가 해당 사업 중에 피보험자인 근로자(고용보험법 제10조에 따른 적용제외근로자는 제외)를 고용하지 아니하게 된 때에는 그날부터 1년의 범위 안에서 피보험자인 근로자를 사용하지 아니한 기간 동안에도 보험에 가입한 것으로 본다(동법 제6조 제3항). 이러한 경우를 의제가입이라 부른다.

(3) 소멸

보험관계는 다음과 같은 날에 소멸한다(보험료징수법 제10조 제1호~제4호).

① 사업이 폐업되거나 끝난 다음날(동법 제10조 제1호)

② 임의가입 · 의제가입사업의 사업주는 근로자의 과반수 이상의 동의 및 근로복지공단의 승인을 얻어 보험계약을 해지할 수 있는데, 이 경우 보험관계의 소멸시기는 근로복지공단의 승인을 얻은 날의 다음날. 다만 해지는 보험계약이 성립한 보험연도가 종료한 후에만 가능하다(동법 제5조 제5항, 제6항, 제6조 제4항, 제10조 제2호).

③ 보험료징수법 제5조 제7항의 규정(근로복지공단은 사업의 실체가 없는 등의 사유로 계속하여 보험관계를 유지할 수 없다고 인정하는 경우에는 그 보험관계를 소멸시킬 수 있다)에 따라 근로복지공단이 보험관계를 소멸시키는 경우에는 그 소멸의 결정·통지를 한 날의 다음날(동법 제10조 제3호)

④ 보험료징수법 제6조 제3항의 규정(당연가입과 임의가입의 사업주가 그 사업의 운영 중에 근로자를 고용하지 아니하게 된 때에는 그날부터 1년의 범위 안에서 근로자를 사용하지 아니한 기간 동안에도 보험에 가입한 것으로 본다. 의제가입)에 의한 사업주의 경우에는 근로자를 사용하지 아니한 첫날부터 1년이 되는 날의 다음날(동법 제10조 제4호)

2) 고용보험의 보험자(관장기구)

고용보험의 관장은 고용노동부 장관이 관장한다(고용보험법 제3조). 따라서 고용보험의 보험자는 고용노동부 장관이다. 실제적으로 업무를 담당하는 기관은 고용노동부의 각 지방관서이다. 그런데 고용보험의 사업은 고용노동부 장관의 위탁을 받아 근로자복지공단이 수행하고 보험료징수 업무는 국민건강보험법에 따른 국민건강보험공단이 고용노동부 장관의 위탁을 받아 수행한다(동법 제4조 제1항 부과와 징수의 분리).

3) 고용보험의 보험급여

(1) 의의와 종류

고용보험의 급여는 크게 고용안정사업, 직업능력개발사업(고용보험법 제3장), 실업급여(동법 제4장), 육아휴직급여 및 출산전후휴가급여(동법 제5장 제1절, 제2절)로 구분할 수 있다(동법 제4조 제1항).

(2) 고용안정사업

고용노동부 장관은 피보험자 및 피보험자이었던 자, 그 밖에 취업할 의사를 가진 자 등(이하 "피보험자 등"이라 한다)의 실업의 예방, 취직의 촉진, 고용기회의 확대, 직업능력개발·향상의 기회제공 및 지원 그 밖에 고용안정과 사업주에 대한 인력확보의 지원을 위하여 고용안정 · 직업능력개발사업을 실시한다(동법 제19조 제1항). 이러한 고용안정사업 · 직업능력개발사업의 실시할 때에는 근로자 수, 고용안정 · 직업능력개발을 위하여 취한 조치 및 실적 등이 대통령령이 정하는 기준에 해당하는 기업을 우선적으로 고려하여야 한다(동법 제19조 제2항, 동법 시행령 제12조).

고용안정사업의 내용 중 중요한 몇 가지를 보면 다음과 같다.

① 고용창출의 지원

노동부 장관은 고용환경 개선, 근무형태 변경 등을 통하여 고용의 기회를 확대한 사업주에 대하여 대통령령이 정하는 바에 따라 필요한 지원을 할 수 있다(동법 제20조, 동법 시행령 제17조 참조).

② 고용조정의 지원

고용노동부 장관은 경기의 변동, 산업구조의 변화 등에 따른 사업규모의 축소, 사업의 폐지 또는 전환으로 인하여 고용조정이 불가피하게 된 사업주가 근로자에 대한 휴업, 근로자의 직업전환에 필요한 직업능력개발훈련, 인력의 재배치 등의 실시, 그 밖에 근로자의 고용안정을 위한 조치를 하면 대통령령이 정하는 바에 따라 해당 사업주에 대하여 필요한 지원을 할 수 있다(동법 제21조, 동법 시행령 제18조~제22조 참조).

위와 같은 고용조정을 위한 지원의 종류로는 고용유지지원금(동법 시행령 제19~21조 참조), 이직예정자 등 재취업지원금(동법 시행령 제22조 참조), 지원금 장려금의 상호 조정(동법 시행령 제40조) 등이 있다.

③ 지역고용의 촉진

고용노동부 장관은 고용기회가 뚜렷이 부족하거나 산업구조의 변화 등으로 고용사정이 급속하게 악화되고 있는 지역으로 사업을 이전하거나 그러한 지역에서 사업을 신설 또는 증설하여 그 지역의 실업예방, 재취업의 촉진에 기여한 사업주, 그 밖에 그 지역의 고용기회의 확대에 필요한 조치를 취한 사업주에게 대통령령이 정하는 바에 따라 필요한 지원을 할 수 있다(동법 제22조 참조). 이를 위하여 지원요건, 지원금액, 지급기간 등을 정하고 있다(동법 시행령 제24조).

④ 고령자 등의 고용촉진지원

고용노동부 장관은 고령자 등의 노동시장의 통상적인 조건하에서는 취업이 특히 곤란한 자(이하 고령자 등이라 한다)의 고용을 촉진하기 위하여 고령자 등을 새로이 고용하거나 기타 이들의 고용안정에 필요한 조치를 취하는 사업주 또는 사업주가 실시하는 고용안정조치에 해당된 근로자에게 대통령령이 정하는 바에 따라 필요한 지원을 할 수 있다(동법 제23조).

이러한 고용촉진지원의 내용으로는 고령자고용연장지원금(동법 시행령 제25조), 60세 이상 고령자고용지원금(동법 제25조의 2), 취업에 관한 사람의 고용촉진지원금(동법 시행령 제26조), 임금피크제보전수당(동법 시행령 제28조), 정년을 60세 이상으로 정한 사업 또는 사업장에서의 임금감액에 따른 지원금(동법 제28조의2), 근로시간 단축지원금(동법 제28조의3), 출산육아기고용안정장려금(동법 시행령 제29조) 등이 있다.

기타 고용노동부 장관은 피보험자 등의 고용안정 및 고용촉진을 위하여 고용안정 및 취업촉진을 실시하거나 이를 실시하는 자에게 필요한 지원을 할 수 있고(동법 제25조), 고용촉진시설에 대한 지원을 할 수 있다(동법 제26조).

(3) 직업능력개발사업

직업능력개발사업의 종류로는 사업주 지원과 근로자 지원으로 구분할 수 있다.

① 사업주 지원

고용노동부 장관은 피보험자 등의 직업능력을 개발 · 향상시키기 위하여 대통령령이 정하는 직업능력개발훈련을 실시하는 사업주에게 대통령령으로 정하는 바에 따라 훈련에 필요한 비용을 지원할 수 있다(동법 제27조, 동법 시행령 제41조 이하). 사업주 지원의 내용은 직업능력개발훈련비용의 지원(동법 시행령 제41조), 직업능력개발, 훈련시설·장비설치비용 대부 및 지원(동법 시행령 제48조 및 제49조) 등이 있다. 그리고 고용노동부 장관은 기간제근로자, 단시간근로자, 파견근로자, 일용근로자, 고령자 또는 준고령자에게 직업능력개발 훈련을 실시하는 경우에는 우대지원할 수 있다(동법 제27조 제2항, 동법 시행령 제41조).

② 피보험자(근로자) 등에 대한 지원

고용노동부 장관은 피보험자 등이 직업능력개발훈련을 받거나 직업능력의 개발·향상을 위하여 노력하는 경우에는 대통령령이 정하는 바에 따라 필요한 비용을 지원하는 것과 고용노동부 장관이 필요하다고 인정하는 경우 대통령령이 정하는 바에 따라 피보험자 등의 취업촉진을 위한 직업능력개발훈련을 실시할 수 있다[동법 제29조, 근로자수강지원금의 지원(동법 시행령 제43조 및 시행규칙 제61조), 능력개발비용의 지원(동법 시행령 제46조), 근로자 능력개발비용 대부(동법 시행령 제45조, 동법 시행규칙 제64조) 및 실업자 재취업훈련 지원(동법 시행령 제47조, 동법 시행규칙 제66조~제69조 참조), 직업능력개발훈련 중 생계비 대부(동법 시행령 제47조의 2), 이 밖에 직업능력개발사업을 촉진하기 위하여 여러 규정을 두고 있다(동법 제31조~제34조).

(4) 실업급여

고용보험법상의 실업급여는 구직급여와 취업촉진수당으로 구분하며(동법 제37조 제1항), 취업촉진수당은 다시 다음과 같은 종류로 나누어진다(동법 제37조 제2항 제1호~제4호).

㉠ 조기재취업수당

㉡ 직업능력개발수당

㉢ 광역구직활동비

㉣ 이주비

① 구직급여

(가) 수급요건 구직급여는 피보험자가 이직한 경우로서 다음과 같은 요건을 갖춘 경우에 지급한다(동법 제40조 제1호~제6호).

㉠ 이직일 이전 18개월간(이하 "기준기간"이라 한다)에 동법 제41조에 따른 피보험단위기간이 통산하여 180일 이상일 것. 피보험 단위기간이란 보험급여의 소정급여일수의 산정기준이 되는 기간이며, 이직 당시의 사업에서의 피보험기간(고용기간) 중 임금지급의 기초가 된 날을 합산한 기간을 말하고 동법 제41조 제1항에 규정되어 있다. 이 피보험단위기간이 구직급여의 수급요건이 된다.

㉡ 근로의 의사와 능력이 있음에도 불구하고 취업(영리를 목적으로 사업을 영위하는 경우를 포함한다. 이하 동일)하지 못한 상태에 있을 것

㉢ 이직사유가 이 법(고용보험법) 제58조에 따른 수급자격의 제한사유, 즉 피보험자가 자기의 중대한 귀책사유로 해고되거나 정당한 사유 없는 자기 사정으로 이

직한 경우에 해당하지 아니할 것

㉣ 재취업을 위한 노력을 적극적으로 할 것

㉤ 이 법 제43조에 따른 수급자격 인정신청일 이전 1개월간의 근로일수가 10일 미만일 것(최종 이직 당시 일용근로자였던 자만 해당)

㉥ 최종 이직일 이전 기준기간 내의 피보험 단위기간 180일 중 다른 사업에서 이 법 제58조에 따른 수급자격의 제한사유에 해당하는 사유로 이직한 사실이 있는 경우에는 해당 피보험 단위기간 중 90일 이상을 일용근로자로 근로하였을 것(최종 이직 당시 일용근로자였던 자만 해당)

(나) 실업의 신고와 수급자격의 인정 이러한 구직급여를 받으려는 사람은 이직 후 지체 없이 직업안정기관에 출석하여 실업을 신고하여야 한다. 실업신고에는 구직신청과 위에서 말한 구직급여규정에 의한 수급자격의 인정신청을 포함하여야 한다(동법 제42조).

구직급여를 지급받으려는 자는 직업안정기관의 장으로부터 구직급여의 수급요건, 즉 수급자격을 갖추었다는 사실의 인정을 받아야 한다(동법 제43조 제1항). 직업안정기관의 장은 수급자격의 인정신청을 받으면 그 신청인에 대한 수급자격의 인정여부를 결정하고 신청인에게 그 결과를 통지하여야 한다(동법 제43조 제2항). 이 신청인이 피보험자로서 마지막에 이직한 사업에 고용되기 전에 피보험자로서 이직한 사실이 있었고, 마지막에 이직 이전의 이직과 관련하여 구직급여를 받은 사실이 없는 경우에는 마지막에 이직한 사업을 기준으로 수급자격의 인정여부를 결정한다(다만 마지막 이직 당시 일용근로자로서 피보험 단위기간이 1개월 미만인 사람이 수급자격을 갖추지 못한 경우에는 일용근로자가 아닌 근로자로서 마지막으로 이직한 사업을 기준으로 결정한다. 동법 제43조 제3항).

동법 제43조 제2항에 따라 수급자격의 인정을 받은 자가 동법 제48조(수급기간) 및 제54조 제1항의 규정(연장급여의 수급기간)에 따른 기간에 새로운 수급자격의 인정을 받은 경우에는 새로이 인정받은 수급자격을 기준으로 구직급여를 지급한다(동법 제43조 제4항). 구직급여는 수급자격자가 실업한 상태에 있는 날 중에서 직업안정기관의 장으로부터 실업의 인정을 받은 날에 대하여 지급한다(동법 제44조 제1항).

(다) 피보험 단위기간

㉠ 기준기간의 연장 : 이직일 이전 18개월간(기준기간)에 질병·부상, 그 밖에 대통령령이 정하는 사유로 인하여 계속하여 30일 이상 임금의 지급을 받을 수 없었던 피보험자의 경우에는 18개월에 그 사유로 임금의 지급을 받을 수 없었던 일수를 가산한 기간을 기준기간(3년을 초과할 때에는 3년)으로 한다(동법 제40조 제2항). 여기서 그 밖에 대통령령이 정하는 사유라 함은 ⓐ 사업장의 휴업, ⓑ 임신 · 출산 · 육아에 따른 휴직, ⓒ 휴직 그 밖에 이에 준하는 상태로서 고용노동부 장관이 정하여 고시하는 사유를 말한다(다만 동법 제2조 제5호 단서의 규정에 의하여 고용노동부 장관이 정하는 금품을 지급받는 경우를 제외 동법 시행령 제60조 제1호~제3호).

㉡ 피보험 단위기간의 산정 : 피보험 단위기간은 피보험기간 중 임금지급의 기초가 된 날을 합하여 계산한다(동법 제41조 제1항). 다만, 자영업자인 피보험단위기간은 동법 제50조 제3항 단서(폐업 당시의 적용사업에의 보험가입기간 중에서 실제로 납부한 고용보험료에 해당하는 기간이 자영업자의 보험단위기간) 및 동조 제4항 제2호에 따른 보험기간으로 한다(동법 제41조 제1항 단서). 피보험 단위기간을 계산함에 있어서 최후로 피보험자격을 취득한 날 이전에 구직급여를 받은 사실이 있는 경우에는 그 수급자격의 인정과 관련된 피보험자격 상실일 이전의 피보험 단위기간은 피보험 단위기간에 넣지 아니한다(동법 제41조 제2항).

(라) 급여기초임금일액 구직급여의 산정기초가 되는 임금일액(이하 "기초일액"이라 한다)은 이 법 제43조 제1항에 따른 수급자격의 인정과 관련된 마지막 이직 당시 근로기준법 제2조 제1항 제6호에 따라 산정된 평균임금으로 한다. 다만 마지막 이직일 이전 3개월 이내에 피보험자격을 취득한 사실이 2회 이상인 경우에는 마지막 이직일 이전 3개월간(일용근로자의 경우에는 마지막 이직일 이전 4개월 중 최종 1개월을 제외한 기간)에 그 근로자에게 지급된 임금총액을 해당 산정의 기준이 되는 3개월

의 총일수로 나눈 금액을 기초일액으로 한다(동법 제45조 제1항).

위의 규정에 의하여 산정된 금액이 근로기준법에 의한 해당 근로자의 통상임금보다 저액일 경우에는 그 통상임금액을 기초일액으로 한다. 다만 최종사업에서 아직 당시 일용근로자이었던 자의 경우에는 그러하지 아니하다(동법 제45조 제2항).

또한 위의 제1항 및 제2항의 규정에 따른 기초일액을 산정하는 것이 곤란한 경우와 보험료를 보험료징수법 제3조의 규정에 따른 기준보수(이하 기준보수라 함)을 기준으로 낸 경우에는 기준보수를 기초일액으로 한다. 다만 보험료를 기준보수로 낸 경우에도 위의 제1항 및 제2항에 따라 산정한 기초월액이 기준보수보다 많은 경우에는 그러하지 아니하다(고용보험법 제45조 제3항).

위의 제1항부터 제3항까지의 규정에 불구하고 이들 규정에 의하여 산정된 기초일액이 그 수급자격의 이직 전 1일 소정 근로시간에 이직일 당시 적용되던 최저임금법에 따른 시간 단위에 해당하는 최저임금액을 곱한 금액(이하 "최저기초일액"이라 함)보다 낮은 경우에는 최저기초일액을 기초일액으로 한다. 이 경우 이직 전 1일 근로시간은 고용노동부령으로 정하는 방법에 따라 산정한다(동법 제45조 제4항).

반면에 위의 제1항부터 제3항까지의 규정에 불구하고 이들 규정에 의하여 산정된 기초일액이 보험의 취지 및 일반근로자의 임금수준 등을 고려하여 대통령령이 정하는 금액을 초과하는 경우에는 대통령령이 정하는 금액을 기초일액으로 한다(동법 제45조 제5항, 동법 시행령 제68조).

(마) 구직급여일액 구직급여일액은 위의 고용보험법 제45조 제1항부터 제3항까지 및 제5항의 경우에는 해당 수급자격자의 기초일액에 100분의 50을 곱한 금액으로 한다(동법 제46조 제1항 제1호). 동법 제45조 제4항의 경우에는 해당 수급자격자의 기초일액에 100분의 90을 곱한 금액(이하 "최저구직급여일액"이라 함)으로 한다(동법 제46조 제1항 제2호). 위의 동법 제1항 제1호에 따라 산정된 구직급여일액이 최저구직급여일액보다 낮은 경우에는 최저구직급여일액을 해당 수급자격자의 구직급여일액으로 한다(동법 제46조 제2항).

(바) 수급기간 · 소정급여일수 · 피보험기간 · 대기기간 · 연장급여 구직급여는 이 고용보험법

에 따로 규정이 있는 경우를 제외하고는 해당 구직급여의 수급자격과 관련된 이직일의 다음날로부터 계산하기 시작하여 12개월 내에 동법 제50조 제1항에 따른 소정급여일수, 즉 피보험기간 및 연령에 따라 90일 내지 240일로 법정된 소정급여일수(구직급여를 지급받는 일수, 동법 제50조 제1항에서 규정하고 있는 별표 참조)를 한도로 하여 지급한다(동법 제48조 제1항).

위의 제1항에 따른 12개월의 기간 중 임신 · 출산 · 육아, 그 밖에 대통령령으로 정하는 사유로 취업할 수 없는 자가 그 사실을 직업안정기관에 신고한 경우에는 12개월의 기간에 그 취직할 수 없는 기간을 가산한 기간(4년을 넘을 때에는 4년) 내에 소정급여일수를 한도로 하여 구직급여를 지급한다(동법 제48조 제2항, 수급기간의 연장).

〈고용보험법 제50조 제1항의 별표〉 구직급여의 소정급여일수(법 제50조 제1항)

구 분		피보험기간				
		1년 미만	1년 이상 3년 미만	3년 이상 5년 미만	5년 이상 10년 미만	10년 이상
이직일 현재 연령	30세 미만	90일	90일	120일	150일	180일
	30세 이상 50세 미만	90일	120일	150일	180일	210일
	50세 이상 및 장애인*	90일	150일	180일	210일	240일

* 장애인이라 함은 장애인고용촉진 및 직업재활법에 따른 장애인을 말한다.

여기의 대통령령이 정하는 사유란 다음 각 호의 사유로서 수급기간의 연장사유를 말한다(동법 시행령 제70조 제1호~제7호).

㉠ 본인의 질병 또는 부상(고용보험법 제63조에 따라 상병급여를 지급받는 경우의 질병 또는 부상을 제외한다)(제1호)

㉡ 배우자의 질병 또는 부상(제2호)

㉢ 본인 및 배우자의 직계존비속의 질병 또는 부상(제3호)

㉣ 배우자의 국외발령 등에 따른 동거 목적의 거소 이전(제4호)

㉤ 병역법에 의한 의무복무(제5호)

㉥ 범죄혐의로 인한 구속 또는 형의 집행[고용보험법 제58조 제1호 가목(이직사유

에 따른 수급자격의 제한)에 따른 수급자격이 없는 사람을 제외한다](제6호)

㉦ 제1호 내지 제6호에 준하는 경우로서 고용노동부령이 정하는 사유(제7호)

동법 제48조 제1항에 따라 일정한 사유로 취업할 수 없는 자가 그 사실을 신고하지 않아도 일정한 경우에는 해당 최초요양일에 그 신고를 한 것으로 본다(동법 제48조 제2항).

하나의 수급자격에 의하여 구직급여를 지급받을 수 있는 날(소정급여일수)은 대기기간이 끝난 다음날부터 기산하여 피보험기간과 연령에 따라 별표 1(위의 별표 참조)에 정한 일수가 되는 날까지로 한다(동법 제50조 제1항).

소정급여일수 산정에서의 피보험기간은 그 수급자격과 관련된 이직 당시의 적용사업에서의 고용기간(고용보험법 제10조에 해당하는 근로자로 고용된 기간을 제외한다)을 의미한다. 다만, 자영업자인 피보험자의 경우에는 그 수급자격과 관련된 폐업 당시의 적용사업에의 보험기간 중에서 실제로 납부한 고용보험료에 해당하는 기간으로 한다(동법 제50조 제3항).

이에 불구하고 피보험기간을 계산할 때 종전의 적용사업에서 피보험자격을 상실한 사실이 있고 그 상실한 날부터 3년 이내에 현재 적용사업에서 피보험자격을 취득한 경우에는 종전의 적용사업에서의 피보험기간을 합산하고(종전의 적용사업의 피보험자격상실로 인하여 구직급여를 받은 사실이 있는 경우에는 그 종전의 적용사업에서의 피보험기간을 제외), 자영업자인 피보험자가 종전에 근로자로 고용되었다가 피보험자격을 상실한 일이 있고 그 상실한 날부터 3년 이내에 자영업자로서 피보험자격을 다시 취득한 경우에는 종전의 적용사업에서의 피보험기간을 합산하지 아니하되, 본인이 종전의 피보험기간을 합산하여 줄 것을 원하는 때에 한정하여 합산한다(다만, 종전의 적용사업의 피보험자격 상실로 인하여 구직급여를 지급받은 사실이 있는 경우에는 그 종전의 적용사업에서의 피보험기간은 제외)(동조 제4항). 그리고 피보험자격 취득에 관하여 신고가 되어 있지 아니하였던 피보험자의 경우에는 하나의 피보험기간에 피보험자로 된 날이 동법 제15조에 따른 피보험자격취득 신고를 한 날이나 동법 제17조에 따른 피보험자격취득이 확인된 날의 어느 하나에 해당하는 날로부터 소급하여 3년이 되는 해의 1월 1일 이전이면 그 확인된 날부터 소급하여 3년이 되는 날이 속하는 보험연도의 첫날에 그 피보험자격을 취득한 것으로 보아 피보험기간을 계산한다. 다만, 사업주가 위의 하나에 해당하는 날부터 소급하여 3년이 되는 해의 1월 1일 전부터 해당 피보험자에 대한 고용보험료를 계속 납부한 사실이 증명된 경우에는 고용보험료를 납부한 기간으로 피보험기간을 계산한다(동조 제5항).

구직급여는 수급자격자가 실업한 상태에 있는 날 중에서 직업안정기관의 장으로부터 실업의 인정을 받는 날에 대하여 지급되어야 하는 것이지만(동법 제44조 제1항 참조) 실업의 신고일부터 기산하여 7일간은 이를 대기기간으로 하여 구직급여가 지급되지 아니한다(동법 제49조).

구직급여가 연장지급되는 경우가 몇 가지 있다. 첫째, 직업안정기관의 장은 수급자격자의 연령 · 경력 등을 고려할 때 재취업을 위하여 직업능력개발 등이 특히 필요한 경우에는 그 수급자격자에 대하여 직업능력개발훈련 등을 받도록 지시할 수 있는데(동법 제51조 제1항) 이 경우 직업안정기관의 장은 해당 직업능력개발 등을 받는 기간 중 실업의 인정을 받은 날에 대하여는 소급급여일수를 초과하여 구직급여를 연장하여 지급할 수 있다(동법 제51조 제2항). 이를 훈련연장급여라 한다. 훈령연장급여의 지급기간은 2년을 한도로 한다(동법 제51조 제2항 제2문, 동법 시행령 제72조).

둘째, 직업안정기관의 장은 대통령령이 정하는 취직이 특히 곤란하고 생활이 어려운 수급자격자에 대하여는 그가 실업의 인정을 받은 날에 대하여 소정급여일수를 초과하여 구직급여를 연장하여 지급할 수 있다(동법 제52조 제1항). 이를 개별연장급여라 한다. 개별연장급여는 60일의 범위 내에서 지급한다(동법 시행령 제73조 제2항).

셋째, 고용노동부 장관은 실업의 급증 등 대통령령으로 정하는 사유가 발생한 경우에는 60일의 범위에서 수급자격자가 실업의 인정을 받은 날에 대하여 소정급여일수를 초과하여 구직급여를 연장하여 지급할 수 있다(동법 제53조 제1항). 이를 특별연장급여라 한다. 다만 이직 후의 생활안정을 위한 일정 기준 이상의 소득이 있는 수급자격자 등 고용노동부령으로 정하는 수급자격자에 대하여는 그러하지 아니하다(동조 제1항 단서).

(사) 지급일 및 지급방법 구직급여는 실업의 인정을 받은 일수분을 지급하는데(동법 제56조), 수급자격자가 거주지 관할 직업안정기관에 출석하는 최초의 실업인정일에 구직급여를 지급받기를 원하는 금융기관과 계좌를 지정하여 신고하면 그 계좌로 지급하게 되어 있다(동법 제37조의2, 동법 시행령 제75조).

(아) 급여의 제한과 반환명령 등 급여의 지급이 제한되는 사유로는 훈련거부, 직업지도거부, 부정행위 등이 있다. 수급자격자가 직업안정기관의 장이 소개하는 직업에 취직하는 것을 거부하거나 직업안정기관의 장이 지시한 직업능력개발훈련 등을 거부하는 경우에는 일정한 정당사유가 있는 경우(동법 제60조 제1항 제1호~제4호)를 제외하고 거부한 날부터의 구직급여의 지급이 정지된다(동법 제60조 제1항).

또한 수급자격자가 정당한 사유 없이 고용노동부 장관이 정한 기준에 따라 직업안정기관의 장이 실시하는 재취직 촉진을 위한 직업지도를 거부하면 대통령령이 정하는 바에 따라 구직급여의 지급을 정지한다(동법 제60조 제2항, 동법 시행령 제79조 제2항).

그리고 거짓이나 그 밖의 부정한 방법으로 실업급여를 받았거나 받고자 한 자에 대하여는 당해급여를 받은 날 또는 받고자 한 날부터 구직급여를 지급하지 아니한다. 다만 그 급여와 관련된 이직 이후에 새로이 수급자격을 취득한 경우 그 새로운 수급자격에 의한 구직급여에 대하여는 그러하지 아니하다(동법 제61조 제1항). 직업안정기관의 장은 거짓이나 그 밖의 부정한 방법으로 구직급여를 지급받는 자에 대하여는 그 지급받는 구직급여의 반환을 명할 수 있고, 이에 추가하여 고용노동부 장관이 정하는 기준에 따라 그 지급받은 구직급여액에 상당하는 금액 이하의 금액을 징수할 수 있다(동법 제62조 제1항). 그리고 거짓이나 부정한 방법이 사업주의 허위신고 · 보고 또는 증명으로 인한 것인 때에는 그 사업주도 해당 구직급여를 지급받은 자와 연대하여 책임을 진다(동법 제62조 제2항).

(자) 상병 등의 특례 수급자격자가 동법 제42조에 따라 실업의 신고를 한 이후에 질병 또는 부상으로 취업이 불가능하여 실업의 인정을 받지 못한 날에 대하여는 동법

제44조 제1항에 불구하고 그 수급자격자의 청구에 의하여 구직급여일액에 상당하는 금액(이하 "상병급여"라 한다)을 구직급여에 갈음하여 지급할 수 있다. 다만 동법 제60조 제1항 및 제2항(훈련거부 등에 따른 급여의 지급제한)의 규정에 의하여 구직급여의 지급이 정지된 기간에 대하여는 상병급여를 지급하지 아니한다(동법 제63조 제1항). 또한 수급자격자가 근로기준법 제79조에 따른 휴업보상, 산업재해보상보험법 제39조에 따른 휴업급여, 그 밖에 이에 해당하는 급여 또는 보상으로서 대통령령이 정하는 보상 또는 급여(국가배상법 제2조 제2항의 규정에 의한 휴업배상, 의사상자 예우 및 지원에 관한 법률 제7조의 규정에 의한 보상금, 동법 시행령 제59조 제2항)를 지급받을 수 있는 경우에는 상병급여를 지급하지 아니한다(동법 제63조 제4항).

상병급여를 지급할 수 있는 일수는 그 수급자격자의 구직급여의 소정급여일수에서 그 수급자격에 의하여 구직급여가 지급된 일수를 뺀 일수를 한도로 한다. 이 경우 상병급여를 지급받은 자에 대하여 고용보험법의 규정(제61조 및 제62조를 제외한다)을 적용할 때에는 상병급여의 지급일수에 상당하는 일수분의 구직급여가 지급된 것으로 본다(동법 제63조 제2항).

상병급여의 지급시기는 해당 취업할 수 없는 사유가 없어진 이후에 최초로 구직급여를 지급하는 날(구직급여를 지급하는 날이 없는 경우에는 직업안정기관의 장이 정하는 날)에 지급한다. 다만 필요하다고 인정하는 경우에는 고용노동부 장관이 따로 정하는 바에 따라 지급할 수 있다(동법 제63조 제3항).

실업기간 중의 근로의 신고(동법 제47조), 대기기간(동법 제49조), 미지급 구직급여의 지급(동법 제57조), 부정행위에 따른 급여의 지급제한 및 반환명령(동법 제61조 제1항부터 제3항), 반환명령 등(동법 제62조)에 관한 규정은 상병급여의 지급에 관하여 준용된다(동법 제63조 제5항 제1문).

② 취업촉진수당

(가) 조기재취업수당 조기재취업수당은 수급자격자(외국인 근로자의 고용 등에 관한 법률 제2조의 규정에 따른 외국인 근로자 제외)가 안정된 직업에 재취직하거나 스스로 영리를 목적으로 하는 사업을 영위하는 경우로서 대통령령이 정하는 기준에 해당하면

지급한다(동법 제64조 제1항). 대통령령이 정하는 기준에 해당하는 경우란 수급자격자가 법 제49조의 대기기간이 지난 후 재취업한 날의 전날을 기준으로 법 제50조에 따른 소정급여일수를 30일 이상 남기고 재취업한 경우로서 재취직한 사업주에게 계속 6개월 이상 고용된 경우[다만 수급자격자가 최후에 이직한 사업의 사업주 또는 그와 관련된 사업주로서 고용노동부령이 정하는 사업주(동법 시행규칙 제108조 참조)에게 재고용되거나 고용보험법 제42조(실업의 신고)에 따른 실업의 신고일 이전에 채용을 약속한 사업주에게 고용된 경우, 국가나 지방자치단체의 복지정책, 실업대책 등에 따라 실시하는 1년 이하의 단기간 일자리제공사업에 고용된 경우는 제외]나 6개월 이상 계속하여 사업을 영위한 경우(이 경우 수급자격자가 고용보험법 제44조 제2항에 따라 해당 수급기간에 해당 사업을 영위하기 위한 준비활동은 재취업활동으로 신고하여 실업의 인정을 받은 때에 한한다)를 말한다(동법 시행령 제84조 제1항 제2항).

조기재취업수당의 금액은 구직급여일액에 미지급일수의 2분의 1을 곱한 금액을 한다. 그러나 재취직한 때의 연령이 55세인 경우, 장애인인 경우는 구직급여일액에 미지급일수의 3분의 2를 곱한 금액으로 한다(동법 시행령 제85조 제1항, 제2항).

조기재취업수당을 지급받은 자에 대하여 고용보험법의 규정(제61조 및 제62조는 제외한다)을 적용함에 있어서는 그 조기재취업수당의 금액을 고용보험법 제46조에 따른 구직급여일액으로 나눈 일수분에 상당하는 구직급여를 지급한 것으로 본다(동법 제64조 제4항).

조기재취업수당을 지급받고자 하는 경우에는 조기재취업수당청구서에 수급자격증을 첨부하여 거주지 관할 직업안정기관의 장에게 제출하여야 한다(동법 시행령 제86조 제1항).

(나) 직업능력개발수당 직업능력개발수당은 수급자격자가 직업안정기관의 장이 지시한 직업능력개발훈련 등을 받는 경우에 그 직업능력개발훈련 등을 받는 기간에 대하여 지급한다(동법 제65조 제1항 참조). 다만 직업훈련 · 직업지도 등을 거부하여 구직급여의 지급이 정지된 기간에 대하여서는 직업능력개발훈련수당을 지급하지 아니

한다(동법 제65조 제2항).

이 수당은 수급자격자가 직업안정기관의 장이 지시한 직업훈련 등을 받은 날로서 구직급여의 지급대상이 되는 날에 대하여 지급한다(동법 시행령 제88조 제1항). 그 금액은 교통비 · 식대 등 직업훈련 등의 수강에 필요한 비용을 고려하여 고용노동부 장관이 결성 · 고시하는 금액으로 한다(동법 시행령 제88조 제2항). 다만 노동력의 수급상황을 고려하여 고용노동부 장관이 특히 필요하다고 인정하여 고시하는 직종에 관한 직업훈련 등에 대하여는 직업능력개발수당의 금액을 달리 정할 수 있다(동법 제65조 제3항).

(다) 광역구직활동비 광역구직활동비는 수급자격자가 직업안정기관의 소개에 따라 광범위한 지역에 걸쳐 구직활동을 하는 경우로서 다음과 같은 경우에 지급할 수 있다(동법 제66조 제1항, 동법 시행령 제89조).

㉠ 구직활동에 드는 비용이 구직활동을 위하여 방문하는 사업장의 사업주로부터 지급되지 아니하거나 지급되더라도 그 금액이 광역구직활동비의 금액에 미달할 것(동법 시행령 제89조 제1항 제1호)

㉡ 수급자격자의 거주지로부터 구직활동을 위하여 방문하는 사업장까지의 거리가 고용노동부령이 정하는 거리(50킬로미터, 동법 시행규칙 제111조 제1항) 이상일 것. 이 경우 거리는 거주지로부터 사업장까지의 통상거리에 따라 계산하되, 수로의 거리는 실제 거리의 2배로 본다(동법 시행령 제89조 제1항 제2호).

그 금액은 구직활동에 통상 소요되는 비용으로 하되, 그 금액의 산정은 고용노동부령이 정하는 바에 따른다(동법 제66조 제2항, 동법 시행규칙 제111조 제2항~제5항 참조).

(라) 이주비 이주비는 수급자격자가 취업하거나 직업안정기관의 장이 지시한 직업능력개발훈련 등을 받기 위하여 그 주거를 이전하는 경우로서 대통령령이 정하는 기준에 따라 직업안정기관의 장이 필요하다고 인정하면 지급할 수 있다. 이때 대통령령이 정하는 기준은 다음과 같다(동법 제67조 제1항, 동법 시행령 제90조 제1항 제1호~제3호).

㉠ 취업하거나 직업훈련 등을 받게 된 경우로서 고용노동부 장관이 정하는 기준에 따라 거주지 관할 직업안정기관의 장이 주거의 변경이 필요하다고 인정할 것(제1호)

㉡ 해당 수급자격자를 고용하는 사업주로부터 주거의 이전에 드는 비용이 지급되지 아니하거나 지급되더라도 그 금액이 이주비에 미달할 것(제2호)

㉢ 취업을 위한 이주인 경우 1년 이상의 근로계약기간을 정하여 취업할 것(제3호)

이주비는 수급자격자가 위 ㉠, ㉡, ㉢의 세 요건을 모두 갖춘 경우에 지급한다(동법 시행령 제90조 제1항).

이주비의 금액은 수급자격자 및 그자에 의하여 생계가 유지되는 동거친족의 이주에 통상 소요되는 비용으로 하되, 그 금액의 산정은 고용노동부령이 정하는 바에 따른다(동법 제67조 제2항, 동법 시행규칙 제113조).

(마) 취업촉진수당의 지급제한 거짓이나 그 밖의 부정한 방법으로 실업급여를 받았거나 받고자 한 자에 대하여는 해당 급여를 받은 날 또는 받고자 한 날부터의 취업촉진수당을 지급하지 아니한다. 다만 해당 급여와 관련된 이직 이후에 새로이 수급자격을 취득하는 경우 그 새로운 수급자격에 의한 취업촉진수당에 대하여는 그러하지 아니한다(동법 제68조 제1항).

구직급여에 있어서 미지급급여의 지급(동법 제57조 제1항, 제3항), 반환명령(동법 제62조)에 관한 규정은 취직촉진수당에 관하여 준용한다. 이 경우 동법 제57조 제1항 중 '수급자격자'는 '취업촉진수당을 지급받을 수 있는 자'로 본다(동법 제69조).

(5) 육아휴직급여 등

① 육아휴직급여조건(급여액)

고용노동부 장관은 남녀고용평등과 일·가정 양립지원에 관한 법률 제19조에 따른 육아휴직을 30일(근로기준법 제74조에 따른 출산전후휴가기간 90일과 중복되는 기간은 제외한다) 이상 부여받은 피보험자 중 다음 각 호의 요건을 모두 갖춘 피보험자에게 육아휴직급여를 지급한다(동법 제70조 제1항 제1호~제2호).

㉠ 육아휴직을 시작한 날 이전에 고용보험법 제41조에 따른 피보험 단위기간이 통산하여 180일 이상일 것

㉡ 같은 자녀에 대하여 피보험자인 배우자가 30일 이상의 육아휴직을 부여받지 아니하거나 「남녀고용평등과 일 · 가정 양립 지원에 관한 법률」 제19조의 2에 따른 육아기근로시간단축을 30일 이상 실시하지 아니하고 있을 것

제1항에 따른 육아휴직급여액은 대통령령으로 정한다(동법 제70조 제3항, 동법 시행령 제95조 제1항). 육아휴직급여의 신청 및 지급에 관하여 필요한 사항은 고용노동부령으로 정한다(동법 제70조 제4항, 동법 시행규칙 제116조~제120조).

② 육아휴직의 확인 및 취업의 신고

사업주는 피보험자가 고용보험법 제70조에 따라 육아휴직급여를 받으려는 경우 고용노동부령이 정하는 바에 따라 사실의 확인 등 모든 절차에 적극 협력하여야 한다(동법 제71조, 동법 시행규칙 제118조).

피보험자가 육아휴직급여기간 중에 이직 또는 새로이 취업(취직한 경우 1주간의 소정근로시간이 15시간 미만인 경우를 제외한다)하거나 사업주로부터 금품을 지급받은 경우에는 그 사실을 직업안정기관의 장에게 신고하여야 한다(동법 제72조 제1항).

직업안정기관의 장은 필요하다고 인정하는 경우 육아휴직급여기간 중의 이직, 취업 여부 등에 대하여 조사할 수 있다(동법 제72조 제2항). 고용노동부 장관은 육아기 근로시간 단축을 30일 이상 실시한 피보험자 중 일정 요건을 갖춘 피보험자에게 육아기 근로시간 단축급여를 지급한다(동법 제73조의 2 제1항).

③ 급여의 지급제한

피보험자가 육아휴직급여기간 중에 해당 사업에서 이직하거나 새로이 취업한 경우에는 그 이직 또는 취직한 때부터 육아휴직급여를 지급하지 아니한다(동법 제73조 제1항). 피보험자가 사업주로부터 육아휴직을 이유로 금품을 지급받은 경우 대통령령이 정하는 바에 따라 급여를 감액하여 지급할 수 있다(동법 제73조 제2항, 동법 시행령 제98조). 거짓 그 밖의 부정한 방법으로 육아휴직급여를 받았거나 받고자 한 자에 대하여

는 해당 급여를 받은 날 또는 받고자 한 날부터의 육아휴직급여를 지급하지 아니한다. 다만 해당 급여와 관련된 육아휴직 이후에 새로이 육아휴직급여요건을 갖춘 경우 그 새로운 요건에 의한 육아휴직급여에 대하여는 그러하지 아니하다(동법 제73조 제3항).

(6) 출산전후휴가급여

① 출산전후휴가급여의 요건

고용노동부 장관은 남녀고용평등과 일 · 가정 양립지원에 관한 법률 제18조에 따라 피보험자가 근로기준법 제74조에 따른 출산전후휴가 또는 유산 · 사산휴가를 받은 경우로서 다음 각 호의 요건을 모두 갖춘 경우에 출산전후휴가 등의 급여를 지급한다(고용보험법 제75조 제1호, 제2호).

㉠ 휴가가 끝난 날 이전에 동법 제41조에 따른 피보험 단위기간이 통산하여 180일 이상일 것(동법 제75조 제1호).

㉡ 휴가를 시작한 날(고용보험법 제19조 제2항에 따른 근로자 수 등이 대통령령이 정하는 기준에 해당하는 기업이 아닌 경우에는 휴가시작 후 60일이 지난 날로 본다) 이후 1개월부터 휴가가 끝난 날 이후 12개월 이내에 신청할 것. 다만 그 기간에 대통령이 정하는 사유로 출산전후휴가급여 등을 신청할 수 없었던 사람은 그 사유가 끝난 후 30일 이내에 신청하여야 한다(동법 제75조 제2호).

② 수급권 대위와 지급기간

사업주가 출산전후휴가급여에 해당하는 금품을 미리 근로자에게 지급한 경우로서 그 금품이 출산전후휴가급여 등을 대체하여 지급한 것으로 인정되면 그 사업주는 지급한 금액에 대하여 그 근로자의 출산전후휴가급여 등을 받을 권리를 대위한다(동법 제75조의 2). 위의 동법 제75조에 따른 출산전후휴가급여 등은 근로기준법 제74조에 따른 휴가기간에 대하여 근로기준법의 통상임금(출산전후휴가를 시작한 기준으로 산정한다)에 상당하는 금액을 지급한다. 다만 고용보험법 제19조 제2항에 따른 근로자 수 등이 대통령령이 정하는 기준에 해당하는 기업이 아닌 경우는 휴가기간 중 60일을 초과한 일수(30일을 한도로 한다)에 한한다(동법 제76조 제1항).

위의 제1항에 따른 출산전후휴가급여 등의 지급금액은 대통령령이 정하는 바에 따라 그 상한액과 하한액을 정할 수 있다(동법 제76조 제2항, 동법 시행령 제101조).

위의 제1항 및 제2항에 따른 출산전후휴가급여 등의 신청 및 지급에 관하여 필요한 사항은 고용노동부령으로 정한다(동법 제76조 제3항, 동법 시행규칙 제121조).

(7) 자영업자인 피보험자에 대한 실업급여 적용의 특례

2011년 7월 21일의 고용보험법 개정에서는 고용보험에 가입하거나 가입된 것으로 보는 자영업자인 피보험자에 대한 실업급여를 적용함에 있어 몇 가지 특례규정을 두고 있다.

자영업자인 피보험자에 대한 실업급여의 종류는 다른 피보험자와 같이 동법 제37조에 따르되 동법 제51조부터 제55조까지의 규정에 따른 연장급여와 동법 제64조에 따른 조기재취업수당은 제외한다(동법 제69조의 2). 이들의 구직급여는 폐업일 이전 24개월간 동법 제41조 제1항 단서에 따라 자영업자인 피보험자로서 갖춘 피보험단위기간이 통산하여 1년 이상이고, 근로의 의사와 능력이 있음에도 불구하고 취업을 하지 못한 상태에 있고, 폐업사유가 동법 제69조의 7에 따른 수급자격의 제한 사유에 해당하지 않으며 재취업을 위한 노력을 적극적으로 할 것의 요건을 모두 갖춘 경우에 지급한다(동법 제69조의 3). 자영업자인 피보험자였던 수급자격에 대한 기초일액은 수급자격과 관련된 피보험기간이 3년 이상인 경우에는 마지막 폐업일 이전 3년의 피보험기간, 수급자격과 관련된 피보험기간이 3년 미만인 경우에는 수급자격과 관련된 그 피보험기간 동안 본인이 납부한 보험료의 산정기초가 되는 보험료징수법 제49조의 2 제3항에 따라 고시된 보수액을 전부 합산한 후에 그 기간의 총일수로 나눈 금액으로 한다(동법 제69조의 4 제1항). 이에 불구하고 자영업자인 피보험자였던 수급자격자가 동법 제50조 제4항에 따라 피보험기간을 합산하게 됨에 따라 동법 제69조의 6에서 정한 소정급여일수가 추가로 늘어나는 경우에는 그 늘어난 일수분에 대한 기초일액은 위 제1항에 따라 산정된 기초일액으로 하되, 그 기초일액이 최저기초일액에 미치지 못하는 경우에는 최저기초일액, 기초일액이 동법 제45조 제5항에 따라 대통령령으로 정하는 금액을 초과하는 경우에는 그 대통령령으로 정하는 금액 중 어느 하나에 해당하는 경우에는 각각 이에 따른 금액으로 한다(동조 제2항). 자영업자인 피보험자로서 폐업한 수급자격자에 대한 구직급여일액은 그 수급자격자의 기초일액에 100분의 50을 곱한 금액으로 한다(동법 제69조의 5). 자영업자인 피보험자로서 폐업한 수급자격자에 대한 소정급여일수는 동법 제49조에 따른 대기기간이 그 다음 날부터 계산하기 시작하여 피보험기간에 따라 별표 2에서 정한 일수가 되는 날까지로 한다(동법 제69조의 6). 위의 제69조의 3에 불구하고 법령을 위반하여 허가 취소를 받거나 영업 정지를 받음에 따라 폐업한 경우, 방화 등 피보험자 본인의 중대한 귀책사유로서 고용노동부장관령으로 정하는 사유로 폐업한 경우, 매출액 등이 급격하게 감소하는 등 고용노동부령으로 정하는 사유가 아닌 경우로서 전직 또는 자영업을 다시 하기 위하여 폐업한 경우, 그 밖에 고용노동부령으로 정하는 정당한 사유에 해당하지 아니하는 사유로 폐업한 경우의 어느 하나에 해당한다고 직업안정기관의 장이 인정하는 경우에는 수급자격이 없는 것으로 본다(동법 제69조의 7). 고용노동부장관은 보험료를 체납한 사람에게는 고용노동부령으로 정하는 바에 따라 실업급여를 지급하지 아니할 수 있다(동법 제69조의 8).

〈별표 2〉 자영업자의 구직급여의 소정급여일수(제69조의 6 관련) 〈신설 2011.7.21〉

구분	피보험기간			
	1년 이상 3년 미만	3년 이상 5년 미만	5년 이상 10년 미만	10년 이상
소정급여일수	90일	120일	150일	180일

4) 고용보험의 보험료와 비용

(1) 보험료

고용보험제도의 보험사업에 소요되는 비용에 충당하기 위하여 사업주와 피보험자인 근로자로부터 고용안정사업 · 직업능력개발사업 및 실업급여의 보험료(이하 "고용보험료"라 한다)를 징수한다(보험료징수법 제13조 제1항 제1호). 고용보험료는 근로복지공단이 매월 부과하고 건강보험공단이 이를 징수한다(부과와 징수분리 : 보험료징수법 제16조의 2 제1항).

① 보험료의 산정과 징수 등

피보험자인 근로자가 부담하여야 하는 고용보험료는 자기의 보수총액에 보험료징수법 제14조 제1항에 따른 실업급여의 보험료율의 2분의 1을 곱한 금액으로 한다. 다만 사업주로부터 보험료징수법 제2조 제3호에 따른 보수를 지급받지 아니하는 근로자는 보험료징수법 제2조 제3호 단서(고용보험료를 징수하는 경우에는 휴직, 그 밖에 이와 비슷한 상태에 있는 기간 중에 사업주 외의 자로부터 지급받은 금품 중 고용노동부 장관이 고시하는 금품은 보험료징수법에 의한 보수로 본다)에 따라 보수로 보는 금품의 총액에 보험료징수법 제14조 제1항에 따른 실업급여의 보험료율을 곱한 금액을 부담하여야 하고, 보험료징수법 제2조 제3호 단서에 따른 휴직이나 그 밖에 유사한 상태에 있는 기간 중에 사업주로부터 보험료징수법 제2조 제3호 본문에 따른 보수를 지급받는 근로자로서 고용노동부 장관이 정하여 고시하는 사유에 해당하는 근로자는 그 기간에 지급받는 보수의 총액에 동법 제14조 제1항에 따른 실업급여의 보험료를 곱한 금액을 부담해야 한다(보험료징수법 제13조 제2항).

사업주가 부담하여야 하는 고용보험료는 해당 사업에 종사하는 피보험자인 근로자의 보수총액(동조 제2항 단서에 따른 보수로 보는 금품의 총액과 보수의 총액은 제외)에 보험료징수법 제14조 제1항에 따른 고용안정사업 · 직업능력개발사업의 보험료율을 곱한 금액, 실업급여의 보험료율의 2분의 1을 곱한 금액을 합한 금액이다(보험료징수법 제13조 제4항).

결국 근로자는 실업급여 소요비용의 2분의 1을 부담하고, 사용자는 실업급여 소요비용의 2분의 1과 고용안정 및 직업능력개발사업에 소요되는 비용을 부담하고 있다.

다만 피보험자인 근로자가 65세 이후에 고용되거나 자영업을 개시한 자에 대하여는 고용보험료 중 실업급여의 보험료를 징수하지 아니한다(보험료징수법 제13조 제3항).

개산보험료(보험료징수법 제17조 제1항) 및 확정보험료(보험료징수법 제19조 제1항)에 관한 규정에 의한 보수총액의 추정액 또는 보수총액을 결정하기 곤란한 경우에는 대통령령이 정하는 바에 따라 고용노동부 장관이 정하여 고시하는 노무비율을 사용하여 보수총액의 추정액 또는 보수총액을 결정할 수 있다(보험료징수법 제13조 제6항).

보수란 소득세법 제20조에 따른 근로소득에서 대통령령으로 정한 금품을 뺀 금액을 말한다. 다만, 보험료징수법 제13조 제1항 제1호에 따른 고용보험료를 징수하는 경우에는 근로자가 휴직이나 그 밖에 이와 비슷한 상태에 있는 기간 중에 사업주 외의 자로부터 지급받는 금품 중 고용노동부 장관이 정하여 고시하는 금품은 보수로 본다(보험료징수법 제2조 제3호).

㉠ 보험료의 원천공제 : 사업주는 위의 보험료징수법 제13조 제2항에 따라 보험가입자인 근로자가 부담하는 고용보험료에 상당하는 금액을 해당 대통령령이 정하는 바에 따라 그 근로자에게 지급할 보수에서 원천공제할 수 있다(동법 제16조 제1항, 동법 시행령 제19조). 원천공제하였으면 공제계산서를 피보험자인 근로자에게 교부하여야 한다(동법 제16조 제2항). 보험료징수법 제9조 제1항 및 제2항에 따라 사업주가 되는 원수급인 또는 하수급인은 고용노동부령으로 정하는 바에 따라 자기가 고용하는 고용보험가입자 외의 근로자를 고용하는 하수급인에게 위임하여 그 근로자가 부담하는 보험료에 상당하는 금액을 근로자의 보수에서 원천공제하게 할 수 있다(보험료징수법 제16조 제3항).

㉡ 개산보험료 : 건설업 등 대통령령으로 정하는 사업의 사업주는 보험연도마다 그 1년 동안(보험연도 중에 보험관계가 성립한 경우에는 그 성립일부터 연도 말까지의 기간)에 사용할 근로자(고용보험료를 산정하는 경우에는 고용보험법 제10조에 따른 적용제외 근로자를 제외한다)에게 지급할 보수총액의 추정액(대통령령이 정하는 경우에는 전년도에 사용한 근로자에게 지급한 보수의 총액)에 고용보험료율을 각각 곱하여 산정한 금액(이하 "개산보험료"라 한다)을 대통령령이 정하는 바에 따라 보험연도의 3월 31일(보험연도 중에 보험관계가 성립한 경우에는 그 성립일부터 70일, 건설공사 등 기간이 정하여져 있는 사업으로서 70일 이내에 끝나는 사업의 경우에는 그 사업이 끝나는 날의 전날)까지 근로복지공단에 신고·납부하여야 한다. 다만 그 보험연도의 개산보험료 신고 · 납부기한이 보험료징수법 제19조의 규정에 따른 확정보험료 신고 · 납부기한보다 늦은 경우에는 그 보험연도의 확정보험료 신고 · 납부기한을 그 보험연도의 개산보험료 신고 · 납부기한으로 한다(보험료징수법 제17조 제1항, 동법 시행령 제20조, 제21조). 보험료징수법 제17조 제1항의 규정에 의한 기한 이내에 개산보험료

를 신고한 사업주는 이미 신고한 개산보험료가 보험료징수법에 따라 신고하여야 할 개산보험료를 초과하는 때[동법 제18조 제2항의 경우(신고 개산보험료 총액의 감액)는 제외]에는 위의 기한이 지난 후 1년 이내에 최초에 신고한 개산보험료의 경정을 근로복지공단에 청구할 수 있다(보험료징수법 제17조 제5항).

㉢ 확정보험료 : 사업주는 매 보험연도의 말일(보험연도 중에 보험관계가 소멸한 경우에는 그 소멸한 날의 전날)까지 사용한 근로자(고용보험법 제10조에 따른 적용제외근로자 제외)에게 지급한 보수(지급하기로 결정된 금액을 포함한다)의 총액에 고용보험료율을 각각 곱하여 산정한 금액(이하 "확정보험료"라 한다)을 대통령령으로 정하는 바에 따라 다음 보험연도의 3월 31일(보험연도 중에 보험관계가 소멸한 사업에 있어서는 그 소멸한 날부터 30일)까지 근로복지공단에 신고하여야 한다. 다만 사업주가 국가 또는 지방자치단체인 경우에는 보험연도의 말일(보험연도 중에 보험관계가 소멸한 사업에 있어서는 그 소멸한 날부터 30일까지)까지 신고할 수 있다(보험료징수법 제19조 제1항, 동법 시행령 제26조).

앞에서 설명한 산업재해보상보험의 경우에도 고용보험의 경우와 같은 개산보험료 및 확정보험료 신고·납부제도가 그대로 적용된다(보험료징수법 제17조, 제19조 참조).

② 고용보험의 보험료율

고용보험료율은 보험수지의 추이와 경제상황 등을 고려하여 1,000분의 30의 범위 내에서 고용안정사업의 보험료율, 직업능력개발사업의 보험료율 및 실업급여의 보험료율로 구분하여 대통령령으로 정하여진다(보험료징수법 제14조 제1항).

대통령령에 의한 고용보험료율은 아래와 같다(동법 시행령 제12조 제1항 제1호~제2호).

㉠ 고용안정·직업능력개발사업의 보험료율은 다음 각 목의 구분에 따른 보험료율

가. 상시근로자의 수가 150명 미만인 사업주의 사업 : 1만 분의 25

나. 상시근로자 수가 150명 이상인 사업주의 사업으로서 고용보험법 시행령 제12조에 따른 우선지원대상기업의 범위에 해당하는 사업 : 1만 분의 45

다. 상시근로자 수가 150명 이상 1천명 미만인 사업주의 사업으로서 나 목에 해

당하지 아니하는 사업 : 1만 분의 65

라. 상시 근로자 수가 1,000명 이상인 사업주의 사업으로서 나 목에 해당하지 아니하는 사업 및 국가 · 지방자치단체가 직접 행하는 사업 : 1만 분의 85

㉡ 실업급여의 보험료율 : 1,000분의 11

여기서 상시 사용하는 근로자의 수라 함은 해당 사업주가 행하는 국내의 모든 사업에서 상시 사용하는 근로의 수를 합산한 수를 말한다. 다만 공동주택법 제2조 제1항 제1호 가목에 따른 공동주택을 관리하는 사업의 경우에는 각 사업별로 상시 근로자 수를 산정한다(보험료징수법 시행령 제12조 제2항).

위와 같이 보험료율을 정하는 것과는 다르게 다음과 같은 보험료율 결정의 특례가 있다. 즉, 대통령이 정하는 사업으로서 매년 9월 30일 현재 고용보험관계가 성립한 후 3년이 지난 사업의 경우에 그해 9월 30일 이전 3년 동안의 그 실업급여의 보험료에 대한 실업급여금액의 비율이 대통령령이 정하는 비율에 해당하는 경우에는 그 사업에 적용되는 실업급여의 보험료율을 100분의 40의 범위 안에서 대통령령으로 정하는 기준에 따라 인상 또는 인하한 비율을 그 사업에 대한 다음 보험연도의 실업급여의 보험료율로 할 수 있다(보험료징수법 제15조 제1항).

(2) 고용보험기금

고용노동부 장관은 보험사업에 필요한 재원에 충당하기 위하여 고용보험기금(이하 "기금"이라 한다)을 설치할 수 있으며(고용보험법 제78조 제1항), 기금은 보험료와 이 법에 의한 징수금 · 적립금 · 기금운용수익금 그 밖의 수입으로 조성한다(동법 제78조 제2항). 기금은 고용노동부 장관이 관리 · 운용하고(동법 제79조 제1항), 기금의 관리 · 운용에 관한 세부사항은 국가재정법의 규정에 의한다(동법 제79조 제2항).

고용보험기금의 용도는 다음과 같다(동법 제80조).

① 고용안정 · 직업능력개발사업에 필요한 경비(동조 제1호)

② 실업급여의 지급(동조 제2호)

③ 육아휴직급여 및 출산전후휴가급여의 지급(동법 제3호)

④ 보험료의 반환(동조 제4호)
⑤ 일시차입금의 상환금과 이자(동조 제5호)
⑥ 이 법과 보험료징수법에 따른 업무를 대행하거나 위탁받은 자에 대한 출연금(동조 제6호)
⑦ 그 밖에 이 법 시행을 위하여 필요한 경비로서 대통령령으로 정하는 경비와 고용안정사업 · 직업능력개발사업 · 실업급여지급의 수행에 딸린 경비에 사용한다(동조 제7호).

고용노동부 장관은 매년 기금운용계획을 세워 동법 제7조에 따른 고용보험위원회 국무회의의 심의를 거쳐 대통령의 승인을 얻어야 하고, 그 운용결과에 대하여 고용보험위원회의 심의를 거쳐 공표하여야 한다(동법 제81조).

(3) 국고의 부담

국가는 매년 보험사업의 관리 · 운영에 소요되는 비용의 일부를 일반회계에서 부담할 수 있다(동법 제5조).

5) 심사 및 재심사청구 : 권리구제

고용보험법 제17조에 따른 피보험자격의 취득·상실에 대한 확인 또는 동법 제4장에 따른 실업급여 및 동법 제5장에 따른 육아휴직급여·출산전후휴가급여에 관한 처분(이하 "원처분 등"이라 한다)에 이의가 있는 사람은 고용보험법 제89조에 따른 고용보험심사관에게 청구를 할 수 있고, 그 결정에 이의가 있는 사람은 동법 제99조에 따른 고용보험심사위원회(노동부에 둔다)에 재심사를 청구할 수 있다(동법 제87조 제1항).

심사의 청구는 확인 또는 처분이 있음을 안 날부터 90일 이내에, 재심사의 청구는 심사청구에 대한 결정이 있음을 안 날부터 90일 이내에 각각 제기하여야 한다(동법 제87조 제2항).

제 8 절 근로자퇴직급여보장법

1. 의의와 목적

근로자퇴직급여보장법은 근로자의 퇴직급여제도의 설정 및 운영에 필요한 사항에 관한 법이다. 이는 퇴직 후의 근로자의 안정적인 노후생활을 보장하기 위한 법이다. 종래의 민간기업의 퇴직금은 그 지급이 불확실하고 국민연금은 그 급여액이 적어서 근로자의 노후생활을 보장할 수 없었다. 이리하여 근로자퇴직연금제도를 핵심으로 하는 근로자퇴직급여를 법률로 보장한 것이 근로자퇴직급여보장법이다. 이 퇴직급여보장법은 2005년 1월 27일에 제정되었고, 여러 차례 개정을 거쳐 2011. 7. 25.에 전부개정되었다. 동법 시행령은 2005년 8월 19일에 제정되었고, 여러 차례 개정을 거쳐 2012. 7. 24, 2015. 1. 1, 2015. 3. 23, 2015. 12. 15, 2016. 12. 30, 2017. 4. 18.에 전부개정되었다. 동법 시행규칙은 2005. 9. 25.에 제정되고 여러 차례 개정을 거쳐 2012. 7. 27.에 전부개정되었고, 이어 2014. 12. 31, 2015. 3. 23, 2016. 4. 28, 2016. 10. 20. 등에 개정되었다.

2. 적용범위

근로자퇴직급여 보장법은 근로자를 사용하는 모든 사업 또는 사업자(이하 "사업"이라 한다)에 적용하되, 동거의 친족만을 사용하는 사업 및 가구 내 고용활동에는 적용하지 아니한다(동법 제3조). 여기의 근로자라 함은 근로기준법 제2조 제1항 제1호에 따른 근로자(직업의 종류를 불문하고 사업 또는 사업장에 임금을 목적으로 근로를 제공하는 자)를 말한다(동법 제2조 제1호). 따라서 1명 이상의 근로자를 사용하는 사업장에도 근로자퇴직급여보장법의 적용을 받아 그 근로자는 퇴직금, 퇴직연금제도의 대상이 된다. 다만, 상시 4명 이하의 근로자를 사용하는 사업에 대하여는 2010년 12월 1일부터 퇴직급여제도가 시행된 것으로 본다(동법 부칙 제8조 제1항). 이 사업에 적용되는 퇴직금 · 각종 퇴직연금제도의 사용자부담금 수준에 대하여는 특례 규정을 동법 부칙에서 정하고 있다(동법 부칙 제8조 제2항).

3. 주요 내용

1) 퇴직급여제도의 설정 및 종류

사용자는 퇴직하는 근로자에게 급여를 지급하기 위하여 퇴직급여제도 중 하나 이상의 제도를 설정하여야 한다. 다만 계속근로기간이 1년 미만인 근로자, 4주간을 평균하여 1주간의 소정근로시간이 15시간 미만인 근로자에 대하여는 그러하지 아니하다(근로자퇴직급여보장법 제4조 제1항). 여기에서 사용자라 함은 근로기준법 제2조의 규정에 따른 사용자(사용자란, 사업주 또는 사업경영담당자 기타 근로자에 관한 사항에 대하여 사업주를 위하여 행위하는 자)를 말한다(동법 제2조 제2호). 이 퇴직급여제도에는 확정급여형 퇴직연금제도, 확정기여형 퇴직연금제도, 퇴직금제도가 있다(동법 제2조 제6호). 퇴직연금제도에는 확정급여형과 확정기여형 및 개인형 퇴직연금제도가 있다(동법 제2조 제7호).

퇴직급여제도를 설정함에 있어서 하나의 사업에서 급여 및 부담금 산정방법의 적용 등에 관하여 차등을 두어서는 아니 된다(차등금지 원칙, 동법 제4조 제2항). 이를 위반하면 처벌을 받게 된다(동법 제45조 제1호). 사용자가 퇴직급여제도의 종류를 선택하거나 선택한 퇴직급여제도를 다른 종류의 퇴직급여제도로 변경하고자 하는 경우에는 해당 사업의 근로자의 과반수로 조직된 노동조합이 있는 경우에는 그 노동조합, 근로자의 과반수로 조직된 노동조합이 없는 경우에는 근로자의 과반수(이하 "근로자 대표"라 함)의 동의를 받아야 한다(동법 제4조 제3항). 사용자가 위의 규정(제3항)에 따라 선택되거나 변경된 퇴직급여제도의 내용을 변경하려는 경우에는 근로자 대표의 의견을 들어야 하며, 근로자에게 불이익하게 변경하고자 하는 경우에는 근로자 대표의 동의를 얻어야 한다(동법 제4조 제4항). 이 제3항과 제4항의 규정을 위반하면 처벌을 받게 된다(동법 제46조 제1호).

2011년 7월 25일의 근로자퇴직급여보장법 전부개정법률 시행일(2012. 7. 26) 이후 새로 설립(합병, 분할은 제외)된 사업의 사용자는 근로자대표의 의견을 들어 사업의 성립 후 1년 이내에 확정급여형 퇴직연금제도나 확정기여형 퇴직연금제도를 설정하여야 한다(동법 제5조).

2) 퇴직금제도

(1) 개념

퇴직금제도를 설정하려는 사용자는 계속근로기간 1년에 대하여 30일분 이상의 평균임금을 퇴직하는 근로자에게 지급할 수 있는 제도를 설정하여야 하는데(동법 제8조 제1항), 이 제도를 퇴직금제도라 한다. 여기에서 임금이란 근로기준법 제2조 제1항 제5호에 따른 임금(사용자가 근로의 대가로 근로자에게 임금, 봉급 그 밖에 어떠한 명칭으로든지 지급하는 일체의 금품을 말한다)을 말하고(동법 제2조 제3호), 평균임금이란, 근로기준법 제2조 제1항 제6호에 따른 평균임금(평균임금을 산정하여야 할 사유가 발생한 날 이전 3월간에 그 근로자에 대하여 지급된 임금의 총액을 그간의 총일수로 나눈 금액을 말하고 취업 후 3월 미만도 이에 준한다. 이에 의하여 산출된 금액이 해당 근로자의 통상임금보다 저액일 경우에는 그 통상임금을 평균임금으로 한다)을 말한다(동법 제2조 제4호).

그러나 사용자는 주택구입 등 대통령령으로 정하는 사유와 근로자의 요구가 있는 경우에는 근로자가 퇴직하기 전에 해당 근로자가 계속 근로한 기간에 대한 퇴직금을 미리 정산하여 지급할 수 있다. 이 경우 미리 정산하여 지급한 후의 퇴직금 산정을 위한 계속근로기간은 정산시점부터 새로이 기산한다(중간정산, 동법 제8조 제2항). 퇴직연금제도가 폐지되거나 운영이 중단된 경우에는 폐지된 이후 또는 중단된 기간에 대하여는 이 퇴직금제도를 적용한다(동법 제38조 제1항). 퇴직연금제도의 폐지 또는 운영의 중단으로 인하여 가입자가 급여를 지급받은 경우에 위의 동법 제8조 제2항에 따라 중간 정산되어 지급받은 것으로 본다. 이 경우 중간정산 대상기간의 산정 등에 관하여는 대통령령(근로자퇴직급여보장법 시행령)으로 정한다(동법 제38조 제5항).

사용자가 동법 제4조 제1항과 제5조에 따라 퇴직급여제도를 설정해야 함에도 불구하고 퇴직급여제도를 설정하지 아니하거나 동법 제25조 제1항에 따른 개인형 퇴직연금제도를 설정하기 아니한 경우에는 이 제8조 제1항의 퇴직금제도를 설정한 것으로 본다(동법 제11조).

(2) 퇴직금의 지급 및 소멸시효, 우선변제

사용자는 근로자가 퇴직한 경우에는 그 지급사유가 발생한 날부터 14일 이내에 퇴직금을 지급하여야 한다. 다만 특별한 사정이 있는 경우에는 당사자 간의 합의에 의하여 지급기일을 연장할 수 있다(동법 제9조). 이에 위반하면 처벌된다(동법 제44조 제1항). 퇴직금을 받을 권리는 3년간 행사하지 아니하면 시효로 인하여 소멸한다(동법 제10조).

사용자에게 지급의무가 있는 퇴직금, 확정급여형 퇴직연금제도의 급여, 확정기여형 퇴직연금제도의 부담금 중 미납입부담금 및 미납입부담금에 대한 지연이자, 개인형 퇴직연금제도의 부담금 중 미납입부담금 및 미납입부담금에 대한 지연이자(이하 퇴직급여 등이라 한다)는 사용자의 총재산에 대하여 질권·저당권에 의하여 담보된 채권을 제외하고는 조세 · 공과금 및 다른 채권에 우선하여 변제되어야 한다. 다만, 질권 · 저당권에 우선하는 조세 · 공과금에 대하여는 그러하지 아니하다(동법 제12조 제1항).

그러나 최종 3년간의 퇴직급여 등은 사용자의 총재산에 대하여 질권 또는 저당권에 의하여 담보된 채권, 조세 · 공과금 및 다른 채권에 우선하여 변제되어야 한다(동법 제11조 제2항).

퇴직급여 등 중 퇴직금, 확정급여형 퇴직연금제도의 급여는 계속근로기간 1년에 대하여 30일분의 평균임금으로 계산한 금액으로 하고(동조 제3항), 퇴직급여 등 확정기여형 퇴직연금제도의 부담금 및 개인형 퇴직연금제도의 부담금(동법 제25조 제2항 제2호)은 가입자의 연간임금총액의 12분의 1에 해당하는 금액으로 계산한다(동조 제4항).

3) 퇴직연금제도

(1) 개념 및 종류와 확정급여형 퇴직연금

퇴직연금제도란 근로자에게 퇴직금을 연금형식으로 지급하는 제도이다. 여기에는 확정급여형 퇴직연금과 확정기여형 퇴직연금 및 개인형 퇴직연금이 있다(동법 제2조 제7호). 확정급여형 퇴직연금이란 근로자가 지급받을 급여의 수준이 사전에 결정되어 있는 퇴직연금을 말한다(동법 제2조 제8호). 확정기여형 퇴직연금이란 급여의 지급을 위하여 사용자가 부담하여야 할 부담금의 수준이 사전에 결정되어 있는 퇴직연금을 말한다(동법 제2조 제9호).

확정급여형 퇴직연금제도를 설정하려는 사용자는 근로자 대표의 동의를 얻어 다음의 사항을 기재한 확정급여형 퇴직연금규약을 작성하여 고용노동부 장관에게 신고하여야 한다(동법 제13조 제1호~제11호).

① 퇴직연금사업자 산정에 관한 사항

② 가입자에 관한 사항

③ 가입기간에 관한 사항. 이 경우 가입기간은 퇴직연금의 설정 이후 해당 사업에서 근로를 제공하는 기간으로 하되, 해당 퇴직연금의 설정 전에 제공한 근로기간에 대하여도 가입기간으로 할 수 있다(동법 제14조).

④ 급여수준에 관한 사항. 이 경우 가입자의 퇴직일을 산정한 일시금의 금액이 계속근로기간 1년에 대하여 30일분의 평균임금에 상당하는 금액 이상이어야 한다(동법 제15조).

⑤ 급여지급능력 확보에 관한 사항. 확정급여형 퇴직연금제도를 설정한 사용자는 급여지급능력을 확보하기 위하여 매 사업연도말 다음에 해당하는 금액 중 더 큰 금액(이하 기준책임준비금이라 한다)에 100분의 60 이상으로 대통령령으로 정하는 비율을 곱하여 산출한 금액(이사 최소적립금이라 한다) 이상을 적립금으로 적립하여야 한다(다만 제14조 제2항에 따라 해당 퇴직금연금제도의 설정 이전에 해당 사업에서 근무한 기간을 가입기간에 포함시키는 경우 대통령령으로 정하는 비율에 따른다).

㉠ 매 사업연도 말일 현재를 기준으로 산정한 가입자의 예상시점까지의 가입기간에 대한 급여에 드는 비용예상액의 현재가치에서 장래 근무기간분에 대하여 발생하는 부담금 수입예상액의 현재가치를 뺀 금액으로서 고용노동부령으로 정하는 방법에 따라 산정한 금액

㉡ 가입자와 가입자였던 사람의의 해당 사업연도 말일까지의 가입기간에 대한 급여에 드는 비용예상액을 고용노동부령으로 정하는 방법에 따라 산정된 금액 (이상 동법 제16조 참조)

⑥ 급여의 종류 및 수급요건 등에 관한 사항. 이 경우 다음 각 호의 내용이 명시되어야 한다(동법 제17조).

㉠ 연금은 55세 이상으로서 가입기간이 10년 이상인 가입자에게 지급할 것. 이 경우 연금의 지급기간은 5년 이상이어야 한다.

㉡ 일시금은 연금수급요건을 갖추지 못하거나 일시금 수급을 원하는 가입자에게 지급할 것

⑦ 동법 제28조에 따른 운용관리업무 및 동법 제29조에 따른 자산관리업무의 수행을 내용으로 하는 계약의 체결 및 해지, 해지에 따른 계약이전에 관한 사항

⑧ 확정급여형 퇴직연금 운용현황의 통지에 관한 사항. 이 경우 매년 1회 이상 적립금액 및 운용수익률 등이 고용노동부령이 정하는 바에 따라 가입자에게 통지되어야 한다(동법 제18조).

⑨ 가입자의 퇴직 등 급여지급사유 발생과 급여의 지급절차에 관한 사항

⑩ 퇴직연금의 폐지·중단사유 및 절차에 관한 사항. 이 경우 폐지 · 중단사유 등이 명시되어야 한다.

⑪ 그 밖에 확정급여형 퇴직연금의 운영을 위하여 대통령령이 정하는 사항

(2) 확정기여형 퇴직연금제도

확정기여형 퇴직연금제도를 설정하려는 사용자는 근로자 대표의 동의를 얻거나 의견을 들어 다음의 사항을 포함한 확정기여형 퇴직연금규약을 작성하여 고용노동부 장관에게 신고하여야 한다(동법 제19조).

① 부담금의 부담에 관한 사항. 이 경우 다음의 내용이 명시되어야 한다.

㉠ 사용자는 최소한 가입자의 연간 임금 총액의 12분의 1에 해당하는 부담금을 가입자의 확정기여형 퇴직연금제도 계정에 납입해야 한다(동법 제20조 제1항).

㉡ 가입자는 위 사용자가 부담하는 부담금 외에 추가로 부담금을 가입자의 확정기여형 퇴직연금 계정에 납입할 수 있다(이상 동법 제20조 제1항, 제2항).

② 부담금의 납입에 관한 사항. 이 경우

㉠ 사용자는 매년 1회 이상 정기적으로 부담금을 가입자의 확정기여형 퇴직연금제도 계정에 납입해야 하고, 이 경우 사용자가 정하여진 기일까지 납입하지 아니한 경우 지연이자를 납입해야 한다(동법 제20조 제3항).

㉡ 사용자는 가입자의 퇴직 등 대통령령으로 정하는 사유가 발생한 때에 그 가입자에 대한 부담금을 미납한 경우에는 그 사유발생날부터 14일 이내에 부담금 및 지연이자를 확정기여형 퇴직연금제도 계정에 납입해야 한다(동법 제20조 제5항).

㉢ 가입자는 퇴직할 때에 받을 급여를 갈음하여 그 운영 중인 자산을 가입자가 설정한 개인형 퇴직연금제도의 계정으로 이전해 줄 것을 해당 퇴직연금사업자에게 요청할 수 있다(동법 제20조 제6항).

③ 적립금의 운용에 관한 사항. 이 경우 가입자는 적립금의 운용방법을 스스로 선정할 수 있고, 매반기 1회 이상 적립금 운용방법의 변경이 가능하여야 한다(동법 제21조 제1항).

④ 적립금 운용방법 및 정보의 제공 등에 관한 사항. 이 경우

㉠ 확정기여형 퇴직연금제도의 가입자는 적립금 운용방법을 스스로 선정할 수 있고, 반기마다 1회 이상 위험과 수익구조가 서로 다른 세 가지 이상의 적립금 운용방법이 제시해야 한다(동법 제21조 제1항, 제2항).

㉡ 퇴직연금사업자는 운용방법별 이익 및 손실의 가능성에 관한 정보 등 가입자가 적립금의 운용방법을 선정하는 데 필요한 정보를 제공해야 한다(동법 제21조 제3항).

⑤ 적립금의 중도인출에 관한 사항. 가입한 근로자는 주택구입 등 대통령령이 정하는 사유가 발생하면 적립금을 중도인출할 수 있다(동법 제22조).

⑥ 동법 제13조 제1호부터 제3호까지 및 제6호부터 제10호까지에 관한 사항

⑦ 그 밖에 확정기여형 퇴직연금의 운영을 위하여 대통령령으로 정하는 사항

(3) 개인형 퇴직연금제도

이는 가입자의 선택에 따라 가입자가 납입한 일시금(예컨대 퇴직금)이나 사용자 또는 가입자가 납입한 부담금을 적립 운용하기 위하여 설정한 퇴직연금제도로서 급여의 수준이나 부담금의 수준이 확정되지 아니한 퇴직연금제도이다(동법 제2조 제10호).

이 개인형 퇴직연금제도는 퇴직연금사업자가 운영할 수 있고(동법 제24조 제1항), 퇴

직급여제도의 일시금을 수령한 사람, 확정급여형 퇴직연금제도나 확정기여형 퇴직연금제도의 가입자로서 자기의 부담으로 개인형 퇴직연금제도를 설정하려는 사람 중 자영업자 등 안정적인 노후소득 확보가 필요한 사람으로서 대통령령으로 정하는 사람 중 어느 하나에 해당하는 사람은 개인형 퇴직연금제도를 설정할 수 있다(동법 제24조 제2항).

소규모 사업의 경우에는 특례규정을 두어 사용자가 개인형 퇴직연금제도를 설정할 수 있도록 하고 일정한 부담금을 납입하도록 하고 있다. 즉 상시 10명 미만의 근로자를 사용하는 사업의 경우 제4조 제1항(퇴직급여의 설정) 및 제5조(새로 성립된 사업의 퇴직급여제도)에도 불구하고 사용자가 개별근로자의 동의를 받거나 근로자의 요구에 따라 개인형 퇴직연금제도를 설정하는 경우에는 해당 근로자에 대하여 퇴직급여제도를 설정한 것으로 본다(동법 제25조 제1항). 이와 같이 개인형 퇴직연금제도를 설정하는 경우에는 다음의 사항을 준수하여야 한다.

① 사용자가 퇴직연금사업자를 선정하는 경우에 개별 근로자의 동의를 받을 것. 다만 근로자가 요구하는 경우에는 스스로 퇴직연금사업자를 선정할 수 있다.
② 사용자는 가입자별로 연간 임금총액의 12분의 1 이상에 해당하는 부담금을 현금으로 가입자의 개인형 퇴직연금제도 계정을 납입할 것
③ 사용자가 부담하는 부담금 외에 가입자의 부담으로 추가 부담금을 납입할 수 있을 것
④ 사용자는 매년 1회 이상 정기적으로 제2호에 따른 부담금을 가입자의 개인형 퇴직연금제도 계정에 납입할 것. 이 경우 납입이 지연된 부담금에 대한 지연이자의 납입에 관하여는 제20조 제2항 후단 및 제4항을 준용한다.
⑤ 그 밖에 근로자의 급여수급권의 안정적인 보호를 위하여 대통령령으로 정하는 사항

(4) 퇴직연금의 관리

① 퇴직연금사업자의 등록

퇴직연금사업자란 퇴직연금제도의 운용관리업무 및 자산관리업무를 수행하기 위하

여 동법 제26조(퇴직연금사업자의 등록)의 규정에 의하여 등록한 사람을 말한다(동법 제2조 제13호).

다음 각 호의 어느 하나에 해당하는 사람으로서 퇴직연금사업자가 되려는 자는 재무건전성 및 인적·물적 요건 등 대통령령이 정하는 요건을 갖추어 고용노동부 장관에게 등록하여야 한다(동법 제26조 제1호~제7호).

㉠ 자본시장과 금융투자업에 관한 법률에 따른 투자매매업자·투자중개업자 또는 집합투자업자(제1호)
㉡ 보험업법 제2조 제6호에 따른 보험회사(제2호)
㉢ 은행법 제2조 제1항 제2호에 따른 은행(제3호)
㉣ 신용협동조합법 제61조 제1항에 따른 신용협동조합중앙회(제4호)
㉤ 새마을금고법 제54조 제1항에 따른 새마을금고중앙회(제5호)
㉥ 산재보험법 제10조에 따른 근로복지공단(공단의 퇴직연금사업대상은 상시 30명 이하의 근로자를 사용하는 사업에 한한다)(제6호)
㉦ 그 밖에 제1호 내지 제6호까지에 준하는 사람으로서 대통령령이 정하는 자(제7호)

② 퇴직연금사업자의 업무

사용자는 퇴직연금의 운용을 위하여 퇴직연금 운용관리업무와 자산관리업무의 수행을 내용으로 하는 계약을 퇴직연금사업자와 체결하여야 하므로 퇴직연금사업자는 이 계약의 상대방이 된다. 이에 의하여 퇴직연금사업자는 퇴직연금 운용관리 및 자신관리업무를 수행한다. 구체적으로 보면 다음과 같다.

퇴직연금제도를 설정하려는 사용자 또는 가입자는 다음 업무(이하 "운용관리업무"라 한다)의 수행을 내용으로 하는 계약을 퇴직연금사업자와 체결하여야 한다. 다만 제2호의 업무는 확정급여형 퇴직연금에 한한다(동법 제28조 제1항 제1호~제5호).

㉠ 사용자 또는 가입자에 대한 적립금 운용방법 및 운용방법별 정보의 제공
㉡ 연금제도 설계 및 연금계리
㉢ 적립금 운용현황의 기록·보관·통지

㉣ 사용자 또는 가입자가 선정한 운용방법을 동법 제29조 제1항에 따른(자산관리업무의 수행) 자산관리업무를 수행하는 퇴직연금사업자에게 전달하는 업무
㉤ 그 밖에 운용관리업무의 적정한 수행을 위하여 대통령령이 정하는 업무

위의 규정에 따라 운용관리업무를 수행하는 퇴직연금사업자는 대통령령이 정하는 일부 업무를 인적 · 물적 요건 등 대통령령이 정하는 요건을 갖춘 자에게 처리하게 할 수 있다(동법 제28조 제2항).

다음으로 퇴직연금제도를 설정한 사용자 또는 가입자는 다음 업무(이하 "자산관리업무"라 한다)의 수행을 내용으로 하는 계약을 퇴직연금사업자와 체결하여야 한다(동법 제29조 제1항 제1호~제6호).

㉠ 계좌의 설정 및 관리
㉡ 부담금의 수령
㉢ 적립금의 보관 및 관리
㉣ 운용관리업무를 수행하는 퇴직연금사업자가 전달하는 적립금 운용지시의 이행
㉤ 급여의 지급
㉥ 그 밖에 자산관리업무의 적정한 수행을 위하여 대통령령이 정하는 업무

사용자 또는 가입자가 위의 규정에 의한 계약을 체결하려는 경우에는 근로자 또는 가입자를 피보험자 또는 수익자로 하여 대통령령이 정하는 보험계약 또는 신탁계약의 방법으로 하여야 한다(동법 제29조 제2항).

그리고 적립금이란, 가입자의 퇴직 등 지급사유가 발생한 때에 급여의 지급을 위하여 사용자 또는 가입자가 납입한 부담금으로 적립된 자금을 말한다(동법 제2조 제12호).

끝으로 퇴직연금사업자는 선량한 관리자로서의 주의의무를 다하여 그 업무를 수행하여야 한다(동법 제30조 제1항). 퇴직연금사업자는 적립금의 운용방법을 제시하는 경우에 다음 각 호의 요건을 갖춘 운용방법을 제시하여야 한다(동법 제30조 제2항 제1호~제5호).

㉠ 운용방법에 관한 정보의 취득과 이해가 쉬울 것
㉡ 운용방법 간의 변경이 쉬울 것

㉢ 적립금 운용결과의 평가방법과 절차가 투명할 것

㉣ 확정기여형 퇴직연금과 개인형 퇴직연금제도의 경우에는 대통령령이 정하는 원리금보장 운용방법이 하나 이상 포함될 것

㉤ 적립금의 안정적 운용을 위하여 분산투자 등 대통령령이 정하는 운용방법 및 기준 등에 따를 것

③ 퇴직연금사업자의 등록취소 및 이전명령

고용노동부 장관은 퇴직연금사업자가 다음 각 호의 어느 하나에 해당하는 경우에는 등록을 취소할 수 있다. 다만 제1호 또는 제2호에 해당하는 경우에는 등록을 취소하여야 한다(동법 제27조 제1항 제1호~제4호).

㉠ 해산한 경우

㉡ 거짓 그 밖의 부정한 방법으로 동법 제26에 따른 등록을 한 경우

㉢ 동법 제26조에 따른 등록요건을 갖추지 못하게 된 경우

㉣ 동법 제36조에 따른 고용노동부 장관 또는 금융위원회의 명령에 따르지 아니한 경우

그리고 고용노동부 장관은 위의 등록취소 또는 말소를 함에 있어 근로자의 수급권 보호를 위하여 필요하다고 인정되는 경우에는 등록이 취소 또는 말소되는 퇴직연금사업자에게 그 업무의 전부 또는 일부를 다른 퇴직연금사업자에게 이전할 것을 명할 수 있다. 이 경우 고용노동부 장관은 그 업무의 전부 또는 일부를 이전받는 퇴직연금사업자의 동의를 얻어야 한다(동법 제27조 제5항). 고용노동부 장관은 등록취소 또는 이전명령을 하려는 경우에는 청문을 실시하여야 한다(동법 제41조).

④ 책무 및 감독

(가) 책무

㉠ 사용자의 책무 : 사용자는 법령 및 퇴직연금 규약을 준수하고 가입자 등을 위하여 대통령령으로 정하는 사항에 관하여 성실하게 이 법에 따른 의무를 이행해야 한다(동법 제32조 제1항). 퇴직연금제도(개인형 퇴직연금제도는 제외)를 설정한 사용자

는 매년 1회 이상 가입자에게 해당 사업의 퇴직연금제도 운영상황 등 대통령령이 정하는 사항에 관한 교육을 실시하여야 한다. 이 경우 사용자는 퇴직연금사업자에게 그 교육의 실시를 위탁할 수 있다(동법 제32조 제2항). 그리고 퇴직연금제도를 설정한 사용자는 다음 각 호의 어느 하나에 해당하는 행위를 하여서는 아니 된다(동법 제32조 제3항 제1호, 제2호).

ⓐ 자기 또는 제3자의 이익을 도모할 목적으로 운용관리업무 및 자산관리업무의 수행계약을 체결하는 행위

ⓑ 그 밖에 퇴직연금의 적정한 운영을 저해하는 행위로서 대통령령이 정하는 행위의 사용자가 이 책무를 위반한 경우는 처벌을 받는다(동법 제48조).

㉡ 퇴직연금사업자의 책무 : 사용자는 이 법을 준수하고 가입자를 위하여 성실하게 그 업무를 하여야 한다(동법 제33조 제1항). 퇴직연금사업자는 근로자퇴직급여보장법 제28조 제1항(운용관리업무에 관한 계약의 체결), 제29조 제1항(자산관리업무에 관한 계약의 체결)에 따른 계약의 내용을 지켜야 한다(동법 제33조 제2항). 그리고 퇴직연금사업자는 정당한 사유 없이 다음 각 호의 어느 하나에 해당하는 행위를 하여서는 아니 된다(동법 제33조 제3항 제1호~제4호).

ⓐ 동법 제28조 제1항에 따른 운용관리업무의 수행계약체결을 거부하는 행위

ⓑ 동법 제29조 제1항에 따른 자산관리업무의 수행계약체결을 거부하는 행위

ⓒ 특정한 퇴직연금사업자의 계약을 체결할 것을 강요하는 행위

ⓓ 그 밖에 사용자 또는 가입자의 이익을 침해할 우려가 있는 경우로서 대통령령이 정하는 행위

또한 운용관리업무를 수행하는 퇴직연금사업자는 다음 각 호의 어느 하나에 해당하는 행위를 하여서는 아니 된다(동법 제33조 제4항 제1호~제4호).

ⓐ 계약체결 시 가입자 또는 사용자의 손실의 일부 또는 전부를 부담하거나 부담할 것을 약속하는 행위

ⓑ 가입자 또는 사용자에게 경제적 가치가 있는 과도한 부가적 서비스를 제공하거나 가입자 또는 사용자가 부담하여야 할 경비를 퇴직연금사업자가 부담하는 등 대통령령으로 정하는 특별한 이익을 제공하거나 제공할 것을 약속하는 행위

ⓒ 가입자의 성명·주소 등의 개인정보를 퇴직연금의 운용과 관련된 업무수행에 필요한 범위를 벗어나서 사용하는 행위

ⓓ 자기 또는 제3자의 이익을 도모할 목적으로 특정한 운용방법을 가입자 또는 사용자에게 제시하는 행위

그리고 동법 제24조 제1항에 따라 개인형 퇴직연금제도를 운영하는 퇴직연금사업자는 해당 사업의 퇴직연금제도 운영상황 등 대통령령이 정하는 사항에 대하여 매년 1회 이상 가입자에게 교육을 실시하여야 한다(동법 제33조 제5항).

또 퇴직연금사업자는 퇴직연금제도의 취급실적을 사용자(개인형 퇴직연금제도의 취급실적은 제외) · 고용노동부 장관 및 금융감독위원장에게 제출하여야 한다(동법 제33조 제6항).

나아가 퇴직연금사업자는 동법 제28조 및 제29조 제1항에 따른 계약체결과 관련된 약관 또는 표준계약서(이하 "약관 등"이라 한다)를 제정 또는 변경하고자 할 때에는 미리 금융감독원장에게 보고하여야 한다. 다만 근로자 또는 사용자의 권익이나 의무에 불리한 영향이 없는 경우로서 금융위원회가 정하는 경우에는 약관의 제정 또는 변경 후 10일 이내에 금융감독원장에게 보고할 수 있다(동법 제33조 제7항).

그리고 퇴직연금사업자는 매년 말 적립금 운용수입률 및 수수료 등을 금융위원회가 정하는 바에 따라 공시하여야 한다(동법 제33조 제8항). 퇴직연금사업자가 그 책무를 위반하면 처벌을 받게 된다(동법 제48조 제2항 제3호).

㉢ 정부의 책무 등 : 정부는 퇴직연금제도가 활성화될 수 있도록 지원방안을 강구하여야 한다(동법 제34조 제1항). 그리고 정부는 퇴직연금제도의 건전한 정착 및 발전을 위하여 노사단체, 퇴직연금업무의 수행과 관련된 기관·단체와 공동으로 연구사업 지원 등 필요한 조치를 할 수 있다(동법 제34조 제2항). 또 정부는 퇴직연금의 지급보장장치 마련 등 근로자의 수급권 보호를 위한 방안을 강구하도록 노력하여야 한다(동법 제34조 제3항).

(나) 감독

고용노동부 장관은 사용자 및 퇴직연금사업자를 감독한다. 그리고 금융위원회도 퇴직연금사업자를 일정 범위에서 감독한다.

㉠ 사용자에 대한 감독 : 고용노동부 장관은 사용자가 퇴직연금제도의 설정 또는 그 운영 등에 관하여 근로자퇴직급여보장법 또는 퇴직연금규약에 위반되는 행위를 한 경우에는 기간을 정하여 그 위반의 시정을 명할 수 있다(동법 제35조 제1항). 그리고 고용노동부 장관은 사용자가 위의 기간 이내에 시정명령에 따르지 아니하는 경우에는 퇴직연금 운영의 중단을 명할 수 있다(동법 제35조 제2항).

㉡ 퇴직연금사업자에 대한 감독 : 고용노동부 장관은 퇴직연금사업자가 이 법에 위반되는 행위를 한 경우에는 기간을 정하여 그 위반의 시정을 명할 수 있다(동법 제36조 제1항). 그리고 고용노동부 장관은 퇴직연금사업자가 제1항에 따른 시정명령에 따르지 아니하는 경우에는 근로자퇴직연금보장법에 의하여 수행하는 업무를 다른 퇴직연금사업자 이전할 것을 명할 수 있으며(동법 제36조 제2항), 금융위원회는 퇴직연금제도의 안정적 운영과 근로자의 수급권 보호를 위하여 대통령령으로 정하는 업무에 관하여 퇴직연금사업자를 감독하고 퇴직연금사업자가 동법 제33조를 위반하는 경우 주의, 시정명령 등 몇 가지 등의 조치를 할 수 있으며(동법 제36조 제3항 제1호~제4호), 금융감독장으로 하여금 퇴직연금사업자의 업무 및 재산상황 등을 검사하게 할 수 있고 퇴직연금 사업자가 보고한 약관 등이 이 법에 따라 위배될 경우에는 변경 · 보완을 명할 수 있다(동법 제36조 제4항).

⑤ 수급권의 보호

퇴직연금의 급여를 받을 권리는 양도하거나 담보로 제공할 수 없다. 다만 주택구입 등 대통령령이 정하는 사유와 요건을 갖춘 경우에는 대통령령이 정하는 한도 안에서 그 급여를 받을 권리를 담보로 제공할 수 있다(동법 제7조).

10 공공부조법

제1절 공공부조의 개요

1. 의의

공공부조는 국가 및 지방자치단체의 책임하에 생활유지능력이 없거나 생활이 어려운 국민의 최저생활을 보장하고 자립을 지원하는 제도이다. 그러므로 공공부조법은 근로의 능력이 없거나 생활이 어려운 자에게 국가의 책임 아래 최저한도의 건강하고 문화적인 생활을 할 권리를 보장해 주는 법이라 할 수 있다.

공공부조법은 사회보험법, 사회서비스법과 함께 넓은 의미의 사회보장법(넓은 의미의 사회복지)의 3대 구성체계의 하나이다. 그러나 그 목적과 대상자의 특수성으로 인하여 국가와 지방자치단체가 전적으로 책임을 부담(비용부담)한다는 점에서 다른 두 개의 구성체계와 구별된다. 공공부조법에 속하는 법에는 국민기초생활보장법, 의료급여법, 재해구호법, 북한이탈주민의 보호 및 정착지원에 관한 법률 등이 있다. 이 책에서는 국민기초생활보장법과 의료급여법을 중심으로 설명한다.

2. 기본원리(특색)

공공부조법은 공공부조제도 고유의 특색이 있고 다른 사회보장제도, 특히 사회보험과 여러 가지 면에서 차이가 있다.

1) 공공부조법 고유의 특색

(1) 최저생활보호

공공부조법은 근로능력이 없거나 생활이 어려운 자에게 최저한도의 생활보장을 목적으로 한다. 따라서 보호대상자가 최저한도의 생활을 유지하고 있는지의 여부를 판정하기 위하여 그의 자산을 조사한다.

(2) 무갹출의 보호

공공부조법의 대상이 되는 사람은 최저한도의 생활을 유지할 수 없는 자이기 때문에 당연히 비용부담의 능력이 없다. 따라서 공공부조법에 있어서는 피보호자에 대하여 갹출이나 자기부담을 과하지 않는다. 보호비용은 전액을 국가부담으로 하기 때문에 비용조달수단으로서의 보험방식을 사용하지 않는다. 바로 이 점이 사회보험법과 구별되는 점이다.

(3) 개별적 측정

생활이 빈곤한 사람은 그 생활상태가 각양각색이기 때문에, 보호는 생활빈곤자의 빈곤의 정도나 상황에 따라서 개별적으로 구분된다. 따라서 생활빈곤자가 최저생활을 유지할 수 있게 하기 위하여 어떤 종류의 부조를 어느 정도로 그리고 어떠한 방법으로 행하여야 하는가는 개별적으로 측정된다.

(4) 세대단위보호

보호를 할 것인지의 여부는 개별적으로 측정하지만, 그렇다고 해서 개인을 단위로 하여 보호가 실시되는 것은 아니다. 어디까지나 현실의 생활은 세대를 단위로 하여 영위되는 것이기 때문에 보호는 원칙적으로 세대를 단위로 하여 실시된다.

2) 사회보험과의 차이점

첫째, 공공부조는 빈곤 등의 사회적 위험이 발생한 이후 국가(지방자치단체)가 최후에 해결하는 사후적 대응책이다. 이에 대하여 사회보험은 미래에 직면할 수 있는 사회적 위험을 정형화하여 보험기술을 통해 미리 대비하는 제도이다(목적의 차이).

둘째, 공공부조제도는 도움이 필요한 사람을 선정하여 원조를 제공하는 선택주의에 입각하고 있으나, 사회보험은 모든 국민을 대상으로 하고 적당한 자격요건을 갖추어서 보험사고를 당할 때 급여를 제공하는 점에서 보편주의를 채택하고 있다(이념상의 차이).

셋째, 공공부조는 사람들을 무차별 평등하게 취급하여 일단 빈곤에 처한 모든 사람들에게 동일한 조건에서 똑같은 급여를 제공한다는 점에서 무차별 평등주의이다. 이에 대하여 사회보험은 특히 급여의 제공에 있어 가능한 한 기여금에 비례하거나 가입연한에 비례하여 제공하는 경향이 있다. 물론 이는 제도적 운용과 연관하여 국가마다 어느 정도 차이는 있지만, 사회보험은 평등보다는 비례급여를 선택하는 경향이 있다(원리상 차이).

넷째, 공공부조는 소수의 빈곤층이 주 대상인 데 반하여 사회보험은 일단 국민 전체를 대상으로 규정하는 경우가 대부분이다(대상의 차이).

다섯째, 공공부조는 자산조사를 통해서, 그리고 사회보험은 기여금의 제공과 가입기간 등을 요건으로 정하고 있다(수급자격요건의 차이).

여섯째, 공공부조는 일반 조세를 통하여 재원을 마련하나(소득의 일방적 이전), 사회보험은 가입자의 보험료를 통하여 재원을 마련한다(재원의 차이).

일곱째, 공공부조는 아름다운 생활을 보장하려고 하지만, 근로의욕을 저하시키지 않는 수준에서, 그리고 사회적 자원의 정의로운 배분을 위하여 가능한 한 사회적 최소한의 수준을 설정하고 있다. 이는 앞서 말한 최저한의 생활을 영위할 수 있는 수준으로서 흔히 최저생계비를 매개로 하여 책정된다. 사회보험은 급여수준이 기계적으로 산정되어 있는데, 이것은 가능한 한 기여금 정도와 과거의 생활수준 그리고 사회적 통념 등을 고려하여 급여의 적정선을 선택한다. 이 적정선은 최저생계비와 이를 기반으로 만들어진 최저임금수준 등이 함께 검토된다(급여수준의 차이).

여덟째, 수급권의 성격과 연관하여 공공부조는 권리성이 약한 데 비하여 사회보험은 권리성이 상대적으로 강한 성격을 가진다. 특히 사회보험은 기여금에 의한 채권적인 성격을 부여하는 사람들도 있다(수급권의 성격).

〈표 10-1〉 공공부조와 사회보험의 차이점

구분	공공부조	사회보험
목적	구빈, 사후적 대응	방빈, 사전적 대응
이념	선택주의	보편주의
원리	무차별 평등(평등주의)	비례원리 강조(형평주의)
대상	소수의 빈곤계층	국민 전체
자격요건	자산조사	기여금 등
재원	일반조세	보험료
급여수준	사회적 최소한	적정선
수급권의 성격	권리성 약함	권리성 강함

제 2 절 국민기초생활보장법

1. 개념

1) 의의

국민기초생활보장법은 국민의 생존권 보장을 목적으로 이들의 최저생활을 보장하는 것과 관련된 법이라고 할 수 있다. 이 법은 1999년 9월 7일 법률 제6024호로 제정되고 여러 차례 개정되었고, 최근에는 2011. 3. 30, 2011. 6. 7, 2011. 7. 4, 2011. 8. 4, 2012. 2. 1, 2014. 12. 30, 2016. 2. 3. 등으로 개정되었다. 또 동법 시행령(2000. 7. 27. 제정, 여러 차례 개정, 최근에는 2009. 12. 30, 2011. 9. 8, 2011. 12. 30, 2012. 6. 12, 2012. 8. 3, 2015. 4. 20, 2015. 12. 31, 2016. 6. 21, 2016. 11. 29. 등 개정) 및 동법 시행규칙(2001. 8. 18. 제정, 여러 차례 개정, 최근에는 2009. 12. 31, 2010. 6. 28, 2011. 4. 15, 2012. 2. 14, 2012. 8. 2, 2015. 1. 5, 2015. 4. 20, 2016. 5. 25, 2017. 3. 17. 등 개정)이 있다.

2) 목적

국민기초생활보장법은 생활이 어려운 사람에게 필요한 급여를 실시하여 이들의 최저생활을 보장하고 자활을 돕는 것을 목적으로 하고 있다(동법 제1조). 이 법은 공공부조법으로서 헌법에 규정되어 있는 국민의 생존권 보장을 위한 구체적이고 최후의 보루가 되는 법이다. 따라서 최후로 최저생활을 보장하기 위해 마련된 법이고 가능한 한 도움을 받는 사람들이 자활·자립할 수 있도록 돕는 것을 목적으로 하고 있다.

3) 기본원칙

(1) 생존권 보장의 구체화 원리

생활의 유지가 어려운 국민이 국민기초생활보장법에 의하여 보호를 받는 것은 국가의 행정시책의 결과로서 초래되는 반사적 이익이나 은혜가 아니라, 헌법상의 생존권에 근거를 둔 구체적인 권리로서 보장받는 것이므로(헌법 제34조 제1항, 제5항), 다음과 같은 원리를 그 기본으로 하고 있다.

① 공공책임의 원리

일상생활이 어려운 국민의 생존권을 보장하는 일이 국가의 책무이므로, 국민기초생활보장법은 국가나 지방자치단체의 공공책임으로 간주하는 것이다. 국민기초생활보장법은 '보장기관'을 국민기초생활보장법에 의한 급여를 행하는 지방자치단체장(특별시장, 광역시장, 도지사·특별자치도지사)과 시장·군수·구청장으로 규정하여 공공책임을 분명히 규정하고 있다(동법 제19조 제1항).

② 최저생활보장의 원리

국민기초생활보장법에 의하여 실시되는 급여는 건강하고 문화적인 최저생활을 유지할 수 있는 수준이어야 한다(동법 제4조 제1항). 구체적인 급여의 기준은 보건복지부 장관이 수급자의 연령·가구규모·거주지역 기타 생활여건 등을 고려하여 급여의 종류별로 정하거나 급여를 지급하는 중앙행정기관의 장이 보건복지부 장관과 협의하여 정한다(동법 제4조 제2항).

이와 같이 국민기초생활보장법은 모든 국민이 건강하고 문화적인 최저생활을 유지할 수 있도록 돕는 것을 원칙으로 하는 최저생활보장의 원리를 선언하고 있다.

③ 보충성의 원리

국민기초생활보장법에 의한 급여는 "수급자가 자신의 생활의 유지 · 향상을 위하여 그 소득·재산·근로능력 등을 활용하여 최대한 노력하는 것을 전제로 이를 보충 발전시키는 것을 기본원칙으로 한다"(동법 제3조 제1항)고 되어 있다.

자본주의 사회에서 생활의 자기책임 혹은 사적 자치의 원칙은 당연한 것이고 또 때로는 부양의무자로 하여금 최대한 부양하도록 한 다음, 이러한 노력이 실패로 돌아갔을 때 국가가 최후로 보충적으로 지원하는 것이 정당하다. 다른 한편 수급자가 자신의 생활유지를 위해 최선의 노력을 하였는지를 판단하기 위하여 행하여지는 수급권자, 부양의무자의 소득·재산조사(동법 제22조)는 이러한 배경에서 마땅히 이루어져야 하는 것이고, 다만 그 과정에서 수치심이나 인격의 손상을 입지 않도록 해야 할 것이다.

④ 타법 우선의 원리

부양의무자의 부양과 다른 법령에 의한 보호는 국민기초생활보장법에 의한 급여에 우선하여 행하여지는 것으로 한다(동법 제3조 제2항). 이것이 타법 우선의 원리이다. 그러나 다른 법령에 따른 보호의 수준이 국민기초생활보장법에서 정하는 수준에 이르지 아니하는 경우에는 나머지 부분에 관하여 이 법에 따른 급여를 받을 권리를 잃지 아니한다(동법 제3조 제2항 단서).

⑤ 자립조장의 원리

국민기초생활보장법의 목적에 나타나 있듯이 자활과 자립의 조장은 동법의 중요한 요소이다. 또 동법에서 자립조장을 직접 목적으로 하는 것은 국민기초생활보장법의 급여 중의 자활급여(동법 제15조)이지만 다른 급여 역시 궁극적으로 자립을 조정하는 방향으로 운용되어야 할 것이다. 앞에서 본 바와 같이 이 법은 보충성의 원리에 기초하고 있기 때문이다.

⑥ 무차별 평등원리

국민기초생활보장법상의 급여는 무차별 평등하게 행하여져야 하며, 생활빈곤의 주관적 원인(태만이나 소행불량)을 묻지 않고 생활유지가 어려운 상태라는 객관적 요건만 있으면 된다. 무차별 평등의 원리는 국민기초생활보장법상의 급여를 받을 자격이 법적으로 평등하게 된다는 원리이다. 그러나 급여를 제공하는 급여 정도 급여기준은 차등적으로 보호대상자의 연령, 가구규모, 거주지역, 기타 생활여건을 고려하여 급여의 종류별로 정하고 생계급여는 수급자의 소득인정액을 감안하여 차등지급될 수 있다(동법 제4조 제2항, 제9조 제4항).

(2) 보장실시상의 원칙

① 신청주의의 원칙

국민기초생활보장급여는 신청주의를 원칙으로 한다. 수급권자와 그 친족, 그 밖의 관계인은 관할 시장 · 군수 · 구청장에게 수급권자에 대한 급여를 신청할 수 있다(동법 제21조 제1항). 한편 사회복지전담공무원은 이 법에 따른 급여를 필요로 하는 사람이 누락되지 아니하도록 하기 위하여 관할지역 내에 거주하는 수급권자에 대한 급여를 직권으로 신청할 수 있다. 이 경우 수급권자의 동의를 구하여야 하며 이를 수급권자의 신청으로 볼 수 있다(동법 제21조 제2항).

② 여건고려의 원칙과 생계급여의 차등화 원칙

급여정도와 기준은 보건복지부 장관이 수급자의 연령, 세대구성, 거주지역, 기타 생활여건 등을 고려하여 급여의 종류별로 정하거나 중앙행정기관의 장이 보건복지부 장관과 협의하여 정한다(동법 제4조 제2항). 생계급여는 수급자의 소득인정액 등을 고려하여 차등지급할 수 있다(동법 제9조 제4항). 이 원칙의 취지는 구체적으로 급여를 실시할 경우에 급여기준을 기계적으로 적용함으로써 야기되는 폐해를 회피하기 위한 것이라 할 수 있다.

③ 개별가구단위급여원칙

급여의 실시는 개별가구단위로 행하되 특히 필요하다고 인정하는 경우에는 개인단위로 할 수 있다(동법 제4조 제3항).

4) 특성

국민기초생활보장법은 사회보험법과는 달리 무갹출로 국가에 의해 수급자에게 일방적으로 제공되는 급여이다. 이것은 국민이라는 자격으로 생존권을 보장받을 수 있다는 데 근거를 두고 있고, 따라서 수급권 역시 기본적 권리로 인정된다.

국민기초생활보장법의 급여내용은 다양하지만 핵심적인 내용은 생계유지와 생활보장이라는 것에 목적을 둔다. 그러므로 경제적 급여를 기반으로 하면서 다양한 형태의 급여가 제공된다. 국민기초생활보장법의 재원은 보통 일반 조세로 충당된다. 보험료 혹은 기여금에 의해서 마련되는 사회보험제도와는 다르고 일반 조세로 충당되는 사회복지서비스와는 유사점을 가지고 있다.

2. 주요 내용

1) 급여실시의 기준

국민기초생활보장법의 기본원칙에서 본 바와 같이 문화적인 최저생활을 유지할 수 있는 급여를 제공하고 이를 위하여 보건복지부 장관 또는 소속 중앙행정기관의 장은 급여의 종류별 수급자 선정기준 및 최저보장수준(최저보장수준이란 국민의 소득지출수준과 수급권자의 가구유형 등 생활실태, 물가상승률 등을 고려하여 제6조에 따라 급여종류별로 공표하는 금액이나 보장수준을 말한다 : 동법 제2조 제6호)을 결정하여야 하고, 매년 8월 1일까지 중앙생활보장위원회의 심의의결을 거쳐 다음 연도의 종류별 수급자 선정기준 및 최저보장수준을 공표하여야 한다(동법 제6조). 이 문화적인 최저생활을 유지할 수 있는 급여(최저생계비)를 제공하기 위하여 결정한 최저보장수준을 기준으로 앞에서 본 바와 같이 개별가구의 급여수준을 결정하고(동법 제4조 제1항 : 급여의 개별화), 또 개별가구단위급여(동조 제3항)를 한다.

이 최저보장수준을 기준으로 매년 기초생활보장을 위한 현금급여기준을 고시한다(급여의 기본수준). 2015년 6월까지는 가구소득이 최저생계비 기준에 미치지 못하면 생계 · 의료 · 주거 · 교육급여를 한꺼번에 다 받을 수 있었고 최저생계비를 조금이라도 넘으면 혜택을 전혀 받지 못했다. 그러나 2015년 7월부터는 맞춤형 기초생활보장제도

실시에 따라 가구별 월 중위소득 기준으로 각 급여의 수혜대상을 결정하고, 생계급여는 중위소득의 30%, 교육급여는 중위소득의 50%, 주거급여는 중위소득의 43%, 의료급여는 중위소득의 40% 이하일 경우 지급하기로 중앙생활보장위원회에서 결정했다(중위소득기준은 매월 고시하는데 2017년에는 1인가구 : 1,652,931원, 2인가구 : 2,814,449원, 3인가구 : 3,640,915원, 4인가구 : 4,467,380원이다).

2) 국민기초생활보장법상의 수급권자와 수급자

(1) 개념과 범위

국민기초생활보장법의 보호대상은 수급권자 및 수급자이다. 수급권자란 이 법에 의한 급여를 받을 수 있는 자격을 가진 사람(국민기초생활보장법 제2조 제1호)이다. 수급자란 국민기초생활보장법에 의해 급여를 받는 사람(동법 제2조 제2호)을 말한다. 수급자는 수급권자와 그 친족, 기타 관계인이 된다(동법 제21조 제1항). 국내에 체류하고 있는 외국인 중 대한민국 국민과 혼인하여 본인 또는 배우자가 임신 중이거나 대한민국 국적의 미성년 자녀를 양육하고 있거나 배우자의 대한민국 국적의 직계존속과 생계나 주거를 같이 하고 있는 사람으로서 대통령령이 정하는 사람이 수급권자가 된다(동법 제5조의 2).

이에 따라 수급권자가 될 수 있는 외국인은 출입국관리법 제31조에 따라 외국인 등록을 한 사람으로서 다음 각 호의 어느 하나에 해당하는 사람으로 한다(동법 시행령 제4조).

① 대한민국 국민과 혼인 중인 사람으로서 본인 또는 대한민국 국적의 배우자가 임신 중인 사람이나 대한민국 국적의 미성년 자녀[계부(모)자 관계 및 양친자관계를 포함한다. 이하 이 조에서 같다]를 양육하고 있는 사람, 배우자의 대한민국 국적인 직계존속과 생계와 주거를 같이 하는 사람

② 대한민국 국민의 배우자와 이혼하거나 그 배우자가 사망한 사람으로서 대한민국 국적의 미성년 자녀를 양육하고 있는 사람 또는 사망한 배우자의 태아를 임신하고 있는 사람

(2) 수급자의 권리와 의무와 수급권자의 범위

수급자는 급여를 받을 권리가 있고 수급자에 대한 급여는 정당한 사유 없이 이를 불리하게 변경할 수 없고(급여변경의 금지, 동법 제34조), 수급자에게 지급된 수급품과 이를 받을 권리는 압류할 수 없도록 하였고, 또 지정된 급여수급계좌의 예금에 대한 채권을 압류할 수 없도록 하였다(압류금지, 동법 제35조).

또 수급자는 급여를 받을 권리를 타인에게 양도할 수 없고(양도금지, 동법 제36조), 거주지 지역·세대의 구성에 변동이 있거나 재산상황 등에 현저한 변동이 있는 때에는 지체 없이 관할보장기관에 이를 신고하여야 한다(신고의 의무, 동법 제37조).

3. 급여의 종류

급여는 생계급여, 주거급여, 의료급여, 교육급여, 해산급여, 장제급여, 자활급여 등이 있다(동법 제7조 제1항). 그 중 생계급여는 수급권자에게 의복, 음식물 및 연료비와 그 밖에 일상생활에 기본적으로 필요한 금품을 지급하여 그 생계를 유지하게 하는 것으로 한다(동법 제8조 제1항). 생계급여 수급권자는 부양의무자가 없거나 부양의무자가 있어도 부양능력이 없거나 부양을 받을 수 없는 사람으로서 그 소득인정액이 중앙생활보장위원회의 심의를 거쳐 결정하는 금액 이하인 사람으로 한다. 이 경우 생계급여 산정기준은 기준중위소득(기준중위소득이란 보건복지부 장관이 급여의 기준 등에 활용하기 위하여 생활보장위원회의 의결을 거쳐 고시하는 주민가구소득의 중위값을 말한다 : 동법 제2조 제11호. 이 중 기준중위소득은 소득수준의 차이 등을 반영하여 가구규모별로 산정한다 : 동법 제6조의2)의 100분의 30 이상으로 한다(동법 제8조 제2항, 제3항).

1) 부양의무자

(1) 부양의무자의 범위

부양의무자란 수급권자를 부양할 책임이 있는 사람으로서 수급권자의 1촌의 직계혈족 및 그 배우자를 말한다. 다만 사망한 1촌의 직계혈족의 배우자는 제외한다(동법 제2조 제5호). 이 법에서 규정하고 있는 부양의무자의 범위는 좁게 되어 있는데 이는 수급권자의 범위를 확대하기 위한 조치이다.

(2) 부양능력이 없는 경우

부양의무자가 다음 각 호의 어느 하나에 해당하는 경우에는 생계급여, 교육급여, 의료급여에 따른 부양능력이 없는 것으로 본다(동법 제8조의 2 제1항).

① 기준 중위소득 수준을 고려하여 대통령령으로 정하는 소득·재산 기준 미만인 경우
② 직계존속 또는 「장애인연금법」 제2조 제1호의 중증장애인인 직계비속을 자신의 주거에서 부양하는 경우로서 보건복지부 장관이 정하여 고시하는 경우
③ 그 밖에 질병, 교육, 가구 특성 등으로 부양능력이 없다고 보건복지부 장관이 정하는 경우

부양의무자가 다음 각 호의 어느 하나에 해당하는 경우에는 생계급여, 교육급여, 의료급여에 따른 부양을 받을 수 없는 것으로 본다(동법 제8조의 2 제2항).

① 부양의무자가 「병역법」에 따라 징집되거나 소집된 경우
② 부양의무자가 「해외이주법」에 따라 해외이주자에 해당하는 경우
③ 부양의무자가 「형의 집행 및 수용자의 처우에 관한 법률」 및 「치료감호법」 등에 따른 교도소, 구치소, 치료감호시설 등에 수용 중인 경우
④ 부양의무자에 대하여 실종신고 절차가 진행 중인 경우
⑤ 부양의무자가 제32조의 보장시설에서 급여를 받고 있는 경우
⑥ 부양의무자의 가출 또는 행방불명으로 경찰서 등 행정관청에 신고된 후 1개월이 지났거나 가출 또는 행방불명 사실을 특별자치시장·특별자치도지사·시장·군수·구청장(자치구의 구청장을 말한다. 이하 "시장·군수·구청장"이라 한다)이 확인한 경우
⑦ 부양의무자가 부양을 기피하거나 거부하는 경우
⑧ 그 밖에 부양을 받을 수 없는 것으로 보건복지부 장관이 정하는 경우

⑶ 소득인정액

수급권자를 결정하는 궁극적 기준이 되는 소득인정액이란 개별가구의 소득평가액과 재산의 소득환산액을 합산한 금액을 말한다(동법 제2조 제9호).

① 개별가구

개별가구란 이 법에 따른 급여를 받거나 이 법에 따른 자격요건 부합 여부에 관한 조사를 받는 기본단위로서 수급자 또는 수급권자로 구성된 가구를 말한다. 이 경우 개별가구의 범위 등 구체적인 사항은 대통령령(동법 시행령)으로 정한다(동법 제2조 제8호). 이에 따라 동법 시행령 제2조 제1항은 ㉠ 주민등록법 시행령 제6조 제1항에 따른 세대별 주민등록표에 등재된 사람(동거인을 제외한다), ㉡ 세대별 주민등록표에 등재된 자의 배우자(사실상 혼인관계에 있는 사람을 포함한다)와 그의 미혼자녀 중 30세 미만인 사람, 그리고 위의 세대별 주민등록표에 등재된 사람과 생계 및 주거를 같이하는 사람(세대별 주민등록표에 등재된 사람 중 생계를 책임지는 사람이 그 부양의무자인 경우에 한한다) 등으로 구성된 가구를 말한다(동법 시행령 제2조 제1항 제1호, 제2호).

이러한 규정에도 불구하고 ㉠ 현역군인 등 법률상 의무의 이행을 위하여 다른 곳에서 거주하면서 의무이행과 관련하여 생계를 보장받고 있는 사람, ㉡ 외국에 6개월간 통산하여 90일을 초과하며 체류하는 사람, ㉢ 형의 집행 및 수용자의 처우에 관한 법률 및 치료감호법 등에 따른 교도소 · 구치소 · 치료감호시설 등에 수용 중인 사람, ㉣ 이 법 제38조 규정에 따른 보장시설에 급여를 받고 있는 사람, ㉤ 실종선고의 절차가 진행 중인 사람, ㉥ 가출 또는 행방불명의 사유로 경찰서 등 행정관청에 신고된 후 1개월이 지났거나 가출 또는 행방불명사실을 특별자치시장 · 특별자치도지사 · 시장 · 군수 · 구청장(자치구의 구청장을 말한다)이 확인한 사람, ㉦ 그 밖에 세대별 주민등록표에 등재된 사람과 생계 및 주거를 달리한다고 시장 · 군수 · 구청장이 확인한 사람들은 개별가구에서 이를 제외한다(동법 시행령 제2조 제2항 제1호~제7호).

② 개별가구의 소득평가액

개별가구의 소득평가액이란 개별가구의 실제소득에 불구하고 보장기관이 급여의 결정 및 실시 등에 사용하기 위하여 산출한 금액을 말한다. 이 경우 소득평가액은 개별가구의 실제소득에서 가구특성에 따른 지출요인과 근로를 유인하기 위한 요소 등을 반영하여 이들 요인에 해당하는 금액을 감하여 산정하고, 실제소득의 구체적인 범위는 대통령령으로, 소득평가액의 구체적인 산정방식은 대통령령으로 정한다(동법 제2조 제9호, 제6조의 3 제1항, 제3항).

(가) 실제소득 실제소득이란 ㉠ 근로의 제공으로 얻는 근로소득(소득세법의 규정에 의하여 비과세되는 근로소득을 제외하되 소득세법 제12조 제3호 더목에 따라 비과세되는 급여와 소득세법 시행령 제16조 제1항 제1호에 따라 비과세되는 급여를 포함), ㉡ 농업소득(경종업, 과수원예업, 양잠업, 종묘업, 특수작물생산업, 가축의 사육업, 종축업 또는 부화업과 이에 부수하는 업무에서 얻은 소득), 임업소득(영림업, 임산물생산업 또는 야생조수사육업과 이에 부수하여 얻은 소득), 어업소득(어업과 이에 부수하는 업무에서 얻은 소득), 그리고 도매업 · 소매업 · 제조업, 그 밖의 사업에서 얻는 사업소득, ㉢ 임대소득(부동산 동산권리, 그 밖의 재산의 대여로 발생하는 소득), 이자소득(예금 · 주식 · 채권의 이자와 배당 또는 할인에 의하여 발생하는 소득 중 보건복지부 장관이 정하는 금액 이상의 소득), 연금소득(소득세법 제20조의 3 제1항 제2호 및 제3호에 따라 발생하는 연금 또는 소득과 보험입법 제4조 제1항 제1호 나목의 연금보험에 의하여 발생하는 소득)과 같은 재산소득, ㉣ 기타 이전 소득(동법 시행령 제5조 제1항 제4호 가, 나, 다 목 참조 : 차상위계층(차상위계층이란 수급권자에 해당하지 아니하는 계층으로서 소득인정액이 기준 중위소득의 100분의 50 이하인 사람)에 속하는 사람에 대해서는 생활여건 등을 고려하여 보건복지부 장관이 고시하는 바에 따라 이전소득의 범위를 달리 할 수 있다) 등을 합산한 금액을 말한다(동법 시행령 제5조 제1항 제1호~제4호).

이러한 규정에도 불구하고 ㉠ 퇴직금 · 현상금 · 보상금, 조세특례제한법 제100조의 2에 따른 근로장려금, 같은 법 제100조의 27에 따른 자녀장려금 등 정기적으로 지급되는 것으로 볼 수 없는 금품, ㉡ 보육 · 교육, 그 밖에 이와 유사한 성질의 서비스 이용을 전제로 제공받는 보육료 · 학자금, 그 밖에 이와 유사한 금품, ㉢ 국민기초생활보장법 제43조 제5항에 따라 지방자치단체가 지급하는 금품으로서 보건복지부 장관이 정하는 금품 등은 소득으로 보지 아니한다(동법 시행령 제5조 제2

항 제1호~제3호).

보장기관은 수급자 또는 수급권자의 소득관련 자료가 없거나 불명확한 경우, 최저임금법 제5조에 따른 최저임금액 등을 고려할 때 소득관련 자료의 신뢰성이 없다고 보장기관이 인정하는 경우의 어느 하나에 해당하는 경우에는 개별가구의 생활실태 등을 조사하여 확인한 소득을 실제 소득에 더할 수 있다(동법 시행령 제5조 제3항).

(나) 소득평가액의 산출 법 제6조의3 제1항에 따른 소득평가액은 위의 실제소득에서 다음에 해당하는 금액을 뺀 금액으로 한다.

㉠「장애인연금법」 제6조에 따른 기초급여액 및 같은 법 제7조에 따른 부가급여액

㉡「장애인복지법」 제49조에 따른 장애수당, 같은 법 제50조에 따른 장애아동수당 및 보호수당

㉢「한부모가족지원법」 제12조 제1항 제4호에 따른 아동양육비

㉣「고엽제후유의증 환자지원 등에 관한 법률」 제7조 제7항에 따른 수당(위 제1호에 따른 기초급여액과 부가급여액에 해당하는 금액에 한정한다)

㉤「독립유공자예우에 관한 법률」 제14조, 「국가유공자 등 예우 및 지원에 관한 법률」 제14조 및 「보훈보상대상자 지원에 관한 법률」 제13조에 따른 생활조정수당

㉥「참전유공자 예우 및 단체설립에 관한 법률」 제6조에 따른 참전명예수당 중 법 제2조 제11호에 따라 보건복지부 장관이 고시하는 가구당 기준 중위소득의 100분의 12 이하에 해당하는 금액

㉦만성질환 등의 치료 · 요양 · 재활로 인하여 지속적으로 지출하는 의료비

㉧장애인이 다음 각 목의 시설에서 실시하는 직업재활사업에 참가하여 받은 소득의 100분의 50에 해당하는 금액

ⓐ「장애인복지법」 제58조에 따른 장애인복지시설 중 장애인 지역사회재활시설(장애인복지관만 해당한다) 및 장애인 작업재활시설

ⓑ「정신보건법」 제16조에 따른 사회복귀시설 중 정신질환자지역사회재활시설

(주간재활시설만 해당한다) 및 정신질환자직업재활시설

ⓩ 학생 · 장애인 · 노인 및 18세 이상 24세 이하인 사람이 얻은 제5조 제1항 제1호 및 제2호에 따른 소득의 100분의 30에 해당하는 금액

ⓒ 제8호부터 제10호까지의 규정에 해당하지 아니하는 소득으로서 제5조 제1항 제1호 및 제2호에 따른 소득에 100분의 10의 범위에서 보건복지부 장관이 정하는 비율을 곱한 금액

ⓚ 그 밖에 개별가구 특성에 따라 추가적인 지출이 필요하다고 인정되어 보건복지부 장관이 정하는 금품의 금액(동법 제6조의3 제3항, 동법 시행령 제5조의2 제1호~제12호)

(다) 재산의 소득환산액 재산의 소득환산액은 개별가구의 재산가액에서 기본재산액 및 부채를 공제한 금액에 소득환산율을 곱하여 산정한다. 이 경우 소득으로 환산하는 재산의 범위는 일반재산(금융재산, 자동차를 제외한 재산), 금융재산, 자동차이다(동법 제6조의3 제2항).

㉠ 개별가구 재산의 범위 : 소득환산의 대상이 되는 개별가구의 재산의 범위는 ⓐ「지방세법」 제104조 제1호부터 제3호까지의 규정에 따른 토지, 건축물 및 주택(다만, 종중재산 · 마을공동재산, 그 밖에 이에 준하는 공동의 목적으로 사용하는 재산은 제외), ⓑ「지방세법」 제104조 제4호 및 제5호에 따른 항공기 및 선박, ⓒ주택 · 상가 등에 대한 임차보증금(전세금을 포함한다), ⓓ100만 원 이상의 가축 · 종묘(種苗) 등의 동산(장애인 재활보조기구 등 보건복지부 장관이 정하는 동산은 제외한다) 및 「지방세법」 제6조 제11호에 따른 입목, ⓔ「지방세법」 제6조 제13호에 따른 어업권, ⓕ「지방세법」 제6조 제14호부터 제18호까지의 규정에 따른 회원권, ⓖ「소득세법」 제89조 제2항에 따른 조합원입주권, ⓗ건물이 완성되는 때에 그 건물과 이에 부수되는 토지를 취득할 수 있는 권리(ⓖ에 따른 조합원입주권은 제외한다) 등의 일반재산, ⓐ현금 및 「금융실명거래 및 비밀보장에 관한 법률」 제2조 제2호에 따른 금융자산, ⓑ「보험업법」 제2조 제1호에 따른 보험상품 등의 금융재산, 「지방세법」 제124조에 따른 자동차(다만, 장애인 사용 자동차 등

보건복지부 장관이 정하여 고시하는 자동차는 제외한다)

위 일반재산, 금융재산, 자동차의 규정에 해당하는 재산 중 법 제22조 또는 제24조에 따른 조사를 하는 날(이하 "조사일"이라 한다)을 기준으로 과거 5년 내에 다른 사람에게 처분한 재산. 다만, 재산을 처분한 금액이 이미 산정되었거나 다른 재산의 구입, 부채의 상환, 의료비의 지급 등 개별가구원을 위하여 소비한 사실이 입증된 경우는 제외한다(이상 동법 시행령 제5조의3 제1항 제1호~제4호). 제2조 제2항 제1호부터 제6호까지의 규정에 해당하는 사람(개별가구에서 제외되는 사람)의 위의 개별가구 재산을 개별가구의 가구원이 사용 · 수익하는 경우에는 해당 재산을 개별가구의 재산에 포함한다(동조 제2항).

㉡ 재산가액의 산정기준 : 위 재산의 가액은 조사일을 기준으로 동법 시행령 제5조의3 제3항 제1호~제11호의 구분에 따른 방법에 따라 산정한 가액으로 한다(동법 시행령 제5조의3 제3항 제1호~제11호). 이 규정을 적용함에 있어서 재산의 가액을 산정하기 어려운 경우에는 해당 재산의 종류 및 거래상황 등을 감안하여 보건복지부 장관이 정하는 바에 따라 가액을 산정한다(동항 단서).

㉢ 재산의 소득환산액 산출방법 : 법 제6조의3 제2항에 따른 재산의 소득환산액은 다음 각호에 해당하는 금액을 합산한 금액으로 한다(동법 시행령 제5조의4 제1항).

ⓐ 제5조의3 제1항 제1호의 재산가액 및 같은 항 제3호의 자동차 중 화물자동차 등 보건복지부 장관이 정하여 고시하는 자동차의 가액(이하 이 항에서 "일반재산등가액"이라 한다)에서 다음 각 목의 금액(이하 이 항에서 "기본재산액등"이라 한다)을 뺀 금액에 제2항에 따른 소득환산율(이하 이 항에서 "소득환산율"이라 한다)을 곱한 금액. 이 경우 일반재산등가액에서 기본재산액 등을 뺀 금액이 0보다 적은 경우에는 일반재산등가액을 0으로 하고, 0보다 적은 차액은 제5조의3 제1항 제2호의 재산가액에서 뺀다.

가. 기초생활의 유지에 필요하다고 보건복지부 장관이 정하여 고시하는 기본재산액

나. 임대보증금(전세금을 포함한다) 및 「금융실명거래 및 비밀보장에 관한 법률」 제2조 제1호에 따른 금융회사등(이하 "금융회사등"이라 한다)으로부터

받은 대출금과 그 밖에 보건복지부 장관이 정하여 고시하는 부채

ⓑ 제5조의3 제1항 제2호의 재산가액에서 제21조의2 제3항 각 호의 용도로 저축한 금액으로서 금융회사 등과의 계약에 따라 해당 용도로만 사용될 수 있도록 개설된 계좌에 입금된 금액(계약기간 만료 전에 해당 저축을 해지하는 경우는 제외한다)을 뺀 금액에 소득환산율을 곱한 금액. 다만, 제1호 각 목 외의 부분 후단에 따라 뺀 금액이 1보다 적은 경우에는 금융재산가액을 0으로 한다.

ⓒ 제5조의3 제1항 제3호의 재산가액(제5조의3 제1항 제3호의 자동차 중 화물자동차 등 보건복지부 장관이 정하여 고시하는 자동차의 가액은 제외한다)에 소득환산율을 곱한 금액

법 제6조의3 제2항에 따른 소득환산율은 이자율, 물가상승률, 부동산 및 전세가격 상승률 등을 고려하여 보건복지부 장관이 정하여 고시한다(같은 조 제2항).

제1항 가목 및 제2항에 따라 보건복지부 장관이 기본재산액 및 소득환산율을 고시하는 경우에는 차상위자의 생활여건 등을 고려하여 수급자와 달리 정할 수 있다(같은 조 제3항).

㉣ 최저보장수준의 결정 : 보건복지부 장관 또는 소속 중앙행정기관의 장은 급여의 종류별 수급자 선정기준 및 최저보장수준을 결정하여야 한다(동법 제6조 제1항). 최저생계비란, 국민이 건강하고 문화적인 생활을 유지하기 위하여 소요되는 최소한의 비용으로서 보건복지부 장관이 계측하는(동법 제6조 제4항에 따른) 금액이다(동법 제2조 제6호). 보건복지부 장관 또는 소속 중앙행정기관의 장은 매년 8월 1일까지 중앙생활보장위원회의 심의 · 의결을 거쳐 다음 연도의 급여종류별 수급자 기준 및 최저보장수준을 공표하여야 한다(동법 제6조 제2항).

보건복지부 장관은 수급자의 최저생활을 보장하기 위하여 필요한 수급권자 · 수급자 및 차상위계층의 규모 · 생활실태 파악, 최저생계비 계측조사를 3년마다 실시하며, 이를 공표하여야 한다(동법 제20조의2 제3항).

2) 국민기초생활의 보장기관과 보장위원회

(1) 보장기관

국민기초생활보장법에 의한 급여를 행하는 국가 또는 지방자치단체를 보장기관이라 한다. 그러나 이 법에 의한 급여는 수급권자 또는 수급자의 거주지를 관할하는 특별시장 · 광역시장 · 도지사 · 특별자치도지사(이하 "시 · 도지사"라 한다)와 시장 · 군수 · 구청장(교육급여 경우에는 시 · 도 교육감을 말한다. 이하 같다)이 행한다. 다만 주거가 일정하지 아니한 경우에는 수급권자 또는 수급자가 실제 거주하는 지역을 관할하는 특별자치도지사 · 시장 · 군수 · 구청장이 실시한다(동법 제19조 제1항).

다만 위의 규정에도 불구하고 보건복지부 장관, 소속 중앙행정기관의 장과 시 · 도지사는 수급자를 각각 국가나 해당 지방자치단체가 경영하는 보장시설에 입소하게 하거나 다른 보장시설에 위탁하여 급여를 행할 수 있다(동조 제2항).

한편, 보장기관은 수급권자수급자차상위계층에 대한 조사와 수급자 결정 및 급여의 실시 등 이 법에 의한 보장업무를 수행하게 하기 위하여 사회복지사업법 제14조에 따른 사회복지전담공무원을 배치하여야 한다. 이 경우 국민기초생활보장법 제15조에 따라 자활급여업무를 수행하는 사회복지전담공무원을 따로 배치하여야 한다(동조 제4항).

(2) 보장시설

보장시설이라 함은 동법 제7조에 규정된 급여를 행하는 사회복지사업법에 의한 다음의 사회복지시설 중 보건복지부령이 정하는 시설을 말한다(동법 제32조). 보장시설은 장애인거주시설, 노인주거복지시설 및 노인의료복지시설, 아동복지시설 및 그 통합시설, 정신질환자 사회복귀시설 및 정신요양시설, 노숙인재활시설 및 노인요양시설 등 그 밖에 보건복지부령이 정하는 시설이다(동법 시행령 제32조의 제1항 제1호~제11호 참조).

이러한 보장시설의 장은 수급자의 보호를 위하여 다음과 같은 의무를 진다. 첫째, 보장시설의 장은 보장기관으로부터 수급자에 대한 급여를 위탁받은 경우에는 정당한 사유 없이 이를 거부하여서는 아니 된다(동법 제33조 제1항).

둘째, 위탁받은 수급자에게 보건복지부 장관이 정하는 최저기준 이상의 급여를 실시하여야 한다(동조 제2항).

셋째, 수급자에게 급여를 행함에 있어서 성별·신앙 또는 사회적 신분 등을 이유로 차별대우를 하여서는 아니 되고, 수급자의 자유로운 생활을 보장하여야 하며, 위탁받은 수급자에게 종교상의 행위를 강제하여서는 아니 된다(동조 제3항 내지 제5항).

(3) 생활보장위원회

국민기초생활보장법에 의한 생활보장사업의 기획·조사·실시 등에 관한 사항을 심의·의결하기 위하여 보건복지부와 특별시·광역시·도·제주특별자치도(이하 "시·도"라 함) 및 시·군·구(자치구를 말한다)에 각각 생활보장위원회를 둔다. 다만 시·도 및 시·군·구에 두는 생활보장위원회는 그 기능을 담당하기에 적합한 다른 위원회가 있고, 위원회의 위원이 생활보장위원회의 위원과 같은 자격(동법 제20조 제4항에 규정된 자격)을 갖춘 경우에는 시·도 또는 시·군·구의 조례가 정하는 바에 따라 그 위원회가 생활보장위원회의 기능을 대신할 수 있다(동법 제20조 제1항).

보건복지부에 두는 생활보장위원회를 중앙생활보장위원회라고 하고, 이 위원회는 기초생활보장계획의 수립, 소득인정액 산정방식과 기준 중위소득의 결정 등의 사항을 심의·결정한다(동법 제20조 제1항, 제2항).

각 시·도 및 시·군·구 생활보장위원회(지방생활보장위원회)는 그 지방의 생활보장사업 기본방향과 시행계획의 수립 등에 관한 사항을 심의·의결한다(동법 시행령 제29조 참조).

3) 국민기초생활보장법에 의한 급여

(1) 급여의 종류

국민기초생활보장법에 의한 급여는 생계급여, 주거급여, 의료급여, 교육급여, 해산급여, 장제급여, 자활급여 등이 있다(동법 제7조 제1항 제1호~제7호). 급여는 생계급여와 수급자의 필요에 따라 주거급여, 의료급여, 교육급여, 해산급여, 장제급여, 자활급여의 전부 또는 일부를 실시하는 것으로 한다(동법 제7조 제2항 제1문). 개별가구를 단위로 하여 행하되, 필요하다고 인정하는 경우에는 개인을 단위로 하여 행할 수 있다(동법 제4조 제3항).

차상위계층에 속하는 사람(차상위자)에 대한 급여는 보장기관이 차상위자의 가구별 생활여건을 고려하여 예산의 범위에서 주거급여, 의료급여, 교육급여, 장제급여, 자활급여의 전부 또는 일부를 실시할 수 있다. 이 경우 차상위자에 대한 급여의 기준 및 절차 등에 관하여 필요한 사항은 대통령령으로 정한다(동법 제7조 제3항). 차상위계층이라 함은 소득인정액이 기준 중위소득의 100분의 50 이하인 사람을 말한다(동법 시행령 제3조).

위의 동법 제7조 제3항에 따라 차상위자에게 지급하는 급여는 자활급여로 한다(동법 시행령 제5조의 5 제1항).

자활급여는 차상위자의 근로능력, 취업상태 및 가구여건 등을 고려하여 동법 시행령 제17조부터 제21조까지 및 제21조의 2에 따른 급여를 실시하는 것으로 한다(동법 시행령 제5조의 5 제2항). 자활급여의 신청 및 지급절차 등에 필요한 사항은 보건복지부령으로 정한다(동법 시행령 제5조의 5 제3항).

① 생계급여

생계급여는 수급자에게 기초적인 생계수단을 보호하기 위한 급여로서 의복, 음식물, 연료비 및 그 밖에 일상생활을 유지하는 데 기본적으로 필요한 금품을 지급하여 그 생계를 유지하게 하는 것으로 한다(동법 제8조 제1항). 급여(수급품)는 원칙적으로 현금급여, 예외적으로 현물급여로써 지급된다(동법 제9조 제1항). 수급품은 대통령령이 정하는 바에 따라 매월 정기적으로 지급하여야 하고(특별한 사정이 있는 경우에는 다르게 정하여 지급할 수 있다. 동법 제9조 제2항), 생계급여에 해당하는 금전을 매월 정기적으로 미리 지급하는 경우에는 매월 20일(공휴일인 경우에는 그 전일)에 금융회사나 우편관서의 수급자 명의 계좌에 입금하여야 한다(동법 시행령 제6조 제1항). 수급품은 수급자에게 직접 지급하고, 다만 보장시설이나 타인의 가정에 위탁하여 생계급여를 실시하는 경우에는 그 위탁받은 자에게 이를 지급할 수 있고 이 경우 보장기관은 보건복지부 장관의 정하는 바에 따라 정기적으로 수급자의 수급여부를 확인하여야 한다(동법 제9조 제3항).

생계급여는 보건복지부 장관이 정하는 바에 따라 수급자의 소득인정액 등을 감안하여 차등지급할 수 있다(동법 제9조 제4항). 생계급여는 원칙적으로 수급자의 주거에서 실시한다. 다만 주거가 없거나 있어도 그곳에서는 급여의 목적을 달성할 수 없는 경우, 본인이 희망하고 있는 경우에는 보장시설이나 타인의 가정에 위탁하여 보호할 수 있다(동법 제10조 제1항). 생계급여를 타인의 가정에 위탁하여 실시하는 경우에 거실의 임차료 기타 거실의 유지에 필요한 비용은 수급품에 가산하여 지급한다. 이 경우 주거급여가 실시된 것으로 본다(동법 제10조 제2항).

② 자활조건부 급여

보장기관은 근로능력이 있는 수급권자에게 자활에 필요한 사업(자활사업)에 참가할 것을 조건으로 하여 생계급여를 지급할 수 있다(동법 제9조 제5항 제1문). 이 경우 보장기관은 제 28조에 따른 자활지원계획을 고려하여 조건을 제시하여야 한다(동법 제9조 제5항 제2문). 동법 시행령 제10조에 자활에 필요한 사업의 범위가 규정되어 있다(동조 제1항 제1호~제10호).

(가) 근로능력이 있는 수급자 국민기초생활보장법 제9조 제5항 전단에 따른 '근로능력이 있는 수급자'란 18세 이상 64세 이하의 수급자를 말한다. 다만 ㉠ 장애인고용촉진 및 직업재활법 제2조 제2호에 따른 중증장애인, ㉡ 질병 · 부상 또는 그 후유증으로 치료나 요양이 필요한 사람 중에서 근로능력평가를 통하여 시장 · 군수 · 구청장이 근로능력이 없다고 판정한 사람, ㉢ 그 밖에 근로가 곤란하다고 보건복지부장관이 정하는 자 등은 제외한다(동법 시행령 제7조).

(나) 조건부 수급자 동법 제9조 제5항에 따라 자활에 필요한 사업(이하 "자활사업"이라 한다)에 참가할 것을 조건으로 부과하여 생계급여를 지급받는 사람(이하 조건부수급자라 함)은 제7조에 따른 근로능력이 있는 수급자로 한다(동법 시행령 제82조 제1항). 제1항에도 불구하고 시장 · 군수 · 구청장은 제7조에 따른 근로능력이 있는 수급자 중 다음 각 호의 어느 하나에 해당하는 사람에게는 제1항에 따른 조건 부과를 유예할 수 있다. 다만, 제3호에 해당하는 사람의 경우에는 그 유예기간을 3개월로 한정한다(동조 제2항).

㉠ 개별가구 또는 개인의 여건 등으로 자활사업에 참가하기 곤란한 다음 각 목의

어느 하나에 해당하는 사람

ⓐ 미취학 자녀, 질병 · 부상 또는 장애 등으로 거동이 곤란한 가구원이나 치매 등으로 특히 보호가 필요한 가구원을 양육 · 간병 또는 보호하는 수급자(가구별로 1명으로 한정하되, 양육 · 간병 또는 보호를 할 수 있는 다른 가구원이 있거나 사회복지시설 등에서 보육 · 간병 또는 보호서비스를 제공받는 경우는 제외한다)

ⓑ 「고등교육법」 제2조 각 호(제5호는 제외한다)에 따른 학교에 재학 중인 사람

ⓒ 「장애인고용촉진 및 직업재활법」 제9조에 따른 장애인 직업재활 실시 기관 및 같은 법 제43조에 따른 한국 장애인고용공단이 실시하는 고용촉진 및 직업재활사업에 참가하고 있는 장애인

ⓓ 임신 중이거나 분만 후 6개월 미만인 여자

ⓔ 사회복무요원 등 법률상 의무를 이행 중인 사람

ⓛ 근로 또는 사업에 종사하는 대가로 보건복지부 장관이 정하여 고시하는 기준을 초과하는 소득을 얻고 있는 사람으로서 다음 각 목의 어느 하나에 해당하는 사람

ⓐ 주당 평균 3일(1일 6시간 이상 근로에 종사하는 경우만 해당한다) 이상 근로에 종사하거나 주당 평균 4일 이상의 기간 동안 22시간 이상 근로에 종사하는 사람

ⓑ 「부가가치세법」 제8조에 따라 사업자등록을 하고 그 사업에 종사하고 있는 사람

ⓒ 환경변화로 적응기간이 필요하다고 인정되는 사람 다음 각 목의 어느 하나에 해당하는 사람

ⓐ 「병역법」에 따른 입영예정자 또는 전역자

ⓑ 「형의 집행 및 수용자의 처우에 관한 법률」 및 「치료감호 등에 관한 법률」 등에 따른 교도소, 구치소, 치료감호시설 등에서 출소한 사람

ⓒ 법 제32조에 따른 보장시설에서 퇴소한 사람

ⓓ 「초 · 중등교육법」 제2조 제3호부터 제5호까지의 규정에 따른 학교 또는 「고등교육법」 제2조 각 호(제5호는 제외한다)에 따른 학교의 졸업자

㉣ 그 밖에 자활사업에 참가할 것을 조건으로 하여 생계급여를 지급하는 것이 곤란하다고 보건복지부 장관이 정하는 사람

제2항에 따라 조건 부과를 유예받은 사람은 그 유예기간 동안 조건부수급자로 보지 아니한다(동조 제3항).

(다) 급여의 조건 시장 · 군수 · 구청장은 동법 제9조 제5항에 따라 조건부 수급자로 결정된 날부터 1개월 이내에 자활지원계획에 따라 자활사업에 참가하는 것을 생계급여의 조건으로 해당 조건부 수급자에게 제시하여야 한다(동법 시행령 제11조 제1항). 이에 불구하고 시장 · 군수 · 구청장은 조건부 수급자가 근로능력 · 자활욕구 및 가구여건 등이 취업에 적합한 경우 그 조건부 수급자의 취업을 촉진하기 위하여 해당 특별자치시 · 특별자치도지사 · 시 · 군 · 구를 관할하는 직업안정기관의 장이 지정하는 자활사업에 참가하는 것을 생계급여의 조건으로 취업대상자에게 제시하여야 한다(동법 시행령 제11조 제2항 제1문). 이 경우 시장·군수·구청장은 이에 관한 사실을 직업안정기관의 장에게 지체 없이 서면(전자문서 포함)으로 통지하여야 한다(동법 시행령 제11조 제2항 제2문).

한편 직업안정기관의 장은 취업대상자의 조건이행 여부에 대한 의견 등을 포함한 자활사업 참가결과를 3월마다 시장 · 군수 · 구청장에게 서면(전자문서 포함) 통지하여야 한다. 다만 취업대상자가 조건이행을 중도 포기하거나 거부하는 등의 사유가 있는 경우에는 그 결과를 지체 없이 서면(전자문서 포함)으로 통지하여야 한다(동법 시행령 제11조 제4항).

(라) 조건부 생계급여의 결정 시장 · 군수 · 구청장은 동법 제9조 제5항에 따라 보건복지부령이 정하는 바에 따라 조건부 수급자가 자활사업에 참가한 달의 다음 달부터 3개월마다 조건부 수급자의 생계급여의 지급여부를 결정하여야 한다. 다만 조건부 수급자가 조건을 이행하지 아니하는 것이 명백한 경우와 직업안정기관의 장 및 자활사업실시기관의 장으로부터 조건부 수급자가 조건을 이행하지 아니한다는 것을 통지받은 경우에는 지체 없이 조건부 수급자의 생계급여의 지급여부 및 급여액을 결정하여야 한다(동법 시행령 제15조 제1항, 동법 시행규칙 제7조 참조).

③ 주거급여

국민기초생활보장법은 주거급여를 급여의 종류로 하고 있다. 주거급여는 수급자에게 주거안정에 필요한 임차료, 유지수선비, 그 밖에 대통령령이 정하는 수급품을 지급하는 형태로 이루어진다. 주거급여의 기준 및 지급절차 등에 관하여 필요한 사항은 보건복지부령으로 정한다(동법 제11조).

④ 교육급여

수급자에게 입학금 · 수업료 · 학용품비, 그 밖의 수급품을 지원하는 것으로 하되, 학교의 종류 · 범위 등에 관하여 필요한 사항은 대통령령으로 정한다(동법 제12조 제1항).

⑤ 해산급여

해산급여는 법 제7조 제1항부터 제3호까지의 급여(생계, 주거, 의료급여) 수급자에게 ㉠ 조산, ㉡ 분만 전과 분만 후의 필요한 조치와 보호 등의 급여를 실시하는 것을 의미한다(동법 제13조 제1항 제1호, 제2호). 해산급여는 보건복지부령이 정하는 바에 따라 보장기관이 지정하는 의료기관에 위탁하여 실시할 수 있다(동법 제13조 제2항). 이 급여는 신청에 의해 이루어지며, 해산급여에 필요한 수급품은 보건복지부령이 정하는 바에 따라 수급자나 그 세대주 또는 세대주에 준하는 자에게 지급한다. 다만 보장기관이 해산급여를 의료보험법의 규정에 의한 의료보호진료기관에 위탁하는 경우, 수급품을 그 의료기관에 지급할 수 있다(동법 제13조 제3항).

⑥ 장제급여

장제급여는 수급자가 사망한 경우 사체의 검안 · 운반 · 화장 또는 매장, 그 밖의 장제조치를 하는 것으로서(동법 제14조 제1항) 실제로 장제를 실시하는 자에게 장제에 필요한 비용을 지급하는 것으로 한다. 다만 그 비용을 지급할 수 없거나 비용을 지급하는 것이 적당하지 아니하다고 인정하는 경우에는 물품을 지급할 수 있다(동법 제14조 제2항). 장제급여를 행함에 있어 사망자에게 부양의무자가 없는 때에는 특별자치도지사 · 시장 · 군수 · 구청장은 사망자가 유류한 금전 또는 유가증권으로 그 비용에 충당하고, 그 부족액에 대하여는 유류물품의 매각대금으로 이를 충당할 수 있다(동법 제45조).

⑦ 자활급여

(가) 자활급여의 종류 자활급여는 수급자의 자활을 조성하기 위하여 ㉠ 자활에 필요한 금품의 지급 또는 대여, ㉡ 자활에 필요한 근로능력의 향상 및 기능습득의 지원, ㉢ 취업알선 등 정보의 제공, ㉣ 자활을 위한 근로기회의 제공, ㉤ 자활에 필요한 시설 및 장비의 대여, ㉥ 창업교육, 기능훈련 및 기술·경영지원 등 창업지원, ㉦ 자활에 필요한 재산형성지원, ㉧ 그 밖에 대통령령이 정하는 자활조성을 위한 각종 지원 등의 급여를 행하는 것으로 한다(동법 제15조 제1항 제1호~제8호). 이를 행함에 있어 보장기관은 관련 공공기관 또는 비영리법인 · 시설 그 밖에 대통령령이 정하는 기관에 위탁하여 이를 행할 수 있으며, 이 경우에 그에 소요되는 비용은 보장기관이 이를 부담한다(동법 제15조 제2항).

동법 제15조 제1항 제1호~제6호의 자활급여를 실행하기 위하여 동법 시행령은 자금의 대여(동 제17조), 직업훈련(동 제18조), 취업알선의 제공(동 제19조), 자활근로(동 제20조), 창업지원(동 제21조), 자산형성지원(동 제21조의 2)을 구체적으로 규정하고 있다.

(나) 자활지원 중앙자활센터와 광역자활센터 및 지역자활센터를 두어 자활지원을 행한다.

㉠ 중앙자활센터

ⓐ 설치 : 수급자 및 차상위자의 자활촉진에 필요한 사업을 수행하기 위하여 중앙자활센터를 둘 수 있다(동법 제15조의 2 제1항). 중앙자활센터는 법인으로 한다(동조 제2항).

ⓑ 사업내용 : ㉮ 자활지원을 위한 조사·연구, 교육 및 홍보사업, ㉯ 자활지원을 위한 사업의 개발 및 평가, ㉰ 광역자활센터, 지역자활센터 및 자활기업의 기술·경영지도 및 평가, ㉱ 자활관련기관 간의 협력체계 및 정보 네트워크의 구축·운영, ㉲ 그 밖에 자활촉진에 필요한 사업으로서 보건복지부 장관이 정하는 사업(이상 동조 제1항). 정부는 중앙자활센터의 설치·운영에 필요한 경비의 전부 또는 일부를 보조할 수 있다(동조 제3항). 중앙자활센터의 설치 및 운영 등에 관하여 필요한 사항은 대통령령으로 정한다(동조 제4항).

㉡ 광역자활센터

광역자활센터란 보장기관(국가, 지방자치단체)이 수급자 및 차상위자의 자활촉진에 필요한 사업(시 · 도 단위의 자활기업창업지원, 시 · 도 단위의 수급자 및 차상위자에 대한 취업 · 창업지원 및 알선, 지역자활센터 종사자 및 참여자에 대한 교육훈련 및 지원 등, 그 밖에 자활촉진에 필요한 사업으로서 보건복지부 장관이 정하는 사업)을 수행하기 위하여 사회복지법인, 사회적 협동조합 등 비영리법인과 단체를 이들의 신청을 받아 시 · 도 단위의 광역자활센터로 지정할 수 있는데 이를 광역자활센터라고 한다. 이 경우 보장기관은 법인 등의 지역사회복지사업 및 자활지원사업의 수행능력 · 경험 등을 고려하여야 한다. 동법 제15조의 3에서 규정한다.

㉢ 지역자활센터

ⓐ 지정 : 자활조성을 위한 사업으로 보장기관은 수급자 및 차상위자의 자활의 촉진에 필요한 각 사업을 수행하게 하기 위하여 사회복지법인, 사회적 협동조합 등 비영리법인과 단체 또는 개인을 이들의 신청을 받아 지역자활센터로 지정할 수 있다. 이 경우 보장기관은 법인 등의 지역사회복지사업 및 자활지원사업의 수행능력 · 경험 등을 고려하여야 한다(동법 제16조 제1항). 사업내용, 지원 및 평가에 대하여 동법 제16조 제1항과 제2항에서 규정하고 있다.

(다) 자활기업 수급자와 차상위자는 상호 협력하여 자활기업을 설립 · 운영할 수 있는데(동법 제18조 제1항), 이 자활기업은 조합 또는 부가가치세법상 사업자로 한다(동법 제18조 제2항). 보장기관은 자활기업에게 직접 또는 중앙자활센터, 광역자활센터 및 지역자활센터를 통하여 ㉠ 자활을 위한 사업자금 융자, ㉡ 국가 공유지 우선 임대, ㉢ 국가 또는 지방자치단체가 실시하는 사업의 우선 위탁, ㉣ 국가 또는 지방자치단체의 조달구매 시 자활기업 생산품의 우선 구매, ㉤ 그 밖에 수급자의 자활촉진을 위한 각종 사업 등의 지원을 할 수 있다(동법 제18조 제3항 제1호~제5호). 자활기업의 설립 · 운영 및 지원에 관하여 필요한 사항은 보건복지부령으로 정한다(동법 제18조 제4항).

(라) 자활기관협의체 시장 · 군수 · 구청장(자치구의 구청장)은 자활지원사업의 효율적 촉

진을 위하여 지역자활센터, 직업안정법 제2조의 2 제1호의 직업안정기관, 사회복지사업법 제2조 제4호의 사회복지시설의 장 등과 상시적인 협의체(자활기관협의체라 함)를 구축하여야 한다(동법 제17조 제1항). 자활기관협의체의 구성 및 운영 등에 필요한 사항은 보건복지부령으로 정한다(동조 제2항).

(2) 급여의 실시

① 급여신청

국민기초생활보장법 제5조에 규정된 수급권자와 그 친족, 그 밖의 관계인은 관할 시장 · 군수 · 구청장에게 수급권자에 대한 급여를 신청할 수 있다. 차상위자가 급여를 신청하려는 경우에도 같으며, 이 경우 신청방법과 절차 및 조사 등에 관하여는 제2항부터 제5항까지, 제22조, 제23조 및 제23조의 2를 준용한다(동법 제21조 제1항).

사회복지전담공무원은 이 법에 의한 급여를 필요로 하는 사람이 누락되지 아니하도록 하기 위하여 관할지역 내에 거주하는 수급권자에 대한 급여를 직권으로 신청할 수 있다. 이 경우 수급권자의 동의를 구하여야 하며 이를 수급권자의 신청으로 볼 수 있다(동법 동조 제2항).

제1항에 따라 급여신청을 할 때나 사회복지전담공무원이 급여신청을 하는 것에 수급권자가 동의한 때에는 수급권자와 부양의무자는 동조 제3항 각 호의 자료 또는 정보제공에 대하여 동의한다는 서면을 제출해야 한다(제21조 제3항 본문, 제1호~제3호 참조).

제1항에 따라 수급권자 등이 급여를 신청할 경우 사회복지전담공무원은 신청한 사람이 급여에 관한 정보의 부족 등으로 불리한 입장에 놓이지 않도록 수급권자의 선정기준, 급여의 내용 및 신청방법 등을 알기 쉽게 설명하여야 하고, 시장 · 군수 · 구청장은 신청자에게 급여 신청의 철회나 포기를 유도하는 행위를 해서는 아니된다(동법 제21조 제4항, 제5항).

급여의 산정방법 및 절차 등에 관하여 필요한 사항은 보건복지부령으로 정한다(동법 제21조 제6항).

② 조사·확인조사 등

시장 · 군수 · 구청장은 급여신청이 있는 경우에는 사회복지전담공무원으로 하여금급여의 결정 및 실시 등에 필요한 사항(부양의무자의 유무 및 부양능력 등 부양의무자와 관련된 사항, 수급권자 및 부양의무자의 소득재산에 관한 사항, 수급권자의 근로능력 · 취업상태 · 자활욕구 등 자활지원계획수립에 필요한 사항, 그 밖에 수급권자의 건강상태 · 가구특성 등 생활실태에 관한 사항)을 조사하게 하거나 수급권자에게 보장기관이 지정하는 의료기관에서 검진을 받게 할 수 있다(동법 제22조 제1항). 시장 · 군수 · 구청장은 수급권자 또는 부양의무자의 소득·재산 및 건강상태 등을 확인하기 위하여 필요한 자료의 확보가 곤란한 경우 보건복지부령이 정하는 바에 따라 수급권자 또는 부양의무자 및 기타 관계인에게 필요한 자료의 제출을 요구할 수 있다(동법 제22조 제2항).

시장 · 군수 · 구청장은 수급자 및 수급자에 대한 급여의 적정성을 확인하기 위하여 매년 연간 조사계획을 수립하고 관할구역의 수급자를 대상으로 위의 사항을 매년 1회 이상 정기적으로 조사하여야 한다(동법 제23조 제1항, 동법 시행규칙 제37조). 보건복지부장관은 이 조사를 위하여 수급권자와 그 부양의무자에 대한 금융정보 · 신용정보 · 보험정보를 금융회사 등 신용정보집중기관의 장에게 요청할 수 있다(동법 제23조의 2). 그리고 시장 · 군수 · 구청장은 급여의 종류별 수급자 선정기준의 변경 등에 의하여 수급권자의 범위가 변동함에 따라 다음 연도에 이 법에 따른 급여가 필요할 것으로 예측되는 수급권자의 규모를 조사하기 위하여 보건복지부령이 정하는 바에 따라 수급권자의 차상위계층에 대하여 조사를 실시할 수 있다. 이 조사에서는 조사대상자의 동의가 있어야 하고, 그 동의는 다음 연도의 급여신청으로 본다(동법 제24조 제1항, 제2항, 동법 시행규칙 제38조).

이상의 조사결과는 관할 시 · 도지사(특별시장, 광역시장, 도지사를 말함. 이하 같다)에게 보고하여야 하며, 보고를 받은 시 · 도지사는 이를 보건복지부 장관에게 보고하여야 한다. 시·도지사가 조사한 때에도 이와 같다(동법 제25조).

③ 급여의 결정과 실시 등

시장 · 군수 · 구청장은 신청에 의한 조사를 한 때에는 지체 없이 급여의 실시여부와 내용을 결정하여야 하고, 차상위계층을 조사한 경우에는 급여개시일이 속하는 월에 급여실시 여부와 급여내용을 결정하여야 한다(동법 제26조 제1항, 제2항). 시장 · 군수 · 구청장은 급여실시의 여부와 급여내용을 결정한 때에는 그 결정의 요지, 급여의 종류·방법 및 급여의 개시시기 등을 서면으로 수급권자 또는 신청인에게 급여의 신청일로부터 30일 이내에 통지하여야 한다(동법 제26조 제3항, 제4항). 다만 부양의무자의 자산、재산 등의 조사에 시일을 요하는 특별한 사유가 있는 경우와 수급권자 또는 부양의무자가 조사나 자료제출요구를 기부·방해 또는 기피하는 경우는 신청일로부터 60일 이내에 통지할 수 있다(동조 제4항 단서).

수급자에 대한 급여는 급여의 신청일부터 개시한다. 다만 보건복지부 장관 또는 소속 중앙행정기관의 장이 매년 결정 · 공표하는 급여의 종류별 수급자 선정기준(동법 제6조 참조)의 변경으로 인하여 매년 1월에 새로이 수급자로 결정되는 사람에 대한 급여는 해당 연도의 1월 1일을 그 급여개시일로 한다(동법 제27조 제1항). 시장 · 군수 · 구청장은 급여실시 여부의 결정 전이라도 수급권자에게 급여를 하여야 할 긴급한 필요가 있다고 인정될 때에는 동법 제7조 제1항 각 호에 규정된 급여의 일부를 행할 수 있다(동법 제27조 제2항).

시장 · 군수 · 구청장은 수급자의 자활을 체계적으로 지원하기 위하여 보건복지부 장관이 정하는 바에 따라 제22조, 제23조, 제23조의 2 및 제24조에 따른 조사결과를 고려하여 수급자 가구별로 자활지원계획을 수립하고 그에 따라 급여를 실시하여야 한다(동법 제28조 제1항).

보장기관은 수급자의 자활을 위하여 필요한 경우에는 사회복지사업법 등 다른 법률에 따라 보장기관이 제공할 수 있는 급여가 있거나 민간기관 등이 후원을 제공하는 경우 제1항(위의 제28조 제1항)의 자활지원계획에 따라 급여를 지급하거나 후원을 연계할 수 있다(동법 제28조 제2항). 시장 · 군수 · 구청장은 수급자의 자활여건변화와 급여실시결과를 정기적으로 평가하고 필요한 경우 자활지원계획을 변경할 수 있다(동법 제28조 제3항).

보장기관은 수급자의 소득재산근로능력 등에 변동이 있는 경우에는 직권 또는 수급자나 그 친족, 그 밖의 관계인의 신청에 의하여 그에 대한 급여의 종류·방법 등을 변경할 수 있다(동법 제29조 제1항).

한편 보장기관은 수급자에 대한 급여의 전부 또는 일부가 필요 없게 된 때와 수급자가 급여의 전부 또는 일부를 거부한 때에는 급여의 전부 또는 일부를 중지하여야 한다(동법 제30조 제1항). 또는 근로능력이 있는 수급자가 동법 제9조 제5항의 조건(근로능력이 있는 수급자에게 자활에 필요한 사업에 참가할 것을 조건으로 하는 경우)을 이행하지 않는 경우 조건을 이행할 때까지 동법 제7조 제2항(수급권자에 대한 급여수준)의 규정에도 불구하고 근로능력이 있는 수급자 본인의 생계급여의 일부 또는 전부를 지급하지 아니할 수 있다(동법 제30조 제2항).

4) 국민기초생활의 보장비용

(1) 보장비용의 정의

국민기초생활보장법에서 규정하고 있는 보장비용이란 ① 이 법에 의한 보장업무에 드는 인건비와 사무비, ② 생활보장위원회의 운영에 소요되는 비용, ③ 이 법에 의한 급여실시비용, ④ 그 밖에 이 법에 의한 보장업무에 소요되는 비용을 말한다(동법 제42조 제1호~제4호).

(2) 보장비용과 부담구분

① 부담내용과 비율

국가와 지방자치단체 간의 보장비용의 부담은 다음의 구분에 의한다(이하 동법 제43조 제1항 제1호~제4호).

㉠ 국가 또는 시 · 도가 직접 행하는 보장업무에 소요되는 비용은 국가 또는 해당 시 · 도가 부담한다. ㉡ 국가나 해당 지방자치단체가 경영하는 보장시설에 입소하게 하거나 다른 보장시설에 위탁하여 급여를 행할 때(동법 제19조 제2항) 그 실시비용은 국가 또는 해당 시 · 도가 부담한다. ㉢ 시 · 군 · 구가 행하는 보장업무에 소요되는 비용 중 보장업무에 소요되는 인건비와 사무비(동법 제42조 제1호) 및 생활보장위원회의 운영에 소요되는 비용(동법 제42조 제2호)은 해당 시 · 군 · 구가 부담한다. ㉣ 시 · 군 · 구가 행하는 보장업무에 소요되는 비용 중 급여실시비용(동법 제42조 제3호) 및 기타 이 법에 의한 보장업무에 소요되는 비용(동법 제42조 제4호)은 시 · 군 · 구의 재정여건, 사회보장 지출 등을 고려하여 국가, 시 · 도 및 시 · 군 · 구가 동법 제43조 제1항 제4호의 가 목,

나 목에 따라 차등하여 분담한다(동법 제43조 제1항 제4호).

② 지방자치단체의 초과부담

지방자치단체의 조례에 의하여 이 법에 의한 급여의 범위 및 수준을 초과하여 급여를 실시하는 경우 그 초과보장비용은 해당 지방자치단체가 부담한다(동법 제43조 제5항).

(3) 보조금의 산출과 정산

국가의 보조금은 신청에 의한 조사, 확인조사, 그리고 차상위계층에 대한 조사에 따른 수급자 총수와 실시 중인 급여와 종류를 기준으로 산출한다(동법 시행령 제39조). 국가는 매년 이 법에 의한 보장비용 중 국가부담예정합계액을 각각 보조금으로 교부하고, 그 과부족은 정산에 의하여 추가로 교부하거나 반납하게 한다(동법 제43조 제2항).

시 · 도는 매년 시 · 군 · 구에 대하여 국가의 보조금에 시 · 도의 부담예정액을 합하여 보조금으로 교부하고 그 과부족은 정산에 의하여 추가로 교부하거나 반납하게 한다(동법 제43조 제3항). 즉 지방자치단체는 그 지출한 보장비용의 총액이 국가(시 · 군 · 구의 경우는 시 · 도를 말함)로부터 교부받은 보조금과 해당 지방자치단체 부담금의 합계액을 초과한 때에는 그 초과지출된 금액에 대하여 동법 제43조 제1항 제4호의 비율에 따른 보조금을 국가(시 · 군 · 구의 경우에는 시 · 도)에 신청할 수 있으며(동법 시행령 제40조 제1항), 그 지출한 보장비용의 총액과 국가로부터 교부받은 보조금 및 해당 지방자치단체 부담금의 합계액을 정산한 결과 잉여금이 있는 때에는 그 잉여금에서 해당 지방자치단체의 부담금을 공제하고 잔여잉여금을 국가에 반납하여야 한다(동법 시행령 제40조 제2항).

5) 권리구제

급여처분에 대하여 이의가 있는 사람은 시 · 도지사에 대한 이의신청과 보건복지부 장관에 대한 이의신청을 할 수 있고 이를 통하여 구제를 받을 수 있다. 보건복지부 장관에 대한 이의신청은 시 · 도지사에 대한 이의신청을 전제로 한다.

(1) 시 · 도지사에 대한 이의신청

수급자나 급여 또는 급여변경의 신청을 한 사람은 그 결정의 통지를 받은 날부터 60일 이내에 시장 · 군수 · 구청장(교육급여의 경우는 시 · 도 교육감을 말함)의 처분에 대하여 이의가 있는 경우에는 해당 보장기관을 거쳐 시 · 도지사(특별자치시장 · 특별자치도지사 · 시 · 도 교육감의 처분에 이의가 있는 경우에는 특별자치시장 · 특별자치도지사 및 시 · 도 교육감을 말함)에게 서면 또는 구두로 이의를 신청할 수 있다. 이 경우 구두로 이의신청을 접수한 보장기관의 공무원은 이의신청서를 작성할 수 있도록 협조하여야 한다(동법 제38조 제1항). 이의신청을 받은 시장 · 군수 · 구청장은 10일 이내에 의견서와 관계서류를 첨부하여 이를 시 · 도지사에게 보내야 한다(동법 제38조 제2항). 시 · 도지사는 처분 등을 한 때에는 지체 없이 신청인과 해당 시장 · 군수 · 구청장에게 각각 서면으로 이를 통지하여야 한다(동법 제39조 제2항).

(2) 보건복지부 장관에 대한 이의신청

시 · 도지사의 처분 등에 대하여 이의가 있는 사람은 그 처분 등의 통지를 받은 날부터 60일 이내에 시 · 도지사를 거쳐 보건복지부 장관(주거급여 또는 교육급여인 경우에는 소관 중앙행정기관의 장을 말하며, 보건복지부 장관에게 한 이의신청은 소관 중앙행정기관의 장에게 한 것으로 본다.)에게 서면 또는 구두로 이의를 신청할 수 있다. 이 경우 구두로 이의신청을 접수한 보장기관의 공무원은 이의신청서를 작성할 수 있도록 협조하여야 한다(동법 제40조 제1항). 시 · 도지사는 이의신청이 있는 때에는 10일 이내에 의견서와 관계서류를 첨부하여 이를 보건복지부 장관 또는 소관 중앙행정기관의 장(주거급여 또는 교육급여인 경우에 한정)에게 송부하여야 한다(동법 제40조 제2항). 보건복지부 장관 또는 소관 중앙행정기관의 장은 이의신청서를 송부받은 때에는 30일 이내에 필요한 심사를 하고 이의신청을 각하 또는 기각하거나 해당 처분의 변경 또는 취소의 결정을 하여야 한다(동법 제41조 제1항). 보건복지부 장관은 위 결정을 한 때에는 지체 없이 해당 시 · 도지사와 신청인에게 각각 서면으로 결정내용을 통지하여야 한다. 이 경우 소관 중앙행정기관의 장이 결정내용을 통지하는 때에는 그 사실을 보건복지부 장관에게 알려야 한다(동법 제41조 제2항).

6) 벌칙

(1) 처벌규정

국민기초생활보장법에서 규정하고 있는 처벌내용은 ① 동법 제23조의 2 제6항(금융정보업무 종사자의 금융정보누설금지)을 위반하여 금융정보를 사용 · 제공 또는 누설한 사람은 5년 이하의 징역 또는 3천만 원 이하의 벌금에 처하고(동법 제48조 제1항), 동법 제22조 제6항(보장기관의 공무원이 얻은 정보와 자료의 다른 용도 사용금지 및 다른 사람, 다른 기관에 제공금지)을 위반하여 정보 또는 자료를 제공한 자 그리고 동법 제23조의 2 제6항을 위반하여 신용정보 또는 보험정보를 사용 · 제공 또는 누설한 사람은 3년 이하의 징역 또는 2천만 원 이하의 벌금에 처한다(동법 제48조 제2항), ② 속임수나 그 밖의 부정한 방법에 의하여 급여를 받거나 또는 타인으로 하여금 급여를 받게 한 사람은 1년 이하의 징역, 500만 원 이하의 벌금, 구류 또는 과료에 처하며(동법 제49조), ③ 수급자의 급여위탁을 정당한 사유 없이 거부한 자(동법 제33조 제1항 위반)나 종교상의 행위를 강제한 자(동법 제33조 제5항 위반)는 300만 원 이하의 벌금, 구류 또는 과료에 처한다(동법 제50조).

(2) 양벌규정

법인의 대표자나 법인 또는 개인의 대리인·사용인, 그 밖의 종업원이 그 법인 또는 개인의 업무에 관하여 위의 동법 제48조 또는 동법 제49조의 위반행위를 한 때에는 행위자를 벌하는 외에 그 법인 또는 개인에 대하여도 각 해당 조문의 벌금 또는 과료의 형을 과한다(동법 제51조).

제 3 절 의료급여법

1. 개념

1) 의의

의료급여법은 생활이 어려운 자에 대한 의료급여에 관한 법이다. 이 법은 2001년 5월 24일에 의료보호법을 전면 개정하고 이를 대치한 법으로 성립한 것(법 제6474호)이다. 이후 여러 차례 개정을 거치고 최근에는 2005. 1. 27, 2005. 12. 23, 2006. 10. 14, 2006. 12. 28, 2007. 8. 3, 2007. 12. 14, 2008. 2. 29, 2010. 1. 18, 2011. 6. 7, 2011. 8. 7, 2011. 8. 4, 2011. 9. 15, 2012. 2. 10, 2013. 6. 12, 2014. 1. 28, 2015. 12. 29, 2016. 2. 3, 2017. 3. 21. 등에 일부개정되었다. 그리고 이를 시행하기 위하여 의료급여법 시행령(2001. 9. 29. 제정, 2003. 1. 2, 2004. 6. 29, 2005. 7. 5, 2005. 11. 11, 2006. 2. 2, 2006. 4. 13, 2007. 2. 28, 2009. 2. 6, 2009. 3. 31, 2009. 12. 31, 2012. 6. 7, 2012. 8. 31, 2013. 6. 11, 2013. 9. 3, 2013. 12. 11, 2014. 7. 16, 2015. 6. 30, 2015. 10. 29, 2016. 6. 28, 2016. 12. 30, 2017. 3. 8. 등 개정)과 의료급여법 시행규칙(2001. 10. 9. 제정, 2004. 7. 6, 2004. 12. 31, 2005. 6. 29, 2006. 4. 13, 2007. 3. 27, 2008. 11. 26, 2009. 10. 22, 2012. 6. 29, 2012. 8. 31, 2012. 11. 21, 2013. 12. 13, 2014. 11. 19, 2015. 10. 30, 2015. 12. 31, 2016. 12. 30. 등 개정)이 있다.

이 법은 빈곤계층에게 의료보장을 제공함으로써 사회복지를 증진하고자 하는 공공부조제도의 하나이다.

2) 목적과 특성

이 법은 생활이 어려운 사람에게 의료급여를 실시함으로써 국민보건의 향상과 사회복지의 증진에 이바지함을 목적으로 한다(의료급여법 제1조 참조).

현대사회에서 질병과 장애의 치료와 재활은 가정이나 개인에게 무거운 부담을 지우게 된다. 특히 소득이 단절되거나 소득능력을 상실한 사람들이 의료비를 스스로 부담한다는 것은 매우 어려울 뿐만 아니라 건강회복을 불가능하게 함으로써 그 고통은 말할 것도 없고 빈곤을 악순환하게 하는 원인이 되기도 한다. 이러한 배경에서 의료급여법은 생활유지능력이 없는 사람들에게 무료 또는 실비의 의료급여를 제공함으로써 건강의 회복과 동시에 사회복지를 증진시키는 의료급여제도이다.

2. 주요 내용

1) 적용대상

(1) 의료급여법의 수급권자

의료급여법은 구법인 의료보호법과 달리 보호대상자의 개념을 수동적 개념에서 능동적 개념 혹은 일종의 권리성이 부각된 수급권자로 바꾸었다. 아마도 이러한 변화는 마치 생활보호법이 국민기초생활보장법으로 개정된 것과 같은 맥락으로 이해하면 될 것 같다. 의료급여법에서는 "수급권자"를 "의료급여법에 따라 의료급여를 받을 수 있는 자격을 가진 사람을 말한다"고 규정하고 있다(의료급여법 제2조 제1호). 동법에 의한 수급권자는 다음과 같다(동법 제3조 제1항 제1호~제10호, 동법 제3조의 2).

① 국민기초생활보장법에 의한 수급권자
② 재해구호법에 따른 이재민으로서 보건복지부 장관이 의료급여가 필요하다고 인정한 사람
③ 의사상자 예우 및 지원에 관한 법률에 따라 의료급여를 받는 사람
④ 입양특례법에 따라 국내에 입양된 18세 미만의 아동
⑤ 독립유공자 예우에 관한 법률 및 국가유공자 등 예우 및 지원에 관한 법률 및 보훈보상대상자 지원에 관한 법률의 적용을 받고 있는 자와 그 가족으로서 국가보훈처장이 의료보호가 필요하다고 추천한 사람 중 보건복지부 장관이 의료보호가 필요하다고 인정한 사람
⑥ 무형문화재 보전 및 진흥에 관한 법률에 따라 지정된 중요 무형문화재의 보유자(명예보유자 포함) 및 그 가족으로서 문화재청장이 의료보호가 필요하다고 추천한 사람 중 보건복지부 장관이 의료보호가 필요하다고 인정한 사람

⑦ 북한이탈주민의 보호정착지원에 관한 법률의 적용을 받고 있는 자와 그 가족으로서 보건복지부 장관이 의료보호가 필요하다고 인정한 사람

⑧ 5 · 18광주민주화운동 관련자 보상 등에 관한 법률 제8조에 따라 보상금 등을 받은 사람과 그 가족으로서 보건복지부 장관이 의료보호가 필요하다고 인정하는 사람

⑨ 노숙인 등의 복지 및 자립에 관한 법률에 따른 노숙인 등으로서 보건복지부 장관이 의료급여가 필요하다고 인정한 사람

⑩ 그 밖에 생활유지의 능력이 없거나 생활이 어려운 사람으로서 대통령령으로 정하는 사람(이상 동법 제3조 제1호~제10호)

⑪ 난민법에 따른 난민인정자로서 국민기초생활보장법 제12조의 3 제2항에 따른 의료급여의 수급권자의 범위에 해당하는 사람은 수급권자로 본다(동법 제3조의 2).

위 제1항에 따른 수급자에 대한 의료급여의 내용과 기준은 대통령령이 정하는 바에 따라 이를 구분하여 의료급여의 내용 및 기준을 달리할 수 있다(동법 제3조 제2항).

(2) 수급권자의 구분

수급권자는 1종 수급권자 및 2종 수급권자로 구분하도록 되어 있다(동법 시행령 제3조 제1항). 1종 수급권자는 아래와 같다(동법 시행령 제3조 제2항).

① 국민기초생활보장법에 의한 수급자 중 18세 미만인 사람, 65세 이상인 사람, 장애인고용촉진 및 직업재활법 제2조 제2호에 해당하는 중증장애인, 국민기초생활보장법 시행령 제7조 제1항 제2호(질병 · 부상 또는 그 후유증으로 치료나 요양이 필요한 사람 중 근로능력평가를 통하여 시장 · 군수 · 구청장이 근로능력이 없다고 판정한 자)에 해당하는 사람, 임신 중에 있거나 분만 후 6개월 미만의 여자, 병역법에 의한 병역의무를 이행 중인 사람 중 어느 하나에 해당하는 사람 또는 근로능력이 없거나 근로가 곤란하다고 인정하여 보건복지부 장관이 정하는 사람만으로 구성된 세대의 구성원이나, 국민기초생활보장법 제32조에 따른 보장시설에서 급여를 받고 있는 자이거나 보건복지부 장관이 정하여 고시하는 결핵질환, 희귀난치성 질

환 또는 중증질환을 가진 사람 중 어느 하나에 해당하는 자가 1종 수급권자가 된다(의료급여법 시행령 제3조 제2항 제1호).

② 의료급여법 제3조 제1항 제2호부터 제9호까지의 규정에 해당하는 자

③ 일정한 거소가 없는 사람으로서 경찰관서에서 무연고자임이 확인된 자(의료급여법 시행령 제2조 제1호)에 해당하는 자

④ 그 밖에 보건복지부령이 정하는 자(의료급여법 시행령 제2조 제2호)로서 보건복지부장관이 1종의 급여가 필요하다고 인정하는 자 등이 1종 수급자가 된다.

2종 수급권자는 아래와 같다(의료급여법 시행령 제3조 제3항 제1호~제3호).

① 의료급여법 제3조 제1항 제1호, 즉 국민기초생활보장법에 의한 수급자 중 위의 1종 수급자가 아닌 자(제1호)

② 제2호(삭제)

③ 그 밖에 보건복지부령이 정하는 자(의료급여법 시행령 제2조 제2호)로서 보건복지부장관이 2종의 의료급여가 필요하다고 인정하는 자 등이 2종 수급권자가 된다.

위의 동법 제3조 제1항 제2호부터 제10호까지의 수급권자가 되려는 사람은 보건복지부령으로 정하는 바에 따라 특별자치시장 · 특별자치도지사 · 시장 · 군수 · 구청장에게 수급권자 인정 신청을 하여야 한다(동법 제3조의 3).

(3) 적용배제 수급권자

수급권자가 업무 또는 공무로 생긴 질병 · 부상 · 재해로 다른 법령에 따른 보상 또는 보상을 받게 되는 경우에는 이 법에 의한 의료급여를 행하지 아니한다(의료급여법 제4조 제1항). 또 수급권자가 다른 법령에 따라 국가나 지방자치단체 등으로부터 의료급여에 상당하는 급여 또는 비용을 받게 되는 경우에는 그 한도에서 이 법에 따른 의료급여를 하지 아니한다(동조 제2항). 중복급여의 배제를 말한다.

(4) 의료급여증의 부여

시장 · 군수 · 구청장은 수급권자에게 의료급여증을 발급하여야 한다. 부득이한 사유

가 있는 경우에는 의료급여증에 갈음하는 의료급여증명서를 발급하거나 보건복지부령으로 정하는 바에 따라 의료급여증을 발급받지 아니할 수 있다(의료급여법 제8조 제1항).

2) 실시기관

(1) 의미

실시기관은 의료보호급여를 제공하거나 이것을 바르게 실천할 수 있도록 감시 · 감독 등의 전체적 책임을 가진 기관 전체를 말한다. 그 기능에 따라 보장기관, 의료보호심의위원회, 의료급여기관 등으로 나눌 수 있다.

(2) 보장기관

의료급여는 보호대상자의 거주지를 관할하는 특별시장 · 광역시장 · 도지사 · 시장 · 군수 · 구청장이 한다(동법 제5조 제1항). 최종적인 주무부서는 보건복지부이지만 실천적인 수행책임은 시 · 도지사와 거주지의 시장 · 군수 · 구청장이 지고 일선 행정의 담당공무원이 이를 실행하게 된다. 거주지가 일정하지 아니한 수급권자에 대하여는 그가 실제 거주하는 지역을 관할하는 시장 · 군수 · 구청장이 하기로 되어 있다(동법 제5조 제2항).

보건복지부 장관, 특별시장, 광역시장, 도지사 및 시장 · 군수 · 구청장은 수급권자의 건강관리능력 향상 및 합리적 의료이용 유도 등을 위하여 사례관리를 실시할 수 있다(동법 제5조의 2).

(3) 의료급여심의위원회

의료급여사업에 관하여 필요한 사항을 심의하기 위하여 보건복지부와 시 · 도 및 시 · 군 · 구에 의료급여심의위원회를 둔다. 다만 시 · 도 및 시 · 군 · 구에 두는 의료급여심의위원회의 경우에는 그 기능을 담당하기에 적합한 다른 위원회가 있고 그 위원회의 위원이 동법 제6조 제4항의 의료급여심의위원회 위원의 자격을 갖춘 경우 시 · 도 또는 시 · 군 · 구의 조례로 각각 정하는 바에 따라 그 위원회로 하여금 의료급여심의위원회 기능을 수행하게 할 수 있다(동법 제6조 제1항).

보건복지부에 두는 의료급여심의위원회(중앙의료급여심의위원회)는 다음의 사항을 심의한다(동법 제6조 제2항 제1호~제3호).

① 의료급여사업의 기본방향 및 대책수립에 관한 사항
② 의료급여기준 및 수가에 관한 사항
③ 그 밖에 보건복지부 장관 또는 위원장이 부의하는 사항

시 · 도에 두는 의료급여심위원회는 다음의 사항을 심의한다(동법 시행령 제7조 제2항 제1호~제3호).

① 의료급여기금의 관리 · 운영에 관한 주요 사항
② 시 · 군 · 구의 의료급여사업의 조정에 관한 사항
③ 그 밖에 의료급여사업과 관련하여 특별시장 · 광역시장 · 특별자치시장 · 도지사 · 특별자치도지사가 필요하다고 인정하여 회의에 부치는 사항

시 · 군 · 구에 두는 의료급여심의위원회는 아래의 사항을 심의한다(동법 시행령 제7조 제3항 제1호~제3호).

① 대불금 및 부당이득금 등의 결손처분에 관한 사항
② 의료급여일수의 연장승인에 관한 사항
③ 그 밖에 의료급여사업과 관련하여 시장·군수·구청장이 필요하다고 인정하여 회의에 부치는 사항

(4) 의료급여기관

① 의료급여기관의 구분

의료급여를 수급권자에게 제공하는 의료기관으로서, 제1차에서부터 제3차 의료급여기관으로 구분하고 있다. 제1차 의료급여기관은 주로 통원서비스를 제공하는 기관이며, 제2차 의료급여기관은 입원서비스를 주로 하는 기관이며, 제3차 의료급여기관은 특수진료를 전담하는 기관이다(동법 제9조 제2항 참조).

의료급여는 다음(동법 제9조 제1항 제1호~제4호)의 의료급여기관에서 행한다. 이 경우

보건복지부 장관은 공익 또는 국가시책상 의료급여기관으로 적합하지 아니하다고 인정되는 의료기관으로서 대통령령이 정하는 의료기관은 의료급여기관에서 제외할 수 있다(동법 제9조 제1항).

㉠ 의료법에 따라 개설된 의료기관
㉡ 지역보건법에 따라 설치된 보건소 · 보건의료원 및 보건지소
㉢ 농어촌 등 보건의료를 위한 특별조치법에 따라 설치된 보건진료소
㉣ 약사법에 따라 등록된 약국 및 약사법 제91조에 따라 설립된 한국희귀의약품센터

제1차 의료급여기관은 의료법에 따라 시장 · 군수 · 구청장에게 개설신고를 한 의료기관, 지역보건법에 따라 설치된 보건소 · 보건의료원 및 보건지소, 농어촌 등 보건의료를 위한 특별조치법에 따라 설치된 보건진료소, 약사법에 따라 등록된 약국 및 약사법 제91조에 따라 설립된 한국희귀의약품센터이다(동법 제9조 제2항 제1호). 제2차 의료급여기관은 의료법에 의하여 시 · 도지사가 개설허가를 한 의료기관(동법 제9조 제2항 제2호), 그리고 제3차 의료급여기관은 제2차 의료급여기관 중에서 보건복지부 장관이 지정한 기관(동법 제9조 제2항 제3호)이다. 의료기관별 진료범위는 보건복지부령으로 정한다(동법 제9조 제2항 단서). 이들 의료급여기관은 정당한 이유 없이 의료급여를 거부하지 못하도록 엄격하게 법으로 정해 놓고 있다(동법 제9조 제3항).

② 의료급여기관의 진료범위

의료급여기관별 진료범위를 보건복지부령인 의료급여법 시행규칙에서 밝히고 있는데, 그 구체적인 범위를 살펴보면 다음과 같다(동법 시행규칙 제16조).

㉠ 제1차 의료급여기관(약국을 제외한다)에서 행할 수 있는 진료의 범위(동법 시행규칙 제16조 제1호)
  ⓐ 간단한 외과적 처치, 그 밖의 통원치료가 가능한 질병의 진료
  ⓑ 장기치료가 필요한 만성질환으로서 입원할 필요가 없는 질병의 진료
  ⓒ 질병상태 · 이송거리 및 이송시간을 고려할 때 환자를 다른 의료급여기관으로 이송을 하여서는 환자의 생명에 위험이 초래되는 경우의 입원진료

ⓓ 제1차 의료급여기관에서 입원진료를 받는 것이 수급권자에게 유리하다고 판단하여 보건복지부 장관이 정하여 고시하는 입원진료

ⓔ 지역보건법에 의한 보건의료원에서 입원진료

ⓕ 동법 시행규칙 제3조 제2항 각 호의 부분 본문에 따라 노숙인 등의 수급권자가 의료급여를 신청한 경우의 진료(노숙인 진료시설인 제1차 의료기관만 해당)

ⓖ 동법 시행규칙 제3조 제5항에 따라 제2차 의료급여기관 또는 제3차 의료급여기관으로부터 회송받은 환자의 진료

ⓛ 약국에서 행할 수 있는 조제의 범위(동법 시행규칙 제16조 제2호)

ⓐ 처방전에 의한 조제

ⓑ 약사법 제23조 제3항 단서의 규정에 의하여 처방전에 의하지 아니한 직접 조제

ⓒ 제2차 의료급여기관에서 행할 수 있는 진료의 범위(동법 시행규칙 제16조 제3호)

ⓐ 동법 시행규칙 제3조 제1항 각 호의 어느 하나 또는 같은 조 제2항 각 호의 어느 하나에 해당하는 경우의 진료

ⓑ 동법 시행규칙 제3조 제2항 각 호 외의 부분 본문에 따라 노숙인 등 수급권자가 의료급여를 신청한 경우의 진료(노숙인 진료시설인 제2차 의료급여기관만 해당)

ⓒ 동법 시행규칙 제3조 제 3항 제1호 및 제2호에 따라 제1차 의료급여기관 또는 다른 제2차 의료급여기관으로부터 의뢰받은 환자의 진료

ⓓ 당해 의료급여기관에 입원하였던 환자로서 퇴원 후 경과의 관찰이 필요한 환자의 진료

ⓔ 동법 시행규칙 제3조 제5항에 따라 제3차 의료급여기관으로부터 회송받은 환자의 진료

ⓓ 제3차 의료급여기관에서 행할 수 있는 진료의 범위(동법 시행규칙 제16조 제4호)

ⓐ 동법 시행규칙 제3조 제1항 각 호부터 제6호까지의 규정 및 같은 조 제2항 각 호에 해당하는 경우의 진료

ⓑ 동법 시행규칙 제3조 제3항 제2호 및 제3호에 따라 제2차 의료급여기관 또는 다른 제3차 의료기관으로부터 의뢰받은 환자의 진료

ⓒ 당해 의료급여기관에 입원하였던 환자로서 퇴원 후 경과의 관찰이 필요한 환자의 진료

③ 의료급여의 단계별 실시

의료급여법상 수급권자가 의료급여를 받고자 할 때는 의료급여법 제9조 제2항 제1호에 따른 제1차 의료급여기관에 의료급여를 신청해야 한다(동법 시행규칙 제3조 제1항 본문). 다만 동법 시행규칙 제3조 제1항부터 제6호까지의 어느 하나에 해당하는 경우에는 제2차 의료기관 또는 제3차 의료기관에 의료급여를 신청할 수 있고, 제7호부터 제12호까지의 어느 하나에 해당하는 경우는 제2차 의료급여기관에 의료급여를 신청할 수 있다.

(5) 권한의 위임과 업무위탁

① 권한의 위임

의료급여법에 의한 보건복지부 장관의 권한은 대통령령으로 정하는 바에 따라 그 일부를 시 · 도지사에게 위임할 수 있다(동법 제33조 제1항). 이에 따라 보건복지부 장관은 다음의 권한을 시 · 도지사에게 위임한다(동법 시행령 제19조). 즉 보건복지부 장관이 의료급여기관에 대하여 부과처분한 과징금의 징수권한과 시 · 군 · 구에 대한 지도·감독 및 보고에 관한 권한이다.

② 업무의 위탁

의료급여법에 따른 시장 · 군수 · 구청장의 업무 중 수급권자의 관리, 급여비용의 심사조정 및 지급업무 등 의료급여에 관한 업무는 그 일부를 대통령령으로 정하는 바에 따라 관계전문기관에 위탁할 수 있다. 그리고 이 위탁에 소요되는 비용은 보건복지부 장관이 정하는 바에 따라 기금에서 부담하도록 되어 있다(동법 제33조 제2항).

3) 의료급여의 내용

(1) 의료급여의 내용

수급권자의 질병 · 부상 · 출산 등에 대한 의료급여의 내용은 다음과 같이 규정되어

있다(동법 제7조 제1항 제1호~제7호).

① 진찰 · 검사
② 약제 · 치료재료의 지급
③ 처치 · 수술과 그 밖의 치료
④ 예방 · 재활
⑤ 입원
⑥ 간호
⑦ 이송, 그 밖의 의료목적달성을 위한 조치

보건복지부 장관은 보건복지부령으로 정하는 의료급여의 기준(동법 제7조 제2항)을 정함에 있어 업무 또는 일상생활에 지장이 없는 질환 등 보건복지부령으로 정하는 사항은 의료급여의 대상에서 제외할 수 있다(동법 제7조 제3항). 시장 · 군수 · 구청장은 장애인복지법에 따라 등록된 장애인인 수급권자에게 보장구에 대하여 급여를 실시할 수 있다(동법 제13조). 그리고 시장 · 군수 · 구청장은 수급권자에 대하여 질병의 조기발견과 그에 따른 의료급여를 하기 위하여 건강검진을 할 수 있다(동법 제14조 제1항).

(2) 의료급여의 적용기준 및 방법

위의 의료급여를 받을 수 있는 의료급여의 방법, 절차, 범위, 상한 등 의료급여의 기준에 관하여는 보건복지부령으로 정한다(동법 제7조 제2항). 이에 따라 동법 시행규칙 제6조 제1항은 의료급여의 적용기준 및 방법은 국민건강보험 요양급여의 기준에 관한 규칙 제5조 제2항, 제3항 및 별표 1(제2호 나목을 제외한다)의 규정에 따른다고 되어 있다(동법 제7조 제2항, 동법 시행규칙 제6조 제1항). 결국 별표 1의 요양급여의 적용기준 및 방법에 따라 의료급여를 제공하지만, 의료수가기준과 그 계산 방법에 관한 세부사항은 의약계, 공단 및 건강보험심사평가원의 의견을 들어 보건복지부 장관이 하도록 되어 있다(동법 제7조 제2항 후문).

4) 임신 · 출산 진료비의 지원과 의료급여기간

시장 · 군수 · 구청장은 임신한 수급권자가 보건복지부 장관이 정하여 고시하는 기준에 해당하는 의료급여기관에서 받는 임신 및 출산과 관련된 진료에 드는 비용을 지원하되, 그 지급액은 하나의 태아를 임신한 경우 50만 원(둘 이상의 태아를 임신한 경우는 90만 원)의 범위에서 임신한 수급권자 본인이 부담할 금액으로 한다. 다만 수급권자의 주민등록지가 임신 및 출산과 관련된 진료를 용이하게 받기 어려운 지역에 속하여 있는 등 보건복지부 장관이 정하여 고시하는 기준에 해당하는 경우에는 위의 금액에 20만원을 추가한 금액의 범위에서 임신 · 출산 진료비를 지원한다(동법 시행규칙 제8조의2 제1항).

수급권자가 의료급여기금의 부담으로 의료급여를 받을 수 있는 일수(이하 "상한일수"라 한다)는 보건복지부 장관이 고시하는 결핵질환, 희귀난치성 질환 및 중증질환은 각 질환별로 연간 365일(윤년의 경우 366일)로 한다. 정신 및 행동장애(간질을 포함한다) 등 보건복지부 장관이 정하여 고시하는 질환은 각 질환별로 연간 365일, 위 그 밖의 질환은 모든 질환의 의료급여일수를 합하여 연간 365일로 한다. 다만, 인체면역결핍증 바이러스 질환자에 대하여는 상한일수를 제한하지 아니한다(동법 시행규칙 제8조의 3 제1항).

제1항 본문에 불구하고 수급권자가 장기간 입원 또는 복합적인 투약 등으로 불가피하게 의료급여를 받아야 할 사유가 발생한 경우에는 보건복지부 장관이 정하는 기준에 따라 미리 시장 · 군수 · 구청장의 승인을 얻어 상환일수를 초과하여 의료급여를 받을 수 있다(동법 시행규칙 제8조의3 제2항).

5) 급여비용

(1) 급여비용의 부담

급여비용은 대통령령으로 정하는 바에 따라 그 전부 또는 일부를 의료급여법 제25조(의료급여기금의 설치 및 조성)에 따른 의료급여기금에서 부담하되, 의료급여기금에서 일부를 부담하는 경우 그 나머지의 비용은 본인이 부담한다(의료급여법 제10조).

(2) 급여비용의 청구와 지급

의료급여기관은 동법 제10조(급여비용의 부담)에 따라 의료급여기금에서 부담하는 급여비용의 지급을 시장 · 군수 · 구청장에게 청구할 수 있다. 이 경우 아래의 제2항의 규정에 의한 심사청구는 이를 시장 · 군수 · 구청장에 대한 급여비용의 청구로 본다(동법 제11조 제1항). 이에 따라 급여비용의 청구를 하려는 의료급여기관은 급여비용 심사기관에 급여비용의 심사청구를 하여야 하고(이 심사청구는 시장 · 군수 · 구청장에 대한 급여비용의 청구로 본다) 심사청구를 받은 급여비용 심사기관은 이를 심사한 후 지체 없이 그 내용을 시장 · 군수 · 구청장과 의료급여기관에 알려야 한다(동법 제11조 제2항).

그리고 위의 규정에 따라 심사의 내용을 통보받은 시장 · 군수 및 구청장은 그 내용에 따라 급여비용을 의료급여기관에 지급하여야 한다. 이 경우 수급권자가 이미 납부한 본인부담금(동법 제10조에 따라 수급권자가 부담하여야 하는 급여비용)이 과다한 경우에는 의료급여기관에 지급할 금액에서 그 과대하게 납부된 금액을 공제하여 이를 수급권자에게 반환하여야 한다(동법 제11조 제3항). 시장 · 군수 · 구청장은 의료급여의 적정성 여부를 평가할 수 있고, 그 평가결과에 따라 급여비용을 의료급여기관에 지급하여야 한다(동조 제4항). 시장 · 군수 · 구청장은 그 적정성 평가결과를 공개할 수 있다(동조 제5항). 의료기관은 심사청구를 의사회, 의료기관단체, 대한약사회 등에게 대행시킬 수 있다(동조 제6항).

수급권자는 본인부담금(동법 제10조) 외에 부담한 비용이 동법 제7조 제3항에 따라 의료급여의 대상에서 제외되는 비용(비급여비용)인지에 대하여 급여비용심사기관에 확인을 요청할 수 있다(동법 제11조의 3 제1항).

확인요청을 받은 급여비용심사기관은 그 확인결과를 확인요청자에게 통보해야 하며, 확인요청한 비용이 급여비용에 해당하는 것으로 확인된 때에는 급여비용지급기관 및 관련의료급여기관에도 각각 알려야 한다(동법 제11조의 3 제2항).

이 통보를 받은 의료급여기관은 과다하게 징수한 금액을 지체 없이 수급권자에게 반환하여야 한다(동법 제11조의 3 제3항).

의료급여기관은 의료급여를 하기 전에 수급권자에게 본인부담금을 청구하거나 수급권자가 이 법에 따라 부담하여야 하는 비용과 비급여비용 외에 입원보증금 등 다른 명

목의 비용을 청구하여서는 아니 된다(동법 제11조의 4).

(3) 급여비용의 대지급과 상환 등

① 대지급과 상환

급여비용의 일부를 의료급여기금에서 부담하는 경우에는 그 나머지 급여비용에 대하여는 수급권자 또는 그 부양의무자의 신청을 받아 의료급여기금에서 대지급할 수 있다(동법 제20조 제1항). 대지급의 신청 및 지급방법 등에 필요한 사항은 보건복지부령으로 정한다(동법 제20조 제2항). 이 경우 대지급총액은 무이자로 매 3월마다 같은 액수로 분할상환하여야 한다(동법 시행규칙 제27조 제5항).

② 대지급금의 독촉

대지급을 받은 자(대지급상환의무자)는 대지급금을 그 거주지를 관할하는 시장 · 군수 · 구청장에게 상환하여야 하는데, 대지급상환의무자가 대지급금을 납부기한까지 상환하지 아니한 때에는 시장 · 군수 · 구청장은 납부기한이 경과한 날로부터 6월 이내의 기간을 정하여 지체 없이 독촉장을 발부하여야 한다(동법 제22조 제1항). 대지급금상환의무자가 대지급금의 독촉을 받고도 상환하지 아니한 때에는 지방세체납처분의 예에 의하여 이를 징수할 수 있다(동법 제22조 제2항).

(4) 의료급여기금의 설치

이 법에 의한 급여비용의 재원에 충당하기 위하여 시 · 도에 의료급여기금(이하 "기금"이라 한다)을 설치한다(동법 제25조 제1항). 기금은 국고보조금, 지방자치단체의 출연금, 상환받은 대지급금, 징수한 부당이득금, 징수한 과징금, 해당 기금의 결산상 잉여금과 그 밖의 수입금으로 조성한다(동법 제25조 제2항). 그리고 국가와 지방자치단체는 기금운영에 필요한 충분한 예산을 확보하여야 한다(동법 제25조 제3항).

6) 의료급여의 제한

(1) 급여의 제한

시장 · 군수 · 구청장은 수급권자가 다음과 같은 경우에는 이 법에 따른 의료급여를 행하지 아니한다. 다만 보건복지부 장관이 의료급여의 필요가 있다고 인정하는 경우에는 그러하지 아니하다(동법 제15조 제1항 제1호~제2호).

① 수급권자가 자신의 고의 또는 중대한 과실로 인한 범죄행위에 그 원인이 있거나 고의로 사고를 발생시켜 의료보호가 필요하게 된 경우(동 제1호)
② 수급권자가 정당한 이유 없이 이 법의 규정이나 의료급여기관의 진료에 관한 지시에 따르지 아니한 경우(동 제2호).

(2) 급여의 변경

시장 · 군수 · 구청장은 수급권자의 소득 · 재산상황 · 근로능력 등이 변동되었을 때에는 직권 또는 수급권자나 그 친족, 그 밖의 관계인의 신청에 따라 급여의 내용 등을 변경할 수 있다(동법 제16조 제1항). 시장 · 군수 · 구청장은 급여의 내용 등을 변경하였을 때에는 서면으로 그 이유를 밝혀 수급권자에게 알려야 한다(동법 제16조 제2항).

(3) 급여의 중지

시장 · 군수 · 구청장은 수급권자에 대한 의료급여가 필요 없게 된 경우와 수급권자가 의료보호를 거부한 경우에는 의료급여를 중지하여야 한다(동법 제17조 제1항). 수급권자가 의료급여를 거부한 경우에는 의료급여를 거부한 수급권자가 속한 가구원 전부에 대하여 의료급여를 중지시켜야 하며, 의료급여가 중지된 가구에 대하여는 그해에 다시 의료급여를 하지 아니한다(동법 제17조 제2항). 시장 · 군수 · 구청장이 의료급여를 중지한 때에는 서면으로 그 이유를 밝혀 수급권자에게 알려야 한다(동법 제17조 제3항).

7) 수급권의 보호

의료급여를 받을 권리는 양도 또는 압류할 수 없도록 규정하고 있다(동법 제18조). 이는 의료급여의 권리가 인간다운 최소한의 권리를 실현시키는 권리이며 수급권자의 일신전속권이기 때문이다.

8) 부당이득의 징수와 손해배상청구권의 대위

(1) 부당이득의 징수

시장 · 군수 · 구청장은 속임수 그 밖의 부당한 방법으로 의료급여를 받은 사람 또는 의료급여비용을 받은 의료급여기관에 대하여는 그 급여 또는 급여비용에 상당하는 금액의 전부 또는 일부를 부당이득금으로 징수한다(동법 제23조 제1항). 위의 경우에 의료급여기관과 의료급여를 받으려는 사람의 공모에 따라 의료급여가 이루어진 경우에는 시장 · 군수 · 구청장은 그 의료급여기관에 대하여 의료급여를 받은 사람과 연대하여 위의 부당이득금액을 납부하게 할 수 있다(동법 제23조 제2항). 또 의료급여기관(의료법을 위반하여 의료기관을 개설할 수 없는 자가 의료인의 면허나 의료법인 등의 명의를 대여받아 개설 · 운영하는 의료기관, 약사법을 위반하여 약국을 개설할 수 없는 자가 약사 등의 면허를 대여받아 개설 · 운영하는 약국)이 속임수 그 밖의 부당한 방법으로 수급권자로부터 급여비용을 받은 때에는 시장 · 군수 · 구청장은 해당 의료급여기관을 개설한 자에게 그 의료기관과 연대하여 부당이득금을 납부하게 할 수 있다(동법 제23조 제3항). 시장 · 군수 · 구청장은 의료기관이 속임수나 그 밖의 부정한 방법으로 급여비용을 받았을 때에는 그 의료기관으로부터 해당 급여비용을 징수하여 수급권자에게 지체없이 지급하여야 한다(동조 제4항). 위 제1항 및 제2항에 따른 부당이득금 납부의무자는 그 거주지를 다른 특별자치시 · 특별자치도 · 시 · 군 · 구로 이전하는 경우에는 부당이득금을 새 거주지를 관할하는 시장 · 군수 · 구청장에게 납부하여야 한다(동조 제8항).

(2) 손해배상청구권의 대위

시장 · 군수 · 구청장은 제3자의 행위로 인하여 수급권자에게 의료급여를 한 때에는 그 급여비용의 범위 안에서 제3자에게 손해배상을 청구할 권리를 얻는다(동법 제19조 제1항). 그리고 위의 경우에 의료급여를 받은 사람이 제3자로부터 이미 손해배상을 받은 경우에는 시장 · 군수 · 구청장은 그 배상액의 한도 안에서 의료급여를 하지 아니한다(동법 제19조 제2항).

9) 이의신청

수급권자의 자격, 의료급여 및 급여비용 등에 대한 시장·군수·구청장의 처분에 이의가 있는 사람은 시장·군수·구청장에게 이의신청을 할 수 있다(동법 제30조 제1항).

급여비용의 심사·조정, 의료급여의 적정성 평가 및 급여대상 여부의 확인에 관한 급여비용심사기관의 처분에 이의가 있는 의료급여기관은 급여비용심사기관에게 이의신청을 할 수 있다(동법 제30조 제2항). 그리고 이의신청은 처분이 있은 날부터 90일 이내에 문서로 하여야 하며 처분이 있은 날부터 180일이 지나면 제기하지 못한다. 다만 정당한 사유에 따라 그 기간 내에 이의신청을 할 수 없었음을 소명한 경우에는 그러하지 아니한다(동법 제30조 제3항).

위의 급여비용심사기관의 이의신처에 대한 결정에 불복이 있는 자는 건강보험분쟁조정위원회에 심판청구를 할 수 있다(동법 제30조의 2).

참고문헌

강희갑(2007), 『사회복지법제론』, 양서원.

김한양 · 백윤철(2004), 『사회보장론』, 세영사.

나병균(2005), 『사회보장론』, 나눔의 집.

박석돈(2006), 『사회보장론』, 양서원.

박승두(2005), 『사회보장법강의』, 법률SOS.

원석조(2004), 『사회보장론』, 양서원.

전광석(2005), 『한국사회보장법론』, 법문사.

Aaron, H. J.(1999), *Social Security*, The MIT Press.

Bernstein, M. D. & J. B. Bernstein(1988), *Social Security*, N.Y. : Basic Books.

Campton, B. R.(1980), *Introduction to social Welfare and Social Work*, Homewood, Ⅲ : The Dorsey Press.

Feldstein, M.(Ed.)(1998), *Privatizing Social Security*, Chicago : Univ. of Chicago Press.

Ferrara, P. J. & Tanner(1998), *A New Deal for Social Security*, Washington D.C. : Cato Institute.

Furniss, N. & Tilton, T.(1979), *The Case for the Welfare State : From Social Security to Social Equality*, Bloomington : Indiana University Press.

Moles, R. R.(1971), "Social Security and Economic Planning," in the Planning of Social Security, *ISSA Studies & Research,* No.2.

Robinson, T. R.(1976), "A General Framework for the Evaluation of Social Security Policies : A Canadian Overview," *ISSA Studies & Research,* No.8.

Sainbury, R.(1999), "The Aims of Social Security," in *Introduction to Social Security*, London : Routledge.

Webb, A. L. & J. E. B. Sieve(1971), *Income Redistribution and the Welfare State*, London : Bell & Sons.

찾아보기

저/자/소/개

강희갑

서울대학교 법학박사

미국조지타운대학교 로스쿨 객원교수

국무총리 행정심판위원, 명지대학교 사회복지대학원장

명지대학교 법과대학장, 사법 · 행정고등고시 시험위원

대한상사중재원 중재인

현, 명지대학교 명예교수, 관동대학교 초빙교수

〈주요 저서〉 사회복지법제론(공저), 사회복지정책론(공저) 외 다수

김명근

연세대학교 행정학석사

광운대학교 행정학박사

경민대학교 사회복지과 전임교수, 광운대학교 행정학과 외래교수

현, 한성대학교 행정대학원 겸임교수

〈주요 저서〉 사회복지행정론, 사회복지프로그램 개발과 평가, 사회복지법제론, 사회복지개론 외 다수

김태용

건국대학교 사회과학대학원 사회복지학석사

인하대하교 대학원 컴퓨터공학박사 수료

문경시다문화가족지원센터 센터장

현, 문경대학교 사회복지과 학과장

문경시지역사회보장협의체 실무협의체 위원장

박승탁

대구대학교 사회복지대학원(문학석사)

대구대학교 사회복지대학원(문학박사)

안동애명복지촌 원장, 예천사랑마을 원장

현, 영남신학대학교 사회복지학과 교수

〈주요 저서〉 사회복지개론, 장애인자립생활 외 다수

신경안

중앙대학교 사회복지학석사

성결대학교 사회복지학박사

한국사회복지사협회 사무총장(대행), 성남시자원봉사센터 사무국장

현, 동서울대학교 실버복지학과 교수

사단법인 나눔과 실천 대표

〈주요 저서〉 자원봉사론 외 다수

이상주

동국대학교 사회복지학석사, 대구대학교 상담심리석사

부산대학교 사회복지학박사 수료

오산시노인장기요양보험등급판정위원장, 오산시지역사회복지협의체공동위원장

현, 오산대학교 실용사회복지과 교수

〈주요 저서〉 사회복지법제론, 사회복지학강의, 인간행동과 사회환경, 사회복지조사론 외 다수

이규태

서울대학교 행정학석사

명지대학교 행정학박사

현, 세경대학교 사회복지학과 교수

영월군사회복지협의회 회장

〈주요 저서〉 지역사회복지론 외 다수

최용득

고려대학교 교육학석사, 수원대학교 사회복지학석사

한서대학교 문학박사

현, 서정대학교 사회복지행정과 교수

〈주요 저서〉 영유아의 건강과 영양, 아동간호학 외 다수

사회보장론

1판 1쇄 인쇄 — 2017년 7월 25일
1판 1쇄 발행 — 2017년 7월 31일

저 자 - 강희갑 김명근 김태용 박승탁
신경안 이상주 이규태 최용득

발 행 인 - 강 철 원

발 행 처 - 양 성 원

주 소 - 경기도 파주시 검산로 173번길 29-20

전 화 - 031-946-3861(代)

팩 스 - 031-946-3864

이 메 일 - tnwpub@naver.com

출판등록 - 2015년 8월 31일 제 2015-000211 호

ISBN 979-11-6126-046-4

정가 18,000원